新世纪高等学校教材·学前教育专业系列教材

学前教育评价

第2版

Xueqian Jiaoyu
Pingjia

程秀兰 /主编

张亚妮 /副主编

北京师范大学出版集团
BEIJING NORMAL UNIVERSITY PUBLISHING GROUP
北京师范大学出版社

图书在版编目(CIP)数据

学前教育评价 / 程秀兰主编. —2 版. —北京：北京师范大学出版社，2023.12(2025.1重印)

ISBN 978-7-303-28754-3

Ⅰ. ①学… Ⅱ. ①程… Ⅲ. ①学前教育－教育评估
Ⅳ. ①G610

中国版本图书馆 CIP 数据核字(2023)第 014497 号

图书意见反馈	gaozhifk@bnupg.com 010-58805079
营销中心电话	010-58802181 58802755
编辑部电话	010-58808898

出版发行：北京师范大学出版社 www.bnupg.com
         北京市西城区新街口外大街 12-3 号
         邮政编码：100088

印　　刷：北京溢漾印刷有限公司
经　　销：全国新华书店
开　　本：787 mm×1092 mm　1/16
印　　张：18.75
字　　数：409 千字
版　　次：2023 年 12 月第 2 版
印　　次：2025 年 1 月第 9 次印刷
定　　价：49.80 元

策划编辑：罗佩珍	责任编辑：申立莹
美术编辑：焦　丽	装帧设计：焦　丽
责任校对：陈　荟	责任印制：赵　龙

修订说明

为了更好地贯彻党的二十大提出的有关教育精神，落实中共中央、国务院印发的《深化新时代教育评价改革总体方案》（以下简称《总体方案》）以及教育部颁布的《幼儿园保育教育质量评估指南》（以下简称《评估指南》）等政策文件，落实国家对高等学校教材提出的学科交叉、产教融合等要求，满足教材使用院校师生对融媒体教材的需求，受北京师范大学出版集团委托，我们启动修订2016年出版的《学前教育评价》教材。由于国家层面对教育评价的重视，教育评价改革已箭在弦上、势不可挡。根据教育评价改革的新形势和现实需要，本次对如下方面的内容做了修订。

1. 将党的二十大有关教育论述中与学前教育评价相关的内容渗透到教材中。二十大报告提出要加快建设高质量教育体系，发展素质教育，促进教育公平，还提出继续关注教师队伍建设，强调要加强师德师风建设，培养高素质教师队伍。高质量教育体系离不开高素质教师队伍，本次修订中我们特别关注了第八章幼儿教师发展评价，将第一节评价的指导思想、第三节专业知识评价均做了理念和知识上的修改，同时在各节增加了幼儿园教师资格证考试真题，以引起大家对提升教师素质、强化师德师风建设、落实二十大精神的重视。

2. 将《总体方案》和《评估指南》中有关要求融入教材的相应章节。《总体方案》中提出幼儿园教师评价突出保教实践，把以游戏为基本活动促进儿童主动学习和全面发展的能力作为关键指标，这一要求在第七章学前儿童发展评价以及第八章幼儿教师发展评价中均有体现；《评估指南》的指导思想、基本原则、评估方式等在第一章学前教育评价概述、第五章学前教育评价资料收集、第六章学前教育评价资料统计与分析中体现突出，《评估指南》中的五大维度评估内容在教材的第三篇评价实践篇中重点贯彻。

3. 将原来的纸质版教材改为融媒体教材。本次修订增加二维码资源，包括重要知识点微视频讲授、拓展知识等。这样的修改便于授课教师把握重要知识点，方便教师进行课程教学设计，也有利于学生借助二维码资源进行拓展学习。

4. 突出产教融合理念与应用。为了突出教材的实践性和应用性，本次修订邀请西北工业大学附属幼儿园王莉园长和西安交通大学附属幼儿园兀静园长两位实践型专家参与教材的审阅与修订，并在第五、六、八、九章分别增加幼儿园自评活动案例，学生可以通过对自评案例的学习与运用提升学前教育评价的实践能力。

5. 每章增加知识图谱。将每一章的重点、难点知识梳理成知识图谱，方便教师授课和学生自学，利用知识图谱引导学生将复杂的问题简单化，便于学生更好地抓住重点和难点，将知识系统化，有利于培养学生抓住问题、分析问题和解决问题的能力。

6. 增加幼儿园教师资格证考试真题以及全国幼儿教师技能大赛真题。本次修订在各章均增加了考试真题或大赛真题，并结合知识点对真题进行了分析，便于学生学习时领会，灵活掌握课程教学知识。

总体来说，本次修订在框架结构上还是保持评价理论篇、评价技术篇和评价实践篇三篇九章，但是在评价指导思想、评价理念以及评价方法上均将党的二十大精神、《总体方案》以及《评估指南》的要求有机地渗透其中。同时，也将第 1 版的纸质教材改版为第 2 版的融媒体教材，以方便大家使用。

期待学前教育界的前辈、同仁以及读者斧正和指教。

程秀兰

序

FOREWORD

2010 年以来，我国学前教育事业进入新的发展时期，迎来了前所未有的春天。国家倡导大力发展学前教育，颁布了一系列政策文件。2010 年颁布了《国务院关于当前发展学前教育的若干意见》《托儿所幼儿园卫生保健管理办法》，2011年颁布了《幼儿园收费管理暂行办法》《教育部关于规范幼儿园保育教育工作 防止和纠正"小学化"现象的通知》，2012 年颁布了《3—6 岁儿童学习与发展指南》《幼儿园教师专业标准（试行）》《学前教育督导评估暂行办法》，2013 年颁布了《幼儿园教职工配备标准（暂行）》，2015 年颁布了《幼儿园园长专业标准》，2016 年 3 月开始实施新修订的《幼儿园工作规程》等，这些政策文件从不同侧面和视角对学前教育事业发展提出了新的标准与要求。由此，各个层面对学前教育事业发展各项内容的评价需求日益增多，如何在评价中反映这些新的标准与要求成为时代对"学前教育评价"课程的需求，这本教材就是在这样的背景下诞生的。

2012 年秋，受北京师范大学出版社罗佩珍女士的邀约，我开始担纲这本教材的编写工作，当时心里是有些许惶恐的。虽然在 1999 年至 2006 年我一直承担陕西师范大学学前教育专业"学前教育评价"课程的教学工作，之后的几年也陆陆续续地承担该课程的教学任务，但我一直觉得编写一本既能满足学前教育专业学生理论学习需要，又能服务于学前教育评价实践需求的教材，不是一件容易的事。尤其是教材要反映近几年国家新出台的一系列学前教育政策文件的精神，这向编者提出了更高的要求。三载春秋，经过团队成员的共同努力，这本教材终于要与读者见面了。

本书由评价理论篇、评价技术篇和评价实践篇构成。评价理论篇由第一章、第二章和第三章组成，评价技术篇由第四章、第五章和第六章组成，评价实践篇由第七章、第八章和第九章组成。评价理论篇着重对学前教育评价的产生与发展、意义与作用、原则、类型，主要理论基础和理论模式进行概述；评价技术篇着重围绕学前教育评价方案编制、评价资料收集与统计分析进行阐述，目的在于帮助学生初步掌握开展学前教育评价的方法；评价实践篇着重对学前教育发展中的核心要素——学前儿童发展、幼儿教师发展和幼儿园管理工作进行评价，试图将国家新颁布的有关学前教育的政策内容融入其中。总体来看，本书凸显出如下几个方面的特点。

第一，全面反映国家发展学前教育的新政策、新要求。全书在编写过程中始终坚持以国家近几年新颁布的有关学前教育的政策文件为指导，各种评价方案的编制尽可能反映国家的相关要求，如对学前儿童身心发展诸方面的评价紧紧围绕《3—6岁儿童学习与发展指南》(以下简称《指南》)进行，《指南》的思想精神是指导我们开展学前儿童评价的依据；对幼儿教师专业发展的评价依托《幼儿园教师专业标准(试行)》中对幼儿教师提出的专业理念与师德、专业知识和专业能力三个方面的内容展开；对幼儿园管理工作的评价结合《学前教育督导评估暂行办法》《幼儿园教职工配备标准(暂行)》《托儿所幼儿园卫生保健管理办法》《幼儿园收费管理暂行办法》《幼儿园工作规程》等一系列有关幼儿园管理工作的政策文件；相关板块还融合了最新的教师资格考试大纲的要求，力图最大限度地反映国家发展学前教育的新精神。

第二，理论与实践密切结合。评价理论是指导评价实践的依据和先导，缺乏理论指导的实践可能沦为盲目的实践；反之，没有实践根基的理论也只能被视为空洞的理论。本教材在编写过程中时刻注意将理论指导与实践应用结合起来。比如，本教材论述了系统理论对学前教育评价的指导、量表理论和检验理论在学前教育评价中的具体应用、各种评价模式在学前教育实践中的具体运用，对学前教育评价类型的分析也基于大量的实践案例，学前教育评价方案的编制、评价资料的收集与处理也都凸显了理论与实践的结合。

第三，内容系统全面、可操作性强。本教材由评价理论、评价技术和评价实践三个模块构成，内容是相当系统和全面的。学习评价的目的是更科学、合理地开展评价活动，本教材在评价技术篇介绍了切实可用的评价方案编制方法以及收集评价资料和处理评价资料的技术与方法，在评价实践篇提供了对学前儿童身心发展、幼儿教师专业发展和幼儿园管理工作诸方面进行评价的具体方法。另外，本教材在每一章之后都列出了本章的关键术语、值得思考的问题，并设计了切实可行的操作性活动。

第四，广泛吸收国内外相关研究的前瞻性成果。国外关于学前教育评价方面的资料非常丰硕，且内容翔实、方法新颖；国内专家学者近年来也开展了大量有关学前教育评价方面的理论研究与实践工作，为本教材的编写提供了诸多借鉴与启发，恕不一一列举，在此一并致谢。

本教材适合作为高等师范院校学前教育专业学生的专业课教材使用，也希望成为学前教育实践中的管理者、教师开展研究和进行具体评价工作时的有用"帮手"。当然，由于编写者学识浅陋，本教材在编写过程中还存在一些不足与缺憾，恳请大家在使用过程中提出宝贵意见，也欢迎各位同行不吝赐教！

程秀兰

2016年3月于西安

目 录
CONTENTS

第一篇 评价理论篇

第二篇 评价技术篇

第三篇　评价实践篇

第一篇

评价理论篇

第一章　学前教育评价概述

学习完本章内容后，你应该能够：

学习目标

- 了解学前教育评价的产生与发展；了解我国当前学前教育评价的现状与发展趋势；
- 掌握学前教育评价的特点、学前教育评价等有关基本概念以及学前教育评价的类型；
- 理解学前教育评价的意义、作用和原则；
- 根据要求运用不同类型的评价对学前教育活动开展具体的评价工作。

📽知识图谱

第一章知识图谱

对于初步接触"学前教育评价"课程的学习者来说，了解学前教育评价的产生与发展情况，了解我国当前学前教育评价的现状与发展趋势，理解学前教育评价的意义和作用是有必要的；在此基础上，还要掌握学前教育评价的类型、特点以及进行学前教育评价需要坚持的一些原则。这些基本内容就是本章需要大家学习的。

第一节　学前教育评价的产生与发展

一、学前教育评价的含义

📹拓展视频

把握和理解学前教育评价的内涵，首先要从认识和理解评价说起。有了对评价本质的认识，再来谈教育评价和学前教育评价才有依据。

学前教育评价的内涵与相关概念

（一）评价

所谓评价，《新华字典》给予的解释是"对事物估定价值"，也就是评定事物价值的大小。就其本质而言，评价是一种价值判断活动,"是主体对于客体有无价值以及价值大小所做的判断"①。客体有没有价值、有多大的价值不仅取决于客体本身,而且取决于主体的价值观念和主体自身的需要,不同主体的需要是不一样的,所以同一客体对于不同主体来说价值也是不一样的。比如,对乐于在幼儿教育领域任职的学前教育专业学生来说,获得幼儿教师任职资格是一件十分重要而且很有价值和意义的事情,而对于不想在此领域任职的学生来说,获得该资格则价值不大或者说没有价值。所以,对事物的价值做出准确的、符合客观实际的判断受主观和客观因素的共同影响,不是一件容易的事,它只能对事物的价值进行评估。由此,评价体现出以下特点。

第一,评价离不开评价主体。任何评价活动都离不开评价主体——人。我们对周围的人、事、物进行评价,判断某些或某一人、事、物有无价值、有多大价值,都跟评价主体的需要被满足的程度有关。满足程度越高,评价客体的价值越大。所以,抛开评价主体去谈论客体的价值是毫无意义的。

第二,评价是贯穿人类活动始终的活动。人们在社会生活中从事各种各样的社会实践活动,活动中的主体意向、明确的行动计划和目的,都离不开评价活动。正是通过评价,主体进行比较和选择,由此决定做什么和怎么做,给出价值判断。

(二)教育评价

首次提出教育评价概念的是美国教育家泰勒(R. W. Tyler)。泰勒于 1929 年提出了以教育目标为核心的教育评价原理,即教育评价的泰勒原理,并明确提出了教育评价的概念,从而把教育评价与教育测量区别开来。泰勒原理强调,必须分析教育要达到的目标,然后依据教育目标的达到程度来评价教育的效果。同时,认为教育评价可以对实现理想的教育目标起到促进和保证作用。但是,由于教育本身的复杂性,以及人们看待问题的视角、方法的差异,时至今日,人们对教育评价也未给出一个确切的、被大家一致接受的定义。比较有代表性的定义有以下几种②。

第一,教育评价实质上是一个确定课程与教学计划实际达到教育目标的程度的过程。(泰勒)

第二,教育评价是一种对优缺点或价值的评估。[斯克里文(M. Scriven)]

第三,教育评价是为做出关于教育方案的决策提供有用信息的过程。[克龙巴赫(Lee J. Cronbach)、斯塔弗尔比姆(D. L. Stufflebeam)]

第四,教育评价是对某些对象的价值和优缺点的系统调查。(美国教育评价标准联合委员会)

第五,教育评价是根据一定的教育价值或教育目标,运用可操作的科学手段,通过系统地收集信息、资料,分析、整理,对教育活动、教育过程和教育结果进行价值判断,从而为不断自我完善和教育决策提供依据的过程。(国内学者)

虽然对教育评价的科学界定还未形成统一的认识,但是人们一般都认可教育评价是对教育活动的价值做出判断,是对教育满足个体需要和社会需要的程度做出价值判断的过程。换句话说,判定某类教育是否有价值或者价值的大小,关键是要看

---

① 霍力岩等:《学前教育评价》第 3 版,8 页,北京,北京师范大学出版社,2015。
② 袁振国:《当代教育学》,241 页,北京,教育科学出版社,1998。

这类教育满足该层次个体需要和社会需要的情况。以学前教育为例，学前儿童在其受教育阶段需要的是健康的身体、愉快的游戏、良好的习惯、保教人员的关爱、心智的启蒙以及适宜的环境。如果在这个阶段我们不能满足学前儿童的这些需要，而是强迫他们学习小学生才应该学习的知识、技能，或者强迫他们以"端坐静听"等"小学化"的方式和方法进行学习，那么，我们就可以判断这样的学前教育是有问题的，其价值是要被质疑的。同理，社会也会有其对教育的需要，不同社会阶段对教育的需要是不同的。还以学前教育为例，当今我国社会对学前教育的需要虽然越来越多元化，但是社会对这个层次教育的核心需要是公益化和普惠性，家长们都希望自己的孩子能入托高质量、低收费的幼儿园。当公办幼儿园越来越难入托、收费越来越高的时候，就会引起社会的强烈不满。孙春兰在谈深入学习贯彻习近平总书记关于教育的重要论述时就强调："要着力抓好薄弱环节。当前，学前教育、农村义务教育、职业教育仍是短板，必须下大力气解决。要扩大普惠性幼儿园供给，实现幼儿园监管全覆盖。"①这就是国家的态度与决心。

当然，不同的个体或社会对教育的需要通常是存在差异的，同一个体或社会在不同的历史时期对教育的需要也会有所不同，所以对教育的价值做出比较准确的判断并非易事。比如，一个学前儿童对教育的需要可能涉及健康、语言、社会、科学和艺术五大领域，而不同的学前儿童对这些领域的需要是有先后顺序的或者说是有差异的，有的需要先在健康领域发展，有的需要先在社会领域发展，还有的需要先在艺术领域发展。就是同一个学前儿童，他对教育的需要也在不断地发生变化。一个 3 岁的儿童可能需要在语言领域加快发展，等到该儿童 5 岁的时候可能需要在艺术领域进一步发展，也可能需要在科学领域加快发展，所以我们对教育的评价也要随着个体和社会需要的改变而变化。

(三)学前教育评价

在了解了评价和教育评价之后，可以说学前教育评价就是"对学前教育活动有关的各个方面和各种问题进行系统的检测和科学的价值判断的过程"②。学前教育"麻雀虽小，五脏俱全"，不但其内部的各个活动要素之间有着紧密的联系，而且它与相邻的教育阶段，所处的社会、政治、经济和文化背景也都有着不可分割的联系。可见，学前教育活动不是孤立存在的，要对其做出准确而科学的评价不是一件容易的事。在学前教育工作中我们会碰到一些具体的问题，比如，幼儿在健康、语言、社会、科学和艺术五个领域的发展水平是否达到了教育目标的要求？幼儿园教师的师德理念、专业知识和专业能力如何？某幼儿园的集体教学和区域游戏开展得如何？一所幼儿园的管理水平和保教质量如何？所有这类问题，都是学前教育评价这门学科所要研究和解决的问题。研究认为，学前教育评价具有如下特点。③

第一，学前教育评价是一个变化着的概念，是一个不断充实、完善和丰富的概

---

① 孙春兰：《深入学习贯彻习近平总书记关于教育的重要论述 奋力开创新时代教育工作新局面》，载《求是》，2018(19)。

② 王坚红：《学前教育评价》，2 页，北京，人民教育出版社，2010。

③ 霍力岩等：《学前教育评价》第 3 版，15 页，北京，北京师范大学出版社，2015。

念。学前教育评价对学前教育给予价值上的判断,这是始终不变的,但在学前教育评价中非常重要的价值、价值标准以及要判断的问题则是不断变化的,或者说,价值标准如何确定、如何进行价值判断、判断什么等,都不是固定不变的。

第二,学前教育评价是一个系统地收集资料的过程。进行学前教育评价,不能仅仅依靠一次观察、测试等得来的资料做出判断。系统地收集资料是学前教育评价的一个重要特点,只有将测量、评定、观察、访谈、问卷等多种渠道得来的资料加以综合,进行系统的整理,才能成为评价的基础和依据。

第三,学前教育评价注重对资料的解释。仅仅将资料收集起来不是学前教育评价,只有对资料做出解释、分析,才是评价。

第四,学前教育评价是一种反馈—矫正系统。要通过不断地判断、分析和比较,来判断是否有效;如果无效,必须思考采取什么手段才能确保过程的有效性,从而为学前教育决策和采取更佳的学前教育政策提供科学、及时的服务。

教师资格考试·考点分析

《保教知识与能力》考试大纲"考试目标"第六条提出,幼儿教师要具有"幼儿园教育评价的基础知识和能力。了解教育评价的基础知识,能够运用评价知识对教育活动进行反思,改进保育教育工作"。

注:学前教育评价基础知识包括的内容很多,本章所示学前教育评价的含义,相关概念的阐释,评价的意义、作用、原则、类型等都属于基础知识,这些内容都是需要学习者首先学习并掌握的。只有学习和掌握了基础知识,才谈得上掌握评价技能和提升评价能力。

二、相关概念阐释

教育评价、教育评估、教育测量与教育研究是我们在教育评价领域会接触到的几个常见概念,那么,它们之间有什么样的区别与联系呢?

(一)评价与评估

教育评价和教育评估是两个意义非常接近、在使用过程中并无严格区分、经常被人们混同使用的概念,它们都指对教育的社会价值做出判断。但是,二者又不完全一样。教育评估更多地注意教育现象和教育事实的复杂性、广泛性等,较多地运用模糊评判技术,对教育过程中的某些特征进行估量、估计或推测,因此评估告诉我们"估计如此",是一种"评价加估量"。教育评价则较多地强调根据教育目标和原则,采用较为严格的评价方法及技术对实际的教育过程及预期的教育效果给予价值上的判断,其评价的主要对象是教育机构、教育政策、教育方案、教育者和受教育者等,涉及社会、政治、经济、文化和人的因素,复杂程度较高。[1] 完全按照严格

---

[1] 王坚红:《学前教育评价》,4页,北京,人民教育出版社,2010。

精确的量化标准对教育进行价值判断是有困难的，目前还只能采取量化与质性相结合、客观判断与主观描述并用的分析与判断方法来开展评价工作。所以，教育评价实际上也只是对有关对象价值的估量和推测，从这个意义上说，评价与评估并没有本质的区别。

(二)评价与测量

评价与测量是一对既相互联系又存在区别的概念，二者的关系可以形象地描述如下。

首先，测量是评价的基础。测量是根据一定的标准，给人或事物赋予某种数值以说明其特征的过程，它的基本要求是客观性，要求如实地反映所测量对象的实际情况。测量的目的是获得数据，是对人或者事物的行为或属性进行客观描述，并区分客体在数量上的差异。例如，对全班幼儿的身高和体重进行测量，每一个幼儿都得到比较确切的身高和体重的数值；对幼儿园的绿化面积进行测量，也得到一个确切的数值。评价是在进行系统调查和测量获得数据的基础上，根据评价者的愿望和需要进行价值判断的过程。比如，将测得的全班幼儿的身高和体重与该年龄段幼儿的身体发育常模进行比较，得出某幼儿身高和体重处于正常或低于或高于正常发展水平的结论，这就是评价。

其次，评价不是单纯以测量的结果为依据的。因为教育的价值是由教育活动满足主体需要的程度决定的，所以教育评价必然要受到评价者教育价值观念的影响和制约。同一种教育活动或教育现象，持有不同教育价值观念的人会做出不同的价值判断，测量只能作为评价的依据之一，不能作为唯一的依据。所以，评价本身同时兼有客观性和主观性两种基本属性。比如，对小班幼儿手口一致点数的能力进行测量，根据测得的结果，不同的评价者在其教育观、儿童观和课程观的影响下会给出不同的评价结果。

(三)评价与研究

教育评价与教育研究是一对既密切相关又有一些区别的概念。二者的关系表现在以下三个方面。

第一，教育评价与教育研究息息相关，密不可分。当代教育评价的一个突出特点就是将评价过程与研究过程相结合。每一项评价都必须是一个研究项目，得出评价结论的过程，也就是系统地针对一系列有关问题收集资料和分析研究的过程。不含研究过程的评价不能称作科学的评价。比如，要对幼儿教师国家级培训(以下简称"幼师国培")进行评价，必然要对培训过程中的一系列问题进行研究，要研究培训团队的建设、课程的设置、过程管理、培训模式、方法的选择和培训对象的需求等，没有对这些问题的研究，就不可能对幼师国培的质量做出较为科学的评价。

第二，教育研究与教育评价具有包含关系。从概念的宽泛程度来说，教育研究的概念更为宽泛一些，教育评价只是教育研究的一个组成部分。

第三，教育评价与教育研究也具有一定的区别。以学前教育评价为例，学前教育评价一般都在自然的教育环境中进行，无法严格控制某些因素并对其进行反复比较，所以，评价要尽可能采取研究的态度和严格系统的考察分析方法，以保证评价的客观性和科学性。二者的区别见表 1-1。

表 1-1　教育研究与教育评价的区别

活动内容	教育研究	教育评价
问题的选择	研究者的责任	视情境和需要而定
假设检验	通常经由统计检验	有时
价值判断	限于问题的选择	设计各阶段
结果的重复获得	很可能	较少可能
资料收集	严格根据问题	受可能性影响大
有关变量的控制	高	低
结果的推断性	可能性高	通常较低

三、产生与发展

学前教育评价是伴随着学前教育实践活动的需要而产生和不断发展的。它的产生和发展大致可以分为这样几个阶段。

(一)儿童研究运动阶段

学前教育评价产生于 20 世纪初期的儿童研究运动。达尔文(C. R. Darwin)、霍尔(G. S. Hall)、弗兰克(L. Frank)等都是该运动的领导者。达尔文《一个婴儿的传略》(1876)开创了关于儿童的研究。霍尔开创和扩展了关于儿童研究的方法,他在马萨诸塞州的克拉克大学建立了儿童研究中心,他的学生杜威(J. Dewey)、阿诺德·格塞尔(A. L. Gesell)和推孟(L. M. Terman)等对儿童的研究与评价做出了各自的重要贡献。"杜威支持能影响儿童教育方案开发的教育改革。格塞尔第一次描述了儿童在每个发展阶段会出现的行为。推孟成为智力测验(intelligence test)发展的一个领导者。"[①]随后,儿童调查研究在学术中心的儿童研究所、在学院或大学的实验室和托儿所逐渐建立和发展,同时也将儿童家长吸收进来,以扩展人们对儿童成长的理解,许多其他学科的研究者也纷纷加入了当时正在进行的儿童研究运动。儿童研究运动教会我们通过观察或使用其他策略来对儿童进行评价。

(二)学前儿童标准化测验阶段

标准化测验始于 1900 年左右。1905 年法国心理学家比奈(A. Binet)发表了他的第一个智力量表,该量表指出了 3 岁、5 岁、7 岁的儿童分别可以做什么,家长可以根据这个量表来测验自己的孩子。1908 年和 1911 年比奈对量表进行了修订,引入了智力年龄的概念,1916 年,美国心理学家推孟又修订了比奈的量表,并引入智商的概念,这就是今天的斯坦福—比奈智力量表(The Stanford-Binet Intelligence Scale)。到 1918 年,人们已经设计研发出了 100 多种标准化测试来评价学业成绩,从而使对学前儿童的测验也进入了科学化阶段。

---

① [美]苏·C. 沃瑟姆、贝琳达·J. 哈丁:《学前教育评价》第 7 版,向海英译,6 页,北京,北京师范大学出版社,2019。

把学前儿童作为重点进行测验且影响最大的人物当推美国心理学家格塞尔。从1916年开始，格塞尔和其同事就系统研究了 5 岁以下儿童的发展，他们收集了大量关于儿童发展常模的材料，并于 1940 年正式提出专门测验学前儿童的格塞尔发展量表，也称"耶鲁量表"。该量表包括从出生到 5 岁儿童的四个方面行为的发展常模。与此同时，一些心理学家也进行了学前儿童测验研究，如德国心理学家彪勒(C. B. Bühler)于1932年提出的维也纳量表，美国的贝莱(N. Bayley)于 1930 年正式提出的加州 1 岁婴儿量表，美国的费尔莫尔(E. A. Fillmore)于 1936 年发表的依阿华婴儿测验等，都为科学测量学前儿童发展做出了贡献。

(三)学前教育评价阶段

20 世纪 50 年代以来，重视数量化的学前教育测验时期基本结束，从本质上对学前教育进行评价的时期到来了。随着各国对学前教育投入的不断增加，对学前教育投资效益进行评价的需求越来越多，学前教育评价工作得到了世界各国的普遍重视。

1. 美国的学前教育投资效益评价

20 世纪 60 年代以来，美国联邦政府决定提高来自低收入家庭或者以英语为第二语言的儿童的学业成绩，实行了"开端计划"(Head Start Project)。"开端计划"是美国联邦政府追求教育公平，改善人群代际恶性循环的一个早期儿童项目，于 1965年起按照国会通过的一项法律开始实施。该计划以联邦政府及州政府为主投入资金，由受过培训的教师对家庭条件不佳的儿童提供免费的学前教育。20 世纪 60 年代和70 年代，美国联邦政府每年为参加该计划的每个儿童提供约 3000 美元的投资。

1975 年，美国联邦政府颁布了《公法 94-142》(Public Law of 94-142)，即《全体残障儿童教育法案》(Education for All Handicapped Children Act)，后经修正命名为《残疾人教育法案》(Individual with Disabilities Education Act)。该法案规定，美国所有 3～21 岁的残障儿童都可免费就读公立学校，这意味着幼儿教育机构必须面向6 岁以下的儿童，公立学校也要为残障儿童提供幼儿教育。1986 年美国联邦政府颁布了新法案《公法 99-457》(Public Law of 99-457)，即《残疾婴幼儿法》(Handicapped Children Act)，1990 年颁布了《残疾人教育法修正案》(Individual with Disabilities Education Act Amendment)，新法案批准了两个新项目：联邦幼儿教育项目和早期干预项目。联邦幼儿教育项目扩充了《公法 94-142》中规定的所有 3～5 岁残障儿童享有的权利，早期干预项目要求相关部门对所有 0～2 岁的发育迟滞儿童提供早期干预服务。1990 年美国联邦政府通过了《美国残疾人法》(Americans with Disabilities Act)，该法规定，所有幼儿教育机构必须准备好为残障儿童提供特殊服务，为他们提供所需的设施与膳宿，包括户外活动环境，并且这些环境设施必须经过设计、建造和适当的改建，以满足残障儿童的需要。1991 年美国联邦政府通过了《公法 94-142 修正案》(Public Law of 94-142 Amendment)，要求所有幼儿教育机构必须满足每个残障儿童的受教育需求。这些法案保障了儿童的权利，使幼儿园教育与学校教育能结合起来。

乔治·沃克·布什(J. W. Bush)当选美国总统以后，致力于为改进所有儿童的教育而立法。2001 年美国国会通过了一个新的教育法案——《不让一个孩子掉队法案》(No Child Left Behind Act)，该法案提出将以科学为基础的阅读研究整合到针对儿童的综合性指导中。该法案还规定在 2006 年之前，各州对儿童的阅读和数学能力要实行标准化测试。而且尤其关注针对幼儿的测试，对幼儿实施适应性评价的工作获得了美国幼儿教育协会(National Association for the Education of Young Children，NAEYC)的支持。可见，所有由联邦政府进行资助的项目都要求评估其有效性，这无疑促进了学前教育评价的发展。

2. 英国的学前教育投资效益评价

英国政府于 1968 年开始实施"援助城市计划"，该计划六年之内向贫困地区拨款6000 万英镑，其中三分之一以上用于开展 5 岁以下儿童的教育工作。到了 1998 年，英国的"确保开端"(Sure Start)项目在全国启动，1999—2002 年，财政部共支出 5.4亿英镑，其中 4.52 亿英镑用于在英格兰建立 250 个"确保开端"地方项目(Sure Start Local Programmes)，用于帮助贫困地区的 15 万名儿童。首批"确保开端"地方项目选择的试点区域全部为贫困地区，教育部还提供了额外资金用于前期人员培训，共有 2000 名专业人员以及 800 位儿童中心领导者接受了培训。2003 年政府出台《每个孩子都重要：为孩子而改变》(Every Child Matters：Change for Children，2003)，该政策提议将"确保开端"地方项目向"确保开端"儿童中心(Sure Start Children's Centres)过渡。2004 年财政大臣戈登·布朗(Gordon Brown)宣布，到 2008 年政府将为 2500 所儿童中心提供资金。截至 2006 年，英国教育部已经在"确保开端"地方项目与儿童中心及其相关项目方面支出 21 亿英镑。2006—2010 年，是"确保开端"儿童中心增量推广阶段，地方政府开始接管当地儿童中心的规划与运营工作并开展多元合作。按照英国政府此前的预期，2008 年地方政府要负责将儿童中心的总数提高到 2500 所，2010 年建成 3500 所，实现每个社区一所儿童中心。2010 年至今，是增效保质阶段，虽然政府每年拨付给确保开端儿童中心的资金有逐年减少的趋势，但是仍然期望在资金困境中追求投资的高效益。2013 年，英国政府斥资 200 万英镑启动学前教育实习计划，那些致力于从事学前教育的青年可以申请到最高 1500 英镑的实习经费，如果参加更多的实习可获得额外 300 英镑的补贴。申请人必须能胜任2 岁儿童保育院的实习工作。设置这些要求的目的是确保让更专业的人士来提供优质的学前教育。可见，英国政府也高度重视学前教育投资效益问题。

3. 中国的学前教育投资效益评价

2010 年《国家中长期教育改革和发展规划纲要(2010—2020 年)》颁布实施以来，中国的学前教育迎来了前所未有的发展契机，随后国务院颁布了《国务院关于当前发展学前教育的若干意见》，2011 年教育部、财政部联合印发《教育部 财政部关于实施幼儿教师国家级培训计划的通知》，从 2011—2020 年实施了三期学前教育行动计划。"十二五"期间，中央财政安排 500 亿元，重点支持中西部地区发展农村学前教育，中央财政主要支持实施 4 大类 7 个重点项目。第一类是改建校舍，将农村中小学闲置校舍改建成幼儿园，农村小学附设幼儿园，开展学前教育支教；第二类是综合奖补，对民办园和企事业单位、社会团体办园实行综合奖补；第三类是进行幼师培训，对中西部农村幼儿教师进行国家级培训；第四类是幼儿资助，对家庭经济困难的儿童、孤儿和残疾儿童接受普惠性学前教育进行资助。"十三五"期间，学前教育占国家财政性教育经费的比例从 2015 年的不到 4％提高到 2019 年的 5％，学前教育财政性经费年均增长 15.4%，在各级教育中提高幅度最大。政府的这些投资都需要考虑效益问题。因此，涉及学前教育发展的各类评价也被提到议事日程上来。

第二节　学前教育评价的意义与作用

一、学前教育评价的意义

对学前教育事业发展、学前教育组织机构运转和学前教育活动开展情况进行评价，无论在理论上还是实践上都具有重要的价值和意义。

理论上，学前教育评价能够丰富和发展教育评价的相关理论研究。教育是一个庞大而复杂的系统，从学前教育到高等教育的每一个学段都是这个系统的重要组成部分。学前教育是基础教育的基础，这个学段的发展在一定程度上影响个体一生的学习与发展。但学前教育的发展由于其阶段的特殊性等问题得不到人们的重视，成为教育系统中的短板。21 世纪以来，各国发展学前教育的步伐加快，对学前教育的投入大幅度增加，对学前教育评价的需求也越来越多，所以，对学前教育发展进行评价首先是对教育系统理论研究的丰富与完善。

实践上，学前教育评价可以解决学前教育发展过程中遇到的现实问题。学前教育发展从宏观到微观都会遇到一系列的问题。比如，国家在发展学前教育事业过程中的投资是否有良好的效益；各省、区、市的学前教育事业发展规划是否既符合国家总体发展的要求又满足当地发展的需要；各类性质的学前教育机构发展如何，是否能满足适龄儿童发展的需要；在具体教育活动中，幼儿在健康、语言、社会、科学和艺术领域的发展是否达到了国家教育目标的要求；幼儿园教师的整体素质和水平如何；等等。所有这些问题，都是学前教育评价所要研究和解决的实际问题。

二、学前教育评价的作用

学前教育评价不是单纯地为了评价而评价，评价的目的是改进工作、提升学前教育质量。从这个意义上说，学前教育评价的作用有以下几点。

(一)有助于对学前教育活动进行鉴定与诊断

学前教育是一种有目的、有计划的教育活动。"保教并重，关注个别差异，促进每个幼儿富有个性的发展"是我国学前教育目标的基本精神，教育活动是否已经达到了目标所提出的要求以及达到目标的程度如何，都需要通过评价来做出鉴定。评价可以是全面的、综合的，也可以是部分的、单向性的，目的就在于判断要评价的学前教育活动是否达到了预期目标。同时，学前教育活动中也会存在这样那样的问题，说得具体一些，对于幼儿在健康、语言、社会、科学和艺术五大领域方面的发展能力和实际发展状况，也需要通过评价发现幼儿发展与教育目标之间的差距。从这个意义上说，教育评价又具有对教育活动的诊断功能。

(二)有助于对学前教育活动进行选择与改进

在学前教育活动中，有多种课程模式或方案可供选择，典型的课程模式有蒙台梭利课程模式、意大利瑞吉欧课程模式、多元智能课程模式、美国高瞻课程模式、陈鹤琴五指活动课程模式等，哪种课程模式是适用于某一地区或某一所幼儿园的课程模式？或者说哪几种课程模式中的哪些观点的组合可以成为适用于某一地区或某一所幼儿园的模式？这样的问题都需要通过学前教育评价来回答，所以学前教育评价具有选择适宜学前教育模式的功能。如果说鉴定和诊断是学前教育评价首先凸显出的作用，那么，改进学前教育活动则是学前教育评价体现的最重要的作用，即针对评价中发现的问题和不足，及时地通过信息反馈，引起被评价者的注意，并根据评价标准采取改进的措施，从而保证学前教育活动朝着正确的方向和目标前进。

(三)有助于对学前教育工作者进行引导与激励

各种类型和层次的学前教育评价所依据的目标和标准都具有鲜明的导向作用。目前我国的学前教育评价所依据的标准应该是在《幼儿园教师专业标准(试行)》(以下简称《专业标准》)、《幼儿园园长专业标准》、《3—6岁儿童学习与发展指南》(以下简称《指南》)、《幼儿园保育教育质量评估指南》(以下简称《评估指南》)等国家性目标和标准的指导下确立的，也具有鲜明的导向作用，它可以促使评价对象追求肯定的评价结果，从而有意识地对照评价标准和目标，并引导自己的工作朝正确的方向迈进。可见，评价不但具有明显的导向功能，而且科学合理的评价也会对评价对象起到良好的激励与鼓舞作用。

第三节　学前教育评价的原则

学前教育评价的原则是指导我们进行学前教育评价的行动准则。它是整个评价指导思想的体现，是评价规律的集中反映，是统帅评价工作的总纲领。不遵照一定原则进行的评价就是盲目的评价，那样的评价就失去了它存在的价值和意义。所以，进行学前教育评价必须遵循一定的原则。根据多年来人们对学前教育活动的认识，进行学前教育评价需要遵循如下原则。

拓展视频

学前教育评价的原则

一、目标性原则

任何层次的学前教育活动都是有目标的，目标明确可以保证学前教育工作有目的、有计划地开展，可以规定行动的方向，目标不明确或目标错误将导致学前教育活动偏离正确方向和学前教育质量下降，所以，目标是学前教育评价工作的依据和出发点。任何一种学前教育评价都有明确的目标，没有目标的学前教育评价是不存在的。

学前教育评价的目标有宏观层面的整体性或总体性目标，有中观层面的幼儿园工作目标，还有微观层面的幼儿发展目标。宏观层面的总体性目标应该以教育部2001年颁发的《幼儿园教育指导纲要(试行)》(以下简称《纲要》)中提出的"以游戏为基本活动，保教并重，关注个别差异，促进每个幼儿富有个性的发展"以及2012年颁布的《指南》中提及的"关注幼儿学习与发展的整体性""尊重幼儿发展的个体差异性""理解幼儿的学习方式和特点""重视幼儿的学习品质"为目标。《纲要》和《指南》不仅是指导、规范我国学前教育工作重要的行政法规,而且是我们进行学前教育评价的基本依据,其核心思想"尊重幼儿发展的个体差异,促进每个幼儿富有个性的发展"是学前教育评价的总体方向,也是幼儿园工作评价和幼儿发展评价的总方向。

幼儿园工作评价既有与总目标一致的目标也有它自己的目标,就是说它要在总目标的引领下开展该层面目标完成情况的评价。例如,评价幼儿的游戏活动,其目标应该看游戏是否成为幼儿的基本活动,是否贯穿于幼儿的一日生活之中。如果只评价教学活动中幼儿游戏的情况,或者只评价户外活动中幼儿的游戏水平与质量,那是不全面的,也是违背学前教育总目标要求的。按照总体目标和幼儿园工作目标对幼儿的游戏活动进行评价,既要评价教学活动中幼儿游戏的情况,也要评价区域活动中幼儿的游戏情况,因为幼儿在很多情况下是进入区域开展游戏活动的,还要评价户外活动中幼儿游戏的水平与质量,甚至还要评价游戏在幼儿一日生活中的应用。只有考虑到了幼儿各个方面游戏的情况,才能判定游戏是否成为幼儿的基本活动。

对幼儿发展的评价可以是全面性的评价,也可以是对某一个方面发展情况的评价;可以是对几个年龄段幼儿发展的评价,也可以只对一个年龄段幼儿的发展做出评价。这一点可以根据评价的目的来确定。如果是对幼儿发展做全面性评价,那就必须对幼儿在健康、语言、社会、科学和艺术五个领域的发展情况全部做出评价,这样才能判定该幼儿的总体发展情况。忽略任何一个方面都是不全面的,都无法代表幼儿的总体发展情况。当然,也可以只对幼儿某一个方面的发展进行评价,如评价某幼儿或某年龄段幼儿语言沟通能力的发展情况,或评价幼儿的社会性发展能力,或评价幼儿的数学认知能力等都是可以的。

二、可行性原则

学前教育评价工作的可行性原则要求学前教育评价是具体、可操作、切实可行的,如果没有可行性,评价工作就成了一句空话。要保证学前教育评价工作的可行性,需要注意以下几个方面的问题。

第一,评价指标体系和测量方法要简便易行。我们不是苛求评价指标体系要简单易操作,而是主张要处理好简便易测和全面先进的关系。虽然全面先进的原则是我们建立学前教育评价指标体系应该追求的,但是过分追求全面先进,可能会不符合我国学前教育发展的实际情况,使评价工作耗费大量的人力、物力和财力,却得到令评价方和被评价方均不满意的结果,这样的评价也没有发挥其应有的作用。所以,在保证学前教育评价指标体系科学合理的同时,要注意评价指标体系和测量方法的简便、可操作。

第二,评价指标要具有一致性和普遍性。学前教育评价指标的一致性有两个方面的含义。一是评价指标与学前教育评价的总目标是一致的,即由国家规定的统一要求和标准必须坚持,不能任意改变或降低。比如,《指南》对3~6岁儿童在五大领域可能达到的目标提出了统一要求,无论是城市儿童还是农村儿童,在对其进行学习或发展评价时都应该遵照这个标准，不能人为任意降低。二是评价指标体系中的各个指标要具有一致性，即各个指标之间要具有包含和被包含的关系，要形成统一的指标体系。普遍性原则是指学前教育评价指标体系要有较广泛的适用范围，不应仅仅适用于某一个项目的评估活动，应该对某一类的活动或现象都可以进行客观评价。

第三，不追求过分精确的评价结果。学前教育活动纷繁复杂、丰富多彩，影响因素多，可控性差，要对其做出精确的评价是非常困难的。我们必须处理好复杂性与精确性的矛盾，在兼顾客观和准确性的同时，可以降低对精确性的要求，以求符合学前教育评价的实际。

三、全面性原则

全面性原则主要有两个层面的含义。一是评价指标体系中的指标要尽可能全面，不能片面强调评价指标体系中的某一个指标而忽视其他重要的指标，要尽可能根据评价的目标设定科学合理的评价指标体系。二是收集的信息要全面。无论进行哪个层次的评价，只有全面收集信息，不偏听偏信，才可能保证评价工作的客观公正。

在学前教育评价中运用全面性原则尤其要注意收集信息的全面性。全面收集信息是做好客观、公正、科学评价的基础和前提，在得出评价结论之前一定要利用各种手段和方式全方位地收集相关信息，绝不是抓住某个方面的信息简单草率地得出结论。比如，评价一所幼儿园的后勤管理工作，既要听取园长对后勤工作的评价，也要听取后勤主管的意见，还要看全园的幼儿教师怎样评价本园的后勤工作，甚至还要听听各年龄段幼儿的家长对幼儿园后勤管理工作的意见，这样既有自评又有他评的评价才可能是全面、客观的。

四、客观性与主观能动性相结合的原则

学前教育评价工作遵循客观性原则就是要求评价者采取客观的、实事求是的态度，科学地确定和使用评价标准，尽可能减少主观因素的影响或者说将主观因素的影响降到最低。按照评价目标的要求确定了的评价标准，就应该遵照执行，随意地增加或减少标准、提高或降低标准都有悖客观性原则，是不可取的。对我国学前教育事业发展的宏观领域做出客观性评价，有利于国家在总体上把握学前教育发展的方向和总体发展水平，提出适合我国学前教育事业发展的总体目标；对幼儿园的学前教育发展做出客观性评价，有利于发现问题、总结经验、提升该幼儿园教育教学质量，最终促进每一个幼儿的全面发展。可见，在学前教育评价工作中遵守客观性原则是非常重要的。

主观能动性原则是指在学前教育评价工作中既要遵守客观性原则，也要注意发挥评价者的主观能动性，因为任何层次的评价工作都是由评价者来完成的，在评价过程中都不可避免地反映了评价者的意见和态度。但是，评价的客观性和主观能动性二者是辩证统一的，并不矛盾。因为，学前教育评价是一个透过种种现象抓其本质的过程，对各种各样现象的描述要客观，这是评价工作必须遵守的客观性原则，而透过现象看本质的过程则必须由评价者经过一系列的分析、综合、比较、概括和抽象等工作去完成。所以，客观性和主观能动性是相互依赖、相互支持的，二者缺一不可。

五、定性评价与定量评价相结合的原则

所谓定性评价就是从质的方面对要评价的人或事物进行分析评价，这种分析评价侧重于质的方面，通过对被评价现象进行深入的分析和综合做出评价。所谓定量评价就是从数量方面对要评价的人或事物进行分析评价，这种分析评价侧重于量的方面，通过数量化的说明对所要评价的人或事物做出评价。定性评价与定量评价相结合的原则就是学前教育评价既要用定性的评价，也要用定量的评价，是一种将二者结合起来进行的评价。

学前教育评价既需要定性评价，也需要定量评价。一是因为学前教育活动本身的复杂性，有些方面可以用量来表示，有些方面只能用质来表达。比如，对幼儿身体发育状况和智力发展水平的评价就常常用数量化的方式来表达；对幼儿园领导班子的评价常常涉及团队的凝聚力、管理的科学性等，对这些方面的评价一般从质的方面来进行；对幼儿五个领域方面的发展评价既需要从量的方面来进行，也需要从质的方面来进行，需要质与量相结合的评价。二是因为单纯的质性评价和量化评价都有其局限性，任何一种评价方式都不能全面、翔实、直观、生动地反映要评价的对象，都需要质性评价与量化评价的结合，这也是近些年来社会科学研究领域普遍认可的方式。

六、动态评价与静态评价相结合的原则

动态评价是指对评价对象发展状态的评价，它关注评价对象的发展过程、未来发展的潜力以及发展的趋势，重视纵向比较，能够看到评价对象的发展变化过程，便于根据评价的结果发现评价对象发展变化的规律，为进一步的教育和指导提供帮助。静态评价是指对评价对象已经达到的水平或已经具备的条件进行的评价，这种评价只关注结果，不考虑评价对象在过程中所发生的变化，也不考虑评价对象过去的发展情况和未来的发展趋势，有利于进行横向比较。

依据学前教育活动的特点，学前教育评价既需要静态评价，也需要动态评价。静态评价有利于对相同性质的机构或活动进行比较，从而判断优劣，找到差距。比如，评价两所或多所乡镇中心幼儿园的办园质量，就可以采取静态评价的方式，看看它们同样是经过了三年的发展，在园所环境创设、活动开展、师资队伍建设、安全管理、膳食营养等方面的情况如何。动态评价适合对幼儿发展和教师专业成长做出评价，因为幼儿发展和教师专业成长本身就是一个动态变化的过程，只有关注他们成长的过程，才能发现和找到成长的规律，从而更好地指导其成长。需要说明的是，仅用静态评价，无法进行纵向比较，还可能使某些评价对象产生自满情绪而不再追求进步，使另外一些评价对象产生泄气情绪，从而全盘否定自己；仅用动态评价，无法进行横向比较，使评价对象看不到自己与他人之间的差距，满足于自己点滴的进步，从而故步自封，止步不前。所以，进行学前教育评价时，我们要将动态评价与静态评价结合起来使用。

七、评价与指导相结合的原则

任何评价都不是单纯为评价而评价的，也不是简单地对评价对象"打棍子"，而

是为了让评价对象受到启发和教育，得到评价主管部门的指导与引领，从而使被评价的人或事物更好地把握发展的方向，获得更加切合实际的进步与发展。要达到这一评价目标，就必须把评价与指导结合起来。

指导是评价工作的继续与发展，是把评价的结果上升到一定的理论高度加以认识，并根据评价对象所具有的主、客观条件，从实际出发，帮助评价对象掌握自身在今后一个时期内发展的方向，扬长避短，争取更大的进步。把评价与指导结合起来，就要求我们在评价工作结束后考虑怎样对评价对象进行指导，从哪些方面进行指导，不能简单地给评价工作与指导工作画上句号。

第四节　学前教育评价的类型

学前教育活动的丰富性决定了学前教育评价种类的多样性，按照不同的分类标准，可以将学前教育评价划分成不同的类型。我们按照评价对象的范围、评价的功能、评价的参照体系、评价的主体、评价的层次以及收集与分析资料的方式等对学前教育评价做出以下划分。

拓展视频

学前教育评价的类型

一、按照评价对象的范围划分

按照评价对象的范围大小，学前教育评价可划分为整体评价、局部评价和单纯评价三种。评价对象的范围包括地域范围和评价所涉及的教育活动或现象的内容范围两个方面。

(一)整体评价

整体评价中的"整体"可以从两个方面去理解。一方面是指所涉及的地域范围较大。比如，国家对实施"学前教育三年行动计划"的情况进行的督导评估，对全国3~6岁儿童的语言表达能力进行测查、评价，对西部3~6岁留守儿童社会能力发展进行的调查、评价，对某省幼儿教育质量进行的评价，对某市贯彻落实《指南》实验园的评价等，这些评价涉及全国、西部、某省、某市的所有对象，范围是比较大的，可以看作整体。另一方面是指评价所涉及的教育活动或现象的内容是整体的、全面的。比如，对幼儿园教育质量的评价，就不能只评价某一个方面，要从多个角度做出全面的评价；对幼儿发展的评价，不是只评价幼儿发展的某一个方面，而是要对幼儿的健康、语言、社会、科学和艺术五个领域的发展水平都进行调查，然后才能做出比较准确的幼儿发展评价。整体评价的优点是所得出的评价结论具有普适性，对较大范围内的同一类事物或现象都具有指导意义，也能对较大范围内的同一事物或现象进行比较。其缺点是由于涉及的范围较广，评价工作需要投入较多的人力、物力和财力，同时由于涉及的内容范围要求全面，相对来讲难以做到深入、细致。表1-2是教育部关于印发《学前教育督导评估暂行办法》的通知中的"学前教育督导评估指标体系"。

表 1-2 学前教育督导评估指标体系

一级指标	二级指标	分值
一、政府职责 20分	1. 重视并切实加强对大力发展学前教育的领导。成立学前教育工作领导小组或建立联席会议制度,加强对学前教育的统筹协调;健全教育部门主管、有关部门分工负责的管理体制和工作机制。	8
	2. 制定切实可行的学前教育发展规划和三年行动计划,其目标明确,措施具体,突出针对性、可操作性。	6
	3. 建立督促检查、考核奖惩和问责机制。加强对学前教育的督导检查,将学前教育发展纳入各级政府领导目标责任制;对在学前教育工作中做出突出贡献的单位和个人给予表彰和奖励。	6
二、经费投入 15分	4. 将学前教育经费列入财政预算,切实加大学前教育投入力度,向边远贫困地区和少数民族地区倾斜;新增教育经费要向学前教育倾斜;财政性学前教育经费在同级财政性教育经费中要占合理比例,并且近三年有明显提高;确保发展学前教育工程(项目)投入。	6
	5. 建立政府投入、社会举办者投入、家庭合理负担的投入机制;研究制定公办幼儿园生均经费标准和生均财政拨款标准,并能及时拨付到位。	4
	6. 制定支持学前教育的优惠政策,鼓励社会力量办园和捐资助园;建立学前教育资助制度,发展残疾儿童学前康复教育;国家支持学前教育发展的项目经费使用规范、合理。	5
三、园所建设 15分	7. 扩大普惠性学前教育资源。大力发展公办幼儿园,提供广覆盖、保基本的学前教育公共服务;鼓励社会力量以多种形式举办幼儿园,积极扶持民办幼儿园,并提供普惠性服务。	8
	8. 研究制定城镇小区配套幼儿园的规划、建设、接收、使用与管理细则,并有效落实,确保布局合理,方便就近。农村乡镇建设公办中心幼儿园,大村独立建园,小村设分园或联合办园,人口分散地区开展学前教育巡回支教等,构建县、乡、村学前教育网络。	4
	9. 设施设备配备达标,满足幼儿活动和发展的需要。	3
四、队伍建设 15分	10. 合理确定幼儿教师生师比,核定公办幼儿园教职工编制,配足配齐教职工;健全幼儿教师准入制度,严把入口关;多渠道保证师资的供给,满足学前教育发展需求。	6
	11. 完善学前教育师资培养培训体系,扩大幼儿教师的培养规模,加大幼儿教师的培训力度,增强培训的针对性,提高教师专业素质。	5
	12. 依法落实幼儿教师地位和待遇,切实维护幼儿教师合法权益。	4

续表

一级指标	二级指标	分值
五、规范管理 15分	13. 严格执行幼儿园准入制度，制定各种类型幼儿园的办园标准，实行幼儿园审批登记和年检制度。对无证办园进行全面排查登记，实行分类治理，妥善解决无证办园问题。	4
	14. 完善幼儿园收费管理机制，制定幼儿园收费标准，规范幼儿园收费工作。	3
	15. 重视幼儿园安全保障和卫生健康工作，健全各项安全管理、卫生保健、饮食与健康工作制度和安全责任制。	4
	16. 落实《幼儿园教育指导纲要（试行）》，加强对幼儿园保教工作的指导，建立幼儿园保教质量评估监管体系和机制，开展保教质量监测评估工作，有效解决"小学化"倾向和问题。	4
六、发展水平 20分	17. "毛入园率"明显提高，"入园难"问题得到有效缓解。	4
	18. 城镇和农村公办幼儿园所占比例、广覆盖程度明显提高。	3
	19. 学前教育财政投入所占比例明显提高。	3
	20. 取得幼儿教育资格证的教师数占幼儿教师总数的比例明显提高。	3
	21. 保教质量明显提高。	4
	22. 社会对当地提供的学前教育的满意度明显提高。	3

(二)局部评价

相对于整体评价来说，局部评价所涉及的区域范围和内容范围都要小一些，它是对教育的某一个方面或者教育机构内部的某一个部分进行的评价。比如，对省级示范类幼儿园区域活动设置的评价，对普惠性民办幼儿园大型活动设施设备的评价，对某县乡镇中心幼儿园教师队伍建设与管理的评价等，都可以看作局部评价。局部评价的优点是评价的问题比较集中，容易进行相对深入的研究与分析，对所评价的机构或活动有较为直接的指导价值。其缺点是由于评价范围的缩小，评价结果的普适性不足，难以在较大范围内进行指导。

(三)单纯评价

单纯评价也称微观评价，评价对象所涉及的范围更小，内容更单一。比如，对一个班级幼儿体格发育或者社会性发展的评价，对一个班级区域游戏活动开展情况的评价(见表1-3)，对一名孤独症儿童的评价，对某幼儿园青年骨干教师专业发展的评价等都属于单纯评价。这类评价的优点是研究和评价的对象特别集中，指向性强，评价工作能够深入细致地开展，评价结果对评价对象有直接且具体的教育指导作用。其不足之处是普适性差，评价结果不适宜在较广范围内应用。

表 1-3　班级区域游戏活动开展情况评价表

班级：　　　　　　　　记录者：　　　　　　　　日期：

区域名称	参与人数	活动时长	活动材料	活动内容	活动指导	活动评价

二、按照评价的功能划分

按照评价的功能，学前教育评价可划分为诊断性评价、形成性评价和总结性评价。

(一)诊断性评价

诊断性评价又称事先评价，是指对评价对象的基础或现实情况做出的评定。一般在进行一项新的学前教育计划或者方案之前都要对评价对象的基础或现实状况进行评定，以便能够在了解现状的基础上，选择正确的计划或方案。诊断性评价在学前教育评价中使用非常普遍，如幼儿园对初入园幼儿的身心发展状况进行的摸底测验，就是为了让教师更好地了解每一个新入园幼儿的实际发展情况，以便能在今后的工作中依据幼儿的发展水平和发展特点因材施教。诊断性评价的优点是为选择和制订学前教育计划或方案提供基础，不足是未关注计划或方案执行的过程。

(二)形成性评价

形成性评价是指在某项学前教育计划或方案实施的过程中进行的评价，又称过程中评价或即时评价。这种评价使评价工作始终处于一个动态的过程中。比如，幼儿园贯彻落实《指南》，依据《指南》对 3～6 岁幼儿在健康、语言、社会、科学和艺术五个领域的发展情况或者在某一个领域的发展情况每一个学期或者半个学期进行的评价，这种评价能帮助教师掌握幼儿的实际发展情况，及时调整教育计划或方案。再比如，对幼儿一日生活常规建立情况进行评价，教师需要每隔一段时间(如一个或者两个星期)对幼儿常规建立的情况进行一次评价，以便及时掌握每个幼儿常规建立的具体情况，并根据每个幼儿的具体情况制定下一步的常规培养方案。

拓展知识

幼儿一日生活常规评价表

(三)总结性评价

总结性评价是指在某项学前教育计划或方案实施结束后对其最终结果进行的评价，也称事后评价。这类评价主要是对最终取得的成绩与预先设定的目标之间的差距进行评价，评价所关心的是教育活动达到的效果。其优点是可以对评价对象做出鉴定、给出等级，可以预测评价对象未来发展的可能性，评价相对也简便易行，所以在学前教育评价中被较多关注和使用。例如，各省普遍开展的对幼儿园分级分类的验收就属于总结性评价。当然，这种评价也有其不足之处：第一，它是事后评价，不关注教育活动的过程，所以评价对所评对象本身的改进和完善起到的作用不明显；第二，它重视的是最终结果，不关注这个结果是通过什么手段或者方法得到的，容易造成评价对象之间不正当竞争或者追求表面上成功的现象。

由于各类评价均有其独特的功能和作用，现在的学前教育评价较多采用诊断性评价、形成性评价和总结性评价相结合的评价。下面是一例诊断性评价和总结性评价相结合的评价(见表1-4)。

表1-4 "4～6岁留守儿童语言与社会性发展能力提升项目"评估量表(教师用)

姓名： 性别： 年龄： 所在幼儿园：

评价内容	项目实施前评价等级					项目实施后评价等级				
	十分不符合	不符合	比较符合	符合	十分符合	十分不符合	不符合	比较符合	符合	十分符合
1. 他/她喜欢听故事										
2. 他/她能理解故事的内容										
3. 他/她能参与故事的讨论，并说出自己的想法										
4. 他/她会复述和使用故事中的一些语言										
5. 他/她能体会到故事的有趣										
6. 他/她能发现故事中人物/动物的聪明和智慧										
7. 他/她愿意并能够说出对爸爸妈妈的印象和想念										
8. 他/她能在各种绘画和美工活动中大胆地画、剪和做										
9. 他/她愿意参与绘画活动，并能用绘画描述对爸爸妈妈的印象或想象										
10. 他/她经常跟老师或同伴讲起自己的爸爸妈妈										
11. 他/她能体会到爷爷奶奶的爱和辛苦										
12. 他/她经常跟老师或同伴说起自己的爷爷奶奶和家里的一些事情										
13. 他/她愿意做自己力所能及的事情										
14. 他/她有安全的意识，知道一些自我保护的办法										

续表

评价内容	项目实施前评价等级					项目实施后评价等级				
	十分不符合	不符合	比较符合	符合	十分符合	十分不符合	不符合	比较符合	符合	十分符合
15. 他/她不轻易接受陌生人的东西，知道不能跟陌生人走										
16. 他/她愿意参与音乐游戏、角色扮演和表演活动										
17. 他/她愿意参与剪纸和手工活动，并能感受到活动的乐趣										
18. 他/她能说出自己作品中的想法和情感										
19. 他/她愿意参与角色扮演和表演活动，能和同伴配合共同完成活动										
20. 他/她能经常保持愉快的情绪										
21. 他/她在幼儿园/班里有一起玩的小伙伴、好朋友										
22. 他/她经常与老师或同伴分享一些有趣的事情										

（资料改编自刘占兰研究员主持的"陕西农村留守儿童语言与社会性发展项目"中的评估量表）

教师资格考试·真题再现

（2019 年下半年）幼儿园教师资格考试《保教知识与能力》真题

在教学过程中，王老师随时观察和评价幼儿的行为表现，并以此为依据调整指导策略，该老师采用的评价方式是（　　）。

A. 诊断性评价　　　　　　　　B. 标准化评价

C. 终结性评价　　　　　　　　D. 形成性评价

三、按照评价的参照体系划分

按照评价的参照体系，学前教育评价可分为相对评价、绝对评价和个体内差异评价。

(一)相对评价

相对评价是在评价对象的集合中选取一个或者几个对象作为基准，然后把各个评价对象与基准进行比较的评价方法。如果假定评价对象集合中的元素是 A_1，A_2，A_3，$\cdots$，A_n，选取的基准为 A_2，那么，相对评价可以用图 1-1 表示。相对评价的范围可大可小，大可以在全市、全省乃至全国的范围内进行，小可以在全园的范围内进行。比如，对全市一级一类幼儿园环境创设的水平与质量进行评价，选取其中一所大家公认的拥有最好或者比较好的环境创设水平与质量的幼儿园作为基准，将全市其他各

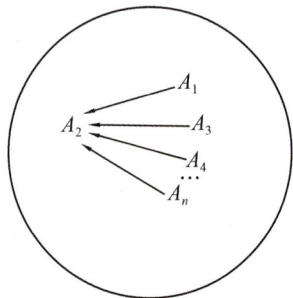

图 1-1   相对评价示意图

幼儿园环境创设的情况与选择出的这所基准幼儿园做对比。也可以在一所幼儿园中进行相对评价，比如，对某园各班级区域游戏活动开展的情况进行评价，选择其中一个班级区域游戏活动开展的情况作为基准(相当于标准)，将全园其他班级区域游戏活动开展与指导的水平和质量跟这个基准相对比，从而做出评价。班级中对幼儿的评价也常常采用相对评价，选择某一个或几个幼儿的典型表现作为基准，将其他幼儿的表现与选出的幼儿相比较，要求其他幼儿向基准看齐，这也是相对评价。可见，相对评价的范围比较广，适用性比较强，这是它较其他评价方法的优越之处。但是，这类评价也有不足之处，即选择的基准就在评价对象的集合中，容易降低评价标准。

(二)绝对评价

绝对评价是在评价对象的集合之外确定一个标准，即客观标准，然后将各个评价对象与客观标准进行比较的评价方法。假定评价对象集合中的元素是 A_1，A_2，A_3，$\cdots$，A_n，选定的客观标准是 M_0，绝对评价可以用图 1-2 表示。

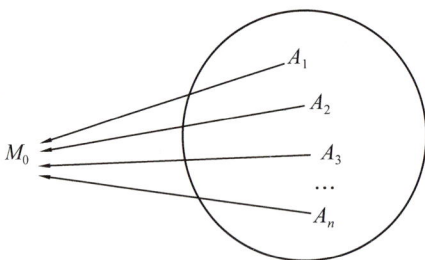

图 1-2   绝对评价示意图

由绝对评价示意图可以看出，绝对评价既不考虑评价对象集合的整体状态，也不考虑集合中各要素的实际情况，评价对象集合中的每一个对象都需要与集合外的标准进行比较。绝对评价的标准是比较客观的，评价者比较容易公正地对评价对象进行评价，同时，评价对象也能够明确了解自己与客观标准的差距。当然，客观标准也难以完全做到绝对客观。比如，某省对省级示范幼儿园的评价就是绝对评价，评价者首先确定一个评价标准，愿意参评省级示范幼儿园的每一个园所都要与这个标准进行比较，评价者不完全考虑每一所参评幼儿园的实际发展水平。

(三)个体内差异评价

个体内差异评价有两种评价的方式。一种是将各个评价对象的过去和现在相比较做出评价,假定评价对象集合中各个对象过去的情况是 A_1,A_2,A_3,…,A_n,现在的状态是 A_1',A_2',A_3',…,A_n',这种个体内差异评价可以用图 1-3 表示。另一种个体内差异评价是把某一个对象的各个侧面相比较后做出评价。假定评价的对象为 A,该对象的各个侧面为 A_1,A_2,A_3,…,A_n,这种个体内差异评价可以用图 1-4 表示。

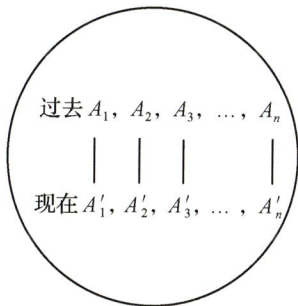

图 1-3　个体内差异评价(一)　　　图 1-4　个体内差异评价(二)

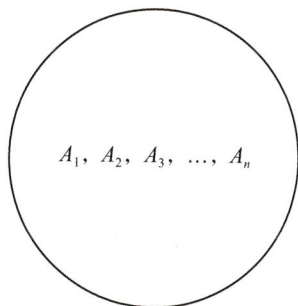

比如,一所幼儿园原来的教育质量比较差,经过几年的发展,其教育质量在评测中有了很大的提升,就可以说这个幼儿园进步了;一个幼儿在小班时候的行为习惯较差,到了大班再评价这个幼儿的行为习惯时他有了很大的改善,就可以说这个幼儿的行为习惯有了很大的改进。这种对一个机构或者一个个体过去和现在差别的评价都属于个体内差异评价。下面是一个对某县(乡、村)幼儿教育发展情况进行个体内差异评价的实例(见表 1-5)。

表 1-5　某县(乡、村)幼儿教育发展情况统计表[1]

内容	2015 年	2020 年
学前三年幼儿总数/人		
幼儿园数/所		
幼儿园班数/个		
非正规教育点数/个		
在园(班)幼儿总数/人		
接受非正规教育幼儿数/人		
学前三年幼儿受教育率/%		
学前一年幼儿受教育率/%		
学前一年女童受教育率/%		

---

① 中央教育科学研究所幼教室:《幼儿教育自我评价指导手册》,74~75 页,北京,教育科学出版社,2010。收入本书时有改动。

续表

内容	2015 年	2020 年
有特殊需要的幼儿受教育率/%		
女童入小学率/%		
小学生辍学率/%		

说明：1. 此表由县(乡、村)教育负责人填写。

2. 学前三年幼儿：指当地入小学年龄前三年的幼儿，以 7 岁入小学为界，适龄幼儿为 6 岁、5 岁、4 岁的幼儿。

3. 幼儿园数：包括教育部门办、集体办、学校办、个体办。

4. 班数：幼儿园的班数＋学前班数＋混合班数。

5. 非正规教育点：指巡回教育点、家长辅导点、游戏小组、季节性幼儿班等多种形式的教育点或小组。

6. 学前三年幼儿受教育率：

$$\frac{在园(班)幼儿总数＋接受非正规教育的幼儿数}{适龄幼儿总数}。$$

个体内差异评价的第二种情况在学前教育评价中应用也十分广泛。比如，对幼儿智能的评价，可以通过对该幼儿八种智能进行比较，看看这名幼儿哪种智能是强项，哪种智能是弱项，最终评价其智能发展情况。又如，评价一名大班幼儿全面发展的情况，可以对该幼儿的健康、语言、社会、科学和艺术五个领域的发展水平进行测查与评定，然后再评价这名幼儿在哪个领域发展得好，在哪个领域发展得一般，在哪个领域发展得较差，从而为幼儿教师和家长提供较为具体的教育和指导建议。我们依据《指南》中的标准制定了一个评价 5～6 岁儿童全面发展情况的评价表，见二维码。

拓展知识

5～6 岁儿童全面发展评价表

总之，个体内差异评价充分尊重了个体间的差异性，不会给评价对象带来恐惧或压力，但也容易导致评价对象的自我满足与陶醉，从而阻碍个体最大限度地成长与发展。所以，我们常常将个体内差异评价与相对评价结合起来使用，这样就能弥补两者的缺陷和不足。

四、按照评价的主体划分

按照评价主体，学前教育评价分为自我评价、他人评价和自我与他人相结合的评价。下面详细介绍自我评价和他人评价。

(一)自我评价

自我评价是指评价者对自己进行的评价。比如，一位幼儿教师在开展一次具体的教育活动之后的"教育反思"就是自我评价，一位教师参与某类学习活动后的反思与总结也是自我评价，学期末教师所做的自我鉴定或工作总结也是一种自我评价。自我评价是一种非常便于开展的评价方式，随时、随地、每天、每周、每月、每学期都可以进行，幼儿教师应善于运用这种评价方式改进自己的教育教学工作。当然，自我评价也有不足之处，由于缺乏横向比较，自我评价的客观性相对较差。

需要说明的是，自我评价虽然是自己评价自己，但也不是毫无标准和根据的随意评价。评价哪些方面，评价的结果是什么，评价的标准是什么，依据哪些材料进行评价，应是别人可以听到和看到的。同样，自我评价最好是形成性评价和总结性评价相结合。下面就是对一位幼儿教师参加"幼师国培"后设计的培训绩效自我评价表（见表1-6）。

表 1-6 "幼师国培"绩效自我评价表

评价者：　　　　　　　　　　　　　　　　　评价日期：

评价维度	维度内涵及主要内容	评价等级				
		非常认同	认同	基本认同	不认同	非常不认同
总体评价	参加"幼师国培"后您在师德与理念、出勤、成绩和能力等方面都有一定的提升					
师德与理念评价	参加"幼师国培"后您对幼儿教师职业道德的认识和行为都有较大提升					
	参加"幼师国培"后您对幼儿教师的专业性和独特性有更好的理解和认识					
	参加"幼师国培"使您更好地关爱幼儿					
	参加"幼师国培"使您改变了对幼儿的不良态度和行为					
	参加"幼师国培"后您的专业理念有较大提升					
考勤评价	参加"幼师国培"后您对单位的考勤有了新的认识					
	参加"幼师国培"后您的出勤率有一定提升					
	参加"幼师国培"后您认同出勤率是一个教师工作态度的反映					
	您觉得考勤评估在培训和工作中非常重要					
成绩评价	参加"幼师国培"后您在工作中取得了明显的成绩					
	参加"幼师国培"后您给自己制定了专业发展意向和目标					
	参加"幼师国培"后您对待工作更加积极主动了					
	参加"幼师国培"后您参与各类竞赛的机会更多了					
	参加"幼师国培"后您获得的各类奖项更多了					
	参加"幼师国培"后您获得了一定的教学研究成果					
	参加"幼师国培"后您的师幼关系、同事关系、与家长的关系都有不同程度的改善					

续表

评价维度	维度内涵及主要内容	评价等级				
		非常认同	认同	基本认同	不认同	非常不认同
能力评价	参加"幼师国培"后您的一日生活组织能力有较大提升					
	参加"幼师国培"后您的班级组织管理能力有较大提升					
	参加"幼师国培"后您的环境创设能力有较大提升					
	参加"幼师国培"后您对幼儿的游戏指导能力有较大提升					
	参加"幼师国培"后您的教学活动设计能力有较大提升					
	参加"幼师国培"后您的激励与评价能力有较大提升					
	参加"幼师国培"后您的家园沟通能力有较大提升					
	参加"幼师国培"后您的反思与发展能力有较大提升					
	参加"幼师国培"后您的专业技能有较大提升					
	参加"幼师国培"后您的理论运用于实践的能力有较大提升					

(二)他人评价

他人评价是指除自身以外的任何人或组织对该对象进行的评价。例如，教师对幼儿的评价、幼儿教师之间的相互评价、幼儿园管理者对幼儿教师的评价、幼儿家长对幼儿园教师的评价、上级主管部门对幼儿园的评价等都属于他人评价。下面是一个他人评价表(见表1-7)。

表1-7　幼儿活动观察记录表[①]

幼儿姓名：　　　　　　　观察者：　　　　　　　观察时间：　　年　　月　　日

时间			活动编码	活动内容描述	操作实践程度						语言表达程度				直接交往幼儿数	直接交往成人数
					听/看1	只说无行动2	实践				无语言0	按要求表达或回答1	提问或提要求2	自由表达3		
小时	分	秒					模仿做3	一般操作4	观察5	探索性实践6						

相比于自我评价来说，他人评价要客观一些，但他人评价的组织工作相对麻烦一些，花费的人力、物力多一些。在学前教育评价的实践工作中，最好将自我评价与他人评价结合起来使用，这样可以获得比较满意的评价结果。下面是一个既适合

---

① 中央教育科学研究所学前教育研究室：《幼儿园教育质量评价手册》，101页，北京，教育科学出版社，2009。

幼儿教师自我评价，也适合同行或管理者他人评价的幼儿教师组织教育教学情况评价表(见表 1-8)。

表 1-8　幼儿教师组织教育教学情况评价表①

直接教学指标	评价标准 期望评语标准(优等标准)	评价等级			评分	分项得分
		优	良	一般		
教育目标	根据国家规定的幼儿园课程标准确定教育目标	4	3	2		
	先确定目标，再根据目标选择内容、方法	3	2	1		
	目标稍高于本班幼儿的现有水平	3	2	1		
教育条件	根据教育目的、幼儿的实际水平和兴趣，依据循序渐进的原则，有计划地选择和组织教育内容	3	2	1		
	围绕教育内容准备设备、材料，并为幼儿创设、提供充分参与和交流的条件与机会	4	3	2		
	教师关注和肯定每个幼儿的努力和进步，理解、接受幼儿的表现，允许幼儿保留自己在学习方法上的个人特点和条件，按照自己的速度与方式连续发展	5	3	2		
	建立良好的学习常规，教师收放有度，幼儿活而不乱	3	2	1		
活动方式	教育活动的组织，由教师为幼儿创设必要的条件，提供可以探索和交往的丰富刺激、轻松愉快的环境，帮助幼儿在积极探索、相互交往中组织自己的思维	5	3	1		
	活动层次分明，过渡自然，引导幼儿从不会到会	5	3	1		
	指导方法符合所学内容的特点和幼儿的学习特点	5	3	1		
教育结果	多数幼儿能胜任和完成学习任务，每个幼儿在自己原有基础上都有提高	4	3	2		
	幼儿情绪愉快，感知敏锐，思维活跃，想象丰富，记忆较牢	3	2	1		
	幼儿之间的差距在逐渐缩小	3	2	1		

五、按照评价的层次划分

按照评价的层次，学前教育评价分为分析评价和综合评价。

---

① 霍力岩等:《学前教育评价》第 3 版，34～35 页，北京，北京师范大学出版社，2015。收入本书时有改动。

(一)分析评价

分析评价是把要评价的内容分解成几个子项目分别进行评价，然后将各个子项目的评价结果进行综合，再对评价对象做出判断。比如，评价幼儿注意力的发展，可以从注意的广度、注意的稳定性、注意的分配能力和注意的转移能力等几个方面来分别测查、评价，这是分析评价。又如，从学习态度、学习倾向、学习兴趣、学习坚持性、好奇心、想象力、创造性等方面评价幼儿的学习品质，都属于分析评价。

(二)综合评价

综合评价是对评价内容整体进行的评价，不做分解性的工作。比如，教师评价某幼儿的学习品质，不把它分解成若干小项目进行评价，而是凭借教师对幼儿的观察和了解对幼儿做出学习品质好与不好的评价，这位教师使用的就是综合评价。使用综合评价对评价者的要求比较高，一是要有较为丰富的经验，二是要有靠视觉直观获得大量关于评价对象的信息的能力。

在学前教育的实际评价活动中，分析评价和综合评价经常是一起使用的。因为综合评价往往建立在分析评价的基础上，也就是说对某一项内容进行评价时首先进行分析评价，将要评价的内容分解成几个部分，在对各部分内容进行评价的基础上才便于进行综合评价或者称整体评价。可见综合评价是分析评价的整合与提升，它在学前教育评价工作中是必不可少的。

六、按照收集与分析资料的方式划分

按照收集与分析资料的方式，学前教育评价分为量化评价、质性评价和混合型评价三种。不同类型的评价适用于不同的评价项目，也都有各自的优缺点。

(一)量化评价

量化评价是指在学前教育评价中，采用数学方法的评价。在学前教育评价中，采用量化评价有多种形式：有时是用数字或数学公式对学前教育现象进行描述，有时是把评价结果用数字来表达，有时是在分析学前教育现象时以数学为工具进行描述，有时是综合运用以上方法。

量化评价是相对较为客观的评价，所以它是当代学前教育评价中运用较多、较为普遍的一种评价方式，其特点是直观、形象，便于理解。有关幼儿心理发展水平和能力的评价基本采用数量化的方法。例如，对幼儿智力发展水平的评价，通常采用智力测验的方法，测验的结果常常用数量化的指标——智商(IQ)来表示。我们根据测量的结果就可以评价一个幼儿智商的高低，从而为教育提供有针对性的策略与建议。

拓展知识

韦克斯勒智力
分类表

下表就是一个学前儿童交往能力的评价表（见表 1-9）。

表 1-9　学前儿童交往能力评价表

要素		对象										
		A	B	C	D	E	F	G	H	I	J	K
体态语	1. 微笑 2. 点头、牵手 3. 面对人说话 4. 皱眉头 5. 走开											
口头语	1. 能否问问题 2. 会倾听吗 3. 能否提出自己的看法 4. 能否夸奖别人 5. 是否打断对方的话 6. 能否为自己辩解											

(二)质性评价

凡是在评价中不采用数学方法的评价都可以被称为质性评价。质性评价的方法很多，在学前教育评价中通常使用的是等级法和评定法等。等级法就是把被评价对象分成几个等级，从而做出评价。评定法就是采用一定的语言表达对所要评价的对象做出价值判断。例如，我国各省对幼儿园所做的分级分类验收工作，运用的就是等级法，评价者将幼儿园分成不同的等级或类别，如一级一类、一级二类、二级一类、二级二类等，通过评定将参与的幼儿园分成不同的等级。幼儿教师在家园联系簿上对幼儿一月或一学期的综合表现写下的简明评语，就是运用的评定法。

量化评价和质性评价各有长短，相对来说，量化评价比较客观、准确，质性评价比较全面、周到，但是，很多学前教育活动是难以量化的，必须采取质性评价的方法进行价值判断，当然，质性评价的方式也会带有一定的主观因素，评价者的主观意向会在一定程度上影响评价的结果。鉴于这种原因，在当前的学前教育评价中，大家比较倾向于将两种评价方式结合起来使用。

(三)混合型评价

混合型评价指将量化评价和质性评价结合起来进行评价。这是现代教育评价采用较多的一种评价方式。混合型评价既发挥了量化评价和质性评价各自的优势，也弥补了单一类型评价的不足。二者的有机结合能够全面揭示教育现象的本质，有助于对评价对象做出更加全面、合理的评价。

第五节　我国学前教育评价的现状与发展趋势

20 世纪 90 年代以来，我国高等师范院校的学前教育专业开始开设"学前教育评价"这门课程，当时主要是学习和借鉴国外学前教育评价的理论、模式和方法，能见

到的我国学者编撰的相关教材是王坚红主编、人民教育出版社
1994 年出版的《学前教育评价——理论·实践·方法》，霍力岩
著、北京师范大学出版社 1997 年出版的《学前教育评价》等为数不
多的几本教材。这类课程在高校的开设引起了学前教育领域专家、
学者对学前教育评价的关注。我国学前教育评价获得真正发展是
进入 21 世纪以后。2001 年《纲要》颁布，《纲要》在教育评价部分
明确指出："教育评价是幼儿园教育工作的重要组成部分，是了解
教育的适宜性、有效性，调整和改进工作，促进每一个幼儿发展，
提高教育质量的必要手段。"虽然这里的评价指的是单纯评价，是教师在日常教育工
作中同时进行的评价，但是国家在政策文件中的这个要求引发了学界和幼儿教育实
践者对学前教育活动和学前教育质量评价的关注。特别是 2010 年以来，国家大力发
展学前教育的政策文件不断出台，使我国的学前教育评价工作也进入了一个新阶段。
当前，我国学前教育评价的现状与发展趋势可以概括为以下几个方面。

拓展视频

我国学前教育
评价的发展趋势

一、学前教育评价机构和评价主体趋于多样化

以前，我国的学前教育评价机构和主体主要是教育行政部门，它们负责评价标
准的制定和评价工作的实施，学前教育评价的基本功能长期为地方政府对学前教育
机构的监督和领导。[①] 2010 年以后，随着国家对学前教育的高度关注，学前教育机
构数量不断增加，学前教育经费投入逐年提升，学前教师队伍建设得到加强，从国
家到地方政府，从培养学前教育师资的高等院校到各级各类幼儿园，都积极参与学
前教育评价工作，以满足我国学前教育近年来快速发展的需求。这便使评价机构和
评价主体由过去的单一化向多层次、多样化发展。比如，2015 年由北京师范大学刘
焱教授主持的对全国七省市贯彻落实《国家中长期教育改革和发展规划纲要（2010—
2020 年）》中学前教育情况的评估，就是由各省高等院校学前教育领域专家组成的第
三方评估团队进行评估的，各省教育行政部门和各个被评估的幼儿园全力配合评估
工作。再如，由陕西师范大学程秀兰老师主持的 2014 年度全国教育科学规划项目
"西北地区幼师国培实施成效与提升培训质量的研究"，也是由第三方评估团队对西
北地区幼儿教师国家级培训的成效进行评估的。虽然这些第三方评估还不是专门的、
具有权威资质的评估机构组织实施的，但是已经出现了参与评估的学术力量，这是
评价主体多样化的反映。在这个方面我们可以向英国、美国等发达国家学习。英国
的教育评价主要由学术专家实施，政府较少干预；美国的学前教育评价主要由专门
的教育评价或教育研究机构或学术团体与有关专家相结合的评估组织机构实施，具
有非政府性和权威性，以保证评价的质量与有效性和可行性。美国幼儿教育协会与
各州分会均设有专门的评价委员会，每年接受各地幼儿教育机构的评估申请。[②] 这
些做法都值得我们借鉴和学习。

① 王坚红：《学前教育评价》，前言 2 页，北京，人民教育出版社，2010。
② 王坚红：《学前教育评价》，21 页，北京，人民教育出版社，2010。

二、以地方性评价为主，国家层面的评价已经起步

近年来，各省（区、市）政府教育行政部门制定和颁布了本省（区、市）的系列学前教育督导评估办法和标准，如《托幼机构分级分类验收标准》《省级示范性幼儿园验收标准》《省级优秀幼儿园评估标准》《各级各类幼儿园收费管理办法》等，有组织、有计划地开展验收、督导与评估工作。例如，陕西省政府制定了一系列学前教育的标准，如《陕西省幼儿园基本办园标准（试行）》（陕教发〔2011〕35 号）、《陕西省托儿所幼儿园卫生保健管理实施细则（试行）》（陕卫妇发〔2014〕100 号）、《陕西省幼儿园收费管理实施细则》（陕发改价格〔2021〕390 号）、《陕西省示范幼儿园评估标准》（陕教规范〔2021〕8 号）等，其中《陕西省示范幼儿园评估标准》（部分见表 1-10）在执行过程中还附带了《陕西省示范幼儿园创建整改方案报送表》（见表 1-11），可见，评估已经不仅仅是为了达到某种结果，而是为了期望参与评估的幼儿园在创建示范性幼儿园的过程中不断地改进与提升教育质量。

表 1-10　陕西省示范幼儿园评估标准（办园条件部分）

A 级指标	B 级指标	C 级指标	标准及分值	重点项评分标准说明	评估办法
办园条件（20分）	园舍（10分）	园址规模（1分）	1. 幼儿园选址远离各种污染源，无噪音，日照充足，场地干燥，排水通畅；便于与社区教育配合，能利用社区资源，为社区服务。（0.4分） 2. 幼儿园规模原则为 6—12 个班，名称规范，不含有"国际、中华、双语、艺术"等字。（0.3分） 3. 幼儿园园舍须有合法有效手续（租赁的园舍租期原则上须在 5 年以上）。（0.3分）	1. 幼儿园周边环境有污染源，或在危险地带扣 0.2分，远离社区扣 0.2分。 2. 名称不规范扣 0.2分，无理由突破原则超大规模办园扣 0.1分。 3. 园舍手续不齐全或租期不足 5 年扣 0.3分。	资料查看：幼儿园租赁合同、规划立项和审批文件，无文件不得分。实地查看
		园内环境（1分）	1. 园所（舍）独立，设计符合幼儿特点。（0.3分） 2. 园内及周围环境绿化、净化、美化、幼儿化、教育化。绿化率≥30%。（0.3分） 3. 园所环境根据季节和教育内容的需要进行合理调整，充分挖掘潜能，创设满足幼儿活动需求、适合幼儿年龄特点、安全，体现园所文化的环境。（0.4分）	1. 园所（舍）未独立扣0.3分。 2. 绿化率低于 10% 扣0.2分。 3. 环境不符合幼儿年龄特点及活动需求扣 0.2 分。存在安全隐患，无地域和园所文化特点扣0.2分。	实地查看

续表

A级指标	B级指标	C级指标	标准及分值	重点项评分标准说明	评估办法
办园条件 (20分)	园舍 (10分)	户外场地 (3分)	1. 户外公用活动场地应分共用游戏场地、分班游戏场地和集中绿化场地；每生应符合6m²要求，最低不少于4m²。(1分) 2. 幼儿园要开辟开放式、贴近自然、环保安全、铺有不同路面的活动场地，能满足幼儿身体运动、认知构建和交往合作的需求；其中共用游戏场地应确保活动的安全性，便于开展各项体育运动活动。(1分) 3. 共用游戏场地应设有30米跑道、沙池和戏水池等；幼儿园应开辟饲养区、种植园地。(0.5分，其中每一小项为0.1分) 4. 户外活动场地安全环保，常态化开展各种活动。(0.5分)	1. 符合6m²得满分，每少1m²扣0.2分，直至不得分。 2. 路面单一扣0.5分，不安全不得分。 3. 每缺一项扣0.1分。 4. 户外活动场地未达到安全环保要求扣0.3分；不经常使用不得分。	实地查看
		房屋建筑 (4分)	1. 园舍安全，占地、建筑面积符合国家规定标准。(0.5分) 2. 综合面积(含卫生间、幼儿贮物区、活动室、寝室)应达到129m²，其中单设活动室面积应≥60m²，活动室、寝室共用面积应≥90m²。(2分) 3. 以上各室使用合理、室内空气流通、光线明亮。(0.5分) 4. 办公及辅助用房齐备：保健室、隔离室，厨房(粗加工间、配餐间、主副食加工间、消毒间、主副食库房、炊事员休息室)，须满足"三分开"：生熟食品分开，副食品与调味品的贮藏分开，烹饪间与烧火间分开(使用燃气灶具、电磁可不分开)；园长、教师办公室，财会室，教具资料室，运动器械存放区，会议室(兼接待室)，值班室，教职工厕所等。(1分，保健室、隔离室、厨房共0.5分，其余用房共0.5分)	1. 低于国家规定标准10%扣0.1分，低于20%扣0.2分，低于20%以上扣0.3分。 2. 单设活动室面积和活动寝室合一面积低于标准的10%扣1分，低于20%扣2分。 3. 各室设置不合理、空气不对流且未采取措施，扣0.4分。 4. 保健室、隔离室各0.1分；厨房缺2室不得分；其余用房缺1室扣0.06分；未做到"三分开"扣0.3分。	以查看卫生、食品药监部门评价报告为主，结合实地查看，无相关部门评价报告不得分。其他实地查看。

续表

A级 指标	B级 指标	C级 指标	标准及分值	重点项评分 标准说明	评估 办法
办园 条件 (20分)	园舍 (10分)	功能 部室 (1分)	1. 配有专用功能室：多功能厅，幼儿图书阅览室，科学发现室、幼儿美术室以及结合地域特点的特色活动室；其中，图书资料室面积20—30m²，其他功能室面积要能满足一个班幼儿的活动需求。(0.5分) 2. 各功能室设置位置合理，便于幼儿使用和开展活动，切实为幼儿服务。(0.5分)	1. 缺一室扣0.1分，面积低于标准10%扣0.1分，低于标准20%扣0.2分，低于20%以上不得分。 2. 位置不合理，不经常使用，没有发挥作用不得分。	以查看卫生、食品药监部门评价报告为主，结合实地查看，无相关部门评价报告不得分。其他实地查看。
	设施 设备 (10分)	生活 设备 (1.5分)	1. 各班配有符合幼儿年龄特点、环保安全、数量充足的桌、椅、柜(生活用品、开放式玩具柜)、床(硬板)，根据季节变化配置的被褥、床单，干净美观质量保证。(0.6分) 2. 配有饮水设备及良好的照明、通风及供暖、降温设备。(0.2分) 3. 配备符合消毒条件的设备。(0.3分) 4. 按每6名幼儿配备1个幼儿水龙头和蹲位的标准，设置班级幼儿专用水龙头和蹲位，蹲位须加隔板和扶手；配备教师专用盥洗设施。(0.4分)	1. 各类用品不符合年龄特点、不安全环保扣0.3分。 2. 饮水设备、照明不足，无通风及供暖、降温设备扣0.2分。 3. 紫外线灯数量不足扣0.2分。 4. 达标满分，低于标准20%扣0.2分，低于标准40%扣0.3分，低于标准50%不得分。	实地查看
		教学 设备 (3分)	1. 每班配有钢琴(电子琴)、多媒体教学设备。(0.4分) 2. 幼儿桌面玩教具配备能够按照省颁《幼儿园玩教具配备目录》一类标准配足配齐，并投放合理，便于幼儿取放，保证需要。(0.4分) 3. 户外配备5—10件形式多样的中大型活动器械，满足幼儿走、跑、跳、爬、钻、投等动作技能发展的需要。(0.5分) 4. 有符合幼儿年龄特点的自制玩教具，数量不超过玩教具总量的四分之一。(0.3分)	1. 每小项0.2分。 2. 低于标准10%扣0.1分，低于标准20%扣0.2分，低于20%以上不得分，不便于幼儿取放扣0.3分。数量配足，但功能缺失扣0.3分。 3. 不符合环保安全要求扣0.2分。 4. 不符合幼儿年龄特点扣0.6分。	实地查看

A 级指标	B 级指标	C 级指标	标准及分值	重点项评分标准说明	评估办法
办园条件（20 分）	设施设备（10 分）	教学设备（3 分）	5. 各功能室配足配齐相应的设施设备。（0.4 分） 6. 适合各年龄段幼儿读物不少于生均 10 册，且种类不同，内容丰富，经常更新。（0.3 分） 7. 配备供教育、教研使用的教师各类参考资料，有多形式的配套的教育挂图、教学卡片等。（0.4 分） 8. 幼教刊物不少于 5 种，教师用书（理论资料、刊物）人均 20 册以上。（0.3 分）	5. 资料、读物不紧跟时代，不符合先进教育理念扣 0.5 分，数量不足扣 0.1 分，幼教刊物、教师用书数量不足各扣 0.1 分。	实地查看
		信息化设备（1 分）	1. 校园网络覆盖所有教学和办公场所，建有满足需求的多媒体教室，每个教师配有满足教学和办公需要的计算机终端设备。（0.3 分） 2. 建有办公、教务等学校特色管理信息系统和线上家校互动平台。（0.3 分） 3. 有教学专用软件和数字教育资源库，并经常补充更新。（0.4 分）	1. 现代化教学和管理手段不够，扣 0.2 分。 2. 平台没有充分发挥作用扣 0.1 分。 3. 资源库使用率不高扣 0.2 分。	实地查看
		厨房设备（2 分）	1. 配有电冰箱、烤箱、蒸箱、和面机、饺子机、绞肉机、打蛋机、消毒柜、留样柜、饭样展示柜、通风换气或油烟净化等主要设备，摆放位置科学合理、便于使用。（0.8 分） 2. 灶具要安全整洁，数量充足，能保证主、副食同时烹饪。（0.4 分） 3. 地面防滑，排气、排烟好，上下水通畅，防鼠防蝇设施齐全。（0.5 分） 4. 适合幼儿使用的餐具等设备齐全。（0.3 分）	1. 设施齐全为 0.6 分，位置合理方便为 0.2 分。 2. 灶具连接明火，有安全隐患实行创建一票否决。 3. 缺 1 项扣 0.1 分。 4. 数量、卫生不达标不得分。	以查看卫生、食品药监部门评价报告为主，结合实地考察，无卫生部门审验不得分。

续表

A 级指标	B 级指标	C 级指标	标准及分值	重点项评分标准说明	评估办法
办园条件（20 分）	设施设备（10 分）	消防安全设备（1 分）	1. 按照国家《建筑灭火器配置设计规范》要求，标配灭火器，并做到位置摆放合理，便于取放，配有使用说明和责任人，且人人会使用；消防栓应保证随时使用。（0.3 分） 2. 配备视频监控装置和其它必要的安保设施设备；公共区域视频监控必须做到全覆盖；幼儿厨房、大门等重点部位重点监控；偏远农村乡镇幼儿园或城区周边环境复杂的幼儿园围墙四周应设置监控，全覆盖。（0.3 分） 3. 配有应急灯、电子监控、钢叉、防割手套等必配的安全物防设施，安防设施数量应与园所规模相匹配。（0.1 分） 4. 200m² 以上建筑必须有两个疏散楼梯，疏散指示标志设在通道两侧及拐弯处的墙面上，保证安全出口和消防通道畅通。（0.3 分）	1. 数量不足，灭火器过期扣 0.3 分，无责任人，摆放不合理扣 0.2 分。 2. 安保设施设备配置不充分扣 0.2 分。 3. 安全物防设施无法使用或数量不足不得分。 4. 没有疏散通道或不畅通不得分。	实地查看
		卫生保健设备（1.5 分）	1. 保健室面积不小于 12m²，有消毒设施和流动水。（0.3 分） 2. 保健室设施设备按照卫生部、教育部下发的《托儿所幼儿园卫生保健工作规范》要求配齐配全。（幼儿园保健主要按照观察、预防和急救的要求配备相关设施。）（1 分） 3. 隔离室单独设置，位置合理，环境温馨；内设观察床、玩具、洗漱用具、便具、清洁消毒用品、流动水等设施。（0.2 分）	1. 低于标准 10% 扣 0.1 分，低于 20% 扣 0.2 分，低于 20% 以上不得分。 2. 缺项达 10% 扣 0.2 分，达 20% 扣 0.4 分，达 20% 以上不得分。 3. 无单独设置、位置不合理扣 0.1 分，设施不全扣 0.1 分。	以查看卫生、食品药监部门评价报告为主，结合实地考察，无卫生部门审验不得分。

备注：1.《陕西省示范幼儿园评估标准》共 5 项 A 级指标、17 项 B 级指标、55 项 C 级指标，204 项标准；总分 100 分，评估分值达到 85 分以上，且 5 项 A 级指标评估分值不低于该项总分 80% 的，基本符合省级示范标准。2. 出现以下情况的，实行创建工作一票否决制：①证照不全且未提交卫生等相关部门出具的专业评估报告的；②发生重大安全责任事故或有重大安全隐患的；③体罚、变相体罚幼儿，有悖师德的；④违规收费的；⑤违背科学保教理念，"小学化"现象严重的；⑥因其他原因产生较大社会负面影响的。

表 1-11 陕西省示范幼儿园创建整改方案报送表

幼儿园名称	（加盖幼儿园公章）		性质	
园长姓名			电话	
省级专家组成员			评估时间	
整改方案实施进度表				
项目	内容		责任人	完成时间
队伍建设				
幼儿园管理				
保育教育				
儿童发展评价				
县级教育部门意见 （加盖公章） 年 月 日			市级教育部门意见 （加盖公章） 年 月 日	

备注：1. 此表为样表，不够可续表；2. 表中填写整改内容、责任人和完成时限，具体整改方案附后，且须在评估工作结束后一周内经县、市教育部门审核上报省教育厅；3. 报送时，对已完成的整改内容可附整改时的过程性和前、后对比照片。

2012 年是国家层面的学前教育评价的一个新起点。2012 年 2 月，教育部发布了《教育部关于印发〈学前教育督导评估暂行办法〉的通知》(教督〔2012〕5 号)，通知要求从 2012 年开始，每年 7 月 31 日以前，各省(区、市)要将学前教育发展状况监测统计表(部分见表 1-12 至 1-14，引用时有调整)、学前教育督导评估自评报告单(部分见表 1-15)一式三份报送国家教育督导团，同时报送电子版。"十三五"期间，中国学前教育研究会组织专家、学者编制了《走向优质——中国幼儿园教育质量评价标准》。2020 年 10 月，中共中央、国务院印发了《深化新时代教育评价改革总体方案》(以下简称《总体方案》，见二维码)。《总体方案》在重点任务中提出"完善幼儿园评价"，重点评价幼儿园科学保教、规范办园、安全卫生、队伍建设、克服小学化倾向等情况。2022 年 2 月教育部印发了《幼儿园保育教育质量评估指南》，要求坚持以促进幼儿身心健康发展为导向，聚焦幼儿园保育教育过程质量，评估内容主要包括办园方向、保育与安全、教育过程、环境创设、教师队伍五个方面。各省(区、市)完善幼儿园质量评估标准，将各类幼儿园纳入质量评估范畴，定期向社会公布评价结果。由此可见中国政府对提升幼儿园保教质量的态度和决心。当然，国家层面的评估难度是很大的，要

拓展知识

《深化新时代教育评价改革总体方案》

拓展知识

《幼儿园保育教育质量评估指南》

对全国学前教育发展的情况进行拉网式的全面普查，还必须依靠各级地方政府的支持。从下面的学前教育发展状况监测统计表（表1-12至表1-14）就可见一斑。

表 1-12 学前教育发展状况监测统计表——学前教育三年行动计划工程（项目）情况统计表

序号	工程（项目）名称	目标和主要内容	实施范围	时间跨度	资金投入/万元					进展情况
					总计	中央	省级	地市级	县级	
总计			—	—	—					

注："实施范围"指项目覆盖的范围，如全省（区、市），农村地区，部分贫困地区或县（详细列出），家庭经济困难群体等。

表 1-13 学前教育发展状况监测统计表——学前教育三年行动计划基本情况汇总表（部分）

市（地）名称	县名称	基本状况（2010年）											
		在园幼儿数/人				毛入园率/%			学前教育财政投入		幼儿教师数/人		
		计	公办	民办	无证园	学前一年	学前二年	学前三年	总额/万元	所占比例/%	计	在编教师	取得资格
1	2	3	4	5	6	7	8	9	10	11	12	13	14
总计													

注：1."所占比例"指财政性学前教育经费在财政性教育总经费中的比例；2."幼儿教师数"指园长和专任教师数；3."在编教师"指具有事业单位编制的幼儿教师；4."取得资格"指具有幼儿教师资格证书。

表 1-14　学前教育发展状况监测统计表——学前教育三年行动计划完成情况统计汇总表(部分)

市(地)名称	县名称	本年度幼儿园建设情况/个									其中乡镇中心园/个	学前教育财政投入		毛入园率/%		
		合计	新建				改扩建					总额/万元	所占比例/%	学前一年	学前二年	学前三年
			计	城市	县镇	农村	计	城市	县镇	农村						
1	2	3	4	5	6	7	8	9	10	11	12	13	14	15	16	17
总计																

注：1."所占比例"指财政性学前教育经费在财政性教育总经费中的比例；2."乡镇中心园"指本年度新建、改扩建乡镇中心幼儿园数。

学前教育督导评估自评报告单(部分)见表 1-15。

表 1-15　学前教育督导评估自评报告单(部分)

一级指标	二级指标	分值	自评简述	得分	扣分原因
一、政府职责 20分	1. 重视并切实加强对大力发展学前教育的领导。成立学前教育工作领导小组或建立联席会议制度，加强对学前教育的统筹协调；健全教育部门主管、有关部门分工负责的管理体制和工作机制。	8			
	2. 制定切实可行的学前教育发展规划和三年行动计划，其目标明确，措施具体，突出针对性、可操作性。	6			
	3. 建立督促检查、考核奖惩和问责机制。加强对学前教育的督导检查，将学前教育发展纳入各级政府领导目标责任制；对在学前教育工作中做出突出贡献的单位和个人给予表彰和奖励。	6			
二、经费投入 15分	4. 将学前教育经费列入财政预算，切实加大学前教育投入力度，向边远贫困地区和少数民族地区倾斜；新增教育经费要向学前教育倾斜；财政性学前教育经费在同级财政性教育经费中要占合理比例，并且近三年有明显提高；确保发展学前教育工程(项目)投入。	6			
	5. 建立政府投入、社会举办者投入、家庭合理负担的投入机制；研究制定公办幼儿园生均经费标准和生均财政拨款标准，并能及时拨付到位。	4			
	6. 制定支持学前教育的优惠政策，鼓励社会力量办园和捐资助园；建立学前教育资助制度，发展残疾儿童学前康复教育；国家支持学前教育发展的项目经费使用规范、合理。	5			

续表

一级指标	二级指标	分值	自评简述	得分	扣分原因
三、园所建设 15分	7. 扩大普惠性学前教育资源。大力发展公办幼儿园，提供广覆盖、保基本的学前教育公共服务；鼓励社会力量以多种形式举办幼儿园，积极扶持民办幼儿园，并提供普惠性服务。	8			
	8. 研究制定城镇小区配套幼儿园的规划、建设、接收、使用与管理细则，并有效落实，确保布局合理，方便就近。农村乡镇建设公办中心幼儿园，大村独立建园，小村设分园或联合办园，人口分散地区开展学前教育巡回支教等，构建县、乡、村学前教育网络。	4			
	9. 设施设备配备达标，满足幼儿活动和发展的需要。	3			
四、队伍建设 15分	10. 合理确定幼儿教师生师比，核定公办幼儿园教职工编制，配足配齐教职工；健全幼儿教师准入制度，严把入口关；多渠道保证师资的供给，满足学前教育发展需求。	6			
	11. 完善学前教育师资培养培训体系，扩大幼儿教师的培养规模，加大幼儿教师的培训力度，增强培训的针对性，提高教师专业素质。	5			
	12. 依法落实幼儿教师地位和待遇，切实维护幼儿教师合法权益。	4			
五、规范管理 15分	13. 严格执行幼儿园准入制度，制定各种类型幼儿园的办园标准，实行幼儿园审批登记和年检制度。对无证办园进行全面排查登记，实行分类治理，妥善解决无证办园问题。	4			
	14. 完善幼儿园收费管理机制，制定幼儿园收费标准，规范幼儿园收费工作。	3			
	15. 重视幼儿园安全保障和卫生健康工作，健全各项安全管理、卫生保健、饮食与健康工作制度和安全责任制。	4			
	16. 落实《幼儿园教育指导纲要（试行）》，加强对幼儿园保教工作的指导，建立幼儿园保教质量评估监管体系和机制，开展保教质量监测评估工作，有效解决"小学化"倾向和问题。	4			
六、发展水平 20分	17. 毛入园率明显提高，"入园难"问题得到有效缓解。	4			
	18. 城镇和农村公办幼儿园所占比例、广覆盖程度明显提高。	3			
	19. 学前教育财政投入所占比例明显提高。	3			
	20. 取得幼儿教育资格证的教师数占幼儿教师总数的比例明显提高。	3			
	21. 保教质量明显提高。	4			
	22. 社会对当地提供的学前教育的满意度明显提高。	3			

三、有关学前教育评价的研究相对滞后

学前教育评价是一种专业性、技术性很强的工作,只靠教育管理人员主持和参与的评估,没有一定水准的研究过程的参与,就难以保证评估的科学性和有效性。然而,我国学前教育评价领域的理论和实践研究仍处于初级阶段,只有少数发达地区教育行政部门投入相对较多的力量结合评价工作开展评价研究。幼儿教育学术界关于学前教育评价方面的研究不多,通过中国知网查询,我国有关学前教育评价 20多年(1995—2021)的研究成果大致可以归纳为以下几个方面。一是关于学前教育评价发展历史的研究。例如,霍力岩的《西方学前教育评价的发展历程及当代特点》(1995),李琳的《学前教育评价的历史发展轨迹及其未来发展趋势》(2012)。二是关于我国学前教育评价的文献综述。例如,蒲汝玲的《近十年我国学前教育评价研究文献综述》(2009),马娥的《近 20 年国内学前教育评价研究文献综述》(2009),高艳的《2001 年以来我国学前教育评价综述》(2015)。这两点基本上是对西方和我国学前教育发展历史的梳理。三是关于借鉴国外相关评价的研究。例如,钱雨的《美国学前教育课程评价研究项目的背景、内容、实施及其启示》(2011),李克建、胡碧颖的《国际视野中的托幼机构教育质量评价——兼论我国托幼机构教育质量评价观的重构》(2012),李克建、胡碧颖、潘懿等人的《美国〈幼儿学习环境评价量表(修订版)〉之中国文化适宜性探索》(2014),潘月娟的《国外学前教育质量评价与监测进展及启示》(2014),单文鼎、袁爱玲的《国际视野下的学前教育质量评价研究——兼谈对我国学前教育质量评价的思考》(2014),刘昊、刘莉的《从英国最新督导标准看学前教育督导评价发展趋势》(2019)。四是关于评价方法的研究。例如,杨晓萍、柴赛飞的《质性评定方法对我国学前教育评价的启示》(2004),于开莲、焦艳的《两种学前教育评价新方案的对比——多彩光谱评价方案与作品取样系统》(2009),周欣的《表现性评价及其在学前教育中的应用》(2009),刘昊的《学前教育质量评估研究中统计分析方法的新发展》(2013),陈德枝、秦金亮、李克建的《托幼机构教育质量评价的多元概化理论分析》(2013)以及《托幼机构教育质量评价中评委偏差的多侧面 Rasch 分析》(2016)。五是关于评价指标体系的研究。例如,王吉的《学前教育信息化评价指标体系的构建》(2012),郑勇军的《浅谈学前儿童教育评价的体系构建》(2015),以中国学前教育研究会"十三五"规划重点课题"中国优质幼儿园评价标准研究"为依托发表的陈德枝、李克建、周兢的《〈走向优质——中国幼儿园教育质量评价标准〉的测量学属性分析——基于我国 100 所幼儿园与 1670 名儿童的测评数据》(2021),刘颖、虞永平的《我国幼儿园管理质量的现状、类别及其影响因素——基于潜在剖面分析的结果》(2021),侯莉敏、罗兰兰、吴慧源的《幼儿园学习环境质量与幼儿发展结果的相关分析及其阈值效应》(2021),原晋霞的《我国幼儿园课程质量现状探索与提升建议》(2021)以及吴琼的《我国幼儿园师资保障质量评估与提升策略》(2021),这些也是我国专家、学者开展具有中国特色学前教育质量评价标准体系研究的最新成果。六是关于儿童发展评价的研究。20 多年来关于儿童发展评价的研究数量较多,不再一一赘述。

纵观已有研究成果,我国学前教育评价的研究基本上处在对发展历史、文献综

述和国外借鉴等方面的研究上，而且相关的成果数量较少。对学前教育评价方法、评价指标体系构建等方面的研究还远远不足，对评价类型和方法还缺少深入、细致的研究和分析，将这些研究方法应用到学前教育实践中的研究更少。

鉴于学前教育评价研究的实际情况，要满足我国学前教育改革与发展的现实需要，传统的评价无论在评价理念、评价标准上，还是在评价方式上都面临着巨大的挑战，建立适合新形势的评价体系成为当务之急。一方面，我们要重视吸收国外教育评价理论和实践研究的新成果；另一方面，我们应该积极投入精力开展高水平的评价研究，学前教育学术团体和组织也应该加强对学前教育评价的指导工作。只有多方面共同努力，才可能满足我国学前教育快速改革与发展的需要。

四、评价目的由监督与管理向制度化和科学化方向发展

学前教育评价的基本功能长期局限于各级地方政府对学前教育机构的监督和领导，更多的评价只起到了行政监督的作用，忽略了让这种行政监督成为制度化、科学化的管理，以至于评价对象对这种行政监督式的评价产生抵触情绪。近几年来，评价的这一功能发生了很大的变化，政府越来越注重将监督与管理式评价推向制度化和科学化。比如，陕西省在评估省级示范幼儿园的过程中，就提出了"幼儿园自查—县级初评—市级复评—省级评估—整改提高"的评价程序，我们可以看出评估不是仅仅为了一般性地完成行政管理的任务，而是为了帮助被评幼儿园通过参与评估来提升质量。其整改提高环节是这样做的：省教育厅以市为单位，逐园下达整改意见通知书，幼儿园形成整改报告，填写"陕西省示范幼儿园创建整改方案报送表"，经县、市教育部门审核后，上报省教育厅。由市、县教育部门负责对照幼儿园整改方案进行指导、督促和检查，分阶段、分项目进行整改成效评估，并以市为单位，以图片和文本(一式一份)形式将幼儿园的整改情况上报省教育厅。省教育厅采取抽查方式，对幼儿园整改情况进行复评。除此之外，省级示范幼儿园还实行动态管理。对已命名的省级示范幼儿园，省教育厅采取随机、不定期的方式进行抽查，并每5年复验一次。对抽查和复验不合格的省级示范幼儿园，由各市(区)教育部门负责指导、督促进行限期整改，经整改仍不合格者，取消其省级示范园称号。可见，原来的行政监督和管理职能已经逐步走向制度化和科学化。

📖 本章小结

本章主要介绍了学前教育评价的产生与发展、学前教育评价的特点、与学前教育评价相关的核心概念，在此基础上，理解学前教育评价的意义、作用和原则，着重介绍了学前教育评价的类型，并结合评价实例详细说明了不同类型的评价方法的使用范围、优缺点等。最后，结合我国学前教育评价的实际情况剖析了当前我国学前教育评价发展的现状与趋势。

关键术语

评价　教育评价　学前教育评价　评价与评估　评价与测量　评价与研究
标准化测验　动态评价　静态评价　整体评价　局部评价　单纯评价　诊断性评价
形成性评价　总结性评价　相对评价　绝对评价　个体内差异评价　自我评价　他
人评价　分析评价　综合评价　量化评价　质性评价　混合型评价

思考题

1. 学前教育评价有什么特点？
2. 对学前儿童进行标准化测验的利与弊是什么？
3. 学前教育评价的作用体现在哪些方面？
4. 进行学前教育评价要坚持的原则有哪些？可行性原则和全面性原则矛盾吗？
5. 学前教育评价的类型有哪些？各种类型的评价在使用过程中要注意哪些
问题？

建议的活动

1. 选择自己熟悉和可行的评价方法对家庭关于学前儿童教育的投资进行调查，
并撰写调查报告。
2. 查询某种类型的学前教育评价实践活动的资料，并谈谈自己对该项评价活动
的认识。

第二章 学前教育评价的理论基础

<table>
<tr><td rowspan="2">学习目标</td><td>学习完本章内容后，你应该能够：
· 了解学前教育评价的整体思想；
· 运用系统理论解释学前教育评价，初步理解量表理论、测量技术、统计分析和检验理论与学前教育评价的关系。</td></tr>
</table>

📹知识图谱

第二章知识图谱

学前教育评价是学前教育体系的重要组成部分，是对学前教育活动有关的各个方面和问题进行系统的检测和科学的价值判断的过程。[①] 这个过程离不开教育理论的指导。没有理论指导的教育实践是盲目的实践，缺乏教育实践支撑的理论也是空洞的理论，难以统领实践。所以，在接触学前教育评价实践之前，我们需要对学前教育评价的有关理论有一个初步的了解。

第一节 系统理论与学前教育评价

一、学前教育评价的整体思想

学前教育评价是对学前教育的社会价值做出价值判断的过程。它以学前教育为对象，对其效用给予价值上的判断。学前教育是一种有目的的活动，教育活动是否针对目的、目标而实施，是否产生适宜的教育效果，能否满足儿童、家长和社会的需求，是否反映了正确的教育价值观与儿童观，有没有达到预期的目标，能否促进儿童按照社会的要求健康发展等，都需要通过客观、科学的评价来获得答案。各种学前教育活动都应与一定的评价过程相联系。

---

① 王坚红：《学前教育评价》，2 页，北京，人民教育出版社，2010。

学前教育评价是学前教育体系的一部分,它自身也独立形成一个系统。作为一种客观存在的系统,学前教育评价蕴含着系统论的思想,把系统理论作为科学的指导。

二、系统理论

(一)系统的出现

系统一词,来源于古希腊语,是由部分构成整体的意思。系统思想源远流长,但作为一门科学的系统论,人们公认它是由美籍奥地利理论生物学家贝塔朗菲(L. von Bertalanffy)创立的。确立这门科学学术地位的是 1968 年贝塔朗菲出版的《一般系统论》一书,该书被看成这门学科的代表作。一般系统论试图给出一个能揭示各种系统共同特征的一般的系统定义,将系统定义为:系统是处于一定相互联系中的与环境发生关系的各组成成分的总体。[①]中国著名科学家钱学森则主张把极其复杂的研究对象称为"系统",将"系统"定义为由相互作用和相互依赖的若干组成部分结合成的具有特定功能的有机整体。[②]

系统思想的发展经历了漫长的过程,在这个过程中,人类对事物的认识不断发生着变化。人类对物质世界的最初认识,是从事物总体来观察的,当人类文明发展到一定程度,逐渐用分析的方法代替综合的方法,侧重于分析事物的各个部分,然后再把对事物各个部分的认识加起来作为对整个事物的认识。随着科学技术的发展,人类的认识方式发展到了新的阶段,开始从事物内部的有机联系、从一事物同另一事物的外部联系来辩证地系统地看待客观世界,这就进入了系统辩证思维阶段。正是沿着这样一条"浑浊整体—分析—系统整体"的认识道路发展,经历了朴素的整体思想、机械的系统思想、辩证的系统思想、定量化的系统思想四个阶段,才形成了我们今天所说的系统思想。[③]

(二)系统理论的原则

1. 整体性原则

系统理论的核心思想是系统的整体观念。解剖学告诉我们,对一个活体进行解剖分解,有助于分别认识活体的各个组成部分,但是把分解的各部分再重新组合在一起,却恢复不了活体及其功能,这就是系统的整体性原则。它向我们表明整体的功能并不等于它各个组成部分功能的简单相加,"整体不等于或大于部分的总和"。系统是由若干相互联系、相互作用的要素按一定方式组成的统一整体,因此只有孤立的各个组成部分是不能构成系统的,它们必须相互联系、相互作用才能构成系统。贝塔朗菲指出:"系统只能通过自己的广义的内聚力即通过组成部分的相互作用来说明。"[④]他认为,为了理解一个整体或系统,不仅要了解其部分,而且要了解各部分

---

① 乌杰:《系统哲学》,2 页,北京,人民出版社,2008。
② 钱学森等:《论系统工程》,10 页,长沙,湖南科学技术出版社,1982。
③ 乌杰:《系统哲学》,11 页,北京,人民出版社,2008。
④ [美]贝塔朗菲:《普通系统论的历史和现状》,见中国社会科学院情报研究所:《科学学译文集》,322 页,北京,科学出版社,1980。

之间的关系。

2. 结构性原则

结构是系统中诸要素相互联系、相互作用的方式。结构性原则揭示了系统中诸要素之间的联系，指出了实现系统功能优化的基本途径。自然界和人类社会的大量事实表明，系统的性质和功能不但取决于构成系统的要素，而且取决于要素之间相互联系所形成的结构。只有通过结构的合理化，才能实现系统的功能优化。例如，人们越来越重视对各类系统结构的优化，知识结构、生产力结构、经济结构、产业结构、消费结构等，目的都是通过结构的调整和优化，实现系统功能的优化。

3. 层次性原则

系统的层次性是系统思想的一个重要原则。任何系统都有层次性，都是由若干不同层次的子系统组成的复合体。层次是系统中不同的组成部分在依次隶属关系中形成的等级，每一个层次又都可以相对独立地自成系统。人类社会也是一个由众多层次构成的复杂系统，而教育系统作为其中一个层次又有着自身复杂的层次结构。

4. 开放性原则

唯物辩证法的系统开放性观点认为，系统可以分为孤立系统、封闭系统和开放系统。而系统思想又认为孤立系统和封闭系统只是一种理论上的抽象，现实系统都是开放的。就是说，系统与外界环境之间不断进行着联系，系统与外界环境是相互联系、相互作用且不断发展变化的有机整体。中国的改革开放正是对系统开放性原则最出色的运用。

(三)系统分析方法

系统分析就是把认识对象放在系统的形式中进行分析的方法。现代系统分析用联系的观点、发展的观点、层次的观点丰富了分析方法，主要有系统要素分析、系统动态分析和系统层次分析三种基本分析方法。

1. 系统要素分析法

系统要素分析法是从系统观点出发，将认识对象放在它所隶属的系统中，联系该系统所处的特定环境，分析其作为子系统与整体的关系并研究该子系统与其他要素之间相互联系的方法。这种分析方法不是把认识对象放在孤立位置，而是将其与其所在的系统整体以及其他要素相互联系起来。

2. 系统动态分析法

系统动态分析法是研究系统事物运动变化的分析方法。它依赖于系统的结构性原则，正是系统结构不断地调整变化，才最终达到系统结构优化的目的。在整个过程中，系统结构不断变化，要求人们用动态的方式来分析系统。

3. 系统层次分析法

系统具有一定的层次性，要求人们分析系统时运用层次分析的方法。人类的认识在不断扩充和延伸，这个过程也是人们认识世界新层次、探索世界不同层次的过程。

三、系统理论对学前教育评价的指导

现代系统论思想的出现，使人类的思维方式发生了深刻的变化。系统理论最先是自然科学发展的一个成果，但它很快就在其他学科领域得到广泛传播和运用。在哲学领域，诸如系统、整体、结构、要素、功能等这些系统思想的关键词人们已经耳熟能详；在社会学领域，整个 20 世纪社会学的几乎所有重要成果都立足于"社会是一个自组织的复杂系统"这样一个基本观念；在管理学领域，人们认为管理科学就是制定用于管理决策的数学和统计模式的系统，并把这种模式通过电子计算机应用于管理之中；在心理学领域，1912 年"格式塔"心理学就是用近似于系统论的观点来研究心理学的，皮亚杰(J. Piaget)在《发生认识论》中明确运用了动态的、发生的、自组织的观点，也是对系统思想的具体运用。[①]

拓展视频

系统理论与对学前教育评价的指导

系统理论反映了现代科学发展的趋势，反映了现代社会化大生产的特点，反映了现代社会生活的复杂性，所以它的理论和方法能够得到广泛应用。系统论不仅为现代科学的发展提供了理论和方法，而且为解决现代社会中政治、经济、军事、科学、文化等方面的各种复杂问题提供了方法论的基础。系统观念正渗透到人们社会生活的各个领域，这其中就包括教育。教育系统是人类社会系统的一个子系统，而学前教育系统又是教育系统中最低层次的子系统，学前教育评价则是学前教育系统中更加具体的一个组成部分，其所有因素及其过程也构成了一个完整的系统，因此，可以运用系统理论的观点来指导学前教育评价。运用系统理论思想指导学前教育评价需要遵守如下原则。

(一)坚持有序原则

有序是一种科学的方法。开放导致有序，封闭导致无序。[②] 有序使得人们在活动中意图明确、态度坚决、动作实际、成效显著。坚持有序原则，既能充分体现人的理智性，克服实践活动中行动或行为的随意性，又能循序渐进，实现持久发展。

学前教育评价是根据某种教育观或教育目的实施的活动，是一种有计划、有目的的社会活动。这个过程"千头万绪"，不可一蹴而就，需要合理安排，循序渐进，有序进行。因此进行学前教育评价，不能仅仅依靠一次观察、测试等得来的资料做出判断，必须将其与其他要素紧密联系起来，运用多种方法合理安排，有序组合。只有将通过多种渠道得来的资料进行系统的整理，才能使这些资料成为评价的依据。

(二)坚持优化准则

系统理论的任务不仅在于认识系统的特点和规律，而且在于利用这些特点和规律去控制、管理、改造或创造一个系统，使它的存在和发展合乎人的目的与需要。也就是说，通过调整系统结构，达到系统优化的目标。同样，坚持优化准则进行学

---

① 乌杰：《系统哲学》，28～29 页，北京，人民出版社，2008。

② 王伟光：《新大众哲学》上卷，436 页，北京，中国社会科学出版社、人民出版社，2014。

前教育评价时，也不能仅仅依靠一次观察、测试等得来的资料做出判断。在学前教育评价过程当中，要建立一个评价目标多元、评价方法多样化的发展性评价体系，灵活运用各种评价方式和方法，综合各个环节和内容，协调各个要素在符合学前教育评价基本要求的基础上有所创造，使学前教育评价得到最大优化。

(三)进行动态评价

学前教育评价对学前教育给予价值上的判断，这是始终不变的，但在学前教育评价中重要的价值、价值标准以及要判断的问题则是不断变化的，或者说，价值标准如何确定、如何进行价值判断、判断什么等，都不是固定不变的。换言之，学前教育评价是一个变化着的概念，是一个不断充实、完善和丰富的概念。任何评价标准、评价体系都不是绝对的，而是具有相对性，必须随着评价主体和客体的发展不断地修正和调整。学前教育评价不是静止的，而是一个不断发展与变化的过程，要用发展、变化的眼光看待评价主体，不要停留在某一层面或某一个点上，而是要把评价寓于教育活动过程之中。

(四)遵守反馈原理

反馈是在系统输出后做出的反应。现代学前教育评价越来越强调对教育活动过程的评价，以及对整个学前教育复杂系统的动态调控机能的评价。因此，评价的反馈作用已被人们所熟知，人们有意识地启动它并将其作为促进教育的杠杆。遵循反馈性原则，就是要从评价活动中及时地获得反馈信息，及时地调节和控制评价行为，使整个评价活动达到最优化处理。

学前教育评价是一种反馈—矫正系统，它通过不断地判断、分析和比较，在学前教育工作的每一步骤上判断该过程是否有效。如果无效，必须采取一些手段来确保过程的有效性，根据相关信息对评价活动做出调整，从而为学前教育决策和采取更佳的学前教育政策提供科学、及时的服务。

第二节　教育测量理论与学前教育评价

一、教育测量

(一)教育测量的含义

教育测量学的创始人桑代克(E. L. Thorndike)以及迈克尔(W. A. Mecall)曾先后指出："凡客观存在的事物都有其数量"，"凡有数量的事物都可以测量"。随着科学技术的进步与发展，人们不仅能对长度、重量、温度、电流以及时间、空间等物理现象做出精确测量，用数字对事物在量上的规定性予以确定和描述，而且逐步能对人的记忆、思维、能力以及性格、兴趣等进行测量，教育测量也正是基于这一事实而得以产生和发展的。

教育测量是指对教育现象进行定量化测定的原理和方法，即采用测量工具和方法对某种教育现象给予数量化的测定和描述。教育测量的基本特征是对事物或现象加以区分。从某种意义上讲，"教育测量是教育评价的工具"。①

(二)教育测量的特点

与物理量的测量相比，教育测量具有如下鲜明的特点。

1. 教育测量结果的间接性和推断性

物理量的测量大多是直接性的，如测量桌面的长和宽，可直接用尺子量一量。虽然教育测量无一例外地关注到人类自身，但是测量内容主要关乎人的种种非物质属性，如人的知识水平、聪明才智、气质性格、心理素质、创造能力等。而如今的科技水平还不足以支持人们通过教育测量实现这些方面的精确测量。我们只能根据人的一些外显行为运用推理、判断的方法对它们做出间接性、推断性的测量。

2. 教育测量对象的复杂性和测量误差的不可避免性

通过精良的测量工具，我们完全有可能把物理量的测量误差控制在某些特定的误差范围内，但教育测量不然，其测量对象不像事物的物理特性那样明确，而是内在的带有精神属性的内容，测量只能通过对它们的外显行为与反应的取样分析加以推断。另外，我们所测的知识水平、智力水平、社会适应能力、创造能力等会随着测量对象主、客观因素的变化而变化，如年龄、环境、态度等。这就使得教育测量的对象具有复杂性和不确定性，无形中也增加了教育测量的误差。

3. 教育测量的度量单位的相对性

物理测量的单位是比较明确的，如长度可以用千米、米、分米、厘米、毫米等单位来表示，电量可以用千瓦、瓦等单位来表示，而教育测量的度量单位一般是相对的，必须对教育测量的数据进行转换，否则不能进行代数运算。例如，每一个"1分"的含义是不同的，英语的"1分"不等同于数学的"1分"，选择题的"1分"不等同于问答题的"1分"。因此，教育测量的单位是不能直接进行加减乘除的。

4. 测量目的具有一定的针对性

教育测量必须为实现教育目的服务，通过测量掌握对象的情况，了解教育教学需求，以便更加合理地组织教育教学活动。我们不能脱离教育目的的要求随意制定量表，任意地进行测量。

二、教育测量与教育评价

教育评价是根据一定的教育价值观或教育目标，运用可行的科学手段，通过系统地收集信息、分析解释，对教育现象进行价值判断，从而为不断优化教育和教育决策提供依据的过程。教育评价当中数量化的描述是采用测量工具和方法获取的，并依据教育目标对数量化的结果给予价值上的判断。教育测量是采用测量工具对教育现象测出数量化的结果，因此，教育测量应当尽可能客观，在测量中尽量避免或排除主观因素。客观性是衡量测量质量的最主要的标准。其目的只是给予程度上的区分，而不管其价值如何。而教育评价则是要以测量所得到的客观描述为基础，在一定的价值观的指导下，以评价主体的需要和目标为准绳来评判这些属性或实态的价值。教育测量可以为教育评价提供价值判断的基本数量事实，教育测量是教育评

① 苏晓倩：《教师如何观察和评价幼儿》，13 页，北京，中国轻工业出版社，2012。

价的基础，而教育测量结果只有通过评价的解释才能展示其实际意义。教育评价和教育测量是两个密切相连又有区别的概念。测量关心的是数量的多少，评价关心的是价值的大小；测量是一种纯客观的过程，评价带有主观性，是主观估计与客观测量的统一；测量是一种单一的活动，评价则是一种综合的活动。[①] 因此，一个完整的评价计划包括测量和非测量两种方法，用公式加以形象地表达，即评价＝测量＋非测量＋价值判断。[②] 学前教育评价，作为教育评价中更加具体的一个维度，必须包含测量过程，测量是学前教育评价过程中的重要以及必要手段。

拓展知识

教育测量与评价的
主要功能

三、教育测量在学前教育评价中的应用

(一)量表及其类型与应用

1. 量表及其类型

量表一般被称为测量的工具，它是具有一定单位和参照点的连续体。我们可以通过量表对测量对象进行量化取值。例如，有刻度的尺子可以成为度量长短的量表或量尺。教育测量中所使用的量表多以文字试题的形式出现，也有以图形、符号、操作要求的形式出现的。[③] 由于指定量表的单位和参照点不同，因此量表的种类也不同。心理学家史蒂文斯(S. Stevens)根据测量的精确程度，将量表从低级到高级排列分为类别量表、顺序量表、等距量表和比率量表。

拓展视频

教育测量在学前
教育评价中的应用

类别量表(或名称量表)分类是最低水平的测量，就是依据法则指派给事物及其属性相应的数字，所属类别的数字仅仅是一种代表符号或称呼，没有数量大小的含义，亦即仅具区别性而不能作数量化分析，不具有序列性、等距性、可加性，不能进行四则运算。例如，对学生编考号、学号；对测量对象进行性别划分，男孩规定为 0，女孩规定为 1，这些都属于类别量表，它们之间无大小关系且不能运算。

顺序量表(或等级量表)本质上也是对事物进行分类，但是所得测量值在每一类别中具有序列性或等级性，比类别量表要精确，其中的数字不仅指明类别，而且能指明不同类别的大小等级或具有某种属性的程度。例如，评定的等级，优、良、中、差就是顺序量表。

等距量表不仅有大小关系，而且有相等的单位和相对的零点。例如，测量温度就是一个等距量表，60℃与50℃之间的差别等于40℃与30℃之间的差别；智力测验的分数、标准分数都是等距量表。等距量表可以进行加减运算，但由于没有绝对的零点，故不能进行乘除运算。

---

①　胡中锋：《教育测量与评价》第 2 版，12 页，广州，广东高等教育出版社，2006。

②　[美]N. E. 格朗兰德：《教学测量与评价》，郑军、郭玉英、李登祥等译，4 页，石家庄，河北教育出版社，1991。

③　胡中锋：《教育测量与评价》第 2 版，5 页，广州，广东高等教育出版社，2006。

比率量表是最高级和体现最精确测量水平的一种测量量表。它既有等距的单位，又有绝对的零点，因此可以进行加减乘除。大多数物理测量量表是比率量表，而教育测量的量表却很难达到这一水平。

2. 量表在学前教育评价中的应用

拓展知识

四种量表的比较

量表在学前教育评价中应用广泛，如对学前儿童发展的评价，可以应用学前儿童发展量表进行评价，此外，对幼儿教师专业发展、幼儿园管理等方面也可采用量表进行评价。例如，美国心理学家韦克斯勒(D. Wechsler)于1967年制定的标准智力测验量表，可以对3～7岁儿童的智力进行测量，他把智力分成语言和操作两个部分，用于对儿童智力状况的测评。不同性别儿童的某种行为出现的差别也可以使用量表进行测量。

在实际的学前教育评价中，量表的选择是一项重要的工作，主要是由于学前教育评价的对象具有模糊性、综合性和不确定性等特点。因此，选择量表应注意两个问题。第一，使用等级量表时，等级的多少以及级数的奇偶都应尽量合理。等级过多，评定难度加大；等级少了，难以反映客观实际。一般以3～5个为宜，具体选用需要考虑评价对象的具体情况。第二，在给各等级"赋值"时，要做到科学合理和简便易行。根据学前教育评价对象的特殊性，人们多主张采用模糊数学隶属度的方法进行"赋值"。[1]

(二)测量技术是获取学前教育评价信息的手段

1. 测量方法简介

测量技术可以提供学前教育评价所需要的信息，在实际操作过程中体现为各种具体测量方法的使用，在使用测量方法进行学前教育评价时，要求具有一套完备的操作技术，包括抽样的方法、资料收集的方法、数据统计的方法等，通过测量、计算和统计分析等过程，对所要评价的对象得出客观合理的结论。

(1)抽样的方法

①简单随机抽样。

一般设总体个数为N，如果通过逐个抽取的方法抽取一个样本，且每次抽取时，每个个体被抽到的概率相等，这样的抽样方法被称为简单随机抽样。该抽样方法适用于总体个数较少的样本。

②系统抽样。

当总体的个数比较多的时候，先把总体分成均衡的几部分，然后按照预先订的规则，从每一个部分中抽取一些个体，得到所需要的样本，这样的抽样方法叫作系统抽样。

③分层抽样。

抽样时，将总体分成互不交叉的层，然后按照一定的比例，从各层中独立抽取一定数量的个体，得到所需样本，这样的抽样方法被称为分层抽样。该抽样方法适用于总体是由差异明显的几部分组成的情况。

① 霍力岩等：《学前教育评价》第3版，166页，北京，北京师范大学出版社，2015。

④整群抽样。

整群抽样又称聚类抽样，是将总体中各单位归并成若干个互不交叉、互不重复的集合(称之为群)，然后以群为抽样单位抽取样本的一种抽样方式。应用整群抽样时，要求各群有较好的代表性，即群内各单位的差异要大，群间差异要小。

(2)资料收集的方法

①文献法。

文献法也称历史文献法，就是收集和分析研究各种现存的有关文献资料，从中选取信息，以达到某种调查研究目的的方法。它所要解决的是如何在大量文献中选取适用于课题的资料，并对这些资料做出恰当分析和使用。

②访谈法。

访谈法是指通过访谈员和受访人面对面地交谈来了解受访人情况的一种基本研究方法。因研究问题的性质、目的或对象的不同，访谈法具有不同的形式。根据访谈进程的标准化程度，访谈可分为结构型访谈和非结构型访谈。访谈法能够较为简便地收集多方面的资料，运用面广。

③问卷法。

通过由一系列问题构成的调查表收集有关被评对象的个人行为和态度的一种评价资料收集方式。该方法简便易行，能在较短的时间内收集到广泛的资料，并且便于整理和统计分析。在学前教育评价中，由于学前儿童文字语言能力较弱，问卷调查多以家长、教师等了解幼儿的成人为对象。针对幼儿设计的问卷可以由家长或教师向幼儿解释后由成人代填。[①]

(3)数据统计的方法

①描述统计。

描述统计是用图表或概括性的数字描述和总结大量原始数据的分布情况或变量间关系程度的统计方法。一般来说，当总体容量(个案数)比较小，条件容许对其全体进行测量，从而求得总体的参数(如平均数、标准差、相关系数等)的情况下，采用描述统计方法。

②推断统计。

推断统计又称抽样统计，是在描述统计的基础上发展起来的。推断统计使用抽样的方法，从总体中抽出一部分个体，作为样本，从对样本的研究中得出的统计数字来推断总体的有关特征，或者从一个已知量去估计、推断一个相应的未知量。

各类方法的具体使用请见第六章。

2. 学前教育评价应用测量方法要注意的问题

测量方法的使用适合于较大范围的调查和评价，可以通过一定的评价工具对假设进行检验，通过随机抽样可以获得有代表性的数据和评价结果，从而对事情的因果关系以及相关变量之间的关系进行研究。因此，运用合理的测量方法所获取的结果一般比较客观、精确和公正。

但是，作为量化研究方式，测量只能对评价者预定的一些假设进行证实，很难

---

① 霍力岩等：《学前教育评价》第3版，243页，北京，北京师范大学出版社，2015。

了解当事人的视角和看法，评价结果只能代表抽样总体中的平均情况，不能兼顾特殊情况等，因此学前教育评价不能过于依赖测量方法，而应在评价前后及过程中应用更多样化的方法，以获取更加全面的结果。

测量方法的使用以自然科学的方法论为依据，强调对各种教育现象进行数量考察，为了对现象进行客观公正的评价，强调评价者必须保持客观的态度，以避免偏见。在使用测量方法时，我们要根据评价目标选择科学的方法、合理的内容，实施过程中尽量用最简便易行的方式达到最优化的效果。

（三）统计分析是处理学前教育评价信息不可或缺的方法

在学前教育评价中，利用教育评价技术所获得的各类资料并不都是可以直接利用的，如数据型资料中，有些数据资料缺损，有些隐含水分。所以，对已获得的学前教育评价的数据资料，我们必须经过整理才能进行分析处理。对学前教育评价资料进行整理、总结、分析、检验，估计所得结果的可靠程度，并通过统计分析这种严格的系统过程，使我们可以用样本资料去推断总体的情况，得出科学的结论，这就是学前教育评价资料的统计分析。统计分析根据样本与总体的关系分为描述统计和推断统计。

1. 统计分析对学前教育评价的作用

统计分析是指运用统计方法及与分析对象有关的知识，在定量与定性的结合中进行的研究活动。它是继统计设计、统计调查、统计整理之后的一项十分重要的工作，能使人们在前几个阶段工作的基础上通过分析得到对研究对象更为深刻的认识。它又是在一定的选题下，集分析方案的设计、资料的收集和整理而展开的研究活动。系统、完善的资料是统计分析的必要条件。

统计分析对学前教育评价的作用主要是对评价资料进行量化分析，即将原始数据转化为易于理解和解释的形式，并应用各种统计技术深入分析变量间的关系。学前教育评价过程中，人们需要通过对得到的数据资料进行统计分类，来掌握数据分布形态和特征，这些通常可以使用常用的评价数据统计方法来获取，如描述性统计、相关分析、回归分析、聚类分析、判别分析、方差分析和因素分析等。对数据资料做出分析处理后，还可以通过统计检验来解释和鉴别研究的结果，以帮助人们获取更为真实的结果。最后，通过统计结果的相关参数，人们可以从局部去推断总体的情况，进而对学前教育评价具体方面的状况进行判断。

2. 学前教育评价应用统计分析要注意的问题

统计分析主要运用于评价资料的收集和整理环节，特别是在数据型资料中。在整理数据时应当注意，由于设计疏忽或某些困难，有些项目的数据未被收集，或是收集到的某些数据对于评价作用不大，数据会出现缺损值。一般来说，对于重要的数据，应当补充收集；对于缺损值，应当用计算机软件按评价的规定给予修正。如果一些数据限于客观条件而未收齐，那么在数据整理阶段开始时就应反复思考，对可能因此产生误差的方面及时给予妥善处理。

首先，在对数据进行统计分析之前，必须对数据进行核查，它的目的是核实、查对在人工整理数据的过程中，对数据类型的判断和取值是否有误差。只有在全部数据核实无误后，才能进入数据的统计分析阶段。

其次，对数据进行统计分析的过程中，对统计人员、统计方法、统计工具等都要有严格的要求。例如，统计人员需要有一定的专业知识、严谨的态度，避免统计的主观性。统计方法的选择要根据研究的实际需要，以能够最大化实现研究目的为原则，选择可行性较强的方法。

（四）检验理论是诊断学前教育评价结果的依据

1. 检验理论及其特点

在学前教育评价中，教育测量方法的使用越来越广泛，究其原因，是测量作为一种实证科学研究的途径具有科学性。科学的最终结果不是笼统的、有歧义的普遍性规范，而是个别确定的、具体的命题，是在可控条件下可以重复接受检验的。[①]因此，在学前教育评价中要获取更为科学的结果，离不开对局部研究结果的检验。

事实上，检验理论是出现在统计分析过程中的重要一环，该环节在一定程度上决定了学前教育评价结果的真实性和可靠性。统计检验方法分为参数统计检验和非参数统计检验。[②] 常用的统计检验方法有：z 检验，适用于大样本，用正态分布理论来推论差异发生的概率，从而判断两个平均数的差异是否显著；t 检验，适用于小样本的差异显著性检验；方差分析，用于评估同时比较几个平均数，可以指出自变量的不同水平因素之间的相互作用的效益；x^2 检验，适用于计数资料，将实验结果与某些理论假设上期待的结果进行比较。具体检验的方法此处不做详细解释，可参阅本书第六章。

2. 检验理论在学前教育评价中的具体应用

教育评价活动是对社会群体与教育活动之间的价值关系的认识活动。学前教育评价活动的结论形成必须经过一个由感性认识上升到理性认识的过程，结论的形成意味着人们对教育活动赋予一定的意义。这种意义的"真"只能依赖于对反映过程和结论的检验。教育研究机构依据检验过程的反馈信息对原有结论进行修正，以使得教育活动的意义真实地反映出来。要注意的是，一个检验允许犯错误，但错误的性质一般是不同的，这就需要我们区分错误的不同类型，从而针对不同的结论把握犯错误的可能性。

（1）评价结论的检验

在对学前教育活动做出有无意义的判断后，形成了评价结论，使教育活动具有了特定的意义，如同研究的结论需要回到实践中接受检验一样，教育评价结论的真假也有待检验。

第一，对评价过程的检验。任何评价结论的形成都经过一定的思维过程。在教育评价活动中，实施评价方借助反思来检验评价过程的合理性。反思是一种抽象的思维活动，是一种不断的反复思考，也是主体对自身活动的自觉地再认识、再评价的过程。例如，反思评价过程是否完整反映社会群体的教育需要，是否符合教育规范，能否揭示教育活动的属性和功能；实施评价方是否判断正确，是否遵守逻辑规则，其能力是否达到评价要求等。

---

① 刘大椿：《科学哲学》，8 页，北京，人民出版社，1998。
② 裴娣娜：《教育研究方法导论》，347 页，合肥，安徽教育出版社，1995。

第二，对评价结论的检验。作为认识活动的教育评价活动，其评价结论最终要回到实践中。在经过对评价过程的检验后，如果发现评价过程的环节所涉及的诸要素是相对正确的，那么就需要进一步通过对评价结论的检验来判断教育评价的作用、效果是否有意义。通常，在得出了教育活动的价值判断，形成了关于教育活动的价值观念后，这个评价过程就算结束了。由于评价的目的在于得出结论之后通过社会群体内的教育组织体系应用到整个社会群体的教育实践中，这样做的结果可能会因评价结论存在的错误而对全局的教育活动造成破坏性的影响，因此，对于评价活动的结论的实践检验要非常谨慎地进行，尽可能减少检验过程中消极或者负面的影响。对教育评价结论的检验可以先从小范围的实践检验开始，再推广到整个社会群体的教育实践中去接受实践检验。可以把评价结论放在经选择后的教育实践中检验评价结论，通过信息的形式反馈回来，对原来的评价结论进行再次加工、修正和完善，之后再与整个教育实践范围结合，这时的结论才是在接受最终意义上的检验。但是，对评价结论的实践检验并没有结束，结论要在实践中不断地被检验，不断地被修正，不断地趋向正确的评价结论。

（2）评价结论的修正

往往不是一次评价就能完全反映教育活动的价值的，一次评价得出的评价结论可能是片面的，为此，必须对评价结论进行修正。修正评价结论必须和检验评价结论的信息反馈紧密地联系在一起。最终趋于正确的结论源自对原有评价结论的不断修正。

对评价过程进行检验的每一步，都会有相应的反馈信息。这些反馈信息会引导评价实施方去完善评价过程中的要素和过程，使教育评价活动更加科学、客观，使评价过程趋于理性。

本章小结

本章主要对学前教育评价的理论基础进行了阐释，包括两部分内容。第一部分主要从系统理论的介绍引入系统理论对学前教育评价的指导作用。学前教育评价的所有因素及其过程构成一个完整的系统，因此，可以运用系统理论观点来指导学前教育评价。在学前教育评价中应当坚持有序原则、坚持优化准则，进行动态评价、遵守反馈原理。第二部分通过对教育测量的简介，简述了教育测量与教育评价的关系。教育评价是利用教育测量的结果，对其做出价值上的判断。教育测量可以为教育评价提供价值判断的基本数量事实，教育测量是教育评价的基础。教育评价和教育测量是两个密切相连又有区别的概念。学前教育评价，作为教育评价中更加具体的一个维度，必须包含测量过程。测量是学前教育评价过程中重要以及必要的手段，具体从四个方面说明了教育测量理论在学前教育评价中的应用：量表理论是确定学前教育评价量表的准则，测量技术是获取学前教育评价信息的手段，统计分析是处理学前教育评价信息不可或缺的方法，检验理论是诊断学前教育评价结果的依据。

关键术语

系统理论　量表理论　测量技术　统计分析　检验理论

思考题

1. 阐述系统理论对学前教育评价的价值。
2. 什么是系统分析方法？
3. 阐述教育测量的含义及其与学前教育评价的关系。
4. 学前教育评价应用测量方法要注意哪些问题？
5. 在学前教育评价中检验理论有哪些作用？

建议的活动

收集三个学前教育评价案例，判断这些案例是如何应用教育测量理论的。

第三章　学前教育评价的理论模式

<table>
<tr>
<td rowspan="1">学习
目标</td>
<td>学习完本章内容后，你应该能够：
• 掌握几种主要的学前教育评价理论模式的基本概念、实施过程；
• 根据不同的教育实践活动选择适合的学前教育评价模式；
• 根据需要评价学前教育活动和课程方案，尝试设计具体的评价程序或步骤。</td>
</tr>
</table>

知识图谱

第三章知识图谱

　　教育评价在教育学研究范畴里始终占据着重要的地位，在学前教育领域同样发挥着巨大的作用——对教学效果的评定、对教学方法的评定、对教学内容的评定、对教学对象的评定以及对教学环境的评定等。作为学前教育工作者，教师应该对当前使用较为广泛的评价模式有一个基本的了解，以达到通过科学评价提升学前教育质量的目的。本章介绍几种主要的评价模式。

教师资格考试·考点分析

　　《保教知识与能力》考试大纲"考试目标"第六条提出，幼儿教师要具有"幼儿园教育评价的基础知识和能力。了解教育评价的基础知识，能够运用评价知识对教育活动进行反思，改进保育教育工作"。

　　注：本章的评价模式也是学前教育评价的基础知识，学习者应在理解和掌握评价模式的基础上，根据需要为不同的教育实践活动选择合适的学前教育评价模式，并能根据评价结果对教育活动进行反思。

第一节　泰勒的目标达成评价模式

一、目标达成评价模式简介

目标达成评价模式，又称泰勒模式，其提出者是美国的泰勒。目标达成评价模式是教育评价史上第一个较为完整的教育评价模式，也是迄今为止对后继教育评价模式影响较大的评价模式。

拓展视频

泰勒的目标达成
评价模式

背景介绍

1929 年，泰勒受俄亥俄州立大学教育研究所邀请，主持该研究所成就测验部门的工作，工作任务是帮助学校改进本科教学，以应对当时教学质量不高，尤其是不少学生读了一、二年级就辍学的状况。泰勒所主持的团队在对当时普遍采用的记忆式测验进行调查、研究的基础上，提出应改革学业成就的测验内容和方式，从更为广泛的方面评价学生的学习。1934 年，《学业成就测验编制》的发表，标志着目标达成模式的初步形成。此后，泰勒受邀主持"八年研究"的评价工作。泰勒以课题评价为切入点，提出了课程与教学计划编制的基本原则。1945 年，《课程与教育的基本原则》一书的出版，标志着教育评价目标达成模式的确立。①

在"八年研究"中，泰勒正式提出并使用了"教育评价"这一概念，明确地提出了"以教育目标为核心"的教育评价的"泰勒原理"，形成了教育评价的"目标达成模式"。泰勒认为，在课程组织过程中，首先要考虑四个问题：

学生应达到哪些教育目标？

提供哪些经验才能帮学生实现目标？

如何让这些经验得到有效的组织？

怎样确定教育目标正在得到实现？

对这四个问题的回答，可以被简单地概括为：确定教育目标，选择学习经验，组织学习经验，评价教育效果。这也正是泰勒原理的主要内容。其中，确定目标是出发点；选择与组织学习经验是主体环节，评价教育效果是整个系统运行的基本保障。②

我们可以看到，这是一种始终围绕教育目标而进行的课程组织与评价方式，无论是对学习经验的选择、组织，还是最后的学习效果评价，它们都是为了达到最初的教育目标。因此，我们把基于泰勒原理的这种教育评价模式叫作目标达成评价模式。

值得注意的是，目标达成评价模式虽然把教育目标当作教育过程和评价的主要依据，但是它"并不是如有些人所批判的那样'只是一个终极的程序'。事实恰恰是，泰勒强调评价是一个持续而循环的过程，评价结果可以也应该反馈到方案的设计中

① 鄢超云：《学前教育评价》，26、27 页，北京，高等教育出版社，2010。
② 陈文华：《幼儿园课程论》，61 页，北京，科学出版社，2011。

去，作为修订目标，改进教与学，提高教学效果的依据"①。即从目标的确定到最终结果的评价，并非一个直线型的单向过程，而是一个周期性的循环过程，如图 3-1 所示。

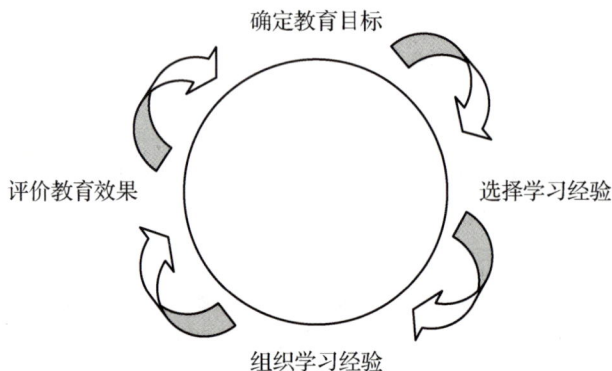

图 3-1　目标达成评价模式示意图

二、目标达成评价模式的实施

泰勒在课程与教学计划编制的基本原则的基础上进一步提出了教育评价应包含的具体步骤，也就是目标达成评价模式的七个步骤，下面我们将结合实例分别予以说明。

(一)确定教育活动的一般目标和具体目标

目标达成评价模式的核心在于了解教育的目标是否实现以及实现的情况如何，因此，首先，我们要确立评价的一般目标与具体目标。以评价区域活动在某幼儿园的实施效果为例，我们的一般目标是通过多种多样的区域活动促进幼儿身心健康发展。具体目标可以是：第一，通过表演活动促进幼儿社会性的发展；第二，通过益智活动促进幼儿观察力及想象力的发展；第三，通过制作和操作玩教具促进幼儿手眼协调及小肌肉群的发展；等等。

(二)进一步加工定义每一个具体目标

接着上面的例子，我们对具体目标的第三个小目标进行进一步加工，将其转化为一系列更详细可视的要求：喜欢跟小伙伴或教师一起做(或玩)玩具；能自己把珠子穿在一根线上；能将颜色一致的瓶盖和瓶身对应起来并盖上；能根据图纸将积木搭成宫殿、木屋、高楼等样子；可以将十个小圆柱按顺序放在相对应的圆洞中；能把橡皮泥做成教师要求的圆形、方形、条形、片状等；能把纸条搓成纸绳，并编成麻花状；能在教师指导下用塑料瓶盖和小纸板做小车；能和小伙伴一起用鸡蛋壳做成小企鹅或不倒翁；等等。

(三)确定应用目标的教育情境

由于该评价模式针对的是区域活动实施效果，因此适合的教育情境如下：一是每天固定的区域活动时间，幼儿自发开展的区域活动；二是日常教育活动开展过程

---

① 　王晓柳：《几种典型的教育评价模式简介》，载《早期教育》，2003(2)。

中，在教师带领和指导下，幼儿需要在区域里进行的操作活动；三是家长接送幼儿前后，幼儿（或幼儿和家长）在区域里的操作活动。

（四）选取合适的评估手段

在针对这一实例的评价过程中，我们可以采用观察法（可采用"定点不定人"的观察方法），谈话法（可分别针对幼儿、幼儿教师和幼儿家长开展）以及实验法（将该园与未开展区域活动的幼儿园做对比研究）来获得该园区域活动实效性的资料。

（五）设计和甄选恰当的教育测量工具

在教育测量工具的使用上，我们可以借助一些检核量表、观察量表，并结合使用访谈问卷开展深入调查，如第二步中的具体目标就是从观察量表中选取出来的。

（六）收集、整理、分析学生行为变化的各种资料，研究学生行为变化的结果与预期行为目标之间的差异

首先，将上一步中获得的数据以不同方式呈现。例如，观察的结果以观察分析的形式呈现；实验的结果通过 SPSS 等数据处理分析后，以实验报告的方式呈现；访谈和问卷资料收回后也要及时统计整理，将主要观点和看法归类分析后形成系统的文字说明。其次，将从资料中获得的幼儿在各区域的活动表现与预期的目标做比较，研究二者之间的差异，并分析形成差异的原因。例如，本例中的评价结果显示表演区、积木区、手工制作区的利用率较高，很受幼儿欢迎，但益智区和图书角几乎沦为摆设，鲜有幼儿问津。通过和幼儿交流及其家长的反映，教师发现问题主要是益智区活动材料种类偏少，图书角书目难易度与幼儿阅读水平不匹配且久不更新，渐渐使幼儿失去了兴趣。

（七）形成结论，对评价所反映出的问题做出调整

评价活动最后，要将所有的研究结果形成结论，并针对评价中反映出的问题在幼儿园内做出整改。例如，增加益智区材料的数量和种类，每增加一种新材料都要先教会幼儿具体的操作方法；及时更新图书角书目，并根据不同年龄段幼儿的水平为其选择适宜难度和主题的图书；定期做好室外区域的活动器材的维修护理工作，使其能持续满足幼儿的活动需求等。

用目标达成评价模式进行课程评价时，必须把课程（或课程体系中各个单元或主题）的目标具体化、明确化，用"行为术语"来界定。也就是说，要规定具体的行为指标来反映课程（或单元、主题）目标。然后，寻找能显示这些目标达到程度的情境，或选择足以说明目标达到程度的具体行为标志项目进行测量，收集资料，继而将收集到的资料与行为目标加以比较，以确定目标达到的程度。[①]

三、目标达成评价模式的优点与不足

（一）目标达成评价模式的优点

目标达成评价模式强调根据目标进行评价，并强调目标应该具体、量化、可操

---

① 王坚红：《学前教育评价》，35 页，北京，人民教育出版社，2010。

作化，评价目的清晰，评价过程明确，模式本身具有极强的操作性。因此，这种模式自形成以来，就被广泛运用于教学评价、课程评价以及各种方案评价中。除了评价结构的完整性与严谨性以外，该模式还扩大了教育评价的范围，一改限于教科书内容评价的局面，扩展到学生评价，由此引导出对师生教学行为的交互评价，并促进教育评价实践主体深化对预定教育目标与教育结果、学生行为变化之间关系的认识。

此外，以教育目标为中心的教育评价模式通过教育评价活动反映目标，直接反映学生学习行为变化与所设置目标的差异，利于评价者掌握教与学的交互统一信息。该模式通过量化的方式直观地展现了学生与目标之间的差距，很大程度上提高了教育评价的成效，因而它能更好地为教育教学工作的改进提供切实可行的建议和措施。基于此，有研究者认为这种模式在美国教育评价理论界占据统治地位长达30年之久，以至于形成了教育评价史上的"泰勒时期"。

（二）目标达成评价模式的不足

第一，目标达成评价模式以是否达到预设目标作为主要评价依据，对教育实践过程的价值不能做出有效判断。

第二，目标达成评价模式能对可以明确量化的教育目标进行比较评价，但无法对难以量化的情感态度性目标做出合理判断。

第三，目标达成评价模式强调对预设目标的实现程度进行评价，而缺乏对目标本身的评价，即缺少对"预设目标是否科学合理"的判断。

第四，目标达成评价模式导向下的教学过程，是严格依照预设目标实施教学的过程，不利于学生和教师主观能动性的发挥，也不利于进行创造性的教学实践。

第二节　斯塔弗尔比姆的 CIPP 评价模式

一、CIPP 评价模式简介

CIPP 评价模式，于 1966 年由美国学者斯塔弗尔比姆提出。这种教育评价模式建立在对泰勒目标达成评价模式批判的基础上，是一种以决策为中心的评价模式，又被称为决策类型评价模式。该模式主要由四个部分组成，即背景评价、输入评价、过程评价与成果评价。CIPP 模式的名称即由背景（context）、输入（input）、过程（process）、成果（product）四部分评价的英文首字母组合而成。

拓展视频

斯塔弗尔比姆的
CIPP 评价模式

背景介绍

1957 年，苏联第一颗人造地球卫星上天，在美国引起了巨大反响。美国人认为他们在科技方面的落后反映了教育上的落后，于是开始了较大规模的教育改革。在教育评价领域，人们也重新考察了当时占统治地位的泰勒模式，认为泰勒模式存在根本性的缺陷。具体地说，教育评价如果以目标为中心和依据，那么目标的合理性又根据什么来判断呢？教育活动除了达到预期的目标之外，还会产生一些非预期的效应与效果，对这些非预期的效应和效果要不要进行评价呢？等等。在这种背景下，泰勒模式的权威性受到挑战，各种教育评价模式应运而生。[①]

1965 年，美国国会通过了《中小学教育法案》(The Elementary and Secondary Education Act)，旨在帮助那些处于不利地位(身体、心智、经济、种族等)的学生改善学习环境，从而提高整个初等及中等教育质量。斯塔弗尔比姆领导的俄亥俄州立大学教育评价中心与该州哥伦布市公立学校签订合同，就此来评价该学区幼儿园教育方案(pre-kindergarten project)、中小学数学与阅读改进方案以及课后学习方案等。斯塔弗尔比姆等人起初沿用了泰勒的目标导向模式，结果发现由于各地环境不同，学生程度和需求也不同，单一的目标难以符合要求，因此，他们于 1966 年提出了 CIPP 模式，奠定了他本人在评价领域中的重要地位。[②]

背景、输入、过程、成果，这四个步骤其实就是四类评价，它们相互结合构成了 CIPP 这一独特的评价模式。

(一)背景评价

斯塔弗尔比姆在评价哥伦布市公立中学对《中小学教育法案》的实施方案时发现，方案的目标本身存在问题：其一，提出目标的人对学生学习情况并不了解，制定目标时并没考虑学生的基础，目标不切合学生的实际；其二，教师对目标的看法也不一致；其三，事实上也没有一套共同的目标体系来和学生复杂的发展水平和多变的需要相对应。斯塔弗尔比姆认为，方案的目标不应当是空想的，有必要对方案目标的合理性进行评价和判断，评价的第一步应当是背景评价，依此作为选择和形成方案目标的基础。背景评价应回答以下问题：

方案面对的需要是什么？

这些需要的广泛性和重要性如何？

方案的目标在多大程度上反映了已评定的需要？

(二)输入评价

输入评价是在背景评价确定了方案的目标之后，对各种备择方案的相对优点加以识别和评定的活动，实质上是对方案的可行性、效用性的评价。它要回答的问题是：

采用了何种计划、程序和预算来满足这些需要？

考虑过哪些备择方案？

为什么选择此方案而不选择其他方案？

所选方案的合理性程度有多大？它潜在的成功程度如何？

预算资金能在多大程度上满足评定的需要？

输入评价的结果是形成一个最佳方案，这个最佳方案或者是几个备择方案中的一个，或者是几个备择方案好的方面的结合。

---

① 霍力岩：《西方学前教育评价的发展历程及当代特点》，载《学前教育研究》，1995(3)。
② 肖远军：《CIPP 教育评价模式探析》，载《教育科学》，2003(3)。

(三)过程评价

过程评价是对方案实施情况的监督检查，目的在于调整和改进实施过程，即方案实施过程中的形成性评价。这一步要回答的问题是：

方案实施的程序如何？

方案本身及实施过程要不要调整或修改？如何修改？

过程评价还要求对实施过程进行全面记录，以获得文字资料信息。

(四)成果评价

成果评价是测量、判断、解释方案的成就，即终结性评价。它要回答的问题是：

观察到了何种成果(肯定的和否定的，预期的和非预期的)？

各类资助人是怎样看待这种成果的价值和优点的？

获得的成果满足方案预定对象需要的程度如何？

由以上介绍可知，CIPP 评价模式克服了目标达成评价模式的不足，考虑了目标的选定及其合理性问题。它还是对评价方案从形成、实施到结果的全面评价，是为改进整个教育工作的过程服务的。[①]

二、CIPP 评价模式的实施及特点

CIPP 模式的基本观点是：评价最重要的目的不在证明，而在改进。它主张评价是一种系统工具，为评价听取人提供有用信息，使得方案更具成效。为了做好每一类评价的设计，斯塔弗尔比姆提出了评价设计大纲，见表 3-1。[②]

表 3-1　评价设计大纲[③]

评价任务的检查	评价对象的界定 评价委托人、预期使用者、其他有权知道的听取人的确认 评价的目的(如方案改进、教学效能核定、传播和理解) 评价类型(如背景、输入、过程、成果) 价值和准则(如基本社会价值、优点、CIPP 准则、技术标准，人员的职责等)
获取信息的计划	一般策略(如调查、个案研究、建议小组或实地试验) 用以指导测量、分析、解释的实施假设 信息的收集(如取样、工具及资料收集) 信息的整理(如编号、归档和补充收集) 信息的分析(包括质与量) 结果的解释(如解释标准、过程判断、得出结论)

① 高振强：《CIPP 教育评价模式述评》，载《教学与管理》，1998(Z1)。

② 肖远军：《CIPP 教育评价模式探析》，载《教育科学》，2003(3)。

③ D. L. Stufflebeam，G. F. Madaus，T. Kellaghan，*Evaluation Models：Viewpoints on Educational and Human Services Evaluation*，Second Edition，Boston，Kluwer Academic Publishers，2000，p. 313.

续表

报告结果的计划	报告的草稿 报告的预评与定稿 报告的传播 实施跟踪活动以提高评价的影响力
管理评价的计划	评价进程的总揽 满足人员与资源需求的计划 元评价的提供 评价设计的定期更新 经费预算 备忘录或合同

CIPP 评价模式的具体实施过程可以被看作一个不断循环的过程，我们从它的流程图(见图 3-2)可以看出，这是一个不断收集和利用新信息的过程。

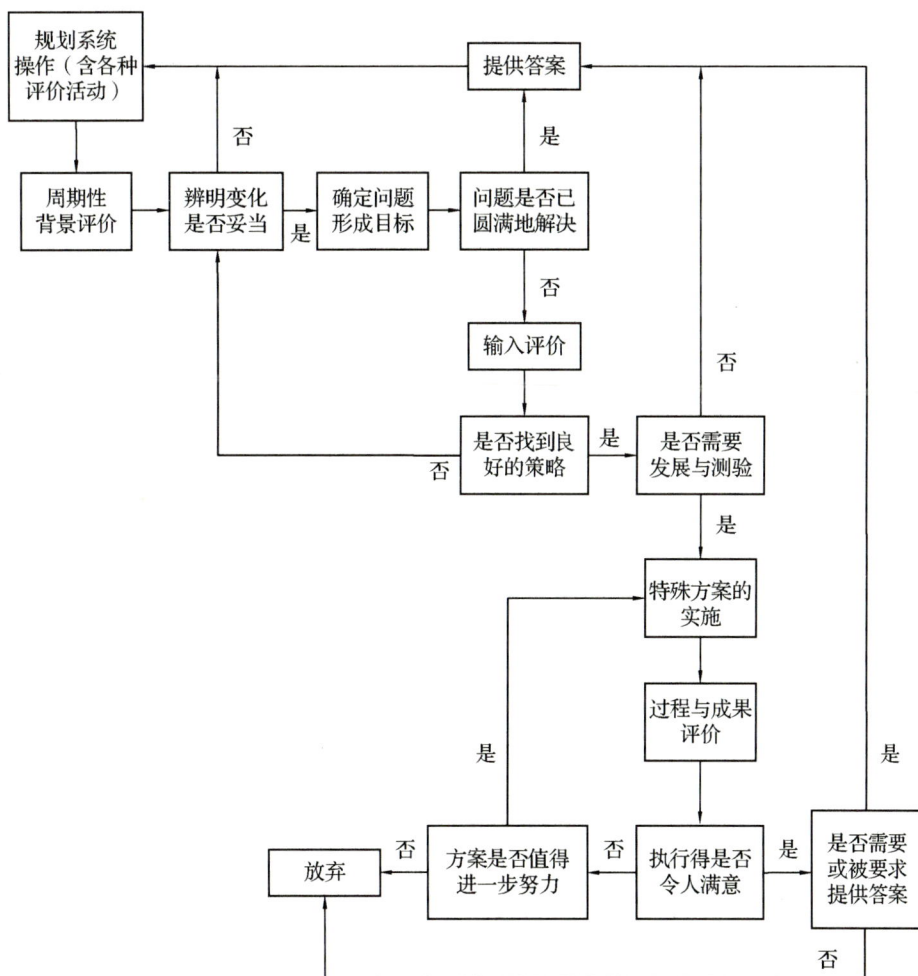

图 3-2　CIPP 评价模式流程图

斯塔弗尔比姆等人认为，教育方面的决策一般可分为四种类型。一是平衡稳定的决策，即维持教育系统的决定，旨在提供质量管理的标准与方法，维护原教育方案的存在。二是连续增进的决策，即继续改革的决定，旨在小范围内改革现有的教育系统。三是更新的决策，即加强改革的决定，旨在大规模实行改革，解决当前迫切需要改进的教育问题。四是近似变形的决策，即促进全面改革的决定，旨在完全地重建更为理想的教育系统，实行教育上的较为彻底的革命。以上各种决策情境均应纳入评价的机能，在评价所提供的信息的基础上，做出关于教育改革的决定。

三、CIPP 评价检核表及在学前教育实践中的应用

（一）CIPP 评价检核表

CIPP 评价模式自问世以来，经历了多次修改完善的过程，目前已发展到第五个版本。第一版本（1966）强调过程与成果评价。第二版本（1967）增加了背景与输入评价，并强调目标的设立应以需要测定的背景评价为导向，而方案的制订应以输入背景为指南，包括对可替代性方案的测评。第三版本（1971）将四个核心部分的评价系统化，成为以改进为核心的框架系统。第四版本（1972）指出了如何运用于形成性和终结性评价。第五版本（2002）进一步将模式框架操作化，并提供部分检核表（见表 3-2），以帮助评价者将该模式运用于具有相对较长期目标的项目中。[①]

检核表包括十个部分。表 3-2 仅列出了检核表的前三部分，完整检核表可扫描二维码了解。第一部分旨在指导评价者与要求评价方（或评价对象）签订协议，并以此作为其他评价部分的指南。第九部分和第十部分分别为元评价和终结性评价报告。元评价即对评价工作本身的评价，应贯穿于整个评价过程。元评价检核表提供必要的评价标准以保证评价的有效性。终结性评价报告检核表向评价者提供有用的启示，以便在整个评价过程中有效地纳入形成性评价的结果。中间七个基本的评价部分，可以视具体评价项目的实际需要而选用其中的几个或全部，并可调整其顺序。检核表的左边部分是向评价者提供的参考标准，右边部分是向被评对象或被评机构提供的参考标准，以便评价项目的顺利开展。

拓展知识

CIPP 评价检核表
（完整）

表 3-2　CIPP 评价检核表（部分）[②]

评价者活动		要求评价方活动	
1. 签订协议：预先与要求评价方签订明确的协议，并根据需要及时修改调整			
○	清楚地理解所需进行的评价工作	○	向评价者了解评价内容、目的和报告对象

① 王坚红：《学前教育评价》，44～45 页，北京，人民教育出版社，2010。

② 王坚红：《学前教育评价》，45～52 页，北京，人民教育出版社，2010。

续表

评价者活动	要求评价方活动
○ 签订协议以保证获取正确的信息	○ 了解评价者将如何收集哪些基本的评价信息
○ 向评价对象说明一般所需采用的量化和质性的分析方法，以便进行全面评估	○ 在最重要的分析方法上与评价者达成一致
○ 说明最终的评价报告的性质、内容和所需要的时间	○ 确保最终的评价报告将能满足各种对象的需要
○ 说明形成性评价报告的性质、内容和间隔时间	○ 确保评价者的报告计划和日程与机构或课程的日程不冲突
○ 达成评价报告协议，以完善报告程序	○ 确保报告过程合法并有效
○ 说明需要评价对象哪些方面的配合与交流	○ 确保评价计划与机构的计划协调一致
○ 在评价时间表方面达成一致意见，并明确评价中个人的责任	○ 明确各有关方面在评价中的作用和责任
○ 在评价预算、交付日期与金额方面达成协议	○ 确保评价预算的协议明晰，并能保证评价顺利完成
○ 明确必要时复议、控制、修改或取消评价项目的措施	○ 确保评价过程可以适宜地定期检查评议，并在需要时加以调整或取消
2. 背景评价：在确定的环境范围内检测需要与问题	
○ 撰写和评估有关的背景信息，尤其是关于收益方的需求	○ 利用背景评价的发现，选择和明确受益者
○ 访谈项目领导，讨论其意见和需求，明确所需解决的问题	○ 利用背景评价的发现，检查和修正评价目标，确保针对所要求的目标
○ 访谈其他有关人员，获取更多意见和可能的问题	○ 利用背景评价的发现，确保有效利用社区和其他有用的资源
○ 评估项目的目标是否符合受益人的需要	○ 在整个评价期间利用背景评价的发现，有效地确保受益者的需求
○ 掌握和记录项目环境的资料，包括有关的计划、资源、需要和问题等	
○ 每年或在适宜时，向要求评价方提供及时更新的背景评价报告，以及对项目的目标和特征等的评估	

续表

评价者活动	要求评价方活动
○ 每年在为评价要求方提供的反馈讨论会上讨论背景评价的发现	
○ 向要求评价方呈示最终的背景评价报告	
3.输入评价：测评各种方案和策略及其运行计划和预算	
○ 找出并考察现存的可用模式方案	○ 利用输入评价的发现，确定既科学可靠又经济可行的方案
○ 考察项目提出的策略是否符合需要并切实可行	○ 利用输入评价的发现，确保方案可行并符合受益者的需要
○ 评估项目的预算是否足以完成所需的工作	○ 利用输入评价的发现，支持所需预算
○ 根据现有的研究文献评估项目所采用的方案	○ 利用输入评价的发现，培训工作人员
○ 与其他方案相比较，评估所选方案的优点	○ 利用输入评价的发现，支持所选方案的实施和运行
○ 评估所选方案的运行计划的可行性与有效性	
○ 向要求评价方提交初步的形成性评价报告	
○ 在反馈会议上讨论报告初稿	
○ 输入评价报告定稿，并完成向要求评价方提交的相关联的视觉辅助资料	

(二)CIPP评价检核表在学前教育实践中的应用

为了使大家对CIPP评价检核表在学前教育实践中的应用有更直观的认识，特举一例说明(见拓展知识，CIPP评价模式运用案例)。需要注意的是，评价实践过程并非要与检核表的十个部分及其下属的每个子项目一一对应，我们只需选择适合的项目加以运用，最终达到科学评价的目的即可。

拓展知识

CIPP评价模式运用案例

四、CIPP评价模式的优点与不足

(一)CIPP评价模式的优点

CIPP评价模式建立在对泰勒的目标达成评价模式进行批判的基础之上，因此较好地弥补了目标达成评价模式的不足，其优点主要体现在如下方面。

第一，解决了目标达成评价模式中部分未解决的问题。首先，针对泰勒模式中回避教育的价值问题提出了背景评价，将目标纳入评价活动之内，使目标本身的合理性受到审查。其次，针对泰勒模式忽视条件和非预期结果，提出了输入评价和过程评价，对目标实现的可能性和任务完成的过程进行了鉴定与监督。最后，吸收了泰勒模式中结果评价的合理成分，发展成以现代系统论为基础，具有严密逻辑性、持续性方案的操作体系，为督导人员和学校管理人员提供了一套系统的观察模式，并为改良教育教学工作提供了一套系统的解释程序。[①]

第二，重视形成性评价，突出了评价的发展功能。泰勒的目标达成评价模式，过分注重结果，即主要根据预设目标是否完成来进行评价，因此不能对活动过程的价值做出有效判断。CIPP 评价模式针对这一不足，在评价过程中重点关注项目实施的过程，重视形成性评价，使评价对于项目的长远发展更具指导意义。

第三，整合了诊断性评价、形成性评价和终结性评价。CIPP 评价模式重视形成性评价，但它并未忽视诊断性评价和终结性评价，而是试图把三种评价类型整合起来形成一个系统。[②]

第四，对评价方与被评价方均有详细、明确的要求说明，有利于获得更准确、真实的评价结果。从 CIPP 评价检核表（表 3-2）中我们可以看出，这种评价模式在设计之初就把评价者和被评价者单列开来，明确说明对双方各自的要求，这也是之前的评价方式所没有考虑到的。针对评价双方细致、认真的说明，对评价模式的顺利进行起到了很好的保障作用。

(二)CIPP 评价模式的不足

第一，评价结果的有效性更多依赖于评价者的主观判断，可能导致其受政治、经济等因素的影响而失于客观。从背景评价、输入评价、过程评价一直到最终的成果评价，明显量化的内容较少，更多的评价依赖于评价者在综合基础上的主观评判。这就使评价结果易受评价者所处的政治、经济、社会环境的影响，而使得评价结果成为政府决策或追求经济效益的附庸。

第二，本评价模式实施的过程较为复杂，对评价者的专业水平要求较高，且持续时间较长，需要充裕的经费及科学的技术支撑，因此，难以在大范围内推广普及。研究者在使用 CIPP 评价模式的过程中，需要掌握大量的专业知识和方法，同时，这种模式对评价双方都有一定的要求，尤其是对评价者的专业素养要求较高。除此之外，四个评价环节环环相扣，全面细致，但耗时耗资巨大，需要有专业的科研团队和稳定的财政支持，一般研究者仅凭个人无法完成。

第三，CIPP 评价模式中的部分内容偏重于描述，缺乏进行评价的依据，因此很难算真正意义上的评价。例如，在背景评价部分，要求评价者"访谈其他有关人员，获取更多意见和可能的问题"，只是对评价者提出了一个可能性的要求，却并没有相应的可进行具体评价的科学依据。

第三节　斯塔克的外貌评价模式和应答评价模式

1967 年，斯塔克（R. E. Stake）发表了《教育评价的外貌》（The Countenance of

---

① 赵玮：《CIPP 教育评价模式述评》，载《开放潮》，2006(Z4)。
② 高振强：《CIPP 教育评价模式述评》，载《教学与管理》，1998(Z1)。

Educational Evaluation），在这篇论文里，斯塔克坚持泰勒原理，充实和发展了以目标为评价依据的泰勒模型，但同时也批判了 20 世纪 60 年代占主要地位的目标评价模式的缺陷，由此建立了教育评价的外貌模式（Countenance Model）。[①] 在外貌评价模式的基础上，斯塔克进一步提出了应答评价模式（Responsive Evaluation Model）。

一、外貌评价模式

(一)外貌评价模式简介

外貌评价模式建立在泰勒的目标达成评价模式基础之上，为了避免目标达成评价模式的弊端，它主张评价应包括描述和判断两个方面，而且不论是描述还是判断，都要收集评价对象，如教育计划或方案的前提因素、过程因素和结果因素。

1. 前提因素
前提因素即教育实施之前任何可能与教育结果有关的因素和条件，如幼儿的年龄、知识经验、智力状况，机构的资源条件、师资条件等。

2. 过程因素
过程因素即教育过程中有关对象的活动、交往、相互作用等，如各类教育教学活动、游戏、作业、测验、交往以及有关的人际关系(师幼关系、同伴关系、上下级关系等)，人与物的关系(如幼儿与材料的交互作用等)，等等。此类因素是最具动态性的。

3. 结果因素
结果因素即教育所产生的影响，表现在幼儿的学习效果、态度、动机水平、能力以及课程的实施对于幼儿的学习环境、设备材料等方面的影响作用上。

这三种因素并非界限分明，教育活动可被看作许多由以上三种因素所组成的系列，因此，前一系列的结果因素也就成为后一系列的前提因素，形成一个系列与系列之间的循环。[②]

外貌评价模式可用矩阵图来简要表示，如图 3-3 所示。

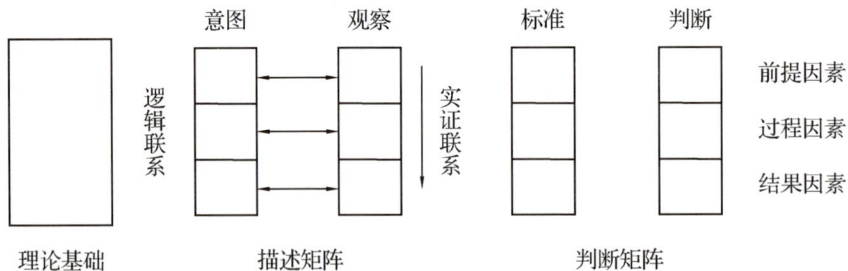

图 3-3　外貌评价模式矩阵图[③]

---

① 金家新、兰英：《从外貌模式到回应模式——论斯泰克（R. E. Stake）的课程评价理论》，载《外国教育研究》，2010(10)。

② 王坚红：《学前教育评价》，53 页，北京，人民教育出版社，2010。

③ R. E. Stake，"The Countenance of Educational Evaluation，"*Teacher College Record*，1967 (68)，pp. 523-540.

(二)外貌评价模式的实施

第一，获取矩阵表格资料，收集所评价方案或计划的前提因素、过程因素和结果因素。

外貌评价模式明确提出，在进行教育评价时，必须收集所评价方案或计划的前提因素、过程因素和结果因素。这既弥补了泰勒模式只重视结果评价、不重视过程因素和前提因素的不足，也对学前教育评价工作有着非常重要的意义。因为教育评价，不仅是为了给评价对象分出等级，而且要发现教育过程中的问题，从而促进教育计划或方案的改进和完善。因此，在进行学前教育评价的时候，我们必须考虑相关计划和方案实施的背景及实施过程中的各种影响因素。例如，在对某一个学前教育方案进行评价时，首先，我们要考虑到的就是前提因素——在这里可以是幼儿的性格特点、兴趣爱好、已有的知识经验、家庭教育背景等——可能对该方案实施结果产生的影响。其次，我们还要考虑到过程因素——如幼儿同伴关系、师幼关系、方案实施期间发生的特殊事件(幼儿家庭变故或特定节假日等)等可能对教育方案实施结果产生的影响。只有这样，我们才能实现对学前教育方案的动态考评，重视结果同样关注过程，及时发现学前教育方案中的不足，帮助方案设计者和实施者改进已有方案。

第二，描述时区分意图和观察，在此基础上进行判断。

外貌评价模式有两个矩阵，即描述矩阵和判断矩阵。两个矩阵紧密相连，描述矩阵是判断矩阵的基础，判断矩阵是在对描述矩阵进行深入分析的基础上得出的最终评判。因此，我们要想客观地评价一个教育方案，就必须先对它进行准确的描述。需要注意的是，在描述的过程中，我们要严格区分意图和观察，因为目标和目的并不等于实施的效果，甚至还会出现严重的偏差。外貌评价模式的描述矩阵中提出的意图和观察正是为了帮助评价者正确对待二者之间的差异的。虽然教育方案的实施者会力求使得意图和评价者观察到的结果相一致，但是在具体操作过程中，总会有出入，因此，在评价教育方案时我们绝不能把意图等同于观察。

第三，依照相对标准和绝对标准完成判断并做出评价。

从判断矩阵(见图 3-3)中我们可以看出，这一步骤由标准和判断两部分组成。那么，根据什么标准来判断就成为我们要解决的关键问题。斯塔克认为，在评价时，有相对标准和绝对标准，他主张应该依照两种标准进行判断。[①] 举例来说，我们要对某一学前教育方案(如瑞吉欧教育方案)进行评价，那么根据相对标准，我们可以看到这一方案(瑞吉欧教育方案)与另一学前教育方案(如蒙台梭利教育方案)的比较，而按照绝对标准，我们可以看到这一学前教育方案(瑞吉欧教育方案)与标准之间的差异。这样，既有相对比较，又有绝对比较，才可以得出更全面、有效、客观的评价。

拓展知识

在健康教育课程评价中运用外貌评价模式的实践研究

---

① 霍力岩等：《学前教育评价》第 3 版，76～77 页，北京，北京师范大学出版社，2015。

(三)外貌评价模式的优点与不足

1. 外貌评价模式的优点

第一，在重视评价结果的同时，兼顾前提与过程。外貌评价模式注重对"三个因素"的分析，使得课程评价的视野拓宽到了影响教学结果的其他因素，也由此使得影响课程开发的前提因素被纳入评价范围。[①]

第二，率先使用描述矩阵和判断矩阵进行评价分析。将描述和判断置于同等重要的位置，这是之前的评价模式中所没有的，也从设计上保证了评价的准确性和科学性。

第三，判断过程强调同时使用相对标准和绝对标准进行评判。斯塔克的这个观点使得外貌评价模式既有与同类方案的比较，也有相对于一定绝对标准的对比，能够更全面深入地对教育方案进行评价，以帮助方案制订者和实施者进一步完善计划。

第四，运用范围广泛，该评价模式可运用于几乎所有的学前教育机构或课程。近几十年来，学前教育课程模式不断推陈出新，从备受推崇的蒙台梭利课程模式、瑞吉欧课程模式，到美国的高瞻课程模式、银行街课程模式以及英国的华德福课程模式等，每一种模式都有适合自己生存和发展的"土壤"，但彼此间能否"移植"或"嫁接"，一直是国内外学前教育界共同关注的问题。这些学前教育课程模式的理念在引入我国后是否能适应我国国情，促进我国儿童的健康发展，就需要我们通过实践及科学的评价来检验。外貌评价模式为这些课程模式提供了一种可供参考的评价手段。

2. 外貌评价模式的不足

第一，虽然建立在对目标达成评价模式批判的基础上，但是仍以目标为取向。有学者认为，外貌评价模式仍是目标取向的一种课程评价途径，结合斯塔克后面提出的应答评价模式，外貌评价模式被看作从目标达成评价模式向回应评价模式的转变与过渡。

第二，缺乏收集矩阵图中各项观察资料的具体方法，如在意图方面，如何确保真正获得教育方案设计者或实施者的意图，这是个问题。

第三，缺乏选择评价标准的方法。斯塔克虽然强调了相对标准和绝对标准的同等重要性，但是并未指出如何来选择和确定这些标准，即缺少对元标准的说明。在评价标准本身可能就是不科学或失之偏颇的情况下，我们更无法获得对学前教育方案科学客观的评价。

第四，覆盖面广，但要全面推行，则对评价者的专业素养及评价机构的经济保障、人力支撑有很大挑战性。

二、应答评价模式

(一)应答评价模式简介

应答评价模式，由斯塔克于1973年在瑞典郭亭堡(Gotenborg)举行的评价发展的新趋势研讨会中发表的《方案的评鉴：尤其反应式的评鉴》一文中提出。[②] 他认为，传统的评价方法大多带有预定的性质，强调目标的表述和客观的测验，由评价者掌

[①] 金家新、兰英：《从外貌模式到回应模式——论斯泰克(R. E. Stake)的课程评价理论》，载《外国教育研究》，2010(10)。

[②] 陶西平：《教育评价辞典》，85页，北京，北京师范大学出版社，1998。

握评价标准。比如，传统评价中评价者与被评价者的地位不平等；评价重视体现评价者的价值观，而忽视被评价者的价值观，被评价者常常因不能表达自己的意愿而受到伤害，进而采取不合作的态度；评价过程过分依赖科学的范式，使评价过于重视数的测量，而不是质的探究。斯塔克认为，评价应该考虑到被评价者的需要、现状，应采用自然的方式(观察和反应)来进行评价。[1]

鉴于之前他所提出的外貌评价模式重在评价者注意的信息和评价中判断的作用上，斯塔克认为，应答评价模式的重点在于强调评价过程和重视评价听取人(被评价方或决策者)的需求。应答评价模式认为，评价者必须向评价听取人提供他们所关心的信息，充分了解他们所关心的问题。

应答评价模式是评价者通过各种方法了解评价听取人们的需求，并结合实际活动的情况，对评价方案或决策做出修改，以满足绝大多数人的需要的一种评价模式。如果教育评价更直接地指向方案的活动而非方案的内容，如果它能满足评价听取人们对信息的需求，或者在反映方案得失长短的评价报告中更能反映人们不同的价值观念，那么，这种评价即可被称为"应答评价"。[2]

有研究者将应答评价模式与较为传统的预定评价模式做了比较，认为二者在侧重点方面存在一些不同(见表3-3)。

表 3-3　预定评价模式与应答评价模式的比较[3]

侧重点	预定评价模式	应答评价模式
确定问题、目标	10%	10%
准备工具	30%	15%
观察方案	5%	30%
实施测验	10%	0
收集判断结果	0	15%
研究委托人需求	0	5%
处理正式资料	25%	5%
准备非正式报告	0	10%
准备正式报告	20%	10%

预定评价模式在准备工具、处理正式资料以及准备正式报告方面投入较多，而对收集判断结果、研究委托人需求和准备非正式报告方面则没有投入。相比之下，应答评价模式在选择和制定观察方案时投入较多，同时弥补了预定评价模式忽略的几项工作，但值得注意的是应答评价模式对实施测验部分没有投入。

应答评价模式的特征主要体现在以下三个方面。

第一，更直接地指向课程或方案的活动而非其内容。

---

① 鄢超云：《学前教育评价》，36页，北京，高等教育出版社，2010。
② 鄢超云：《学前教育评价》，37页，北京，高等教育出版社，2010。
③ [美]斯塔克：《方案评价的特殊方法——应答评价》，见瞿葆奎：《教育学文集·教育评价》，333页，北京，人民教育出版社，1989。

第二，尽量满足评价听取人对信息的需求和兴趣。

第三，评价报告更能反映各类人员不同的价值观。

(二)应答评价模式的实施

应答评价模式的具体实施过程大致可分为以下几个步骤。

第一步，评价者通过与评价活动相关人员的接触，了解其对于被评价者的看法，并在此基础上得出报告，制订出观察计划。

第二步，根据委托人的需求和被评价者的具体情况，选择不同的收集资料的方案，如观察、访谈、问卷调查等，并对收集来的信息进行加工处理。

第三步，根据相关人士对调查结果的意见，同时也考虑委托人对结果之间关系的看法，在此基础上形成非正式的报告。

第四步，通过与评价委托人反复多次、密切真诚地交流，根据评价者与委托人之前达成的协议，决定最终是否形成正式的书面报告。

通过以上步骤可以看出，应答评价模式更倾向于"把评价工作建立在以自然观察和反应方式评价事物的基础上，以牺牲某些测量上的正确性，来换取评价结果对于某些有关人员更多的有用性"[1]。评价者在收集资料之前，会在明确评价目的的前提下，通过仔细观察评价方案和收集各类人员的观察资料，从中选择有价值的(评价听取人所需要的)评价问题和准则，再进一步选择收集资料的方法。

关于应答评价模式的具体操作，斯塔克提出了 12 个在评价过程中不断重复出现的事件，并将此比喻为一个钟面，因而也被人称为"斯塔克时钟"(见图 3-4)。值得注意的是，这个时钟既可以顺时针方向运行，也可以逆时针方向运行，有时甚至可以彼此跨越，也就是说事件的发生并不一定按照钟面上的顺序进行，许多事件还可以同时发生。

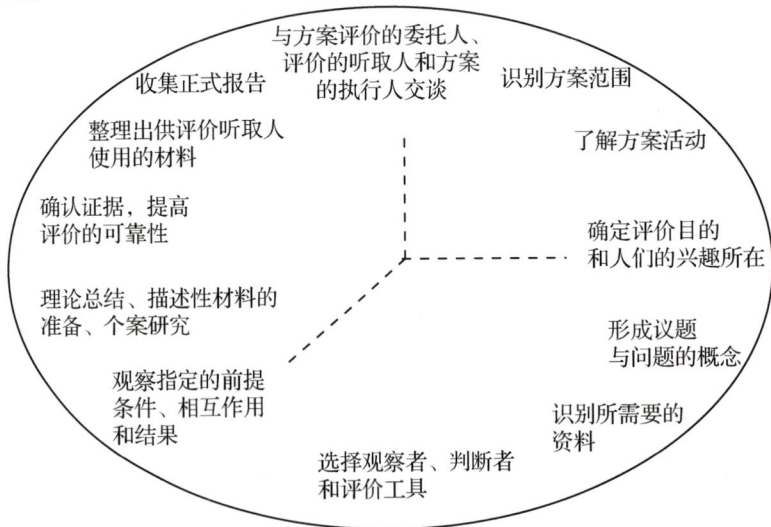

图 3-4 斯塔克时钟——应答评价模式中的主要事件[2]

[1] 王坚红：《学前教育评价》，68 页，北京，人民教育出版社，2010。
[2] 鄢超云：《学前教育评价》，38 页，北京，高等教育出版社，2010。

从"斯塔克时钟"中我们可以看出，评价信息的收集是一个非常重要的方面，因为对于主要依赖于分析资料的应答评价模式来说，如果无法收集到可靠、详细的资料，评价者也就无法做出客观准确的判断，从而无法满足评价委托人的诉求。

基于此，斯塔克认为，评价者在获取评价信息时，"不应仅仅依赖自己的观察、判断和反应能力，而且应当依靠一定数量的其他人的观察、判断和反应，选择有关教师、学生、领导、课程专家等，充分听取这些人的意见和见解，使获取的信息能最大限度地被评价听取人所理解。斯塔克还认为，应答模式虽然主要依赖观察活动收集资料，但如能使观测次数增加到一定的程度，而且配合多种人员和多种形式的观察，便可提高所获信息的重要性和可信性。应答模式评价报告应揭示教育经验的'多元现实性'。他坚持认为，解决教育问题，应依靠那些直接接触教育问题的人。从某种意义上可以说，评价正是为了能对这些问题作出有效的反应，而不仅仅是辨明或表述目标的完成情况"①。

拓展知识

应答评价模式
运用案例

（三）应答评价模式的优点与不足

1. 应答评价模式的优点

第一，适用于对许多难以量化的方面进行评价。例如，对幼儿园艺术领域、儿童道德意识、家长满意度等方面的调查。

第二，重视委托方需求，注重个体交流，在满足委托方要求方面做得较为突出。尤其是在大范围内做教育改革之前的调查评价，较好地满足委托方需求才能使得调查结果得到合理应用，促进变革顺利开展。

第三，不受预定目标的限制。评价方通过观察或调查研究，得出的结果可能与委托方的预期相符，也可能不相符，只要是对真实情况的说明，就都具有参考价值。

第四，可选用多种调查方法。不拘泥于量表或复杂精确的检核表，也可使用谈话、访谈、问卷等形式开展，一定程度上降低了调查评价的成本，更利于研究的推进。

2. 应答评价模式的不足

第一，缺少严格的评价标准，易导致评价主观化。在这种情况下，要想获得真实有效的评价结果，就要对评价方的科学态度和专业精神提出考验。

第二，易成为委托方意向的附庸。重视委托方的诉求，这是优点，但同时，若过分迎合就会影响评价结果的客观性，使结果成为某些教育机构进行商业推广的理论支撑。

第四节 斯克里文的无框架评价模式和目标游离评价模式

斯克里文，美国哲学家、教育家、心理学家，于1967年开始对泰勒的目标达成

---

① 王坚红：《学前教育评价》，68 页，北京，人民教育出版社，2010。

评价模式进行批判，并在此基础上形成了无框架评价和目标游离评价两种学前教育评价模式。

一、无框架评价模式

(一)无框架评价模式简介

斯克里文在著作中虽然并未明确介绍这种评价模式的框架，但是有一系列的观点来对其进行阐述，因此，这种评价模式被称为"无框架评价模式"。

无框架评价模式中，评价的目标和作用具有明显的区别。评价目标更多体现评价对象的价值或优点，主要通过比较或其他途径判断评价对象是否具有某种价值。例如，通过将一种课程模式与另一种课程模式进行比较，判断其能否更好地促进幼儿身心发展；通过对比实验的方式，判断直观教具的使用在幼儿教育中是否有助于产生良好的教育效果；等等。而评价的作用除了证实评价对象的价值，还可以体现在诸多方面。例如，为继续发展或改进某种课程模式提供参考；为提高教师的工作效益、计划购置适宜的设备提供依据，也可以为将来可能发生的问题提前筹谋。

斯克里文将评价分为形成性评价和终结性评价两大类，这对教育评价界产生了重大影响。形成性评价注重课程或机构的运行过程，决定其某些特征(如持久性、引起注意的能力、效率等)的价值，再将所获信息反馈到教育过程中去。它在课程的运行、发展过程中进行判断，并以判断的结果影响课程最终的性质。终结性评价则通常是在某一终结点或关键决策点上做关于课程的总结性判定。[①] 在学前教育实践过程中，我们既需要通过终结性评价来判断某一种课程模式或教学方法的使用能否达到良好的教育效果，也需要通过形成性评价来判断不同教育因素在教育教学过程中发挥的作用，从而为改进教学方法、优化教学环境提供有效参考。

关于形成性评价与终结性评价的区别，我们可以通过对比来具体了解一下(见表3-4)。

表3-4　形成性评价与终结性评价的区别

特征	形成性评价	终结性评价
主要目的	在发展过程中改善课程	判断课程的总体价值
运用时机	持续性进行，并反馈到发展循环中去	通常在课程完成时或重要决策时
评价风格	严格、系统、诊断性	严格、系统、比较性(与标准比较)
一般评价者	本单位教职人员或本单位特有的咨询者	外部人员，非本单位参与者
评价结果的作用者	课程设计人员、教职员工、本单位其他人员	资助单位、主管单位、外部人员、家长

通过比较我们可以发现，形成性评价主要针对过程展开，其评价方和评价听取人主要来自被评价体系的内部；而终结性评价主要针对结果展开，通常在某一课程

---

① 王坚红：《学前教育评价》，58页，北京，人民教育出版社，2010。

方案计划完成时进行，其评价方和评价听取人主要来自被评价体系的外部机构。

无论是形成性评价还是终结性评价，评价目标都是极其重要的部分。以针对某一课程的评价为例，如果课程目标本身就是不适宜的，那么目标完成的好坏程度便毫无意义可言，甚至会出现目标完成效果越差对于儿童发展反而越有益的怪象。因此，在正式展开评价之前，我们首先要对评价目标进行判断，确保其科学性。

在关于无框架评价模式的论述中，斯克里文鼓励使用"比较性评价"，即评价决策通常是在直接对两种类似机构或课程做出比较后得出的。有人批评这种观点，认为比较性评价只能在两种课程或两个机构之间做出比较，却不能说明出现差异的原因。针对这种批评，斯克里文做了回应，他认为，随意的解释并非评价的功能，而且，对于一门教育效果突出的课程来说，我们无须明白它为何突出，只要采用即可。在开展比较性评价的过程中，他主张采用实验或准实验设计来获取结果，但他同时也指出并非所有的评价都可采用这种方法来实行。针对这种情况，他提出了一种操作法。

首先，观察某个特别显著的现象（可以是正面的，也可以是反面的）。其次，提出两个问题：一是引起该现象的原因是什么；二是这个原因是否被纳入了评价内容。斯克里文认为，评价者的主要任务是发现被评价课程与所观察现象之间的相关关系（评价者所感兴趣的课程影响或效果）。如果在课程与所观察现象之间发现了显著的相关关系，那么我们就可以认为这门课程就是引起这一特别显著现象的原因。当然，除了课程本身，评价者还应对课程之外的其他因素做出综合考量，因为实验结果很可能会受到一些无关因素的影响。

（二）无框架评价模式的实施

在学前教育领域，有很多方面可以用到斯克里文的无框架评价模式，如学前课程目标的制定、课程内容与教学方法的选择、教职员工工作、家园互动等。在这个过程中，我们可以将形成性评价和终结性评价结合起来使用，将评价所获取的信息及时反馈给幼儿教育工作者和幼儿家长，及时发现教育中出现的问题并对其进行分析解答，提高幼儿教育质量，促进幼儿健康发展。

有研究者通过在幼儿园中对形成性评价的一系列具体运用来说明无框架评价模式的实施过程。[①]

1. 在对课程目标的评价方面

第一，估测课程目标的合理性，以及预定的课程活动激励达到目标的可能性程度。

第二，明确地把目标简述出来，并予以具体化和操作化，使其便于被测量。

第三，从事预定的测量，并评估测量结果的适宜性，以判断目标是否达到。

2. 在对课程内容与教学方法的评价方面

第一，系统地改变教学内容，观察幼儿兴趣、选择、注意力持续情况与学习效果。

第二，系统地改变教学方法，估测各方法在幼儿注意力、学习效果等方面所产

---

① 王坚红：《学前教育评价》，60～61 页，北京，人民教育出版社，2010。

生的作用。

第三，记录一日生活部分片段中幼儿语言与发起活动的不同特点。

第四，观察在不同活动中以及在用不同教学方法时，幼儿的注意力持续情况，以此决定这些活动和方法各自的吸引力程度，然后把有较高吸引力的内容和方法结合起来使用，检测其成效。

第五，定期测查有关目标方面幼儿的进步，并以此为据，修正目标或改变目标的阐述方式或程度。

3. 在对教职工的评价方面

第一，帮助教职工建立自己的个人目标，并经常自我对照，定期讨论，以某种方式记录个人的进步，建立工作评估档案。

第二，要求每人坚持写工作日记，规定工作日记的记录内容，以便作为根据之一决定每个人工作的量与质、考察工作风格。

第三，以不同方式让教职工对本单位或本课程的政策、方案计划、方法等申述己见，并做记录，定期进行。记录教职工参与本单位教育改革的程度和所提意见的趋势。

4. 在对家园互动的评价方面

第一，随机选择并通知家长参加幼儿园会议，报告本园工作情况，检查家长参加会议的人数与认真听会程度。

第二，以某些形式定期听取家长或家长委员会对幼儿园的意见，记录家长的意见并分析其趋势。

第三，随机选择家长参加影响其家庭教育的活动，评估此类活动对家长的激励程度及对幼儿的影响。

(三)无框架评价模式的优点与不足

1. 无框架评价模式的优点

第一，强调目标本身的重要性，在根据目标实施评价前，首先对目标进行检验与判断。

第二，提出了形成性评价和终结性评价的概念，对整个教育评价界产生了至关重要的影响。

第三，重视教育实验或准实验，在评价过程中既有量化的成分，又有质的分析，使得评价结果更客观。

第四，对实践指导性强，通过比较性评价较易得出孰优孰劣的结果，便于新的课程方案、教学手段等的推广实施。

2. 无框架评价模式的不足

第一，没有系统的理论来阐述这种评价模式，只是对单一的概念做了解释，缺乏完整的体系呈现，不利于学习者把握其精髓。

第二，对于一些重点的程序性概念，只做了简要的意义说明，缺少对具体操作方式的介绍，导致评价方在实践操作中弹性较大，易出现偏差。

二、目标游离评价模式

(一)目标游离评价模式简介

目标游离评价评价模式，由斯克里文在1973年提出，又被称为"无目标评价"。从名称上来看，其仍主要针对泰勒目标达成评价模式的弊端提出。斯克里文反对依照"用修饰词描述"的方案目标并将此当成"成功的迹象"。这种模式认为，评价活动应从检查方案的结果来判定其价值，评价活动的重点应由"方案想干什么"改为"方案实际干了什么"。[1] 也就是说，教育评价必须考察教育计划或方案的实际效果而非预期效果，评价者应该收集大量有关实际效果的资料，进一步评价这些效果在满足教育要求（或对教育和个人产生危害）方面的重要性。[2]

背景介绍

斯克里文考察了教育活动的实际效果后发现，实际进行的教育活动除了收到预期的效果外，还会产生许多意想不到的"副效应"（也被称为"第二效应"或"非预期效应"）。他注意到有些教育方案希望以典型的方式来实现预期目标，但由于某些极为有害的副效应而告吹；而有些教育方案在达到预期目标方面成绩甚微甚至没有任何成绩，却取得了预期效果之外的重大进展。基于以上认识，斯克里文对以前的评价模式把目标和副效应孤立起来的做法日益不满，认为如果某种类型的效应或结果是被作为"目标"而加以预期的，从而在评价时给予特别的注意，就往往会产生误解和危害。他甚至断言："对目标的考虑和评价是一个不必要的，而且很可能是有害的步骤。"

在对以往以目标为中心和依据的评价模式进行批评后，斯克里文提出了一种新的教育评价模式，即目标游离评价模式。

目标游离评价模式的主要特点在于，它的考察范围不仅限于人们早已知道的事实，而且注重那些常被大家忽视的方面，重视产生崭新的整体观念。有研究者用一个比喻来说明：此类评价好似独自出猎的猎人，仔细搜索地面，寻找蛛丝马迹，不放过任何疑点；如果评价完全基于目标，则好像是事先提供了一张标明了主要线索的地图，按图索骥固然能得到猎物，而散落在图外密林中的"珍宝"也往往容易被忽视。

目标游离评价模式在实施的过程中，为了避免已形成的评价目标对评价产生暗示，要求方案制订者不能把计划或方案的目标告诉评价者，也就是说，制定和实施评价的不能是同一个人或同一个团队。这样一来，评价方只需按照评价计划一步一步执行，有利于更客观地收集相关的全部成果信息，从而避免使评价活动受预定目标的暗示和影响。

值得注意的是，在斯克里文所列的评价步骤中，其中一个重要步骤就是"后设评价"，即对评价工作的评价。它可以是用以协助评价者设计并执行一项评价活动的形成性评价，也可以是肯定评价的妥善性的总结性评价。后设评价有助于提高评价的信度和效度，有助于各方人员认识相关的被评价活动。[3]

---

① 陶西平：《教育评价辞典》，88页，北京，北京师范大学出版社，1998。
② 霍力岩等：《学前教育评价》第3版，83页，北京，北京师范大学出版社，2015。
③ 一帆：《教育评价的目标游离模式》，载《教育测量与评价(理论版)》，2013(2)。

相比较之前介绍的目标达成评价模式、CIPP评价模式等，目标游离评价模式具有更大的民主性。因为这种评价模式的重点不在于计划或方案制订者的预定目标，而在于实际教育活动的全部效应。也就是说评价从最开始的反映管理者和决策者的意愿，开始转向反映大众的意愿，即现实的情形。从这一点看，目标游离评价模式较之于之前的评价模式来说，是一个巨大的进步。

目标游离评价模式一经提出，便在教育界引起了广泛的反响。斯克里文进一步阐明，目标游离评价模式或无目标评价模式，并不能取代有目标评价模式成为其替代模式，这只是一种有用的附加模式。因此，我们在对某一课程或教育机构进行评价时，可以将两种评价模式结合起来使用。同时，他还指出，无目标评价模式的提出，不代表舍弃他早期提出的重视对目标进行评价的观点(无框架评价模式的观点)，只是在某些具体情形下，无目标评价模式更适用于针对某些课程或机构的形成性评价或终结性评价。

(二)目标游离评价模式的实施

在当前的学前教育评价实践中，大多时候我们仍以有目标评价为主，即围绕着一个预定的目标对教育机构、教学手段、课程方案等进行评价。这种评价方式固然有其存在的意义和必要性，但在教育过程中仅仅做到对预期目标的评价是不够的，我们还需要对预期之外的副效果进行全面的评估，这样才能对被评价的教育对象、教育现象或教育效果得出准确客观的认识。

> **拓展知识**
>
> 目标游离评价
> 模式运用案例

(三)目标游离评价模式的优点与不足

1. 目标游离评价模式的优点

第一，评价计划制订者与实施者相区别，能较好地保证评价方思维和行动的客观性。实施过程更有利于评价方发现课程或教育项目运行的真实目标指向，而不受其所宣称的试图达到的目标的暗示或影响。

第二，有机地结合了形成性评价与终结性评价。在目标游离评价模式实施的过程中，评价步骤是循环执行的，也就是说项目评价结束之前的评价都是形成性的，而最终的结果却是终结性的，从而实现了形成性评价和终结性评价的有机结合。

第三，重视后设评价，即对评价本身的再评价。教育评价是一个复杂的过程，有很多因素会影响其客观性和公正性，后设评价的提出，既是对评价方的一种监督，也是对评价结果客观性的有力保证。

第四，评价结果具有更强的说服力。与其他几种评价模式相比较具有更好的客观性，评价方在对评价项目运行目标不知情的情况下对其进行评价，所获得的评价结果更具有说服力。

2. 目标游离评价模式的不足

第一，操作不当时易使评价活动过分偏离目标，陷入盲目状态。评价方对于评价目标的回避，虽然能保证评价过程不受目标的暗示，但是也很容易使评价偏离"主航道"，陷入盲目和主观状态。

第二，过程繁复，筛选观测结果和信息处理难度较大。由于目标游离评价模式不单纯围绕评价目标进行观测调查，因此会导致所获得的评价结果过于琐碎、精细，在获取和处理信息的过程中，难免会消耗评价方过多精力。

第三，对评价方专业知识和能力水平要求较高。无论是回避目标还是信息处理，都对评价方的专业素养提出了很高的要求，这在一定程度上增加了评价活动实施的可行性风险，进而对该评价模式的应用推广产生不利影响。

第五节　档案袋评价模式

一、档案袋评价模式简介

(一)档案袋评价模式的概念

档案袋评价模式（Portfolio Assessment），是一种典型的质性评价方法，发端于 20 世纪 80 年代中期的美国中小学教育实践，此后在世界各地得到推广与发展。关于档案袋评价模式的定义，主要有以下几种观点。

档案袋评定，又称"文件夹评价"，是指收集幼儿在学习过程中有代表性的作品和典型的表现记录，把幼儿的现实表现作为判断幼儿学习质量的依据的评价方法。①

档案袋评定是根据教学目标，设计具有真实性、情境性的项目（或叫评定问题）让学生完成，由学生自己把完成此项目的佐证材料保留下来，并依据一定的标准，通过对学生完成项目的情况做出分析，进而对学生相应素质发展做出判断的一种评价方法。②

幼儿档案袋评定，是用档案袋的形式有目的、有系统、有组织地收集幼儿在真实情境中表现出的信息（幼儿的作品、照片、录像、成人对幼儿做的观察记录等），并附带有幼儿自评、同伴互评、教师或家长的评语，反映或说明幼儿在一定时期内取得的进步与不足，以此来展现幼儿的成长历程及意义的一种评价手段。③

档案袋评定通过教师有计划、有目的地收集和积累幼儿的各种作品和相关资料，为幼儿发展水平的评估提供全面、丰富、生动的信息。④

档案袋评价可以从非正式评价和表现性评价中选取幼儿活动的数据与教师教学的数据，以此来评价幼儿的发展与学习情况。⑤

拓展视频

档案袋评价模式

①　彭俊英：《档案袋评定——一种新型的幼儿园教育评价方法》，载《山东教育》，2002(33)。

②　杨丽：《档案袋评定的定义及其操作步骤》，载《现代教育科学》，2004(3)。

③　唐林兰：《对幼儿档案袋评定的价值分析》，载《基础教育研究》，2005(4)。

④　龚欣：《运用档案袋评价促进幼儿个体发展》，载《学前教育研究》，2006(2)。

⑤　[美]苏·C. 沃瑟姆、贝琳达·J. 哈丁：《学前教育评价》第 7 版，向海英译，224 页，北京，北京师范大学出版社，2019。

以上观点在文字表达上的侧重点有所不同，但基本上都围绕档案袋评价的几个主要特点展开，即采用的方式(档案袋或文件夹)、重视对信息的采集(包括幼儿和教师)、过程真实有计划、为评估幼儿发展提供有效支撑。除此以外，近年来，还有不少研究致力于将档案袋评价模式推广到对教师的评价活动中来。

基于此，我们可以认为——档案袋评价，是一种利用档案袋的形式有计划地收集关于幼儿或教师的各种真实信息，为幼儿或教师发展提供全面客观评价的评价模式。

(二)档案袋评价模式的特点

国内研究者认为，档案袋评价模式具有如下特点。[①]

1. 目标性、计划性与组织性

教师依据教学目标与计划，有目的、有组织地收集幼儿的一系列作品来展现其能力水平和进步程度。这个过程有时需要整理与美化档案设计，有时必须设计目录索引，有时需要对成果进行反思评论，最后形成符合要求的档案袋。同时，档案袋中所包含的信息，必须是足以反映幼儿向预期教学目标迈进或发展的信息。因此，无论是档案袋的生成，还是基于档案袋的评价，它们都具有目标性、计划性和组织性的特征，是结构性较强的教学评价，绝不是突发、零碎、杂乱地呈现结果。

2. 成长性与表现性

档案袋评价强调形成性评价，关注成长、改变历程和表现性行为，既注重学习结果也重视学习的过程。与传统意义上的纸笔测验相比，档案袋评价更能显示幼儿成长发展的历程、进步与成就的现况。例如，幼儿的绘画作品档案袋，其中可能会完整地呈现幼儿整个学习和练习绘画过程的材料，这包括从一开始的涂鸦、描画、临摹到进一步的尝试创作草稿、修改稿、成品，甚至在学习绘画过程中幼儿的心得和教师的评语都可作为档案袋的内容资料。

3. 整合性与多样性

一方面，档案袋评价是教师依据教学目标与计划，持续一段时间系统、有效地收集各式各样的有代表性的幼儿活动成果，注重教学与评价的整合。在当前的幼儿教育活动中，评价贯穿于教学和游戏活动的始终，如教师常常通过将某一幼儿过去的作品与其现在的作品相比较，作为评价该幼儿是否进步的重要标准。另一方面，档案袋资料内容与形式、资料呈现方式、评价人员及评价对象要体现多样性。例如，档案袋资料的形式可以包括文字、图片、评定量表、日常记录等；资料的呈现方式可以是静态的文字或图片叙述，也可以是动态的音频或视频录像；评价人员可以是教师，也可以是幼儿本人、同伴或家长；评价对象既可以是幼儿的作品，也可以是其行为或情感态度。

4. 主题性与反思性

档案袋一般都要有明确的主题。主题明确，便于教师和幼儿对资料进行收集和归类。同时，幼儿成长发展档案不仅记录和反映幼儿的发展过程及所取得的成就，而且包括幼儿、教师及家长对"成长过程"、对"成果作品"以及对制作档案过程进行的自我评价或他评记录。这不仅可以让幼儿看到自己的成长与进步过程，而且可以

---

① 黄光扬：《正确认识和科学使用档案袋评价方法》，载《课程·教材·教法》，2003(2)。

帮助他们从小养成自我反思的良好习惯。从另一个角度来说，反思本来就是档案袋设计的关键。

(三)档案袋的类型

1. 根据评价对象分类

根据评价对象的不同，档案袋可分为幼儿档案袋和教师档案袋。

(1)幼儿档案袋

幼儿档案袋收集和保存的都是关于幼儿的信息，如幼儿的文字资料、绘画作品，教师对幼儿的评语、家长对幼儿的评语以及幼儿与其他幼儿共同完成活动的影像资料等。

(2)教师档案袋

教师档案袋收集和保存的是关于教师的相关信息，如教师的教学活动设计、自我反思，教师之间的互相评价、幼儿园对教师的考核评价成绩及评语，家长或幼儿对教师提出的建议或评语等。

2. 根据所收集资料的类型分类

根据所收集资料的类型，档案袋可分为文字资料档案袋、图片资料档案袋、立体作品档案袋、自然资料档案袋和音频及影像资料档案袋。

(1)文字资料档案袋

文字资料档案袋主要用来收集和保存与幼儿成长发展相关的文字信息，如幼儿书写的拼音(汉字)或书法作品[①]，幼儿写给同伴、教师或家长的信，同伴、教师或家长写给幼儿的评语或信件等。

(2)图片资料档案袋

图片资料档案袋包含与幼儿成长发展相关的图片信息，如幼儿在幼儿园中的绘画、印画作品，教师或家长拍摄的幼儿参与活动的照片，幼儿在不同年龄段最喜欢的图片等。

(3)立体作品档案袋

立体作品档案袋主要收集和保存幼儿成长过程中制作的立体作品，如幼儿自己捏制的泥工作品、用废旧物改造的玩具、手工缝制的小玩偶等。

(4)自然资料档案袋

自然资料档案袋主要收集和保存与幼儿成长发展有关的自然材料，如幼儿自己收藏的植物标本、果实、种子等。

(5)音频及影像资料档案袋

音频及影像资料档案袋主要收集和保存幼儿成长发展过程中的音频及影像资料。音频资料可包括幼儿唱歌、讲故事、演讲、朗诵等音频信息；影像资料除可包括音频资料的影像信息外，还可包括幼儿表演、创作以及与他人(同伴、教师、家长)互动的视频录影资料。

3. 根据评价目的分类

根据评价目的的不同，档案袋可分为作品档案袋、评估档案袋、展示档案袋和

---

① 国内较少收集幼儿书写作品。

追踪档案袋。[1]

(1)作品档案袋

作品档案袋主要收集未来评估中可能用到的幼儿作品范例。在一个评价阶段结束之前的时期,教师在不确定哪些作品应该保存、哪些应该摒弃时,应尽可能多地保留幼儿的作品。在这个过程中,我们鼓励教师和幼儿一起收集作品样本。

(2)评估档案袋

评估档案袋包括形成性和终结性两种类型。教师通过这些材料来评估幼儿的发展进步及未来成长和学习的需要,这种类型的档案袋常被用来向家长和管理者汇报,以及为下一步的课程和教学做计划。

(3)展示档案袋

展示档案袋用来展示幼儿的优秀作品,常被幼儿园用于与家长分享幼儿的成绩,或被用于幼儿园的开放活动,如不同年级的幼儿向他人分享自己的学习成果。需要注意的是,展示档案袋里的内容通常由幼儿自己来选择。

(4)追踪档案袋

这种档案袋一直跟随幼儿成长,从一个学年到下一个学年,一直保留至幼儿成年,因此也被称为"向前行"档案袋。这种档案袋可以为幼儿的下一任教师或其他未来的教师提供关于幼儿过去成长发展的信息。

二、档案袋评价模式的实施

档案袋评价模式的实施主要包括以下几个步骤:确定目的、编制档案袋、收集和保存资料、评价汇报并形成结论。

(一)确定目的

档案袋评价的目的取决于教师的评价目标,评价开始之初,我们要通过目的的确定来选择不同的档案袋类型。一般而言,在幼儿园中建立档案袋的目的主要包括:反映幼儿在某一方面的发展水平和过程,展示幼儿成果;记录幼儿各个方面的成长历程;与家长交流,以及帮助以后的教师了解幼儿先前的表现;反思教师的教育活动,评价教育方案,为后继课程开发提供必要的信息等。[2]

如果目的是展示幼儿在某方面的发展水平和成果,那么档案袋中保存的就应该是幼儿在这一时期最优秀的表现记录和代表作品;如果目的是记录幼儿各个方面的成长历程,那么收集和保存的不仅要包括体现幼儿优秀水平和进步方面的材料,而且要包含其发展中暴露问题的资料,如失败的作品、被惩罚的记录,以及教师和家长的评价等;如果目的是与家长交流或为以后的教师提供参考,那么只需结合典型事件简明扼要地将幼儿之前每学期的表现做简要说明即可;如果目的是反思教学,为课程开发提供信息,那么需要收集整理与幼儿课程学习的过程及效果相关的资料、反映教师教学过程和特色的资料。

---

[1] [美]苏·C.沃瑟姆、贝琳达·J.哈丁:《学前教育评价》第 7 版,向海英译,225~226页,北京,北京师范大学出版社,2019。

[2] 彭俊英:《档案袋评定——一种新型的幼儿园教育评价方法》,载《山东教育》,2002(33)。

(二)编制档案袋

确定目的之后，我们开始进入编制档案袋的具体环节。

1. 根据档案袋的不同类型制作目录一览表

档案袋目录中一般包含如下信息。

(1)档案袋名称

例如，"某某5～6岁书画作品成果档案袋""某某3～4岁幼儿园影像记录档案袋""某某3～6岁身体成长记录档案袋"，等等。

(2)档案人基本信息

档案人基本信息包括被记录人的姓名、性别、出生年月等。

(3)档案内容

例如，"某某5～6岁书画作品成果档案袋"的档案内容可以包括：简笔画20幅、涂色画15幅、手指印画15幅、瓜果印画10幅。

(4)建档人信息

建档人信息即收集、筛选资料并将资料放入档案袋正式建档人员的签名信息。

(5)建档时间

建档时间即开始建立档案、收集相关资料的时间。

2. 为不同类型的档案袋选择适合的保存容器

如果是一般的纸质资料，选用常见的纸质档案袋即可；对于一些特殊的资料则要另做处理，如立体的手工作品、幼儿收集的植物果实或动物标本等需要放在纸箱或塑料箱中较为适宜；一些音频、影像资料最好保存在U盘或移动硬盘上，再放入密封性较好的档案袋中。

在这个过程中，我们要注意将不同类型的档案袋加以区分，最好按一定的顺序，如按时间、班级等分别放置保存，以便后期信息查找。

(三)收集和保存资料

收集资料是档案袋评价中耗时最长也是最复杂的一项工作，尤其在多媒体网络普遍应用的今天，除了幼儿园教师的日常记录之外，越来越多的家长也开始重视对幼儿成长过程的详细记录。这样一来，在收集资料的时候我们就会面对各式各样的信息载体。但是，是否每份作品、每样物品、每张卡片都有建档保存的价值？这就需要档案记录者对获取的资料进行认真的筛选和分类。需要注意的是，建档过程中，幼儿本人和家长也有选择和筛选资料的权利。

关于如何收集和筛选资料，我们提供如下建议。

第一，将档案中的内容与此次的评价目标密切联系，看所选内容能否说明需要被评价的问题。例如，将教师教学过程的资料放入幼儿成长发展档案袋，或将幼儿在休息时间参加课外活动的成果资料放入幼儿园课程方案评价档案袋等，明显就是不适宜的。

第二，考虑档案袋中的资料是否是最具代表性、最能说明问题的资料。幼儿成长过程中产生的各种各样的信息资料数量繁多，但我们在建立档案的时候不可能全部收入，只能选择最具代表性或最能说明问题的资料进行保存。例如，现在很多家长喜欢给幼儿拍照、录视频，产生了很多的图片影像资料，幼儿园在为幼儿建档的时候只需要选择其中有代表性的资料。以幼儿的"身体成长记录档案袋"为例,该档案最需要收集的是有关幼儿每个月的身高、体重变化的详细数据和图片说明,同时也收集幼儿身体成长的一些关键事件的信息(换牙、疾病等)。

第三,在选择资料时要防止人为地拔高(或压低)被评价者,即刻意选取幼儿表现最好(或最坏)的作品或活动记录,剔除带有瑕疵(或特别优秀)的记录。家长往往希望自己孩子的档案袋中保存的全是优秀进步的说明,而某些专业素养欠缺的教师可能会把档案记录当作威胁幼儿的手段,无论二者中哪一种动机都会影响资料选择的客观性和公平性,要坚决予以避免。

第四,与家长和幼儿一起选择材料时,重视幼儿自己的意见。有一部分档案袋的资料是鼓励家长和幼儿参与筛选的,比如,"幼儿作品成果档案袋"就是要保存和记录幼儿在成长过程中取得的优秀成果,这个时候就可以充分发挥家长和幼儿的主观能动性,尤其要注意听取幼儿本人的意见。

资料收集、分类之后,在保存过程中,除了保证资料的安全完整之外,还有一些非常重要的问题我们必须特别注意。比如,哪些材料是需要永久保存的;哪些材料是需要定时更新替换的;哪些内容是可以公开的;哪些内容涉及评价对象的隐私,是必须保密的;哪些材料是必须在一定时限内完成归档记录的;等等。这些看似琐碎的细节,稍不注意就会对评价工作或被评价方带来负面影响或不必要的伤害。

(四)评价汇报并形成结论

档案袋的形成并不代表档案袋评价模式任务的完结,相反,真正的评价工作此时才开始展开,评价方要根据所获取的各门各类的资料对评价对象进行全面、细致、客观的评价。

例如,评价方可以通过研究某一段时期档案袋中的作品样本、访谈结果、检核表、等级评定、特殊事件记录、同伴评语等,来确定被评价方在这一时期内的综合表现;也可以单独通过档案袋中被评价方的作品来确定其在相关领域的发展水平、进程以及是否达到了预期的目标;还可以通过对比档案袋中其他评价者的评语和评价变化来揭示被评价方的整体发展趋势(进步或退步)。

关于对档案袋评价的汇报,我们主要对两种汇报体系模型的范例做简要介绍。

1. 多彩光谱方案

多彩光谱方案(Project Spectrum),是以哈佛大学加德纳(Gardner)教授的多元智力理论和塔夫茨大学(Tufts University)费尔德曼(Feldman)教授的认知发展非普遍性理论为基础,结合美国学前儿童和小学低年级儿童教育的实际情况,从1982年起历时十多年,研发出来的一种教育评价方案。

多彩光谱评价方案由运动、社会、语言、视觉艺术、数学、音乐、科学七个智能领域十五个评价活动以及活动风格构成,研究者以七色光谱代表七大领域,教师通过对幼儿不同领域档案袋信息的评价,发现并注重对幼儿优势领域的培养。[①] 在这种方案中,评价贯穿整个学年,与教学、课程相融合。教师通过观察记录、检核表、分数

---

① [美]玛拉·克瑞克维斯基:《多元智能理论与学前儿童能力评价》,李季湄、方钧君译,前言14页,北京,北京师范大学出版社,2015。

等级、磁带等收集幼儿在各个领域的活动表现，然后将所有数据通过光谱方案简单呈现，在此基础上以叙述性报告的形式，对幼儿全年的表现进行总结，尤其对其优势领域着重进行说明。

显而易见，这种方案的优点在于不局限于以一个领域的表现来评价幼儿的优秀与否，更易发现幼儿的优势领域和"闪光点"；不足之处在于过早地关注和开发幼儿的优势领域，容易忽视其他领域的发展。

2. 作品取样系统

作品取样系统（The Work Sampling System），是由美国著名的教育评价专家米歇尔（Meisels）在借鉴表现性评价基本理念的基础上研制开发的一种评价方案，在美国的幼儿园到小学五年级的儿童评价中得到广泛推广和使用。作品取样系统由三个部分组成，分别是发展指引与检核表、儿童的作品集或档案袋以及综合报告。[①]

发展指引提供了 3～6 岁儿童在个人与社会发展、语言与文学、数学思考、科学思考、社会文化、艺术以及体能发展七大领域的发展指标，是教师判断儿童学习和发展状况的主要依据。检核表包含发展指引中七大领域的发展指标，为教师观察评价儿童提供了一个观察框架，教师可以运用检核表，评价儿童在课堂上自然发生的行为表现。

儿童的作品集或档案袋是教师有目的、有组织地收集儿童作品，并对作品进行分析，以考察他们发展进步情况的方法。在收集作品和编制档案袋时，允许儿童和教师一起选择内容。通过一年内几次筛选，将涵盖检核表提供的七大领域发展指标的资料分条目整理保存，形成作品集或档案袋，为教师进一步的评价提供依据。

综合报告是教师根据儿童在某一段时间的表现，综合儿童作品集、发展检核表，以及教师对儿童发展的了解和期望，详细描述和总结儿童的表现，反映每一个儿童在每一个领域的表现与进步。特别值得注意的是，这种综合报告每年要填写三次，每次三份，分别由教师、学校和家庭进行保存。

作品取样系统的优点在于：能够注重教学与评价的结合，强调在课程实施的自然过程中收集真实的评价信息，将评价内容与教学内容结合起来，帮助教师获得对他们改进教学具有直接意义的评价信息，积极发挥评价对教学的促进功能；注重过程评价与结果评价、质性评价与量化评价的有机结合，强调多种方法的综合运用，以帮助教师更全面、翔实地了解幼儿的真实行为表现与发展状况；充分尊重儿童在评价过程中的主体地位，注重让儿童参与评价的过程，帮助儿童进行自我反思与评价。[②] 其不足之处在于：发展检核表中的等级指标较为模糊、笼统，不利于获取更详细、具体的评价信息，同时在实际操作过程中，对教师的专业素养，如资料收集归类能力、作品解读能力等要求较高，实施起来有一定难度。

---

① 于开莲、焦艳：《两种学前教育评价新方案的对比——多彩光谱评价方案与作品取样系统》，载《学前教育研究》，2009(8)。

② ［美］芭芭拉·鲍曼、苏珊娜·多诺万、苏珊·勃恩兹：《渴望学习：教育我们的幼儿》，吴亦东、周萍、罗峰等译，185 页，南京，南京师范大学出版社，2005。

三、档案袋评价模式的优点与不足

(一)档案袋评价模式的优点

第一，评价内容丰富，多样化、多角度的信息资料为评价提供翔实可靠的支撑，使评价结果更具说服力。这是档案袋评价最突出的优点，大量全面、真实、翔实的资料，可以充分说明被评价方的当前状况和发展趋势。

第二，评价过程兼顾形成性评价与终结性评价，更具有动态性。档案袋评价既包含对被评价方某阶段的成果评价，也包含其发展过程中的细节资料，如阶段性的反思和相关的图片影像资料，可以在一定程度上反映被评价方的真实发展水平。

第三，被评价方可参与评价过程，更有利于其主动性的发挥，且使得评价过程更民主。在收集评价资料时，被评价方也可以主动提供资料和帮助筛选资料，这打破了评价过程中常见的回避制度，使整个过程更透明、民主。

第四，评价过程不仅包含横向对比，而且兼顾纵向比较，使评价结果更客观。档案袋评价既可以在同一时期内将被评价方在群体中进行横向比较，更具有纵向追踪评价的优势，也可以对被评价方在一段时间内的发展趋势做出全面详细的分析说明。

第五，评价主体多样化，有利于对评价结果达成共识，形成教育合力。在学前教育评价活动中，评价主体可以包括学前教育专家、幼儿园教师、幼儿家长以及幼儿本人。多样化的评价主体一方面保证了评价过程的公平、公正和评价结果的客观性，另一方面有利于提高评价结果的认可度，使教育各方对评价结果达成共识，从而更利于形成教育合力，解决评价过程中发现的问题。

(二)档案袋评价模式的不足

第一，资料收集持续时间久且过程复杂，对评价方要求较高。档案袋评价一般来说持续时间较长，同时需要多种途径收集尽可能全面的资料，因此，对评价方的时间、精力、专业能力都提出了较高的要求。

第二，评价内容数量大、种类繁多，对收集和保存都有很大挑战，且从中筛选有代表性和有价值的信息难度较大。评价内容的全面性导致资料筛选处理耗时久且难度大，同时，怎样将分类妥当的资料合理保存也是一个问题。有些资料占据的空间较大，如幼儿在墙面上或草地上的集体创作；有些资料不易长时间保存，如幼儿种植的小植物；还有些不可逆的道德情感体验，我们很难为其找到永久的保存手段。

第三，在选择和处理评价资料方面缺少可以量化的原则，主观性较强。这个问题指的是评价方在选取关键资料进行评价时，更多依赖于主观判断，如我们在评价自己孩子的时候总是会倾向于选择那些更能证明其具备优秀品质的材料。

第四，评价标准较模糊，在一定程度上影响了评价的信度。评价主体的多样化，使得不同的评价方都会有一套自己的评价标准，这会在一定程度上影响评价的信度。在具体操作时，评价方最好能配合使用其他注重量化说明的评价手段。

本章小结

　　本章着重介绍了当前在国内外运用较为广泛的学前教育评价模式，主要有目标达成评价模式、CIPP 评价模式、外貌评价模式、应答评价模式、无框架评价模式、目标游离评价模式、档案袋评价模式。

　　通过学习，学前教育工作者对这些常见的学前教育评价理论模式的基本概念、具体操作程序及相应的优缺点有了初步了解。在此基础上，本章通过一些具体实例，培养学前教育工作者将不同的评价模式运用到学前教育不同实践领域评价中的能力，促进学前教育事业更科学、健康地发展。

关键术语

　　目标达成评价模式　　CIPP 评价模式　　外貌评价模式　　应答评价模式　　无框架评价模式　　目标游离评价模式　　档案袋评价模式　　多彩光谱方案　　作品抽样系统

思考题

　　1. 请简要说明目标达成评价模式的意义及其优缺点。

　　2. CIPP 评价模式的基本组成部分有哪些？

　　3. 斯塔克应答评价模式有怎样的实施过程？

　　4. 简介当前国内外运用较为广泛的学前教育评价模式。

　　5. 多彩光谱方案有什么特点？

建议的活动

　　1. 国内某知名品牌连锁幼儿园想要在西部某城市开办分园，在此之前需要了解该市幼儿教育资源的分布情况以及未来的市场潜力，特委托评价机构对这些情况进行评价。假如你是该评价机构成员，请选择你认为合适的学前教育评价模式，来完成此项任务，并说明主要步骤或做法。

　　2. 请尝试为某幼儿园小班幼儿设计档案袋，并说明不同档案袋的用途。

第二篇

评价技术篇

第四章　学前教育评价方案编制

学习目标	学习完本章内容后，你应该能够： · 了解编制学前教育评价方案的重要性，明晰评价方案的内容； · 理解制定学前教育评价指标体系的意义和原则； · 初步掌握制定学前教育评价指标体系的具体步骤与方法。

知识图谱

第四章知识图谱

在了解学前教育评价的特点，理解学前教育评价的意义、作用及原则，掌握学前教育评价的类型以及通常采用的评价模式的基础上，学前教育工作者应该初步学习评价方案的编制，以便在实际的学前教育活动中能更好地开展评价工作。

第一节　评价方案编制概述

一、评价方案及评价方案编制的重要性

评价方案是指整个评价工作的总体结构与工作计划，是评价工作的关键性指南，也是整个评价过程技术性较强的一环。[①] 开展学前教育评价，编制评价方案的重要性在于以下两个方面。

第一，评价方案能保证评价工作达到预期的效果。对学前教育活动的各个环节进行评价，都只有在对其评价方案进行充分的酝酿、构思，对相关问题做周密而细致的规划安排的基础上，才可能达到预期的效果。缺乏相应方案、盲目开展的评价，既不易达到预期的评价效果，也可能使评价工作中途夭折。比如，要对幼儿的全面发展做出科学评价，在编制评价方案的时候就要考虑幼儿的发展观。考虑幼儿的全面发展从哪些方面来考量，是从身体、认知、语言和社会性进行考量，还是从健康、语言、社会、科学和艺术五大领域来考量，还是透过幼儿一日生活的各个方面来考

---

① 王坚红：《学前教育评价》，98 页，北京，人民教育出版社，2010。

量。同时还要考虑不同年龄段幼儿的不同评价标准，考虑评价采用哪些方式和方法，由谁来实施等问题。只有在设置评价方案时将相关问题都充分地考虑到，才可能保证对幼儿的全面发展做出科学合理的评价。

第二，评价方案对评价的各个环节都具有指导意义。无论是评价资料的收集、评价方法的使用还是评价报告的撰写等，这些环节都离不开评价方案的指导。比如，评价方案能保证评价资料的收集围绕要评价的问题展开，从而保证资料收集的有效性；评价方案还可以保证评价使用适宜的技术手段和方法从而使获得的评价资料具有可信性；评价方案还能够保证评价报告撰写的合理性等。

总之，评价方案的设计是一项重要的、复杂的、系统性的工作，需要评价者认真对待。

二、评价方案的内容分析

拓展视频

学前教育评价
方案内容分析

评价方案除了包含一般性的工作计划，如人员配备、各阶段任务完成时间表、经费预算等，还应该包括以下各项核心内容。

(一)明确评价目的和要评价的问题

明确评价目的和要评价的问题是编制评价方案首先要考虑的问题。评价要达到的目的不同，评价要解决的问题也不一样。比如，我们要对幼儿发展进行评价，就需要知道影响幼儿发展的最直接因素是什么。通过分析，我们发现家庭和幼儿园是影响幼儿发展的最直接因素，如果本研究重点探讨幼儿园环境对幼儿发展的影响，那么在幼儿园环境中最直接影响幼儿发展的重要因素便是要解决的重要问题之一。在幼儿园环境中影响幼儿发展的最直接环境是班级，班级环境就是要重点评价的问题。在班级环境中影响幼儿发展的最直接因素是班级物质环境与幼儿的使用方式，教师、同伴的相互交往过程与行为。[1] 这些要素就是要重点评价的问题。再比如，我们要对幼儿园的游戏活动进行评价，就需要知道教师具备怎样的游戏观念与态度，幼儿家长的游戏观是什么，幼儿园为幼儿提供了哪些游戏的条件，幼儿对游戏的兴趣与态度如何，该幼儿园开展了哪些类型的游戏，游戏与课程教学的关系如何。这些都是要解决的问题。只有紧紧抓住要评价的问题，才可能顺利达到评价目的。

(二)建立目标框架结构

明确了评价目的和要解决的问题之后，就要建立目标框架结构。当前，我国幼儿教育工作评价所依据的总目标应该是《纲要》《指南》《专业标准》等所提出的保教工作目标，而每一项具体的学前教育活动也都有其独立的、具体的目标，如对幼儿园课程模式进行评价和对教学活动进行评价所依据的目标，可以是该课程模式或教学活动所提出的具体目标，但必须符合《纲要》《指南》《专业标准》的主要精神，这一点是必须坚持的。比如，评价幼儿的身体发育，按照《指南》的总体精神，可以将目标

---

① 中央教育科学研究所学前教育研究室：《幼儿园教育质量评价手册》，前言2页，北京，教育科学出版社，2009。

体系架构如下(见图 4-1):

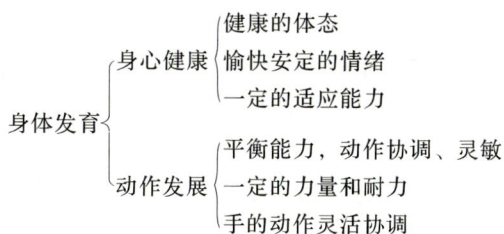

图 4-1 幼儿身体发育目标体系

又如,评价幼儿教师的专业发展,依据《专业标准》的精神,可以将目标体系架构如下(见图 4-2):

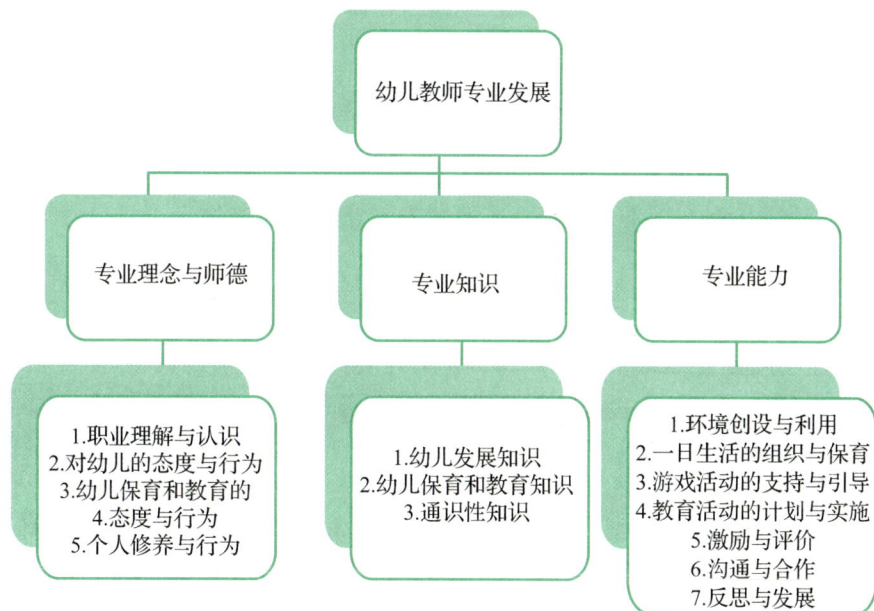

图 4-2 幼儿教师专业发展目标体系

(三)分解目标形成评价指标体系

学前教育目标体系中的各类目标往往带有一定的原则性和抽象性,它们还不能被直接测量和评价。为了保证学前教育评价的科学性和客观性,我们需要把抽象的目标具体化。分解后的目标体系中处于最低层次、具有可操作性的目标由于具有指标的性质,因此被称作指标。这样,分解后的目标体系就成了学前教育评价的指标体系。也就是说,学前教育评价的指标体系是由学前教育各方面、各层次的指标组成的一个有机整体,它是一系列具体指标组成的指标集合以及相应的数量关系集合。[1]

这里需要说明的有两点。一是在确定指标的过程中评价者需要有选择,因为学前教育活动复杂多样、丰富多彩,很多时候,被评价活动的某一个方面会涉及多个

---

[1] 霍力岩等:《学前教育评价》第 3 版,105 页,北京,北京师范大学出版社,2015。

指标，但是在指标体系中不可能体现所有指标，更不可能主次不分、平均贡献，也不可能由个人随意选定，我们必须选择其中最重要的、最有代表性的要素来组成评价的指标体系。二是在一个指标体系中，任何一个具体的指标都不能反映总目标或整体目标，它只能反映目标的某一个方面或部分，只有整个指标体系才能反映总目标或整体目标。建立评价指标体系的过程详见本章第二节。

(四)确定收集评价资料的方法和步骤

确定收集评价资料的方法和步骤也很重要，这项内容能够决定收集到的评价资料是否客观、翔实、全面，能否达到预期的评价目的。所以，在制订评价方案的时候要确定使用哪些方法收集资料，这些方法是否可行；如果选择的方法达不到预期效果，还能采取什么方法进行补救。这些问题在制订方案的时候都需要评价者做出认真的安排。

收集评价资料的方法有很多，既有质的方法也有量的方法。质的方法可以选用实地观察法、访问谈话法、口头或书面汇报法、查阅文献法等，量的方法可以采用测验法、问卷调查法等。每一种方法都具有各自的特点与作用，评价者应根据所评价的问题、要达到的目的等方面选择不同的方法开展评价工作。这方面的详细内容请参考第五章。

(五)准备评价记录表格和提纲

当选定了收集资料的方法，评价者在正式收集资料之前要准备好各项评价记录的表格和提纲，包括观察记录人员(如评审专家、行政领导、教师或家长)使用的观察记录表格及其详细的使用说明，访问谈话时使用的访谈提纲或汇报提纲，测验法所需要的各种记录表格，各分类资料的汇总表格等。在设计各类表格时，一要考虑尽可能全面、合理地收集信息，不遗漏重要信息，二要考虑表格尽可能简洁明了，方便使用。

(六)制订资料分析与处理计划

各类评价资料收集好之后的一项工作就是处理和分析这些资料，以便为评价工作找到科学的依据。评价者应该根据所收集资料的性质和特点选择处理与分析资料的方法。各种统计资料的方法都对数据有一定的要求与限制，所以在对资料进行处理与分析之前，评价者需要对数据或文本分类进行整理，以保证资料分析与处理的顺利进行，同时保证所收集资料的可用性与结果的合理性。

第二节 制定评价指标体系

一、制定评价指标体系的意义

(一)制定评价指标体系是进行科学评价的前提和依据

进行科学的学前教育评价必须有可以参照的标准和尺度，合理的评价指标体系就是这个标准和尺度，所以，评价指标体系是进行科学评价的前提。学前教育评价指标体系可以体现学前教育目标的实质性内容，是目标的细化与分解，故指标体系又是进行科学评价的直接依据。因而，在进行学前教育评价工作之前必须先建立好学前教育评价指标体系，再依据评价指标体系对学前教育工作的各个方面开展必要的评价工作。比如，我们要对幼儿园的办园质量进行评价，就先要依据《评估指南》制定一个明确的评价指标体系，这个指标体系中的各项指标，既是各幼儿园应该达到的办园水平，也是我们评价每所幼儿园是否达到一定质量的标准，所以，在对幼儿园办园质量进行评价之前，必须先制定一个评价指标体系。

（二）制定评价指标体系能保障评价工作的客观性

学前教育是一个复杂的、系统的工程，它包含多方面、多角度、多层次的内容。影响学前教育的因素有很多，如果不建立标准化的评价指标体系，无论是对学前教育活动的某个环节进行评价，还是对学前教育活动的整体或者学前教育机构进行评价，都会不可避免地出现随意性、主观盲目性或者片面性，都无法保证学前教育评价工作的顺利进行。所以，只有制定了评价指标体系，才能确保评价工作的客观性。比如，对幼儿的社会性发展进行评价，就是一个相对较小的方面，但它也包括人际交往和社会适应两个一级指标。人际交往又包括能与同伴友好相处，愿意与教师、家长甚至一般人交往，在交往过程中表现得自尊、自信和自主；社会适应又包括喜欢并适应群体生活，遵守基本的行为规范、具有初步的归属感等二级指标。这一系列的二级指标又分别包括了诸多三级指标。又如，对幼儿园的保教质量进行评价，就是一个涉及范围比较广的评价活动，涉及的指标要素较多，首先是区、县幼教状况，其次是幼儿园总体状况和幼儿家庭与教养状况，最后是幼儿园中的班级状况和班级教育过程等，每一级指标又都涉及诸多具体指标，如果不建立一个合理的评价指标体系，那么这个评价工作就很难做到客观、公正。

（三）制定评价指标体系能促进目标的落实

在评价方案内容分析部分简略分析了目标与指标体系的关系，目标是建立指标体系的基础和依据，指标是目标的具体化。任何教育活动都有自己的预期目标，也都期望能够达到某种活动目的，学前教育评价也不例外。每一个学前教育评价目标的实现都必须层层细化落实到每一个具体的指标上。因为，目标是相对抽象、概括、具有原则性的，必须将之细化并落实到每一个具体的指标上，才可能被测查与评价。所以，只有制定评价指标体系才能够保证和促进目标的落实，才能使评价工作达到目的。

（四）制定评价指标体系能对评价工作起到明显的导向作用

学前教育评价指标体系不仅可以作为学前教育评价的直接依据，而且可以对评价工作起到明显的导向作用。评价指标体系的导向作用是指被评价者知道应该重视什么以及如何朝着目标而努力。评价指标体系之所以具有导向作用，是因为指标体系是细化了的目标，是由具体的、可操作的指标构成的，它使学前教育目标具有了实际的意义。所以，学前教育目标的导向功能使评价指标体系也具有了导向功能。比如，我们依据《专业标准》评价幼儿教师的专业发展，在构建指标体系的时候就要考虑专业理念与师德、专业知识和专业能力三个方面。专业理念与师德是方向，专业知识是基础，专业能力是保障，从《专业标准》赋予三部分的比重来看，专业理念和师德占 32.3%，专业知识占 24.2%，专业能力占 43.5%，那么，我们在制定标准体系的时候也要考虑这个比重，为三个二级指标设置不同的三级指标内容。这样，作为评价对象的教师就知道在自己的专业发展过程中如何权衡三个部分，从而保证自身的发展既能符合国家的要求又能是全面均衡的。

二、制定评价指标体系的原则

建立学前教育评价指标体系不是一件主观臆断的事情，而是要遵守相应的准则，只有这样才能保证所建立体系的科学性和合理性。在制定学前教育评价指标体系时应该遵循以下几项原则。

(一)与目标的一致性原则

与目标的一致性原则是指建立学前教育评价指标体系应该充分、科学地反应目标，在方向上和内容上保持与目标的一致性。要充分、科学地反应目标并在方向和内容上与目标保持一致，需要做到以下几点。

第一，要保证指标体系能够反映我国学前教育改革的方向。当前，我国的学前教育改革进入了历史性的转折时期，国家出台了一系列发展学前教育的政策性文件，我们建立的学前教育评价指标体系的内涵及其组成部分必须与《国务院关于当前发展学前教育的若干意见》《指南》《专业标准》《幼儿园园长专业标准》《评估指南》等的精神相一致，任何一项指标都不能违背上述文件精神，否则，就不符合与目标的一致性原则。

第二，要保证指标体系中各项指标的内涵和测量、鉴定标准能够客观地反映评价对象的真实情况。比如，对幼儿智力发展水平的评价不能仅仅凭借教师的直觉，而应该根据智力测验的结果和教师对该幼儿较长时间细致观察的结果进行综合评定。

第三，要确保指标体系中各项指标的典型性或代表性，应当选取最能反映评价对象本质特点的指标并将其列入评价指标体系。比如，评价幼儿的语言发展情况，应该将是否会倾听与表达、是否进行了阅读与书写的准备列入一级指标，而不是把认识多少汉字、会写多少汉字作为主要指标列入指标体系。

第四，要保证指标体系中各项指标的层次性和独立性。具体说，就是在分解评价目标时应当分层次展开，一级指标和二级指标之间、二级指标和三级指标之间必须具有层次性和包含与被包含的关系；而在同一级指标之间不能有互相重叠、互相包含、互为因果的关系。同时，就各个指标来看又是独立的，都是可以单独进行测查和评定的。

(二)可测性原则

可测性原则是指评价指标体系中的每一项指标都具有具体的、可操作性的定义。贯彻可测性原则，要求指标体系中的每一项指标都是具体化的，都应该用可操作性的定义表述出来。换句话说，这些指标都应该看得见、摸得着，可以直接测量，从而为得到比较确切的结论提供支持。

可是，学前教育评价活动中的有些指标是不可以被直接测量的。比如，抽象的教育观念和态度、班级的精神环境、家园合作的情况等都不容易被直接测量出来。这时，就需要评价者潜心研究，努力使指标可操作化，再进行测量就可以得到比较确切的结论了。又如，我们要评价室内游戏活动中师幼互动的情况，师幼互动这个指标是不容易被直接进行测量的，我们可以根据师幼互动中的有关要素制定出一个观察记录表（见表4-1），通过对一系列事件的详细观察记录，就可以测查师幼之间的关系了。

表 4-1　师幼互动观察记录表①

观察者：　　　　　　　　　　观察日期：

事件一	1. 活动背景：		2. 发起人：	3. 互动回应次数：	4. 互动内容：
	5. 发起与回应方式	发起：	回应一：	回应二：	回应三：
		回应四：	回应五：	回应终前：	回应终：
	6. 反应敏感性：		7. 效果：		8. 幼儿情绪：

（三）可行性原则

可行性原则是指每一项指标都必须符合我国当前学前教育机构的实际状况和水平，在评价工作中切实可行，它包括如下几个方面的含义。

第一，评价指标体系中的每一项指标及其相应的标准必须符合当前我国学前教育机构的实际情况，必须能够区分和鉴别评价对象在该指标方面的不同达到程度。如果其中任意一项指标，几乎所有的评价对象都无法达到或者都已经达到，那么这项指标就缺乏实际意义，不具有可行性。

鉴别一项指标是否可行可以通过定义区分度的方法来进行。通过对 K 个被评单位的实测，根据综合评定值，我们称前 $K/2$ 个单位为高分组，称后 $K/2$ 个单位为低分组，若指标 i 高分组的得分为 M，低分组的得分为 N，指标的分值为 L，则该项指标的区分度为 D，可以用下列公式表示：$D=(M-N)/K \cdot L$。若某一指标 i 的区分度（D 值）越小，说明这一指标越不符合实际，也就是不可行的。②

第二，评价指标体系中的每一项指标切实可行还指有足够的信息资源可以利用。如果某一项指标没有一定的信息来源，评价者得不到该项指标的足够资料，那么就无法进行评价，这项指标也就不具有可行性。

第三，评价指标体系中的每一项指标切实可行又指有足够的人力和物力资源可以利用。如果一项指标按照内容要求需要大量的人力和物力，而这些人力和物力对于评价者来说又是达不到的，那么，这项指标也不具有实际测评的可行性。

第四，评价指标体系中的每一项指标切实可行也指有科学有效的量化方法可以利用，而且这个量化方法简便易行，便于大家使用。如果太复杂，按照该指标体系进行评价也就不具有可行性。

（四）合理性原则

合理性原则是指评价指标体系中各指标的分类和提取是合理的，给每一项指标

---

① 中央教育科学研究所学前教育研究室：《幼儿园教育质量评价手册》，155 页，北京，教育科学出版社，2009。

② 霍力岩等：《学前教育评价》第 3 版，129 页，北京，北京师范大学出版社，2015。

的权重分配也是合理的。贯彻合理性原则，需要注意以下方面。

一是选取评价指标体系中的各项指标必须充分、科学地反映当前我国学前教育的目标或者管理的目标，任何违背我国学前教育目标精神的指标都是不可取的。评价者在这个选择的过程中需要保持高度的理智和警觉，因为指标越具体，其由抽象到具体之间的转换环节越多，越可能受到较大的干扰，从而削弱评价的效度。[1]

二是对评价指标体系中的每一个指标进行权重分配也必须是合理的，因为权重是影响指标数值的一个重要因素，权重集合的合理程度会影响评价的科学程度。权重有两种表现形式，一种是绝对数(也称频数)，另一种是相对数(又称频率)。相对数是用绝对数计算出来的百分数表示的，又称比重。权重在指标体系中起到权衡轻重的作用，这一作用体现在各组单位数占总体单位数的比重大小上。怎样合理地确定权重，将在制定指标体系的具体步骤中进行讨论。

三、制定评价指标体系的具体步骤与方法

制定评价指标体系是一项技术性很强的工作，评价指标体系制定者既需要对要评价的工作有较好的理解与把握，也需要掌握一定的教育评价技术。这里简要介绍制定评价指标体系的步骤与方法。

(一)分解目标——初步形成指标体系

每一个要评价的项目都是有明确目标的，但是目标不具有可测性，必须被分解。在深入理解与领会的基础上，将学前教育目标或管理目标进行分解，初步形成评价指标体系，这是形成指标体系常用的方法。但是，对目标的一次性分解常常不能达到评价的可测性要求，通常需要将目标层层分解下去，最终落实到具体可观察或测量的指标上。这样，在目标和指标之间就形成若干个层次，构成了初步的评价指标体系(见图4-3)。

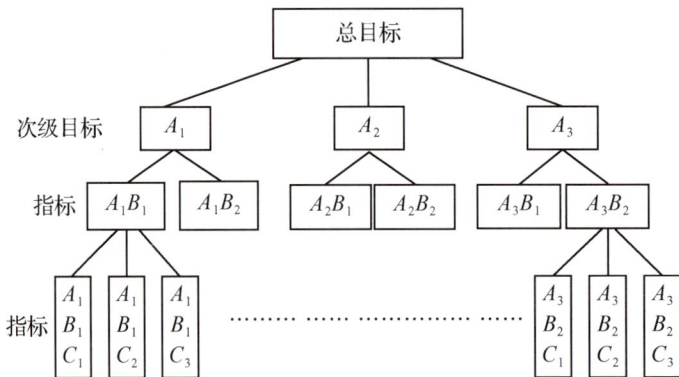

图 4-3　评价指标体系多层次结构

比如，我们要对幼儿的全面发展进行评价，根据《指南》的精神，就需要对幼儿五个领域的发展进行评价，从而形成如下层次结构，如图4-4。

---

[1] 王坚红：《学前教育评价》，104 页，北京，人民教育出版社，2010。

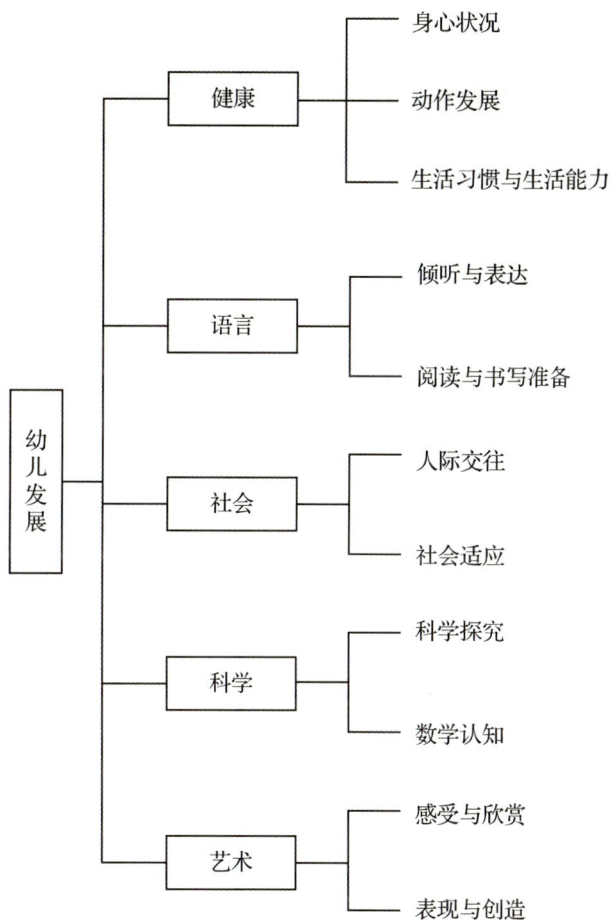

图 4-4 幼儿发展评价指标体系多层次结构

这个环节的难点是怎样将目标和指标分解得科学、合理。通常采用的方法是依据国家颁布的关于发展学前教育的法规、条例等相关政策文件，结合国内外最新的相关研究成果，组织相关专家广泛征求意见，注意理论与实践型专家的相互协作、充分讨论和酝酿，并经若干次的反馈，逐步归纳、寻求评价要素，初步形成评价指标体系。

(二)明确指标体系的内涵与外延、合理组合要素——改善指标体系

在分解目标形成初步的指标体系之后，需要谨慎而仔细地分析已经提出的各项指标的内涵与外延，审查各项指标是否具有相互独立性、整体完备性、结构合理性与可测性等必要的特点。

指标的内涵是指该项指标评价的是什么内容。指标的内涵必须明确、肯定、清晰，使评价者和被评价者都有同样的理解，不会产生歧义。指标的外延是指该项指标评价的是哪些内容。明确指标体系的内涵与外延，评价工作就有了一个确定的范围，不至于产生评价范围过宽、过窄或彼此不一致等问题。

评价指标体系中各层次以及各个要素之间的组合要科学、合理，要解决好内容众多和必须选择其中具有代表性内容的问题。解决这类问题的方法主要有以下几种。

1. 经验评定法

经验评定法是分批召集具有某方面知识和实践经验的人员，采用无记名方式，根据其经验来评定各要素在评价指标体系中的重要程度的一种评定方法。一般采用等级式评定的方式进行，即将要评定的要素分成不同的等级，评定者根据自己的经验和认识进行定级。经过专家几轮的反馈，就可以逐步剔除对评价质量影响不大的某些或个别要素，而将大家一致认为重要的、起关键作用的要素保留下来。重新调整要素的归属与组合关系，使指标体系的科学性、合理性得以改善。

2. 相关聚类法

采用百分制计分法，记录一定数量被评对象在各指标要素项上的实评得分，然后计算出所有要素的两两相关系数，求得相关系数矩阵。[1] 在此基础上，可用下面两种方式进行要素聚类，其处理过程应当完全一致。

(1)t 检验法

其步骤如下：

①根据被评对象人数决定的自由度，考察各相关系数显著性水平。(t 检验)

②在具有显著相关(如 $p \leqslant 0.01$ 或 $p \leqslant 0.05$)的各对要素中，分别剔除其中任意一个要素，留下另一个要素。

③在剩下的要素所组成的新方案中，再根据相关程度，把关系比较密切的要素组合在一起，形成上一级指标。

④如此根据相关程度进行简化和组合之后，进一步分析并确认：所产生的因素的外延相当于组合中各要素外延总和，且所产生的因素内涵都具有组合中各要素的内涵。

(2)加权平均法

其步骤如下：

①把各要素视为各自独立的一类。

②选择相关系数矩阵中相关值最大的两个要素，把它们归并为一个新类，利用加权平均法公式，求出该新类与旧类(原有要素)之间的相关系数，构成新的相关系数矩阵。其中，除了新类与旧类之间的相关程度会发生变化之外，旧类与旧类的相关值不变。

加权平均法公式如下：

$$Y_{xy} = \frac{n_a \mid Y_{xa} \mid + n_b \mid Y_{xb} \mid}{n_a + n_b}。$$

其中：$x =$ 旧类，$y =$ 由 a 类与 b 类归并成的新类；

$n_a = a$ 类所包含要素的个数；

$n_b = b$ 类所包含要素的个数；

$Y_{xa} =$ 旧类与 a 类的相关系数；

$Y_{xb} =$ 旧类与 b 类的相关系数；

---

[1] 王坚红：《学前教育评价》，108～110 页，北京，人民教育出版社，2010。

Y_{xy}＝旧类与新类的相关系数；

$|Y_{xa}|$＝Y_{xa} 的绝对值，$|Y_{xb}|$＝Y_{xb} 的绝对值。

③重复上一步骤，再将相关值最大的两个要素归并，计算出新的相关矩阵。

④如此循环往复，直至所有的要素统统被归并为一个大类。

⑤画出聚类图。以上聚类过程可用聚类图(见图 4-5)形象地反映出来。

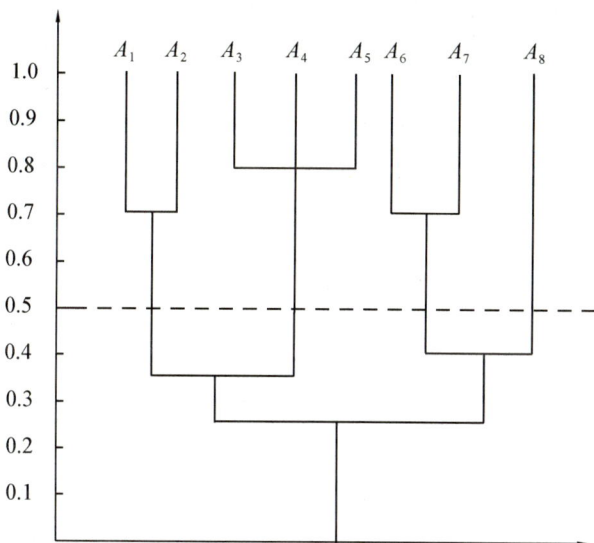

图 4-5　8 个要素(A_1～A_8)的相关聚类图

图 4-5 中，纵轴上的数值表示不同的相关系数值。在划分类别之前，先要规定分类临界值，再将相关值大于该数值的要素归并起来构成新的一类，把小于该数值的要素独立出来成为一类。每次被归并的两个要素用"凵"形线连接，其两条纵线的长度由归并时的相关系数最大值决定，在纵轴上找到相应的位置后，用一条平行线将它们连接起来。如图 4-5，在 0.5 处画一条虚线，表示取临界值等于 0.5。看虚线与多少条聚类线相交，所有的要素便可分为多少类。若以 0.5 为临界值，则该 8 个要素可以组合成 4 类，而若临界值为 0.3，则可组合为 2 类，以此类推。临界值的确定应遵循评价的有关原则，根据实际情况，既要考虑科学性，又要保证可行性，不能一概而论。

(三)明确规定指标要素的操作性定义

对于初步形成的指标体系来说，其中的每一个评价要素都应该明确地规定其含义和要达到的标准，并阐明评价对该要素所要进行的测量活动及其操作过程。

所谓指标要素的操作性定义，是将指标要素的内涵尽可能准确地用文字概括地表达出来，在此基础上，采用适宜的测量手段，获取足以表明要素特征的资料，并与一定的标准相对照，以判断对象达到标准的程度等。

给评价指标体系中的各要素规定操作性定义的目的在于评价者能够通过实际的观测，把握被评者在该要素方面达到标准的程度，所以，一个科学合理的评价指标体系应当包括精心设计的合理评价要素标准与测量操作的过程。例如，在对幼儿的全面发展进行评价的指标体系中，"数学认知"这一目标中的"感知和理解数、量及数量关系"这一评价要素,对于3~4岁的幼儿可以规定如下操作性定义。

要素名称:感知和理解数、量及数量关系。

要素含义:能感知和区分物体的大小、多少、高矮、长短等,能对5个以内的物体进行点数、比多少、数物匹配、按数取物。

测量方式:日常观察记录和个别测查。

评分标准:(每达到一项得1分,最高分为4分)

①能感知和区分物体的大小、多少、高矮、长短等量的方面的特点,并能用相应的词表示。

②能通过一一对应的方法比较两组物体的多少。

③能手口一致地点数5个以内的物体,并能说出总数。能按数取物。

④能用数词描述事物或动作。如我有4本图书。

(四)确定指标权重——初步形成标准体系

当指标体系中的各要素确定以后,接下来一个很重要的工作就是确定各要素权重。确定指标权重就是确定某个指标要素在整个指标体系中的重要性程度,权重值越大说明该指标越重要。各要素的权重构成了指标体系的权重集,权重集的科学性影响着评价工作的科学性。学前教育评价活动通常采用的确定权重的方法有以下几种。

拓展视频

制定评价指标体系的步骤与方法(二)

1. 归一化方法

首先,通过专家或有经验人员的反复研讨,确定由评价目标分解而成的若干子要素(比如,20个);其次,请有关专家按规定的要素数量(比如,15个)选出自己认为重要的要素;再次,设计者把获得票数最多的15个要素的票数加在一起得到一个总和,即归一化;最后,用每一个要素的得票数与15个要素的总和相比,就是该要素的权重值。

归一化方法的具体步骤如下。

第一步,将前15个要素的票数相加求和。

第二步,将每个要素的得票数与第一步求出的总和做比较,计算出比值,即该要素的权重值。假如,计算出的总票数是1200,要素1得票数为140,那么,140/1200≈0.117,要素1的权重值就是0.117。

2. 德尔菲法

德尔菲法(Delpi method)是一个使专家集体在各个成员互不见面的情况下对某一项指标或某些指标的重要性程度达成一致看法的方法,也是一种专家征询意见法。它以分发问题表的形式,征求、汇集并统计一些专家关于某一项指标重要性程度的意见或判断,是学前教育评价中进行加权时经常使用的一种方法。其具体的步骤如下。

第一步,设计征询意见表。

根据所要咨询的问题设计好问卷表格,征询意见表的一般格式如表4-2。

表 4-2 幼儿园工作评价权重值分配征询意见表①

指标项目	很重要	重要	一般	不重要
办园条件				
管理水平				
工作质量				
幼儿发展水平				

设计征询意见表时，组织者需要特别注意两个方面的问题。一是表中所列的重要性等级，即上表中的"很重要""重要""一般""不重要"必须有明确的定义，一定要说明在什么情况下算很重要，什么情况下算重要，避免各位专家对这些词语的理解存在差异而出现评定误差。二是事先要给这些重要性等级赋值，以方便各位专家将上面的重要性等级换算成权重值。

第二步，选择专家并请他们填写征询意见表。

所选择的专家应在该领域具有权威性和代表性，而且专家最好来自不同领域，如行政管理者、教学科研人员、实践工作者等，请这些专家以不署名的形式按照要求将某一个指标或者某些指标的重要性程度填写在意见表中。

第三步，整理、统计并反馈专家意见。

组织者先求出某一指标或某些指标的权重值平均数，并求出每一位专家给出的权重值与权重值平均数的偏差，然后将求出的权重值平均数反馈给各位专家，接着开始第二轮的意见征询，以便确定专家是否同意这个权重值。在这个环节，组织者需要对下面两项内容做统计处理。

①每一指标权重的平均数。

$$M(W_i) = \frac{\sum W_{ij}}{n}。$$

其中，$i = 1, 2, 3, \cdots, n$，W_{ij} 为第 j 位专家对第 i 条指标给出的权重值。

②每一专家给出的权重值与权重值平均数的偏差。

$$\Delta_{ij} = W_{ij} - M(W_i)。$$

其中 $j = 1, 2, 3, \cdots, n$。

第四步，不断整理和反馈专家意见。

再次将权重值平均数反馈给各位专家并给出某些专家不同意这个平均数的理由，让各位专家再一次做出反馈。重复进行上述整理和反馈专家意见的步骤，这样重复几次以后，各位专家对某一指标或某些指标的权重值的看法就会趋向一致，组织者也就可以得到比较一致可靠的加权结果或权重值分配结果。

3. 层次分析比较法

层次分析比较法是一种多目标、多准则的方法，它主要是通过对指标进行两两

① 董力岩等：《学前教育评价》第 3 版，181 页，北京，北京师范大学出版社，2015。

比较，在一系列可供选择的对象中，找出它们的优先顺序，从而确定权重的方法。[①]
它也是学前教育评价中进行加权常用的方法。

层次分析比较法的数学基础是矩阵理论，由于一般矩阵的求解比较复杂、烦琐，
因此在学前教育评价指标的加权中一般可用一种改进型的矩阵对偶法来求解权重值。
这种矩阵对偶法规定判断的等级为三个（同等重要、稍微重要、明显重要），判断值
一律是整数。

假设有甲、乙、丙、丁四项指标，要使用矩阵对偶法确定它们各自的权重，可
以先制定好如下表格（见表 4-3），以确定各项指标比较的顺序。

表中数字是各指标比较的顺序，其中加圈的数字是比较的前项，不加圈的数字
是比较的后项。有了上述比较的顺序我们就可以进行比较了。表中比较的顺序应该
是：乙和甲；丙和乙；丁和丙；丙和甲；丁和乙；丁和甲。

表 4-3 矩阵对偶法比较顺序表

	甲	乙	丙	丁
甲		①	④	⑥
乙	1		②	⑤
丙	4	2		③
丁	6	5	3	

需要说明的是，使用矩阵对偶法进行比较时，比较的顺序是固定的，不能随意
改变。每次将两个指标进行比较后，按照上表中比较前项和比较后项的标记给各指
标计分，并将分数记在类似于上面表格的空白表格中，同时记上配对比较时另一项
的相应评分，计分方法见表 4-4。

表 4-4 矩阵对偶法计分表

计分		含义
甲	乙	
2	2	两项指标相比，甲乙同等重要
3	1	两项指标相比，甲比乙稍微重要
4	0	两项指标相比，甲比乙明显重要

现以幼儿园工作评价中四项指标权重值的确定为例说明如何运用矩阵对偶法确定各
项指标的权重值。假定幼儿园工作评价的四个一级指标是办园条件、管理水平、工作质
量和幼儿发展水平，根据矩阵对偶法比较顺序表，可以得到上述四个指标的比较顺序
如下。

管理水平和办园条件；

工作质量和管理水平；

---

① 霍力岩等：《学前教育评价》第 3 版，183 页，北京，北京师范大学出版社，2015。

幼儿发展水平和工作质量；

工作质量和办园条件；

幼儿发展水平和管理水平；

幼儿发展水平和办园条件。

经过对各项指标进行比较，我们认为：

管理水平比办园条件稍微重要；

工作质量和管理水平同等重要；

幼儿发展水平和工作质量同等重要；

工作质量比办园条件稍微重要；

幼儿发展水平比管理水平稍微重要；

幼儿发展水平比办园条件稍微重要。

根据矩阵对偶法计分表，将各项指标比较后的结论转化成分数，计入幼儿园工作评价一级指标权重值分配表（见表4-5）。

表4-5 幼儿园工作评价一级指标权重值分配表

	办园条件	管理水平	工作质量	幼儿发展水平
办园条件		3	3	3
管理水平	1		2	3
工作质量	1	2		2
幼儿发展水平	1	1	2	
得分 X_i	3	6	7	8
权重值 W_i	0.13	0.25	0.29	0.33

由表4-5和表4-3可知，如果我们认为管理水平比办园条件稍微重要，则在①处记3，1处记1；当工作质量与办园条件相比时，我们认为工作质量比办园条件稍微重要，在④处记3，4处记1。以此类推，将每对指标都比较过之后，可以看到四个指标的得分分别是3、6、7、8，将这些得分相加得到的总分是24，然后用每项指标的得分去除以总分，就可以得到每个指标的权重值（W_i）。通过上述计算，四项指标的权重值分别约是办园条件0.13，管理水平0.25，工作质量0.29，幼儿发展水平0.33。

（五）制定综合等级分值——完善标准体系

综合等级分值表示评价对象的评价结果，它也是制定标准体系必不可少的重要一环，确定综合等级分值通常有三个步骤。

1. 确定定级因素的权重

总体上来讲，确定定级因素权重的方法跟前面所讲的确定指标权重的方法是一样的，但是根据原始数据来源的不同，这里确定权重的方法大体上有主观赋权法和客观赋权法两大类。

主观赋权法是指由专家根据自己的主观判断而进行赋权的方法。例如，德尔菲法、层次分析法、因素成对比较法等都属于这类方法。这类方法研究较早，也较为成熟，但是相对来说客观性差一些。

客观赋权法是指不依赖于人为的主观判断，依据各指标在评价单位中的实际数据进行赋权的方法。例如，主成分分析法、离差最大化法、均方差权重法等都属于这类方法，这类方法的客观性较强。

权重值与因素对学前教育质量影响的大小成正比，数值在0～1，各选定的最后一级指标要素的权重值之和等于1。

2. 计算定级因素作用的分值

因素指标值与作用分的关系呈正相关，即因素条件越好，作用分越高，根据因素自身条件的优劣等级，采用相对值法估算其作用分，按0～100分封闭区间赋分，取值范围为0～100，最优分为100。

3. 计算定级因素的总分值

定级因素总分值的计算可采用因素分值加权求和法，将单元各因素作用分值加权求和计算总分值。

(六)将标准体系定案成文

至此，各级指标要素和权重的确定工作已经完成，如果设计者认为已有的标准体系已经达到了一定的成熟程度，那么，就可以将该标准体系定案成文了。在最后定稿前要注意以下两个方面：第一，最好用表格的形式呈现标准体系，这样就能做到层次清晰、形式统一、排列美观；第二，尽可能纳入必要的信息，如权重系数、具体操作性定义和评分标准等，这样使标准体系既易于理解，又便于操作。

下面就是一例完整的评价方案(见表4-6)。

表4-6　5岁幼儿品德与个性发展评价方案[①]

一级指标	二级指标	三级指标	评价标准			
			1级(5分)	2级(4分)	3级(3分)	4级(2分)
品德与个性发展(0.3)	品德行为(0.3)	文明礼貌(0.3)	会用礼貌用语，会主动有礼貌地待客、做客、回答问题	懂礼貌，会礼貌地待客、做客、回答问题	礼貌用语掌握得不够好，礼貌待客、做客、回答问题的能力较差	不会用礼貌用语，不能礼貌待客
		爱惜物品(0.3)	能够爱惜花草树木，爱护公物，玩具、学具完好，不浪费粮食、水、电，保持环境整洁	能够较好地爱惜花草树木及公物，玩具、学具基本完好，不浪费粮食、水、电，能够较好地保持环境整洁	不能很好地爱惜物品(包括玩具、学具、粮食、水、电)，不能很好地保持环境整洁	不能做到爱惜物品，学具和玩具保存得不好

① 霍力岩等：《学前教育评价》第3版，209～211页，北京，北京师范大学出版社，2015。

续表

一级指标	二级指标	三级指标	评价标准			
			1级(5分)	2级(4分)	3级(3分)	4级(2分)
品德与个性发展(0.3)	品德行为(0.3)	遵守规则(0.2)	能够自觉遵守生活常规及游戏规则,遵守公共规则和秩序	能够遵守生活常规及游戏规则,遵守公共规则和秩序,偶尔违反	懂得规则,往往做不到,常有违反规则的现象	不理解规则,也不能按规则去做
		是非判断能力(0.2)	能分辨明显的对错,知道应该学习好的榜样,能初步正确地评价他人和自己的言行,能控制自己的行为	能分辨明显的对错,知道应该学习好的榜样,能初步正确地评价他人和自己的言行,控制行为能力较差	基本能分清明显的对错,评价能力差,控制自己行为的能力差	不能分清明显的对错
	情感(0.2)	基本情感(0.6)	情绪、情感积极愉快,会适当表达自己的基本情感(喜、怒、哀、惧、恶、欲),爱护小动物,爱周围的人,关心病人、老人,热爱劳动者	情绪、情感比较积极愉快,能较为适当地表达自己的基本情感,爱护小动物,爱周围的人,关心病人、老人,热爱劳动者	情绪、情感比较积极愉快,在情感的表达方式上欠妥,爱护小动物,爱周围的人	情绪、情感低落,不能恰当地表达自己的感受
		高级情感(0.4)	有一定的道德感(责任感、集体荣誉感等),爱祖国、爱家乡,为自己是中国人及家乡、祖国的成就而自豪,有初步的感受美、表现美的情感	有一定的道德感,爱祖国、爱家乡,有初步的感受美、表现美的情感	能做到爱祖国、爱家乡,道德感较差,表现美的能力较差	没有形成一定的道德感,感受和表现美的能力差

续表

一级指标	二级指标	三级指标	评价标准			
			1级（5分）	2级（4分）	3级（3分）	4级（2分）
品德与个性发展（0.3）	社会交往（0.2）	社会交往（1.0）	能积极、主动、愉快地与人交往，会合作游戏，尊重别人，能自己解决同伴间的纠纷，会分享	能积极、主动地与人交往，会合作游戏，尊重别人	与人交往时比较被动	不愿也不能与人交往
	个性发展水平（0.2）	自我意识（0.6）	知道自己的姓名、性别、年龄、所上的幼儿园的名称，会写自己的姓名，了解自己突出的优缺点，做事有信心，有独立性	知道自己的姓名、性别、年龄、所上的幼儿园的名称，会写自己的姓名，知道自己突出的优缺点，能独立、有信心地做事	知道自己的姓名、性别、年龄、所上的幼儿园的名称，会写自己的姓名，不知道自己突出的优缺点，做事依赖他人	对自己缺乏信心，做事独立性差
		性格（0.4）	活泼、开朗、大方，兴趣较广泛，求知欲强	活泼、开朗、大方，兴趣较广泛，有较强的求知欲	比较任性，兴趣不广泛，求知欲较差	任性，执拗，求知欲差
	特长（0.1）	特长（1.0）	有一定的专长（琴、棋、书、画等），在区级以上比赛中获得奖励	有一定的专长（琴、棋、书、画等）	无专长，但有自己特别的爱好	无专长，也没有特别的爱好

注：每一级指标后面括注的数值为各自的权重。

📖 本章小结

本章先介绍了编制学前教育评价方案的重要性，分析了评价方案所包含的内容，接着介绍了编制学前教育评价指标体系的意义和原则，重点介绍了编制学前教育评价指标体系的具体步骤和方法。学前教育工作者先要理解为什么要编制学前教育评价方案，评价方案包括哪些内容，理解学前教育评价指标体系的内涵和外延，通过学习和实践初步掌握编制学前教育评价指标体系的具体步骤与方法，为以后科学、合理地开展学前教育评价工作奠定基础。

关键术语

评价方案 目标体系 指标体系 权重 归一化方法 德尔菲法 层次分析比较法

思考题

1. 编制学前教育评价方案包括哪些内容？
2. 制定评价指标体系的意义何在？
3. 编制学前教育评价指标体系应该遵守哪些原则？
4. 简述编制学前教育评价指标体系的具体步骤。
5. 权重在学前教育评价指标体系中的作用是什么？确定权重需要考虑哪些问题？

建议的活动

1. 选择一个要评价的问题，尝试将目标体系分解为指标体系。
2. 运用确定权重的方法，学习给评价指标体系中的各级指标和综合等级确定权重，构成完整的评价指标体系。

第五章 学前教育评价资料收集

知识图谱

第五章知识图谱

在确立评价方案与评价指标体系之后，评价工作进入资料收集阶段。评价资料的收集是学前教育评价过程中的重要阶段，客观、全面、清晰的评价资料是进行科学评价的基础。同时，评价资料的收集也是一项艰巨而复杂的工作，需要一定人力、物力和财力的投入。因此，在收集评价资料的过程中，规范的操作流程和科学的资料收集方法是保障评价质量的关键，也是使评价工作高效完成的前提。

第一节 评价工作开展前的准备工作

一般来说，学前教育评价资料的收集包括准备工作、资料收集和资料整理与分析三个阶段，第一个阶段的准备工作直接关乎后续工作的针对性与有效性。因此，评价者首先需要做好以下相关准备工作。

一、拟订评价工作计划

评价工作是一项系统工程，在进行评价方案设计时，评价者应拟订好评价工作的计划，对评价过程中的各个环节做好安排。具体而言，评价者需要明确评价工作的实施步骤与过程、阶段性目标、所需时间、评价对象的范围、评价工作人员的构成及分工、各项工作的组织管理机制、各阶段工作的要求及注意事项等。评价工作计划的科学性和完善性，不仅关系到评价工作的顺利实施，而且关系到合理利用人力物力资源，关乎评价工作的成功。因此，评价者必须重视前期的规划工作，尽量做到周密、科学、可行性强。

二、熟悉评价指标体系

在正式开展评价活动之前，评价者需要充分熟悉评价指标体系，做好评价前的准备工作，以保障评价活动的顺利开展。在熟悉评价指标的过程中，评价者需要根据评价目标和内容确定资料来源、评价对象的范围与数量、评价时间、评价方式方法等要素，对评价工作的开展做好整体规划和细致部署。同时，注意确认以下几点内容。

第一，评价指标应与评价目标密切联系，能够有效服务于评价目标；

第二，评价指标体系应完整、科学，能够客观全面地反映评价对象的各个方面；

第三，评价指标能够适应评价对象各方面的特征，能够保障所收集评价对象资料的真实性和有效性；

第四，评价指标应具有准确、细致的操作性定义，保障评价工作人员能够准确观察与记录评价信息；

第五，评价系统应具有相应的操作说明，帮助评价工作人员规范记录评价信息，便于后期对评价资料进行量化或质性的分析。

反复思考和确认以上问题，有助于对评价活动中可能出现的问题进行预期，并做好相应的准备工作。

三、选择收集评价资料的恰当方式与方法

学前教育评价的方式和方法有多重类型，评价者需要依据具体的评价目标、指标性质和评价条件确定不同的评价资料收集方式。一般来说，学前教育领域的评价资料收集方式包括以下几种类型。

(一)问卷调查

问卷调查是评价者依据评价目标和内容预先设计一系列问题，向评价对象或其他相关人员了解情况或征询意见的一种方法。在问卷调查中，评价者向信息提供者发放统一设计的问卷，列出相应的问题及可供选择的选项，以此获得评价信息。在学前教育评价领域，问卷调查的资料收集方法适用于收集人们对评价对象的表现、观点、态度等信息。这种资料收集方式具有针对性强、标准化程度高、方便易行、调查范围广等优点，能够使评价者在短时间内获取大量评价信息。问卷调查往往采用匿名形式，便于评价者获取可靠的评价信息。问卷调查是社会科学研究中常见的调查方法，也是收集评价资料过程中最为常用的一种方法。

(二)观察记录

观察记录是评价者依据评价体系中的各项指标，在自然场景下对评价对象进行客观观察和记录，从而收集评价信息的一种方法。运用观察记录获取评价信息具有以下三个方面的特征。第一，自然性。评价者的观察一般在不干扰评价对象实际生活的自然状态

下进行。例如，在幼儿园的教育教学活动现场进行观察。第二，客观性。评价者对评价对象持客观态度，对评价对象的具体表现进行客观、准确的观察和记录。第三，系统性。观察记录在自然场景中有助于评价者全面地观测评价对象的具体表现或事件过程，有助于评价者综合理解和把握评价指标所反映的实际意义，为后续的资料分析奠定基础。在学前教育评价领域，观察记录是一种十分重要的资料收集方法，尤其适用于收集评价对象外显的行为表现、特征等信息。这种方法相对耗时耗力，往往受到评价者人力和物力等各种研究条件的制约。

(三)访问谈话

访问谈话，又称"访谈"，是评价者依据评价目标和内容预先设计一系列问题，通过与评价对象或其他信息提供者面对面交流而获取评价信息的资料收集方法。运用访谈法收集评价信息具有以下特点。第一，灵活性。评价者可以根据访谈中的具体情况，对问题进行解释说明，用不同的方式进行提问，或根据需要对问题进行修正替换，便于不同背景的信息提供者准确理解并提供有效信息。第二，直接性。面对面的访问谈话有助于评价者获得直接、可靠的信息和资料。在访谈过程中，评价者可以通过多种方式判断信息提供者的回答是否真实可信。第三，深入性。访问谈话相对于标准化问卷更加开放，评价者可以围绕评价目标提出不同层次的问题，并根据信息提供者的回答进行追问，有助于获得更加丰富深入的信息。运用访问谈话法收集信息相对耗时耗力、标准化程度低、调查过程易受影响，对评价者的专业能力和综合素养要求较高。

(四)标准化测验

标准化测验是评价者运用具有标准化程序的正式测验量表对评价对象进行测查，获取一定资料或数据的资料收集方法。标准化测验的测量工具往往经过精心设计和严格考察，其命题、施测、评分和解释都具有一定标准，具有较高的信度和效度，适用于大规模范围内评定个体的心理特征水平。在学前教育评价领域，标准化测验有助于评价者对特定年龄幼儿的表现和发展水平进行把握，使评价者不仅能够了解表示幼儿某方面发展水平的具体分数，了解他的表现与同龄组的幼儿相比较的情况，而且能够回答该幼儿在某领域的能力或成就处于何种水平，从而对幼儿的发展情况进行诊断，或为后续的教育活动设计及教育干预提供可靠依据。

教师资格考试·考点分析

《保教知识与能力》考试大纲"学前儿童发展"模块第9条提出：掌握观察、谈话、作品分析、实验等基本研究方法，能运用这些方法初步了解幼儿的发展状况和教育需求。

《中小学和幼儿园教师资格考试标准(试行)》中"保教知识与能力"模块3.5.1条提出：了解幼儿园教育评价的目的与方法，能对保教工作进行评价与反思。

教师资格考试·考点预测

1. 对幼儿发展状况评估的目的是( )。

A. 筛选、排队 B. 教师反思性成长

C. 提高保教质量 D. 了解幼儿的发展需要

2. 幼儿发展评价的方法不包括( )。

A. 作品分析 B. 谈话

C. 问卷调查 D. 家长评价

教师资格考试·真题再现

(2013年下半年)幼儿园教师资格考试《保教知识与能力》真题

2岁半的豆豆不会做饭，可偏要自己做饭；不会穿衣，可偏要自己穿衣，这反映了( )。

A. 动作的发展 B. 自我意识的发展

C. 情感的发展 D. 认知的发展

(2014年下半年)幼儿园教师资格考试《保教知识与能力》真题

评估幼儿发展的最佳方式是( )。

A. 平时观察 B. 期末检测 C. 问卷调查 D. 家长访谈

(2015年下半年)幼儿园教师资格考试《保教知识与能力》真题

教师根据幼儿的图画来评价幼儿发展的方法属于( )。

A. 观察法 B. 作品分析法 C. 档案袋评价法 D. 实验法

(2018年下半年)幼儿园教师资格考试《保教知识与能力》真题

教育过程中，教师评价幼儿适宜做法是( )。

A. 用统一的标准评价幼儿 B. 根据一次测评结果评价幼儿

C. 用标准化工具测评评价幼儿 D. 根据日常观察所获信息评价幼儿

(2019年上半年)幼儿园教师资格考试《综合素质》真题

绘画活动中，小班幼儿欢欢总是把色彩涂到轮廓线外面。下午，李老师当着欢欢的面对家长说："欢欢画画很不认真，总是画错。"李老师的做法( )。

A. 错误，忽视了幼儿动作发展

B. 错误，不能讽刺挖苦幼儿

C. 正确，提高了幼儿绘画能力

D. 正确，应该严格要求幼儿

(2021年下半年)幼儿园教师资格考试《保教知识与能力》真题

下列选项中不符合幼儿自我评价特点的是( )。

A. 依从性 B. 表面性

C. 主观情绪性 D. 全面性

四、准备收集评价资料的工具

"工欲善其事，必先利其器。"在确定了评价方式方法后，评价者需要依据评价目标和内容准备好相应的收集评价资料的工具。选择工具的主要依据是紧密配合评价的目标与任务、评价活动的经费预算、评价的主要方式方法。学前教育评价具有多种方式方法，相应的评价工具也丰富多样。如果评价涉及问卷调查，需要事先编制或利用现成的调查问卷；采用观察记录，需要准备好检核表或观察记录单；采用访问谈话，需要事先拟定访谈提纲及相关表格；采用标准化测验，需要准备好标准化的量表及其他测验工具。所有的纸质材料应事先设计和印刷完毕，同时，有些评价工作还可能会用到录音和录像设备，评价者应当在评价工作开展前准备到位并调试完毕。

在学前教育评价中，除了使用表格和问卷外，还常常辅以一些操作材料和工具。这些材料大多用于幼儿发展评价之中，如测评幼儿大肌肉动作时，可能需要一个10级以上的楼梯，作为障碍物的易拉罐、积木等；评价幼儿听觉时，需要提供铃鼓等，或录有各种声音的录音带等。[①] 所有的评价材料应在评价活动前准备充分，避免疏漏。

五、培训收集评价资料的人员

评价资料收集人员作为原始资料的获取者，在整个评价工作中发挥着十分关键的作用，因此，招募并培训收集评价资料的工作人员非常重要。在开展评价活动之前，首先，评价者需要根据评价目的、资料收集和分析的任务、活动经费以及时间等因素确定评价资料收集人员的数量和构成。其次，评价者依据需要招募的一定数量的评价工作人员，确定人员的职责分工，明确管理和协调机制。最后，评价者需要对收集评价资料的工作人员进行系统的培训，以保障评价活动科学、有效地开展。在学前教育评价中，评价活动的主持者和工作人员应当学习过学前教育及教育评价相关的课程，具有一定的幼儿发展与教育知识及幼儿保育和教育的实际工作经验。

对评价资料收集人员的培训主要包括以下几个方面。第一，理解评价目的，明确评价任务，做好评价活动前的思想准备。培训主持人或相关负责单位应对所有参评人员进行思想动员工作，力求所有工作人员能够清晰地理解评价目的、任务和步骤，减少评价过程中的主观因素的影响。第二，掌握评价技术和方法，做好评价前的能力准备。培训活动需要使评价工作人员了解收集资料的具体方法与步骤，学习正确使用评价工具，掌握记录和整理资料的基本方法。尽量避免不同评价人员因操作过程中熟练程度和统一程度的差异，造成所收集的信息具有较大误差。第三，注重评价资料收集中的伦理问题。培训活动应帮助评价工作人员了解评价活动中应当遵循的伦理规范，保证评价过程的规范性，做好对评价对象及评价资料的保护工作。

---

① 王坚红：《学前教育评价》，123页，北京，人民教育出版社，2010。

第二节　问卷调查与评价资料的收集

一、问卷调查法的含义与基本类型

问卷调查是收集评价资料的一种常用方法。美国社会科学家艾尔·巴比(Earl Babble)曾称"问卷是社会研究的支柱",足见运用问卷调查法的广泛性和重要性。问卷的形式是一系列精心设计的问题及选项列表,功能是用来收集信息提供者对评价对象的态度与观点。在评价研究中,问卷是评价者基于评价目的而设计的调查工具,主要用于获取评价信息。在学前教育评价中,问卷调查主要应用于幼儿教师、家长以及幼儿教育机构的管理人员,以了解他们对幼儿的发展表现与水平、教师的工作表现以及幼儿教育各项工作的态度与意见。此外,也有部分研究者采用面向幼儿的问卷调查,了解幼儿对于自身及身边事物的态度与观点,此类问卷在设计和运用上具有相对特殊的要求。问卷调查依据不同的标准可以分为不同的类型。

(一)依据填答方式的不同,分为自填式问卷和代填式问卷

自填式问卷是由评价者发给(或邮寄给或网上传递给)信息提供者,由信息提供者自行填答的问卷。自填式问卷是问卷调查的主要形式,如许多评价者向幼儿教师、家长分发调查问卷,了解幼儿某方面的发展情况。在学前教育评价中,自填式问卷适用于能够准确理解问卷内容的信息提供者,其特点是简单易行、不受地域限制,有助于保障问卷的匿名性和信息的真实性,但问卷的回收率会受到各种因素的影响。在条件允许时,自填式调查问卷可以在幼儿园、社区或活动项目中用集中填答的方式完成,或者通过组织系统(幼儿园、居委会等)代为分发回收,以提高问卷的回收率。

代填式问卷又称访问式问卷,是由评价者按照统一设计的问卷,当面(或通过电话、网络语音或视频)向信息提供者提出问题,根据信息提供者的口头回答进行填答。① 代填式问卷适用于受语言、距离、匿名性等因素的影响不方便自行填答的信息提供者,有助于不同背景的信息提供者准确理解问卷内容并进行填答,但这种问卷调查形式相对耗时耗力,使用范围较窄。

(二)依据问卷设计的结构程度,分为封闭式问卷、半封闭式问卷和开放式问卷

封闭式问卷是指问卷设计者给问卷中的所有问题都事先设计了答案,信息提供者从问卷所提供的答案中选取,没有自由发挥的空间。封闭式问卷的优点主要有两个方面:一是结构化程度高,便于回收后对信息进行整理和统计分析;二是方便填答,回答率较高,节省调查时间,可以避免无关答案的干扰。封闭式问卷的缺点在于信息提供者只能在问卷选项范围内进行填答,无法全面或真实地反映出评价对象的情况,评价过程中容易漏掉一些有价值的信息。

---

① 张彦:《社会研究方法》,66~67页,上海,上海财经大学出版社,2011。

半封闭式问卷兼具封闭式问卷和开放式问卷的特点，问卷设计者在答案的设计上保留余地，信息提供者可以选择问卷中提供的固定选项，也可以自行填答备选选项之外的答案。较为典型的做法是在答案选项中设计"其他（请注明）"项，或在问卷的某个部分设计一些开放式问题，以便收集补充性信息。

开放式问卷与封闭式问卷恰恰相反，问卷设计者对问卷中的问题不提供答案，由信息提供者充分自由地表达意见和想法。开放式问卷的优点在于能够帮助评价者获得较为全面、深入的信息，便于评价者发现之前可能被忽略的信息，在评价过程中会有很多意外的收获。缺点在于信息零散，标准化程度低，资料整理和分析难度较大。

不同结构的问卷具有不同的优缺点，评价者可以根据评价研究的阶段性目标选择相应的问卷类型。一般来说，开放性问卷适用于在评价研究初期的探索性调查或评价过程中某些需要深入挖掘的主题，便于评价者获取不同的观点，深化关于评价对象的认识。封闭式问卷适用于在评价研究过程中对前期的研究假设进行验证，通过对数据的统计分析构建理论模型。当评价项目的时间与成本控制较严格时，半封闭式问卷在一定程度上可以弥补上述两种问卷类型的缺点，既能够快速收集便于统计分析的信息，又能够尽量获取信息提供者的多种观点。

二、编制问卷题目

拓展视频

调查问卷的
设计与实施

问卷调查法的核心是问卷的编制。评价者在编制问卷的过程中应根据评价目标、内容及后期数据处理方式审慎拟订评价问题、斟酌提问方式、确定问题选项。在学前教育评价过程中，我们有时可以利用前人编制并广泛运用的现成问卷，有时需要根据评价目标对已有问卷进行修订，有时则需要设计新的问卷。一般来说，编制一份全新的问卷题目需要注意以下步骤和要求。

(一)依据评价指标拟定问题清单

问卷编制没有唯一的方法，需要经过反复试误和修订。编制问卷最关键的一个步骤是明确要调查的问题以及回答这些问题所需要的数据，在此基础上明确问题和数据之间的关系。确定问题和数据之间关系的常用方法是制定一份评价指标清单，然后围绕每个评价指标提出一系列可回答的问题。这样做的主要目的在于帮助评价者明确评价内容，确保评价问题的针对性和有效性。同时，在草拟原始问卷的过程中，反复对照评价指标和测量它们的问题，也有助于评价者发现未测量的指标，剔除重复出现的问题，及时进行补充和修订。

此外，拟定问题清单还可以帮助评价者合理安排问卷的题量和答题时间。在评价实践中，问卷的题量和答题时间可根据不同的评价目标和内容而变化，但一般来说，问卷的篇幅最多为4张16开纸，回答问卷的时间则应控制在半小时以内。

(二)确定问卷题目形式

在列出评价问题清单后，评价者需要将这些问题进行规范化处理，即根据评价目标和后期数据处理的需要确定每个问题的提问形式，以及相应的选项和填答方式。一般来说，问卷的题目形式包括选择式、填空式、排序式和问答式四种类型，下面举例说明(见表5-1)。

表 5-1 问卷题目类型及例题

问卷题目类型		例题
选择式	是否式	1. 您的孩子是否为独生子女?(　　　) A. 是　　　　　　　　B. 不是
	菜单式	2. 您园的课程与教材是由谁确定的?(　　　) A. 省、市幼教管理部门　　B. 区(县)幼教管理部门 C. 园领导　　　　　　　　D. 教师 E. 园家长委员会　　　　　F. 主办单位管理层 G. 其他
	等级式	3. 您愿意牺牲休息时间去帮助同事吗?(　　　) A. 经常愿意　　　　B. 偶尔愿意　　　　C. 从来不愿意
填空式		4. 您所在班级共有幼儿多少个?男女幼儿各有多少个? (1)总数(　　　)个　　(2)男童(　　　)个　　(3)女童(　　　)个
排序式		5. 请您对本园下列各项管理工作的满意程度由满意到不满意进行排序。(　　　) A. 园务管理　　　　B. 教育教学　　　　C. 卫生保健 D. 园舍建设　　　　E. 师资培训
问答式		6. 您认为本园的管理工作在哪些方面有待改进? 7. 您认为该如何提高幼儿动作能力?

(三)斟酌问卷题目的措辞和排序

考虑到问卷的回收率和填答的有效性,评价者在设计问卷的过程中应注意问卷题目的措辞和排序。好的问卷应当体现出对填答者的尊重,鼓励填答者提供真实、客观和完整的信息。因此,在设计问卷时,问题的措辞与排序十分重要,应避免让填答者感到困惑或不满。一般来说,问卷编制的措辞要求包括如下几点。

第一,问题应清晰、简洁,便于填答者理解和作答,避免使用含混不清的语句以及难以理解的行话术语。例如,"您认为亲子关系会对幼儿的社会性发展产生影响吗?"这个问题中包含的专业术语可能会让填答者难以理解。"给幼儿物质奖励是不是一种不好的教育方法?"这个问题中则包含双重否定句,这样的提问方式不利于填答者做出准确的回答。

第二,每个题目应只包含一个问题,避免在一个题目中提出多重问题。例如,"您认为幼儿教师应具备哪些能力和态度?"这个问题中包含了"能力"和"态度"两个方面的内容,容易让填答者感到困扰。

第三,问题应当客观,避免使用具有暗示性的语句。例如,"您认为学历较高的父母更愿意给孩子买书吗?""您认为有必要提高教师的工资待遇吗?"这样的问题带有较强的暗示性,容易影响填答者的选择。

第四，措辞应当相对委婉，避免提出给填答者带来社会或职业压力的问题。例如，"您的收入水平足够为孩子提供所需的学习条件吗?""您目前的学历对胜任幼儿园教师工作有困难吗?"这样的问题可能会引起填答者的反感与排斥。

在问题的排列顺序方面，有两个建议可供参考。其一，题目排序应遵循"由易到难"的原则。考虑到答题的流畅性和连贯性，问卷的题目一般按照由易到难的顺序排列，以便填答者能够顺利进入答题状态。其二，相同类型的题目应集中呈现，且同一问卷中的题型不宜过多，以免题型反复变化影响填答者的填答速度和心态。

三、问卷的信度和效度检验

在初步编制出评价问卷后，问卷制定者需要反复对问卷进行形式和内容审查，多次运用问卷进行测试和修订，最终才能形成一份相对成熟的问卷。在制定和运用问卷的过程中，问卷的信度(reliability)和效度(validity)是决定问卷价值的关键。

(一)信度

信度即问卷的可靠性，指采用相同方法对相同对象进行调查时，问卷测试结果稳定性和一致性的程度。信度是测量的必要条件，只有测量值接近或等于真值，用同一工具多次测量同一变量获得相同或相近的结果，才能认为这个测量结果是可靠的。信度对于学前教育测量与评价尤其重要，只有信度高的问卷才能够帮助评价者获得关于幼儿发展与教育的可靠信息，为学前教育改革与决策提供客观的依据。

一般来说，信度检验有如下三种方法。

1. 重复检验

评价者在不同的时间，运用同样的问卷对同一组评价对象进行两次测量，评价两次测量的相关性。这种检验方法考察的是问卷测量结果在一段时间后的稳定性，测量结果越一致，再测信度越高，表明受测环境中各种影响因素的影响越小。重复检验法是一种常见的检测方法，但也存在一定的缺陷。第一，测量对象的特征可能会随着时间发生变化，两次测量的差异往往不能完全由误差来解释。第二，重复测量会受到第一次测量的影响，测量对象往往会产生"记忆效应"，不一定能够真实反映研究对象的特征。因此，重复检测的间隔时间不宜太长或太短，多数学者认为时间间隔为 2～4 周较为合适。

2. 复本检验

评价者在一个测量中，采用两个或两个以上相互平行的复本对同一组评价对象进行测量，观察所得结果的一致性程度。评估复本信度要用两个及以上复本对同一组评价对象进行测量，然后计算两种复本测量分数的相关系数。相关系数反映的是测量分数的等值性信度。复本信度的误差来源主要包括两点。第一，两个问卷复本不等值，包括取样、格式、内容、题量等不一致，从而使得检验结果不能真实反映评价对象的特征。第二，受到测量对象和测量情境因素的干扰和影响，复本检验也有可能出现较大误差。一般情况下，两个复本只有在同一时间施测，二者之间的相关系数才具有复本的等值性，从而减少时间带来的影响。

3. 折半检验

由于重复检测中存在"记忆效应"，设计问卷复本又十分困难，因此评价者可以使用折半检验来考察问卷的内部一致性程度。这种方法只用一份问卷对同一组对象进行一次测量，要先将奇数题和偶数题分开计分，再计算奇数题和偶数题分数之间的相关系数。折半检验的优点在于只在一个时间点进行，不容易受到记忆效应的影响，这种方法也比重复检验和复本检验更加经济和简便。但折半检验也有一定的不足之处，比如，问卷中的题目存在多种组合排列方式，从而导致折半信度的计算带有一定的随机性。

(二)效度

效度指的是问卷正确测量评价者所需测量的变量的程度。效度所要回答的基本问题是：这个问卷测量的是评价对象的哪些属性？它能否准确测量这些属性？效度是科学测量必不可少的条件，选用或编制测量工具都应当首先评价其效度。

检验问卷效度的主要指标包括：内容效度（content validity）、结构效度（construct validity）和准则效度（criterion-related validity）。

1. 内容效度

内容效度也称为表面效度或逻辑效度，指的是测量内容和测量目标之间是否适合。内容效度的高低取决于问卷的题项是否能够涵盖所测量对象属性的全部内容。常用的一种内容效度评价方法是统计分析方法，采用单项与总和相关分析法获得评价结果，即计算每个题项得分与题项总分的相关系数，根据相关性是否显著判断是否有效。另一种方法是采用专家评估法，即邀请相关专家对问卷题项与所要测量对象属性之间的相符性进行判断。

2. 结构效度

结构效度指测量工具能够正确计量理论构想及其属性的程度。评判问卷结构效度的常见方法是因子分析，因子分析的主要功能是从问卷的全部变量或题项中提取一些公因子，各公因子分别与某一群特定变量高度关联，这些公因子即代表了量表的基本结构。通过因子分析可以考察问卷是否能够测量评价者在设计问卷时假设的某种结构关系。

3. 准则效度

准则效度也称为预测效度，指的是问卷所得到的数据和其他已经成熟的测量工具所得结果之间的关系。评价准则效度的常见方法是计算问卷结果与另一个同时施测的、属于同一纬度的测量工具的测量结果之间的相关系数。例如，问卷测量的是家长教养态度，评价者可以将此问卷与另一个已经确立的家长教养态度量表的结果进行相关系数计算，若二者显著相关则为有效的题项。

艾尔·巴比对信度和效度的关系进行了非常生动的类比，用射击靶心来比喻测量工作。如图 5-1 所示，不管是否射在靶心上，相对密集的点状形态表示信度较高，因为信度体现的是结果的一致性程度。效度则是射中靶心的程度，即测量是否准确反映了调查对象的属性。信度和效度之间既有联系也有区别，信度高效度不一定高，而效度高信度未必高。例如，用尺子测量布，量了几次数据都一样，说明测量工具的信度高，但若尺子的刻度不符合标准，测量数据是无效的，那么效度就低。如果尺子刻度是准确的，但由材质或测量操作等原因造成每次测量结果不一样，那么就是信度低。不过，从结构效度和准则效度看，尽管信度高效度不一定高，但效度高信度一般也较高。在问卷的编制过程中，问卷编制者需要多次修改和完善，从而使测量工具达到良好的信度和效度。

有信度但没有效度　　　　有效度但没有信度　　　　有效度也有信度

注：一个好的测量手段应该既是可信的（效度，测到了试图测量的特征）也是可靠的（信度，测到的结果相对稳定）。

图5-1　信度与效度的比喻①

第三节　观察与评价资料的收集

一、观察法的含义与基本类型

在学前教育评价中，观察法是一种运用较为广泛的信息收集方法，指的是评价者依据评价目的及评价指标体系，对评价对象的行为表现进行客观的观察和记录，以此收集评价信息的方法。观察法适用于收集幼儿发展及活动表现、教师专业实践表现、幼儿园环境、幼儿园保育和教育活动等多个领域的评价信息。观察是了解幼儿学习和发展的重要途径之一，在学前教育评价中具有尤其重要的意义。根据不同的标准，观察法可以分为以下几种不同的类型。

(一)根据观察场景的不同，可以分为自然观察和实验室观察

自然观察指的是在自然情境中，在对观察环境不加改变和控制的状态下进行的观察，也称田野观察或实地观察。例如，在幼儿园教育教学活动中，评价者对幼儿、教师的行为表现或活动组织情况进行的观察是自然观察。在自然观察中，评价者可以收集到观察对象在日常生活中真实、自然、连续的行为表现，收集到关于评价对象的整体信息。其局限性在于评价者在观察中的角色相对被动，观察信息的获得更多依赖于观察对象。如果所观察的行为或表现在日常活动中较少出现，那么这种信息收集方法的效率就较低。

实验室观察指的是在预先设计的实验室情境中进行观察，具有较为严密的观察计划。在学前教育评价中，实验室观察的优势在于具有明确的观察目标和相应的操作方案，有助于评价者控制情境的构成要素，帮助评价者收集到自然情境下难以捕捉到的评价信息，提高评价活动的效率。其不足之处在于脱离幼儿和教师的日常生活情境，收集到的信息具有片段性的特征。

---

① ［美］艾尔·巴比：《社会研究方法》第11版，邱泽奇译，147页，北京，华夏出版社，2009。

(二)根据与观察对象的关系，可以分为参与式观察和非参与式观察

在参与式观察中，观察者参与到被观察者的工作、学习及生活中，与被观察者建立较为密切的关系，在相互接触和直接体验中观察评价对象的言行，收集评价信息。例如，评价者参与到幼儿教师的保教实践或幼儿园的管理实践中，对幼儿园教育教学活动的质量进行评估。在这一过程中，评价者同时扮演着实践者和观察者的角色，综合运用直接观察及其他方法收集评价信息，其优势在于能通过参与者的视角体验和观察评价对象的生活，收集到丰富、深刻的评价信息。参与式观察的局限性在于观察者的过度参与可能会引起原有班级生态的变化，而大量的互动与情感卷入也给观察者保持相对客观、冷静的立场带来挑战。

非参与式观察要求评价者以旁观者的角色对被观察者的日常生活进行观察，避免涉入被观察者的实践与决策。在条件允许的情况下，观察者可以采用录音或录像的方式对现场进行记录。非参与式观察的优势在于能够相对客观地对信息进行采集，减少评价者与被观察者之间复杂的互动可能对评价实践造成的影响。其缺点是容易流于表面，难以挖掘深层次的信息。

(三)根据观察的结构性程度，可以分为结构式观察和非结构式观察

结构式观察的特点在于具有明确的目标、对象与范围，具有详细的观察计划、步骤与合理设计的可控性，有助于获得翔实的信息，并能够对信息进行定量分析和对比研究。结构式观察的适用范围较为局限，一般用于聚焦少数特定的行为，要求观察者事先对所观察行为的时间、频率与类型有较为系统的把握。

非结构式观察属于开放式的观察活动，允许观察者根据情境调整自己的观察视角与内容，观察提纲的形式比较开放，内容也相对灵活。采用非结构式观察一般能够获取丰富且类型多样的资料，需要观察者在后期资料整理上花费较多时间和精力。在学前教育评价中，这两种类型的观察手段都很常用。

二、观察前的准备

观察法是收集评价信息的常用方法，对评价对象的判断必须建立在负责且有效度与信度的专业观察基础上。在正式收集信息之前，评价者需要做好一系列准备工作，保障方法运用的科学性与有效性。一般来说，评价者需要做好人员和工具方面的准备。在人员方面，评价者需要对直接参与信息收集工作的人员进行培训，加深其对所观察对象的基本特征及社会文化背景的认识，明确观察进行的时间、地点、目标及方法，了解入园观察的伦理规范和注意事项，帮助信息收集人员做好思想和能力上的准备。在工具方面，评价者需要提前做好评价工具的研制、印刷及使用的培训工作。除了提前设计的检核表及记录表格，观察中可能运用到的工具还包括纸、笔、计时工具以及影音记录工具。教师在实施观察之前需要做好以下工作。[①]

目的——我们想做什么？

---

① ［美］苏·C.沃瑟姆、贝琳达·J.哈丁：《学前教育评价》第7版，向海英译，208页，北京，北京师范大学出版社，2019。

重点——我们需要观察什么？被观察者将会在什么时候和什么地点展示什么行为？

记录的方法——我们需要什么信息？应该怎样记录信息？记录信息的频率是怎样的？

观察的使用——被观察的事情对儿童的发展有什么帮助？为了促进儿童的发展，我们下一步需要做什么？

观察前的准备工作促使评价者系统思考评价工作的目标与过程，检审信息收集工作中可能出现的问题与疏漏，同时，这种反思也有助于评价者对所收集信息的意义及性质的理解，为接下来信息与数据的处理工作做好准备。

三、观察法的实施与记录

拓展视频

观察法的实施
与记录

在评价活动中，观察所获取的资料是进行科学评价的基础，因此，运用观察法开展评价活动的关键在于恰当选择并运用合适的实施与记录方式。在学前教育评价中，采用观察法收集信息的常用策略包括以下几种：逸事记录法、连续记录法、检核表记录法等。

(一)逸事记录法

逸事记录法是观察者对被观察者在自然状态下发生的一些典型行为或事件进行描述记录的一种方法。逸事记录法是一种十分常用的记录方法，教师往往采用逸事记录法对幼儿有价值或较为突出的行为进行观察和分析，以此作为评估幼儿行为与发展的参考信息。同时，逸事记录法也广泛运用于教师、园长及教学活动等不同领域的评价活动中。以幼儿发展评价为例，逸事记录法主要具有两个特征。一是观察的是典型的、有代表性的行为。所谓典型的行为即该行为是幼儿阶段最容易出现的行为，又是与此阶段教育教学相联系的行为。二是以单一事件的简单描述为主，不仅考察幼儿的行为结果，而且了解幼儿行为的过程。[①] 具体而言，逸事记录法强调观察者对所发生的事件进行客观、具体的描述，而观察者的感受、分析与解释等应另列记录，避免与事件描述相混合。

逸事记录法的基本内容包括：观察对象的信息、观察时间与场景、观察目的、观察实录和观察分析。

逸事记录法实例

观察时间：2021年6月5日。

观察地点：某某幼儿园小二班。

观察目的：了解幼儿在游戏中的分享行为。

观察实录："玩具大家玩"活动中，教师请幼儿"拿出自己的玩具，和其他小朋友交换着玩一玩"，并提醒："如果你想玩别人的玩具，应该说什么呢？"幼儿们大声回答："把你的玩具借给我玩一会儿，好吗？"随后，楠楠拿着自己的玩偶走到欣欣旁边，说："欣欣，把你的积木借我玩一下，好吗？""好的。"欣欣接过楠楠递过来的玩

[①] 姚伟：《幼儿园教育评价行动研究》，21页，南京，南京师范大学出版社，2012。

偶，把积木推向楠楠。楠楠捧着积木盒一个人走到活动区的角落处，把积木倒在地上，开始拼搭。大约1分钟后，兰兰走过来，问道："楠楠，我能跟你一起玩吗？"楠楠没有回答。"我能跟你一起玩吗？"兰兰又问。"这不是我的，你要去问欣欣。"楠楠仍然没有抬头。兰兰转身去找欣欣，然后返回来说，"欣欣说可以一起玩"，说着伸手拿起两块积木。楠楠马上抢回来说"不行，我不愿意"，并开始把散在地上的积木往自己面前聚拢。"可是欣欣说可以一起玩"，兰兰提高了声音。楠楠仍然低着头拼搭积木，没有回应。兰兰噘着嘴巴站在一边，等了一会儿后，转身离开了。

观察分析：小班幼儿的分享意识还比较薄弱，分享行为的发展具有较大个体差异性。可以发现，兰兰、欣欣和楠楠都掌握了一定的交往策略，楠楠和兰兰都用语言表达了交换或分享玩具的愿望，两人的对话也体现出他们都认同玩具的使用应该征求"所有人"的意见，但这些策略仍较为单一和缺乏灵活性。欣欣对两次来自同伴的请求都给予了积极回应，表现出良好的亲社会性。楠楠则多次拒绝了兰兰一起游戏的请求，反映出这个年龄幼儿的"独占"心理，说明她还没有感受到分享玩具的必要性和积极体验，仍需要教师进一步引导。

逸事记录法的优势在于：第一，在自然情境中记录观察对象的实际行为表现，具有较高的真实性；第二，操作简单方便，只需在现场将观察对象有代表性的行为表现记录下来即可，对前期准备要求不高，没有观察和记录方法的限制；第三，能够提供丰富、详细的评价信息，有助于发现评价系统中尚未包含的内容或佐证资料，为信息收集及数据分析拓宽思路。

逸事记录法的不足之处在于：第一，耗费大量的时间和精力，信息收集的效率较低；第二，难以保持客观态度，哪些事件值得被记录依赖于记录者的主观判断，对偶发事件的解释也容易受到记录者个人价值观及事件情境的影响；第三，难以取得观察对象充分、连续的信息，若对观察对象的描述和解释不到位，可能会导致评价缺少真实性和针对性；第四，内容结构化程度低，不易进行编码和分析。

(二)连续记录法

连续记录法指的是观察者在一定时间范围内，对观察对象的行为表现进行连续不断的观察和记录。连续记录法的时间段依据评价活动的需要确定，可以是几分钟到几小时，也可以是半天或一天。与逸事记录法只聚焦观察者选择的内容不同，连续记录法要求观察者对观察对象在一定时间段内的所有行为表现进行细致、完整且延续的记录。连续记录法由逸事记录法和日记记录法发展而来，是早期幼儿研究的一种有效手段，比逸事记录法更加详尽、完整。在进行连续记录时，观察者可以用笔记录，也可用录音或录像设备辅助记录，将观察到的情况实录下来再作书面整理。用录像机拍摄实况时，若有条件，可使用两台录像设备，一台专拍全景(如某组幼儿的全部活动)，另一台专拍近景(如某幼儿的特定动作)，以获取宏观和微观活动的各种信息。

连续记录法实例

观察时间：某日上午8：10—8：25。

观察地点：某某幼儿园小二班。

活动情境：自由游戏。

观察记录：

8：10—8：15

米豆早上和奶奶来到幼儿园，在门口紧紧搂住奶奶不愿进入班级。教师走过去拉着她说："米豆今天穿的裙子真好看，我们先去洗个手，然后去选个喜欢的玩具，好吗？"米豆没有回答，抽泣着跟教师进入盥洗室。洗完手后，米豆的情绪似乎稳定下来，教师牵着她来到一张摆放着拼接游戏材料的桌前坐下后离开，米豆拿起两个玩具，一边摆弄，一边抬头看门口其他到班的幼儿和家长。

8：15—8：20

米豆玩了一会拼接玩具，同桌的齐齐和园园边玩边说话，米豆没有参与。大约两分钟后，她放下玩具，离开座位，慢慢走到教室一边较宽敞的位置，低头摆弄了一会儿自己衣服上的扣子，不时看看在忙碌的教师，又看看教室里其他人的活动，最后走到另外一组小朋友做游戏的桌边，静静地看着他们做游戏。

8：20—8：25

"米豆，你怎么站在这里？"教师发现米豆站在桌边，走过去拉着她说："这桌已经坐满了，我们玩玩其他的吧。"然后拉着米豆来到穿木珠游戏的桌边，拉了张椅子让她坐下。米豆在这里玩了一会儿后，又轻轻地啜泣起来，嘴里小声念着："妈妈，我要回家。"米豆哭泣的声音逐渐大了起来，教师听到后走过来，在米豆耳边小声说："米豆，别哭了，老师送你一个礼物。"接着拉着她走到钢琴边，拿出一颗糖果，说："这个东西别的小朋友都没有，是专门送给米豆的，现在先放在口袋里，放学后回家再吃。你一哭的话，眼泪打在上面，糖果化了就吃不成了。"米豆用手摸了摸糖果，渐渐停止哭泣。

连续记录法的优势在于：第一，能够连续细致地呈现观察对象在一段时间内的行为表现，不局限于某些特定事件，能够为评估教师和幼儿在真实场景中的行为提供丰富的信息；第二，具有较高的生态效度，能够帮助评价者识别和分析观察对象行为的变化过程以及影响因素；第三，有助于发现幼儿教育实践中存在的具体问题，有助于为评价活动的改进以及提出新的教育建议与方案提供依据。

连续记录法的不足之处和注意事项在于：第一，需要观察者在一段时间内集中精力对评价对象进行观察和记录，相对耗时耗力；第二，难以对多名观察对象进行观察，主要适用于观察和记录个别对象的行为，一般需要与其他信息收集方法结合使用；第三，收集到的信息是相对细致的局部信息，容易模糊重点，评价者需要对所收集到的信息做出进一步的鉴别和整理。

观察主题：现代化停车场

观察时间：2022 年 9 月 29 日

观察地点：某幼儿园大班室外场地

观察目的：了解大班幼儿积木建构游戏的能力

观察实录：

小奔、糖糖等五六个小朋友都在积木建构区忙碌着，有的在运积木，有的在搭积木。只见糖糖手里拿着一张画得密密麻麻的 A4 纸，大声地对小伙伴说："画好了，画好了……"几个孩子围拢过来说："我们赶快开始搭建吧。""我们先搭一层吧，用积木将一个个停车空间隔开，我看我们小区的停车位都是用线隔开的。"壮壮提醒大家。"我们想多停一些车辆怎么办呢？"糖糖说。"我们可以在二层、三层停车呀，我跟爸爸去过这样的停车场，我还设计了一个可以把汽车运输到上面去的大电梯，我来搭这个运输电梯，你和我一起搭吧。"小奔说。只见他们把三面围拢起来，搭了七八层高，垒的积木看起来很结实。突然，糖糖说："停好车大家都要购物，咱们再搭建一个大型购物场吧，就是我在纸上画得很高的那个建筑。"说着她叫所有小朋友都过来搭购物中心，多拿一些厚厚的积木放在下面，这样结实。小朋友忙碌地挑选着不同形状、厚度的积木，很快，搭建的购物中心比他们的个子还高了。

师：你们的停车场从哪里进出呀？就是说得有进口和出口。

幼儿：噢，我们给忘了！进口和出口可以在一起。（壮壮说）

幼儿：不行不行，这样会撞车的。

幼儿：可以进口放这面，出口放那边。

幼儿：放在两个地方不行，那边没有路。

幼儿：出口和进口可以放在一起，分左和右。右边进，左边出。（壮壮坚持说）

幼儿：好吧，我们开始搭进口和出口。

观察评价：作为大班的幼儿，孩子们建构游戏的目的性很明确，提前做了现代化停车场的设计图，体现出做事的计划性。建构"运输电梯"和"购物中心"体现出孩子们有一定的建构技能，他们知道把最厚、最结实的积木块放在下层，而且为了积木块牢固，还知道把一层层积木块错开摆放，说明这个小组的孩子们具备了一定的结构技能和空间概念，尤其是在搭建进出口的时候，壮壮小朋友的想法很好，而且还分得清左右。他们分工合作，有人运积木块，有人负责垒，遇到问题大家一起商量，每个孩子都敢于发表自己的意见，整个活动足足花了40分钟，比较顺利地完成了"现代化停车场"的建构任务。

对观察者的评价：老师作为一个旁观者一直认真、耐心地观察着孩子们建构现代化停车场的全过程。没有轻易地指挥孩子怎么做，这是教师"儿童中心观"的体现。教师不但要传授给学生正确的理念，如重视自我评估，关注过程评估，培养学生正确的评估理念，而且要帮助学生掌握扎实的知识和灵活解决问题的方法，运用具体的活动评价案例培养学生发现问题、分析问题、解决问题，形成系统方法论的能力。从这个视角出发，教师应该再组织活动中的幼儿进行一下自我评价，充分讨论搭建现代化停车场的过程，教师随后再进行补充，这样更能肯定幼儿，让幼儿充分认识自己的能力。

(三)检核表记录法

检核表是用于记录或考察与教学、发展目标相关的一系列行为或技能的工具。[①] 检核表由一系列学习目标和发展指标构成，这些指标一般以条目的形式排列，帮助使用者了解指标之间的顺序和关联。运用检核表进行评价时，评价者将评价对象的具体表现与检核表中评价指标的描述相对照，用简单的符号或文字记录评价指标是否达到或达到什么等级。一般来说，检核表可以由评价者依据评价目标自行设计，

---

① 周欣：《表现性评价及其在学前教育中的应用》，载《学前教育研究》，2009(12)。

也可以参考国家和地方关于所评价内容的相关要求与规定进行改编。

在学前教育评价中，评价者往往运用检核表记录法来了解幼儿或教师具有或不具有哪些行为或技能，以此评定其行为或技能发展水平。在学前教育专业实践中，检核表的运用十分广泛，功能也十分多样。一般来说，教师一方面可以利用检核表理解幼儿发展的含义、教学环境或教学活动的重点等，另一方面可以将检核表作为课程或活动设计的指南。此外，检核表可以作为评估幼儿发展或其他相关专业实践活动的指标，如沃瑟姆发展检核表（Wortham Development Checklist）：6～12 个月的婴儿（见表 5-2）。

表 5-2　沃瑟姆发展检核表：6～12 个月的婴儿①

年龄 6～12 个月			
身体—认知发展	日期	日期	日期
1. 独自坐着			
2. 把物体从一只手转移到另一只手上			
3. 从杯子里喝水			
4. 用拇指和食指拾起小东西			
5. 找出藏着的玩具			
6. 看图画书			
7. 抓两个玩具			
8. 模仿声音			
9. 慢慢爬，或从一个地方爬到另一个地方			
10. 独自坐上座位			
11. 扶着东西站立			
12. 扶着东西走			
13. 扔东西或把东西放进容器里			
14. 操作物体			
15. 说简单的词，如"爸爸""妈妈"			
16. 模仿动作			
17. 尝试用杯子、勺子或手指自己吃东西			
社会性—情感发展			
1. 对人、物体和地方表示出喜恶			

---

① ［美］苏·C. 沃瑟姆、贝琳达·J. 哈丁：《学前教育评价》第 7 版，向海英译，161 页，北京，北京师范大学出版社，2019。收入本书时有改动。

续表

2. 与镜中的影像玩耍			
3. 理解"不"的含义			
4. 对陌生人的出现有反应			
5. 开心或愉悦地叫			
6. 对父母的离开焦虑			
7. 和他人做游戏			
8. 用指示或动作交流(伸手要求被抱起)			

运用检核表记录法进行评价活动的优势在于:第一,检核表是高度结构化的观察工具,能够帮助评价者明确需要对哪些行为表现或活动项目进行详细观察和记录,保证观察的目的性和计划性,保障信息收集的效率;第二,观察中所用的检核表一般是经过精心设计的,将复杂的描述性信息转化为简单的符号或标记,在正式观察时,观察者只需用简单的文字或符号记录即可,能够有效地节省记录时间;第三,所获取的信息往往是代表类别的符号,便于评价者对信息进行后期的量化处理;第四,能够在多种不同情境中使用,还可以与其他评价方法一起使用,具有较广泛的应用范围。

检核表记录法的不足之处在于其高结构化的设计,记录的内容主要是评价对象的行动片段,并不记录评价对象的具体行为、详细细节以及发生情境。因此,检核表获得的信息往往是零碎分散的,并且难以对信息进行回溯验证。

四、运用观察法收集资料的注意事项

观察法是学前教育评价活动中最常用的信息收集方法,这一方法的有效运用离不开前期的系统规划和操作过程中对细节的把握。为了保证观察活动的顺利实施,并收集到丰富、准确且有效的信息,评价者在观察活动中需要注意以下几点事项。

第一,依据评价指标体系确定观察目标,做到有目的地观察。在开展观察活动前,评价者应当反复研读评价指标体系,将观察记录表或检核表等与评价指标仔细对照,做到明确观察目的,做好观察准备。

第二,依据观察目的选择恰当的观察途径与角度,以获得有价值的信息。[1] 在进入观察现场后,评价者需要根据现场的具体情况(如桌椅摆放的位置、教师与幼儿活动空间的划分、班级活动的时间安排等),选择恰当的观察途径与角度。例如,当对小组幼儿进行观察时,评价者需要考虑着重观察幼儿的哪些行为表现,在什么位置能够看见每个幼儿的活动并听见他们的对话,采用什么记录方式能够准确有效地记录并且不对幼儿的活动造成干扰等。

第三,根据需要选取或编制与评价目的相符合的观察工具。无论运用哪种类型的观察方法,一个非常重要的事项是选择恰当的观察工具,并且确保运用该工具所观察和记录的信息能够有效实现评价目的。一般来说,观察工具可以根据评价目的和内容自行设计,也可以运用已经较为成熟的相关检核表或量表。在观察工具正式

---

[1] 姚伟:《幼儿园教育评价行动研究》,29 页,南京,南京师范大学出版社,2012。

投入使用之前，评价者应当对观察工具的信度和效度进行评估与检验。

第四，根据需要选择记录方式，提高记录的准确性。记录方式的选择与运用直接关系到评价信息的丰富性与准确性。在评价活动中，评价者应根据实际情况灵活运用符号或文字记录、连续记录或逸事记录等方式方法。如果有条件，最好运用录音或录像设备辅助记录，以便获取更加丰富的信息。

第五，明确观察记录的基本原则，保证记录与解释的客观性。"客观描述是观察的基础，因为其他很多工作都依赖于客观描述。"①在观察记录的过程中，评价者应当牢记观察记录的基本原则，做到对所观察的事实进行准确、全面、客观的记录，不加入任何修饰或解释。一方面，评价者可以通过精心设计记录工具来提高记录的准确性与客观性；另一方面，可以通过让两名或多名经过一致性训练的观察者共同观察并记录同一场景来获取更加丰富和客观的评价信息。

第四节　访谈与评价资料的收集

一、访谈法的含义与基本类型

访谈法，即访问谈话，是评价者依据评价目标和内容预先设计一系列问题，通过与评价对象或其他信息提供者交流而获取评价信息的资料收集方法。访谈法具有目的性、情境性和计划性等特征，是质性研究中常用的研究方法，也是评价活动中了解评价对象现状、收集评价信息的重要方法。在学前教育评价中，访谈法具有广泛的运用空间，评价者可以根据需要对幼儿、教师、家长、管理者等相关人士进行访问谈话，获得不同评价主体关于评价对象的观点与看法，获取来自不同视角的信息与资料。

(一)根据结构化程度，可以分为非结构访谈与结构访谈

1. 非结构访谈

非结构访谈也称非标准化访谈，最大的特点是具有灵活的形式，在访谈问题的形式、提问方式以及记录方式等方面没有统一的标准，只拟定一个粗略的访谈提纲。值得注意的是，非结构访谈在访谈主题和内容上仍然与评价目标紧密联系。其灵活性主要体现在内容的开放性和机动性、访谈形式的灵活性和资料取舍的机动性方面。非结构访谈的优势一方面在于其较高的灵活性，有利于激发访谈者和受访者的主动性和创造性，访谈过程中可能发现新的问题或获得新的见解；另一方面在于其追寻受访者的理解和观点，有助于获得丰富深入的评价信息。非结构访谈的不足之处在于：第一，所获得的资料内容庞杂、信息量大，难以对收集到的信息进行量化分析；第二，操作难度较大，其成效主要依赖于访谈者的专业素养。

---

① ［美］沃伦·R. 本特森：《观察儿童——儿童行为观察记录指南》，于开莲、王银玲译，58页，北京，人民教育出版社，2009。

2. 结构访谈

结构访谈也称标准化访谈，指的是按照统一的设计要求与受访者进行谈话的一种形式。结构访谈对问题的内容、提问形式、提问顺序、受访者的回答方式以及记录方式都有统一的要求。在某些情况下，结构访谈甚至需要对访谈的地点、时间以及环境都做出统一明确的规定。结构访谈一般根据现实拟定的问卷进行提问，其中的问题可以是封闭式的，也可以是开放式的。结构访谈的优势在于：第一，访谈高度结构化，有助于对访谈获得的信息进行量化处理；第二，对访谈过程加以控制，尽量减少人为因素及环境因素的影响，有助于提高调查结果的可靠性；第三，对访谈者和受访者的要求稍低，操作难度不大，适合于对数量较多的受访者进行访谈。结构访谈的不足之处主要在于：访谈内容与方式高度统一，在一定程度上限制了访谈者和受访者的思路，所收集资料的范围比较有限，难以获得与评价问题相关的背景信息和受访者对于问题的深层理解。

非结构访谈与结构访谈的比较见表 5-3。

表 5-3 非结构访谈与结构访谈的比较[1]

访谈类型	特征	优势	不足之处
非结构访谈	1. 没有正式的结构 2. 开放式的 3. 访谈偏差具有不可控性 4. 过程具有不可复制性	1. 适宜于个案研究 2. 有利于访谈者的发挥 3. 具有灵活性，可获得更丰富的信息 4. 资料是独特和唯一的	1. 适用范围较窄 2. 对访谈者或研究者有高度依赖性 3. 资料的信度问题 4. 资料收集及运用的伦理问题
结构访谈	1. 有正式的结构 2. 程序化的 3. 非抽样偏差具有可控性 4. 过程具有可复制性	1. 适宜于受访者数量多的访谈任务 2. 操作难度较低 3. 可控制访谈质量 4. 可检验结果及信度	1. 程序限制访谈者的即兴发挥 2. 所收集信息资料的范围有限 3. 一些背景和深层意义常被忽视

(二)根据受访者的多少，可以分为个别访谈与集体访谈

根据受访者的人数，访谈法有个别访谈与集体访谈之分。

1. 个别访谈

个别访谈是指访谈者对每一名受访者进行一对一的单独访谈。[2] 个别访谈是访谈法的基本形态，也是应用最多的一种方式。个别访谈的优势在于如下几点。第一，受访者在回答问题的过程中较少受到外界因素的影响，能够无所顾虑，畅所欲言，有利于访谈者了解其对于访谈问题真实而深入的看法。第二，访谈者能够根据受访者的个体差异灵活掌握访谈过程。例如，根据受访者的职业、教育程度、性别、年龄和民族等采用恰当的访谈技巧。第三，一对一的访问有助于拉近访谈者与受访者

---

① 陆益龙：《定性社会研究方法》，133 页，北京，商务印书馆，2011。收入本书时有改动。
② 张彦：《社会研究方法》，112 页，上海，上海财经大学出版社，2011。

之间的距离,使其进行更多的交流,便于访谈者对访谈过程的控制。个别访谈的不足之处在于访问成本高,需要较多人力、物力的投入。

📖 案例 5-1

个别访谈实例

下面是一个幼儿认知领域中数学能力发展水平的访谈评价案例。案例中的鲍勃是一名4岁半幼儿。

表1　幼儿数学能力发展水平访谈评价案例①

雷米雷斯(Remirez)夫人	鲍勃(Bob)的回答
你多大了?	"我4岁了。"(他伸出4根手指)
鲍勃,跟我一起数到10。(雷米雷斯夫人一下一下地点着头)	"1,2,3,4,5,6,7,8,9,10……我能继续数。11,12,13,20!"
这里有多少块积木?(10块)	(他点着积木说)"1,2,3,4,5,6,7,8,9,10,11,12。"(但有一些数重复了)
好,你数清了所有积木。现在数一数这一堆。(5块)	(他一边数,一边拿出来放到左边)"1,2,3,4,5。"
(雷米雷斯夫人将积木放到一边,又拿了5只塑料小马和5个骑手)找找看,每个骑手有一匹马。	(鲍勃看了看小马和骑手,将小马排成一排,然后每匹小马放一个骑手)"好,够了。"
好的,你帮所有骑手找到了小马,鲍勃。(雷米雷斯夫人将骑手和小马放到一边,又拿出一些小立方体,分成两堆,分别是5个黄色的和2个橘色的)	
是不是有一堆更多?	"是的。"(鲍勃指着黄色的立方体说)
好。(她又拿出4个蓝色的和3个绿色的)	
哪一堆更少?	(鲍勃指着绿色的立方体说)
好。	
(她拿出5张大小不同的小熊剪纸)找到最大的熊。	"这个。"(鲍勃拿出最大的)
找到最小的熊。	(鲍勃指着最小的)
把所有的熊从最大到最小排成一排。	(鲍勃做得很慢、很仔细)"做完啦。"(中间的两只小熊放倒了)
(雷米雷斯夫人笑了)	
做得好,鲍勃,你很努力!	

---

① [美]罗莎琳德·查尔斯沃思:《幼儿数学与科学教育》第8版,盛朝琪、吴霓雯、潘月娟等译,50页,北京,北京师范大学出版社,2019。收入本书时有改动。

2. 集体访谈

集体访谈法，实质上是个别访谈的一种扩展形式，其基本形式是访谈者同时对多名受访者进行访谈。集体访谈的最大特点在于，访谈过程不仅是访谈者与受访者之间的交流过程，而且是受访者之间相互影响、相互作用的过程。[①] 集体访谈的优势在于：第一，有利于增进访谈者和受访者之间的相互了解，共同谈话的形式有利于拉近距离，激发受访者的想象力和表达意愿；第二，访谈由访谈者和多名受访者共同参与，受访者之间相互启发、补充和修正，所收集的信息较之其他调查方法更加全面和真实可靠；第三，能够在短期内获得较多的信息，信息收集的效率较高。集体访谈的不足之处在于：第一，集体访谈较之个别访谈难度更大，要求访谈者具备较高的组织能力和技巧，能够在访谈过程中进行恰当地引导和组织受访者的谈话；第二，不利于对一些敏感话题进行调查，也难以与个别受访者进行深入的交流。

(三)根据访谈形式的直接程度，可以分为直接访谈与间接访谈

1. 直接访谈

直接访谈也称面对面访谈，是访谈者通过和受访者面对面沟通来获取信息资料的访谈形式。直接访谈是访谈调查中最常用的一种信息收集方法，其优点在于：第一，访谈者可以看到受访者的表情、神态和动作，有助于深入了解访问对象，获得更加丰富深入的信息；第二，访谈者可以根据受访者和访问情境灵活把握访谈过程，根据需要进行提问和追问，使谈话更具针对性和有效性。

2. 间接访谈

间接访谈指的是访谈者与受访者不见面，而是访谈者通过电话、网络等工具与受访者进行交流并获取信息的访谈形式。间接访谈的优势在于：第一，可以减少人员来往的时间和费用，提高访谈的效率；第二，电话访谈与面对面访谈的合作率相当，对于学校系统的成员(教师、校长等)来说，通过电话访谈比通过个别访谈更容易成功。间接访谈也有不足之处，具体表现在：间接访谈不如面对面访谈那样灵活、有弹性；不易获得更具体的细节；难以控制访谈过程和访谈环境；不能观察受访者的非言语行为，难以向受访者呈现视听材料，所获取信息的内容有限等。但是，在访谈者和受访者距离较远、访谈者或受访者时间有限的情况下，间接访谈值得优先考虑。

二、访谈法的实施与记录

(一)访谈前的准备工作

在运用访谈法收集评价信息之前，应当做好两个方面的工作。第一，人员准备，包括招募和培训访谈人员，帮助访谈人员熟悉访谈内容，掌握访谈方法，了解访谈对象等。第二，工具准备，包括编制访谈提纲、访谈计划表、访谈工作实施细则等。具体来说，访谈法的实施可以通过以下几点来做好准备工作。

拓展视频

访谈法的设计、
实施与记录

---

① 吕亚荣：《农村社会经济调查方法》，98 页，北京，中国人民大学出版社，2010。

1. 明确访谈目的，草拟访谈问题

访谈准备工作的第一步是根据评价目标明确访谈的目的，了解需要获得哪些方面的评价信息。信息收集者如果对访谈目的不明确，在访谈过程中就会非常被动和盲目，无法准确捕捉和记录信息，也容易错失深入追问的机会。在这一阶段，访谈者还需结合访谈目的草拟访谈问题，对怎样获取评价信息有个大致的构想。

2. 根据访谈目的选择恰当的访谈方法

访谈法具有多种类型，不同类型的访谈有不同的适用条件和要求。因此，访谈准备工作的第二步是根据评价目的和评价对象的特点选择具体的访谈方法。例如，如果需要获得关于评价对象较为系统的信息，为定量分析奠定基础，一般可以选择标准化访谈；如果希望获得关于评价对象更加深入或探索性的信息，可以采用非标准化访谈；如果需要获得受访者对评价对象较为深入细致的看法，可以采用个别访谈法；如果需要获得多数人对于评价对象的多种观点，可以采用集体访谈的方法。在明确具体的访谈方法后，访谈者需要根据访谈类型的特点和要求做好相应的准备工作。

3. 选择和联系访谈对象

在明确访谈的目的和方法后，访谈者需要选择和联系访谈对象。在选择访谈对象的过程中，需要着重考虑下面的几个问题。第一，谁能够为评价提供最丰富的信息。一般来说，访谈对象应当是与评价对象关系密切的人，对评价对象较为熟悉，能够为评价活动提供较为详尽的信息。第二，访谈对象能否顺利地提供可靠信息。在确定访谈对象的群体后，需要进一步对访谈对象进行筛选。一方面要考虑访谈对象是否诚实可靠，能否表达自身对于评价对象的真实看法。另一方面要考虑其是否具备一定的表达能力，能否清晰准确的表达关于评价对象的看法。第三，访谈对象是否愿意接受访谈，在什么情况下更便于参与访谈。考虑可能会影响访谈对象参与的时间、地点、招募途径等因素。

4. 编制访谈提纲

访谈提纲是访谈者进行访谈的指导性纲要，能够提醒访谈者哪些是访谈的重要方面，哪些是次要方面；是否了解了想要了解的问题；哪些问题更值得追问等[1]，从而确保访谈过程的连贯性，防止出现关键信息的遗漏。编制访谈提纲是访谈准备过程中的关键环节，编制者需要在编制访谈提纲的过程中审慎思考，反复斟酌。提纲编制过程涉及的关键内容包括：设计问题的形式，编写具体的访问句式，斟酌提问和追问的策略，编排问题的顺序等。在编制访谈提纲的过程中，编制者应根据访谈对象的不同对访谈内容与形式进行相应的调整。

拓展知识

访谈问题的类型

5. 明确访谈的时间、地点和场合

在正式访谈之前，访谈者需要与访谈对象联系确定访谈的时间、地点和场合。一般来说，访谈时间与地点的选择应当充分尊重访谈对象的意见，尽量选择访谈对象工作不太繁忙的时候以及方便实施访谈的场所。

---

① 鄢超云：《学前教育评价》，70 页，北京，高等教育出版社，2010。

(二)访谈的实施

访谈的过程一般由进入访谈、正式访谈和结束访谈几个环节构成。在具体的实施过程中,应当注意以下事项。

1. 进入访谈

进入访谈是与访谈对象初步接触并开始交谈的阶段,这个阶段的主要任务是消除访谈对象的心理顾虑,减少访谈对象的焦虑与紧张,使双方能够放松地进行交谈,在自然融洽的氛围下使话题逐步接近主题。在访谈的初始阶段,访谈者的工作包括:进行自我介绍;就访谈对象感兴趣的话题进行简单交流,使谈话双方熟悉对方的表达风格;向访谈对象说明来意,介绍访谈的主要目的与内容,请求访谈对象的支持与合作;说明谈话和记录的过程,征询访谈对象是否可以对访谈过程进行录音。

2. 正式访谈

在融洽的谈话氛围形成之后,访谈者就可以逐渐切入主题,根据访谈提纲列出的问题,逐一对访谈对象进行访问。这一阶段访谈者的工作包括:由简到难、由近及远地提出问题,从访谈对象感兴趣的话题开始逐渐深入核心问题;耐心倾听访谈对象的表达,在必要的时候进行追问;当访谈对象的谈话偏离主题时,不要贸然打断,在恰当的时机将话题牵引回来;坚持客观的立场,对访谈对象的谈话内容不做评价。

3. 结束访谈

当访谈中所要了解的问题得到较为圆满的回答后,访谈者应适时结束访谈。在一次认真且耗时较长的访谈之后,双方都会产生疲惫感。对于访谈对象而言,他们在谈话中投入了较多的情感,公开了自己的经历和观点,可能会产生一定的不安感。因此,访谈者需要采取较为慎重的态度结束访谈。这一阶段访谈者的工作包括:表示访谈结束,对访谈对象进行总结询问,给予其表达访谈感受的机会;真诚地向访谈对象表示感谢,告知其参与访谈的重要性与意义;向访谈对象说明访谈内容的用途以及相应的保密措施;必要的时候,对访谈对象进行回访与感谢,为后续的调查奠定基础。

拓展知识

访谈实施的
十条注意事项

三、访谈资料的记录和整理

(一)访谈资料的记录

访谈信息的记录根据不同的访谈类型,在难度和形式上具有一定的差异。一般来说,非结构访谈和集体访谈的记录相对结构访谈和个别访谈的记录要困难一些。总体而言,访谈记录包括现场记录和事后记录两种方式。

现场记录就是在征得访谈对象的同意之后,边访谈边记录。若访谈者有一人,现场记录可以采用笔记、录音的方式;若访谈者有两人,可以采用一个人交谈、另一个人记录的方式。现场记录的优点是可以及时记录下访谈对象提到的关键信息,便于对信息进行追问和补充,资料相对清晰完整。现场记录的缺点一方面在于记录者本身忙于记录,可能会忽略访谈对象的表情、动作等非言语信息;另一方面在于记录过程中的反复和等待可能会对访谈对象的情绪和思路产生消极影响,影响双方互动的流畅性。

事后记录是在访谈结束以后，访谈者根据对访谈过程的回忆来对访谈内容进行追记。事后记录可以消除访谈对象在访谈过程中可能存在的心理顾虑，访谈者也可以专心致志地就访谈问题与访谈对象进行交谈。但事后记录要凭借访谈者的记忆，如果访谈者的记忆出现偏差，会失去一些信息，从而影响整个访谈内容记录的全面性和准确性。

为了应对这些问题，访谈者应尽可能地在访谈前做好准备，通过训练提高自己的记忆力，并学习相应的速记技巧。在可能的情况下，争取使访谈对象同意对访谈过程进行录音，以便提高访谈效率，避免信息遗漏。

(二)访谈资料的整理

访谈资料的收集与整理并非界限分明的先后关系，在评价信息的收集过程中，不必等到访谈完所有的对象后再整理资料，而应尽快着手对资料进行整理，使收集与整理信息的过程同时进行。这样做的好处是减少因时间延长而造成的信息遗漏，及早着手也可以将访谈过程中闪现的分析思路及时记录下来并逐步深化。一般来说，可以从以下几个方面对资料进行初步整理。

1. 对访谈信息进行转录和补充

在访谈结束后，访谈者应尽快对访谈记录进行补充和完善，内容包括访谈时间、地点、时长、对象、基本内容、访谈反思等。如果访谈过程中使用了录音设备，则应在访谈结束的当天或以最快的速度将访谈录音转录为文字，并结合访谈笔记及自身记忆，补充记录访谈对象在访谈过程中的语气、表情、动作等非言语信息，以及访谈者自身的感受与想法等。

2. 对访谈资料进行分类归档

在初步整理完访谈记录后，访谈者应根据需要将这些访谈记录依照时间、对象、主题或其他类目进行分类整理，建立资料档案，形成资料目录清单。在这一过程中，访谈者应注意对原始资料进行保存，对整理后的文档进行备份，便于后期查找并防止资料丢失。

3. 反复阅读访谈资料

在对资料进行初步整理的过程中，访谈者应反复阅读资料，阅读过程中不断对资料的主题、类别、模式以及相互关系进行思考。这一过程有助于访谈者凝聚分析思路，也有助于访谈者发现前期访谈中存在的疏忽遗漏，从而在接下来的访谈中进行补充。在阅读和思考的过程中，访谈者应注意撰写分析备忘录，记录下对评价信息的初步感想和假设，这些将为后期对资料进行系统的编码分析奠定基础。

四、与儿童进行访谈的注意事项

在采用访谈法收集评价信息时，儿童是十分重要且具有一定特殊性的信息提供者。大量的社会学及心理学研究证明，即便是年龄很小的儿童，也能够充分参与访谈活动，并对访谈者的问题做出完全可靠的回答。[①] 实际上，对于读写能力仍处于

---

① ［澳］丹芬妮·M. 基茨、王曙光、张胜康：《交流访谈及其互动沟通技巧》，141 页，成都，四川科学技术出版社，2004。

萌发阶段的儿童来说，访谈是最适合儿童的评价方法之一。与儿童进行访谈和与成人进行访谈在程序上有一定的共性，但在问题设计、交谈方式、访谈过程的调控等方面存在较大的差异。若希望对儿童进行成功的访谈，访谈者需要把握以下注意事项。

第一，与儿童进行访谈前，应征得家长、教师及儿童本人的同意。要提前与儿童相互熟悉，通过交谈、讲故事及做游戏建立一种相对融洽的关系，否则将难以获得儿童的有效回应。

第二，在儿童较为熟悉的环境中进行访谈，如幼儿园中的活动室、游戏区角甚至是休息室等，以便与儿童进行自然、舒适且不受打扰的谈话。访谈环境尽量不要复杂，过多的玩具或贴画会干扰儿童的注意力。

第三，做好充分的访谈准备，提供安全卫生的操作物品。如果访谈中需要用到图片、图书、玩具或其他操作类物品，访谈者需要保证这些物品安全、卫生。同时，这些物品应当先放在隐蔽的地方，在需要儿童操作的时候再向他们呈现。

第四，在谈话过程中，应考虑儿童语言发展的一般水平。访谈者应每次只提出一个问题，提出的问题应当简明、清晰，避免过长的语句或过于复杂的句式结构，以免儿童难以理解和做出回应。

第五，对儿童进行访谈时，要允许他们表达自身经历及对世界的理解。[1] 访谈者应给予儿童足够的时间思考和回答问题，避免向儿童传递一个问题仅有一个正确答案的要求。

第六，应客观对待儿童的回应方式。在与儿童的谈话活动中，儿童可能会呈现在成人看来"答非所问""胡编乱造"的言语回应，或以动作、表情等非言语方式进行回应。值得注意的是，儿童的这些回应方式不应被忽视或随意解读，而应被视为富有意义的回应方式加以客观记录，并将其作为审慎的评价过程中不可缺少的一项参考材料。

第七，与儿童进行访谈的时间不宜过长，以 10 分钟左右为宜，访谈者可以根据儿童当时的情绪状态进行适当调整。

第五节　标准化测验与评价资料的收集

一、标准化测验的含义与基本类型

标准化测验指的是由专家或学者编制的适用于大规模范围内评定个体心理特征水平的测验。这种测验的命题、施测、评分和解释都有一定的标准或规定，并

---

[1]　［丹麦］斯丹纳·苟费尔、斯文·布林克曼：《质性研究访谈》，范丽恒译，155 页，北京，世界图书出版公司，2013。

且具有较好的信度和效度。① 作为一种科学、客观的评价方式，标准化测验是学前教育评价中常用的信息收集方法，有助于评价者了解学前儿童在某个特定领域中知识、技能或情感态度的具体发展情况，从而对幼儿园的教育教学水平与质量进行评价。标准化测验的核心特征在于测试必须在相同条件下进行，所有参与者接受相同的指导语、测验项目、时间限制、计分程序以及结果的解释标准。

标准化测验的优势在于：具有测验所需的统一标准，质量可以严格操控，测验的内容覆盖较为全面，适用范围广。标准化测验也有着不可避免的缺点：一是能够测量幼儿能力的发展水平，却难以考察他们各种能力的发展过程；二是使用条件比较严格，它通过标准化样本制定常模，对于幼儿个体发展状况的预测性和解释性较差。因此，评价人员在解释幼儿的测验分数以及进行比较时尤其需要慎重。

对于学前儿童来说，常见的标准化测验类型包括如下几种。

(一)按照测验的内容分类

1. 入学准备测验

入学准备测验(readiness tests)用来考察幼儿在某些特定科目、学段或课程领域的准备情况或获得成功的可能性程度。一般来说，面向幼儿的入学准备测验主要用于评估幼儿的能力在不久的将来可能达到的水平，如学前一年或一年级阶段进行的入学准备测验，其目的并不在于预测其整个小学阶段的发展趋势。② 在目前学前教育评价研究领域，入学准备测验根据内容可以划分为多种类型，幼儿园入学准备测验涉及幼儿感觉、动作、认知、语言以及社会性和情感知识与能力的发展评估。例如，衡量幼儿阅读能力准备情况的测验称为阅读准备测验，阅读准备测验注重早期阶段阅读技能的掌握情况，测验项目包括幼儿对口语词汇、语音、阅读字句、字形与字音的对应等的掌握情况。常见的入学准备测验包括格塞尔入学准备测验(Gesell School Readiness Tests)(Ilg & Ames，1972)、皮博迪图片词汇测验(The Peabody Picture Vocabulary Test)(Dunn & Dunn，1997)、贝姆基本概念测验(Boehm Test of Basic Concepts)(Boehm，2000)等。

2. 成就测验

成就测验(achievement tests)主要用于评估幼儿对学校所教知识与技能的掌握情况，一般包括对一般性或单一领域的学习结果和技能的测验。成就测验能够反映幼儿当前的学习情况，幼儿园开展的大规模成就测验能够帮助评价者对幼儿的学习成就进行纵向比较，对不同的课程和活动效果进行评估。有些成就测验是常模参照测验，通过测验结果我们可以对幼儿与其他同龄或同年级幼儿发展情况进行比较，明确幼儿当前的发展水平。还有一些成就测验是标准参照测验，测验结果可以帮助

---

① 陈琦、刘儒德：《当代教育心理学》第2版，421页，北京，北京师范大学出版社，2007。

② C. Seefeldt & B. A. Wasik，*Early Education：Three-，Four-，and Five-Year-Olds Go to School*，Second Edition，Upper Saddle River，NJ，Pearson / Merrill Prentice Hall，2005，pp. 156-159.

教师了解幼儿对特定教学目标和内容的掌握程度，但不将幼儿与其他同龄幼儿相比较。国外常见的幼儿学业成就测验包括贝姆基本概念测验、加利福尼亚成就测验（California Achievement Test）（CTB/McGraw-Hill，2000），以及伍德科克—约翰逊成就测验（第三版）（Woodcock-Johnson Ⅲ Tests of Achievement）（Woodcock & Johnson，2003）等。

3. 筛查和诊断测验

筛查和诊断测验（screening and diagnostic tests）旨在识别学前儿童可能存在的发展和学习障碍，以便为存在相关困难的幼儿提供矫正和干预的机会。筛查和诊断测验包括一系列简短的评估程序，有助于识别幼儿进一步需要的评估和教育干预。标准化的成就测验也可用于对幼儿进行诊断，但筛查和诊断测验并不局限于对幼儿的学业成绩进行评估。诊断评估一般涉及的领域如下：对视觉—动作和适应能力领域的诊断，包括幼儿对精细动作的控制、手眼协调能力以及对动作序列和模式的再现；对幼儿语言、阅读和思维能力发展的诊断；对幼儿大肌肉动作技能的诊断等。常见的学前儿童筛查和诊断测验包括丹佛发展筛查量表（Denver Developmental Screening Test）（Frankenburg，Dodds，Fandal，Kazuk & Cohrs，2000）和文兰适应行为量表（The Vineland Adaptive Behavior Scale）（Sparrow，Balla & Cicchetti，1984）等。

4. 智力测验

智力测验（intelligence tests）旨在测量学前儿童的普通心智能力，并非测量学前儿童对知识或技能的掌握程度，因此不同于入学准备测验或成就测验。智力测验测量的是个体的抽象能力，如发现联系、归纳总结、对观点进行组织并用符号进行表达的能力等。测验的结果是学前儿童的心理年龄，表明学前儿童的智力水平与层次。智力测验可以对个别儿童或一组儿童进行测量，常见的学前儿童智力量表包括斯坦福—比奈量表（The Stanford-Binet Intelligence Scale）和韦氏学前儿童和小学生智力量表（Wechsler Preschool and Primary Scale of Intelligence）等。

标准化测验的类型示例见表 5-4。

表 5-4 标准化测验的类型示例[①]

测验	测验名称	被测验儿童年龄段	测验类型	测验目的
入学准备测验	皮博迪图片词汇测验（第四版）	2 岁 5 个月～18 岁	词汇	考查对标准美语的可接受性
	贝姆基本概念测验（第三版）	幼儿园至二年级	认知能力	检测儿童的概念掌握情况
成就测验	皮博迪个人成就测验（Peabody Individual Achievement Test）（修订版）	幼儿园至十二年级学生	个体成就	评估儿童在数学、阅读、拼写和获取一般信息方面的能力

① ［美］苏·C. 沃瑟姆、贝琳达·J. 哈丁：《学前教育评价》第 7 版，向海英译，62、66 页，北京，北京师范大学出版社，2019。收入本书时有改动。

测验	测验名称	被测验儿童年龄段	测验类型	测验目的
筛查和诊断测验	AGS 早期筛查评测	2~6 岁	发育筛查	评价认知、语言、运动、独立性和健康发展情况
	学习评价发展指标(第四版)	2~6 岁	发育筛查	评价运动、语言和认知发展情况
	文兰适应行为量表(第二版)	3~16 岁	适应行为	评价日常生活任务中的优势与劣势
智力测验	斯坦福—比奈量表(第五版)	2 岁到成年	整体智力	检测发育缓慢和智力落后问题
	韦氏学前儿童和小学生智力量表(第三版)	2~8 岁	智力	鉴别不均衡发展的问题，检测发育迟缓问题

(二)按照测验的解释途径分类

1. 常模参照测验

常模参照测验(norm-referenced test)是通过将受测者个体的心理发展水平与某一特定群体(测试对象总体)的心理发展水平做比较，从而确定受测者个体心理发展水平在这一特定群体中相对地位的测验。常模是一个具有代表性的样本团体在测验上实际得到的分数的分布，是解释测验分数意义的参照指标。个人的测验分数与常模比较才可以判断上下优劣。在学前教育评价领域，常模参照测验擅长对个体在群体中的相对地位进行精细鉴别，因此在学前儿童成就测验、智力测验以及筛查和诊断测验领域中广泛运用。常模参照测验不能提供关于相关技能或知识掌握程度的信息，也难以用于分析特定个体的优缺点，但是能提供大量个体间分数的比较信息。

2. 标准参照测验

标准参照测验(criterion-referenced test)又称准则参照测验，是为了一个学习目标，将个体测验分数与事先预设的标准或者行为表现标准进行对照的测验。标准参照测验能够提供受测者是否达到某种行为标准水平或要求的信息。在学前教育评价领域，标准参照测验往往用于测量学前儿童对教育目标或特定技能的掌握情况，进而表明其掌握和尚未掌握的内容。标准参照测验与常模参照测验的不同之处在于，常模参照测验的分数反映了个体在所属群体中的相对水平，提供受测者之间的比较性信息，而标准参照测验的分数反映了个体知识或能力的绝对水平。标准参照测验在对测验结果进行解释时不以常模为标准，而是根据精心设计的操作标准，对个体是否达到标准要求以及达到什么程度进行判断。换言之，标准参照测验能够反映受测者对特定内容掌握程度的信息，但无法提供受测者之间的比较性信息。

二、标准化测验的实施

对学前儿童进行标准化测验是一项高度专业的工作，它要求测试人员接受过专业的训练并具备一定与学前儿童一起研究的经验。为了保证测验的信度和效度，研究人员需要对测验的各个环节做好充分准备，保证测验过程的标准与规范。

(一)测验工具的选择

标准化量表的编制需要长时间的系统研究与反复测量修订，具有较高的理论和技术要求，并需要大量人力、物力投入，一般研究者很难在短时间内开发出一套切实可用的测量工具，因此，研究人员常常运用学界既有的较为成熟的量表进行测验。在学前教育评价领域，选择测验工具需要注意三个方面的问题。第一，量表功能与评价目标和内容的适切性。[①]例如，如果要测量学前儿童的社会性发展，选择韦氏学前儿童智力量表就不太合适，该量表通过对语言和操作两个方面的测验反映智力状况，但难以反映学前儿童社会性发展的情况。第二，测验工具的标准化程度。在评价过程中应尽量选择标准化程度较高的量表作为测验工具。例如，可以选择研制过程规范、使用范围广泛、符合我国文化背景且最新修订的量表。第三，测验形式与受测对象相适宜。面向学前儿童的标准化测验需要选用专门编制的符合学前儿童身心特征的量表，不能照搬成人测验的形式与内容，纯粹的文字测验或个性测验等并不适用于学前儿童。

(二)测验准备

除了选择恰当的测量工具，学前教育领域的标准化测验还需要做好以下几个方面的准备工作。第一，测验场所与材料的准备。标准化测验对测验环境与过程有严格且具体的要求，主试应当按照量表的要求对环境进行设置，保证测验的规范性。例如，韦氏学前儿童智力量表规定，测验时室内要安静，室温适宜，幼儿坐得舒适。桌面要平坦，桌椅高度要适合幼儿的身高。[②]第二，测验人员的招募与培训。面向学前儿童的标准化测验对主试的要求更加细致，测验人员不仅需要充分熟悉测量工具和材料的使用过程，而且需要掌握与学前儿童进行沟通的技巧，与其建立友好的关系，引导儿童情绪愉悦平稳地进行测验。因此，在前期的准备工作中，依据量表要求对相关人员进行培训十分重要。

(三)测验实施

实施测量的过程就是按照测量的要求，运用测量工具对被试进行测验。学前教育评价领域有多种不同类型的测量工具，相应的使用要求也具有较大差异，测验人员在实施过程中应当注意严格按照要求进行测验。例如，美国"开端计划"中"国家报告系统"是一项对学前儿童发展成就进行测验的工具，其目的是在学前儿童"开端计划"中建立问责制。这项测验针对学前儿童个体采用口头形式进行，测验人员根据儿童对问题的回答及任务完成表现对其在语言、数学等领域的发展进行评分。早期筛查调查(修订版)主要是为了鉴别学前儿童可能存在的发育和学习风险，由一系列语言、动作等领域的不同任务构成，测验人员凭借学前儿童在不同任务中的表现对其进行评分。同时，在测验过程中，测验人员还需注意以下几点：在测验之前与儿童熟悉起来，态度亲切自然，与儿童建立友好的合作关系；注意措辞，运用儿童能够理解的语言进行表达，但避免对儿童的行为进行评价或脱离指导语对问题进行过度

---

①　杨爱华：《学前教育科学研究》，176页，南京，南京师范大学出版社，2001。
②　王萍：《学前儿童问题行为及矫正》，74页，北京，清华大学出版社，2013。

解释；及时记录儿童在测验过程中的行为表现，将其作为分析测验结果的参考信息。
发育筛查工具范例如表 5-5 所示。

表 5-5　发育筛查工具范例①

<table>
<tr><td colspan="4" align="center">早期筛查调查(修订版)</td></tr>
<tr><td colspan="4">为 4.5～6 岁幼儿设计</td></tr>
<tr><td colspan="2"></td><td colspan="2">筛查总得分：_____
参考□　复查□　良好□</td></tr>
<tr><td colspan="2">幼儿姓名：_____</td><td colspan="2">男□　　女□</td></tr>
<tr><td colspan="2">筛查人员：_____</td><td colspan="2">筛查时间：_____</td></tr>
<tr><td colspan="2">学校：_____</td><td colspan="2">出生日期：_____</td></tr>
<tr><td colspan="2">教师：_____</td><td colspan="2">目前年龄：_____</td></tr>
<tr><td colspan="2">是否完成父母问卷调查　　是□　　否□</td><td colspan="2">四舍五入年龄：_____</td></tr>
<tr><td align="center">1. 视觉—运动/适应性</td><td colspan="2" align="center">完成、失败或弃权</td><td align="center">评论</td></tr>
<tr><td>(1)用 10 块积木游戏热身
①搭建高塔
在一张手工纸上放 10 块积木。
　　这里有些积木，幼儿可以搭个塔。幼儿用所有的积木，看看能搭多高的塔。</td><td>完成</td><td>失败</td><td>弃权</td></tr>
<tr><td>搭建高塔</td><td>0</td><td></td><td>弃权</td></tr>
<tr><td>②根据范例在手工纸张上搭建大门。
　　现在教师要搭建一个大门。教师希望在自己搭建好以后，幼儿也可以建一个和教师的类似的大门。让幼儿在屏障后面搭建大门，然后撤掉屏障。
　　现在请幼儿搭建一个和教师的类似的大门。
(给幼儿 5 块积木)
在幼儿快要搭建完毕时询问：你们搭建的大门是否和老师搭建的一样？</td><td></td><td></td><td></td></tr>
<tr><td>根据范例搭建大门</td><td>2</td><td>失败</td><td>弃权</td></tr>
<tr><td>如果幼儿不能完成，就撤掉屏风演示。
让幼儿观察教师是怎么搭建的。(演示如何搭建大门)
　　现在让幼儿搭建一个和教师的类似的大门。
(给幼儿 5 块积木)
在幼儿快要搭建完毕时询问：你们搭建的大门是否和老师搭建的一样？</td><td></td><td></td><td></td></tr>
<tr><td>模仿搭建大门</td><td>或者 1</td><td>失败</td><td>弃权</td></tr>
</table>

---

　　① ［美］苏·C. 沃瑟姆、贝琳达·J. 哈丁：《学前教育评价》第 7 版，向海英译，83～84 页，北京，北京师范大学出版社，2019。收入本书时有改动。

（四）数据收集与解释

在运用测验工具对儿童进行测验后，测验人员需要根据量表的要求处理测验结果。一般而言，测验人员先根据被试的表现和评分标准统计每个题项的得分，再统合各个项目的得分情况计算出原始分数，然后根据量表提供的方法对儿童的原始分数进行转换，将转化后的数据与常模或表现标准进行比较，最后对测验的结果进行解释和评价。对测验结果的解释需要注意以下几个要求：第一，对测验结果的解释应当客观和规范，测验人员应严格按照测量工具的操作要求对结果进行处理，并结合测验过程和被试的各种情况对测验结果进行解释，避免做出主观的结论；第二，对测验结果的解释应当符合伦理规范，对儿童的评价应当以促进发展和提出建议为目标，对测验结果的解释应当具有激励性和发展性，避免给被试儿童及其家庭带来不良影响。

三、标准化测验的信度与效度检验

（一）信度

信度反应的是测评的可靠性，即多次测评分数的一致性和稳定性程度。一致性是指在不同时间对同一群体进行同一测验，所得结果相同。稳定性指测验结果不随时间和情境的改变而改变，保持稳定不变的程度。一个好的标准化测验其结果必须可靠，运用它对同一事物反复多次测量，其结果在理论上应当保持一致和稳定，但事实上结果会受到测量误差的影响。由于测验分数的误差来源不同，估测信度的方法也有所不同，通常信度可以分为重测信度、复本信度、分半信度、α 系数、评分者间一致性信度等，实践中可以根据具体情况使用不同的信度指标（见表 5-6）。

表 5-6　各种信度估计方法的比较[1]

方法	问卷的份数	测验次数	误差来源
重测信度	1	2	随时间的变化
复本信度（立即测量）	2	1	条目抽样
复本信度（间隔测量）	2	1	条目抽样
			随时间的变化
分半信度	1	1	条目抽样
			分半的方式
α 系数	1	1	条目抽样
			测验的异质性
评分者间一致性信度	1	1	评分者的差异

---

① ［美］罗伯特·J. 格雷戈里：《心理测量：历史、原理及应用》，施俊琦等译，94 页，北京，机械工业出版社，2013。

(二)效度

效度是衡量测验有效性的重要指标,指的是一个测验多大程度上测量了它想要测量的东西。[①] 对于标准参照测验和常模参照测验而言,它们都需要评定其内容效度、效标关联效度以及结构效度。内容效度指测验内容对所要测量内容的代表性程度,一个测验要具有内容效度必须具备两个条件:其一,要有定义准确的内容范围;其二,测验题目对于所定义的内容范围具有很好的代表性。评估内容效度可以通过专家判断、前后再测法等多种方法进行。效标关联效度指的是测验分数和某一外部效标之间的相关程度,即测验结果能够代表或预测效标行为的有效性和准确性程度。评估效标关联效度的方法有相关法、分组法、预期表法、命中率法等。结构效度指的是测验分数能够说明某一理论概念或特质的程度,反映实验与理论之间的一致性,确定结构效度的方法有测验内法和测验间法等。

本章小结

本章主要介绍了收集学前教育评价资料的基本流程与常用方法。评价工作开展前的准备工作包括拟订评价工作计划、熟悉评价指标、选择收集评价资料的恰当方式与方法、准备收集评价资料的工具、培训收集评价资料的人员等。在做好前期准备工作后,研究者可以依据评价目标和条件,采用问卷调查、观察、访谈、标准化测验等具体方法收集评价信息。

关键术语

问卷 访谈 观察 标准化测验 封闭式问卷 开放式问卷 参与式观察
非参与式观察 逸事记录法 连续记录法 非结构访谈 结构访谈

思考题

1. 收集学前教育评价信息前的准备工作有哪些?
2. 学前教育评价信息的收集方法有哪些?
3. 对儿童进行访谈需要注意哪些事项?
4. 逸事记录法、连续记录法和检核表记录法各有什么优缺点?
5. 标准参照测验和常模参照测验的区别有哪些?

---

① [美]莉萨·博林、谢里尔·西塞罗·德温、马拉·里斯-韦伯:《教育心理学》,连榕、缪佩君、陈坚等译,414页,北京,机械工业出版社,2012。

建议的活动

1. 选取自己感兴趣的评价主题，到幼儿园班级中进行实地观察，尝试运用观察法收集评价信息。

2. 分小组学习，围绕自己感兴趣的评价主题，设计一份半封闭式问卷，探讨如何设计问卷的提问和填答方式。

3. 下方二维码展示的是某幼儿园区域活动观察评价的自评工作组织方式，请扫码学习并分析该自评工作的合理性。

拓展文本

幼儿园区域
活动观察评价
（自评工作组织）

第六章　学前教育评价资料统计与分析

	学习完本章内容后，你应该能够：
学习目标	• 通过练习掌握评价资料的分类与整理方法； • 了解学前教育评价资料量化分析方法的特点与基本统计方法； • 了解学前教育评价资料质性分析方法的特点与分析策略； • 练习并学会运用基本的量化与质性分析方法。

知识图谱

第六章知识图谱

在一系列观察、访谈以及测验活动后，我们可以收集到大量定性或定量的评价资料。然而，这些原始资料相对粗糙、冗杂，要从中获取有价值的评价信息，就需要对它们进行整理与分析。本章就着重介绍如何对收集到的评价资料进行统计与分析。

第一节　评价资料的分类与整理

拓展视频

评价资料的分类、整理、统计及分析是评价研究的深化和提高阶段，也是由感性认识向理性认识飞跃的阶段。一般来说，评价活动具有一定的时间周期，资料的收集、整理和分析并非完全独立的三个阶段，而是相互交替、反复交融的螺旋式深入过程。我们先来看看如何对评价资料进行分类与整理。

评价资料的分类与整理

一、原始资料的核查与整理

在对评价资料进行系统分析之前，需要对评价资料进行核查与整理，使原始资料具有较高的准确性、完整性和真实性。对评价资料进行核查的主要任务是对资料质量进行检验。一方面从内容上看信息是否全面、准确和清晰，筛选出错误或不准确的信息；另一方面从环节上逐一核查，检查不同调查渠道所获得的资料基本信息是否完整，各种数据和信息是否存在缺失和遗漏等。一旦发现问题，应尽快查明原因，及时采取补救措施，以免影响评价结果的可靠性。整理资料的基本原则包括如下几点。

(一)真实性原则

评价信息资料的整理首先要遵循真实性原则，确保所收集的信息是真实发生过的客观事实，不弄虚作假或主观杜撰。

(二)准确性原则

整理后的信息资料应当准确、清晰，整理过程中需要对资料进行鉴别与筛查，排查出明显错误或模棱两可的数据信息。

(三)完整性原则

在资料整理的过程中，应尽可能保证资料的完整性，力求全面反映评价对象的全貌，不遗漏任何关于评价对象的资料。

(四)简明性原则

对评价资料进行整理的过程就是将杂乱无章的信息进行分类、组合、归纳，使其系统化、条理化的过程，应通过多种方法将资料整理为易于处理和理解的形式。

如果前期采用问卷法或标准化测验收集信息，这一阶段应当对问卷和测验量表等进行系统筛查，剔除空白、填答不完整的问卷或量表，对被调查者的信息再次进行核查。若前期采用检核表或观察表进行数据收集，则需要结合相关的要求对检核表或观察表进行核查，剔除记录错误或含混不清的数据。资料的审核工作可以在信息收集的过程中进行，边收集边审核，收集完后再进行一次系统检审，以提高资料的可靠性。

二、评价资料的分类与建档

(一)对收集到的评价资料进行编号与登录

在系统整理评价资料之前，需要对所有的资料进行编号。一份评价资料的编号一般包括两大部分：一是研究过程信息的编号，包括信息收集者的基本情况、信息提供者的基本情况、收集资料的时间与地点等；二是研究资料本身的编号，包括资料内容、资料类型、资料处理的程度等。对研究资料进行编号，一方面便于在信息收集过程中对资料进行分类、存储与管理，另一方面有助于对研究资料进行进一步的分析与加工。编号后即可着手对量化研究资料进行登录，将通过问卷调查、标准化测验等途径获得的数据输入计算机及统计分析工具中。

(二)对收集到的评价资料进行分类与建档

分类是将评价资料、数据分门别类的过程，其目的是使繁杂的资料条理化、系统化，为找出规律性的联系提供依据。对评价资料的分类不仅有利于资料的存取，而且是深入理解评价对象的一种认识方式。对评价资料进行分类可以依据研究者对评价信息的理解与认识确定分类标准，随着研究的深入，研究者可以根据需要对评价资料的分类方式进行调整。在这一阶段，可以着手建立质性分析的资料档案。

一般来说，档案系统包括以下几类：背景档案(记录工作进度、相关人员、地点、活动等)，传记档案(记录研究对象自述或他人代述的个人经历、思想观念、活动表现等)，参考书目档案(记录与研究相关的参考书目等)，分析档案(记录量化分析的阶段性结果、质性分析中已经出现的码号与主题等）。

第二节 评价资料的统计与分析

一、评价资料的量化分析

(一)量化分析的特征

量化分析是对收集到的资料信息进行系统处理的一种常用方法，通常用数字对研究对象进行度量，借助一系列统计方法和工具来分析和检验变量之间的关系。例如，对幼儿家庭教养状况的问卷信息进行量化分析，涉及的内容可能包括对家庭教养期望、方式等变量的描述统计，对家庭教养方式与影响因素之间的相关分析等。在教育评价实践中，对数据的量化分析有助于呈现评价对象的整体特征，揭示评价对象各变量之间的关系，是评价研究过程的重要组成部分。

一般而言，量化分析具有以下几个方面的特征。第一，量化分析包含一系列专门、标准化的分析技术。根据不同的评价目标和方法采用不同的分析技术。第二，量化分析具有演绎性，一般以某种理论为基础展开研究，在开始收集数据之前就具有严密的研究假设。第三，量化分析要求数据符合一定的应用条件，注重对数据收集过程的精确控制，数据分析工作一般在数据收集过程之后进行。

(二)量化分析的常用统计方法

1. 描述统计

描述统计是对所收集的大量数据资料进行整理、计算等，分析数据的分布特征，揭示研究对象的内容和实质的统计方法。描述统计的作用在于把零乱无序的数据简缩成清晰且易于了解的形式，以便从中提取有用的信息。[1] 在教育评价活动中，通过各种方法收集的原始数据十分庞杂，只有将各项指标的测量结果加以整理和综合，才能够体现评价对象的整体情况。描述统计是对数据进行处理的初始阶段，有助于评价者从整体上把握评价对象的基本特征，包括表示数据集中趋势的分析和数据离散程度的统计量。

算术平均数是反映数据集中趋势的一个统计指标。一组数据的总和与这组数据的个数之比叫作这组数据的算术平均数。例如，运用五级评分法对幼儿教师工作满意度进行调查，样本量为 500人，幼儿教师工作满意度的算术平均数为所得分数之和除以 500。平均数越高，说明教师工作满意度的集中趋势越高。

标准差是反映数据离散程度的一个统计指标。标准差较大说明大部分的数值和其平均值之间的差距较大，标准差较小代表这些数值和平均值较为接近。例如，对幼儿教师工作满意度进行评

---

[1] 陶西平：《教育评价辞典》，205～206 页，北京，北京师范大学出版社，1998。

分，两个地区的幼儿教师满意度得分平均数相同，但 A 地区教师分数的标准差要大于 B 地区，这说明 A 地区教师工作满意度之间的差距要比 B 地区教师工作满意度之间的差距更大。

2. 相关分析

相关分析是研究变量之间是否存在某种依存关系，并运用一定函数来表示其相互关系的统计方法。相关分析可以在影响某个变量的诸多变量中判断哪些因素是显著的，哪些是不显著的。相关系数是描述相关关系强弱程度和方向的统计量，通常用 r 表示。相关系数的取值范围在 -1 和 1 之间，如果 r 为正，表明两个变量为正相关，相反则表明两个变量为负相关。当 $0 < |r| \leqslant 0.3$ 时，变量间微弱相关；当 $0.3 < |r| \leqslant 0.5$ 时，变量间低度相关；当 $0.5 < |r| \leqslant 0.8$ 时，变量间显著相关；当 $0.8 < |r| \leqslant 1.0$ 时，变量间高度相关。如果 $|r| = 1$，说明两个现象完全直线性相关。如果 $r = 0$，说明两个现象完全不相关。例如，在对幼儿教师工作满意度进行调查的研究中发现，教师工作满意度与教师情绪调节方式的相关系数为 0.72，表明二者具有显著的正相关。

3. 回归分析

回归分析是分析两个或多个变量之间相互关系的一种统计方法，通过确立两个或多个变量之间相互关系的数学表达式，实现由已知变量对未知变量的估计预测。回归分析与相关分析的不同在于，相关分析所得出的相关系数，只能说明变量之间相互关系的密切程度，而回归分析则要得到变量之间数量上的联系方程式及其变化规律。在分析研究时，选择一个随机变量作为因变量，其余当作自变量，如果因变量与自变量的关系是线性的则称线性回归分析，反之则称非线性回归分析。研究一个因变量与一个自变量的关系，就叫作一元直线回归分析。研究一个因变量和多个自变量的关系，叫作多元直线回归分析。[①] 例如，在具体分析教师情绪调节方式和教师工作满意度之间的关系形式时，以情绪调节方式的各个维度作为自变量（命名为 X_1，X_2，X_3，X_4），以教师工作满意度总分为因变量进行多元回归分析，能够得到一个具体的回归方程式：工作满意度 $= aX_1 + bX_2 + cX_3 + dX_4$（$a$，$b$，$c$，$d$ 为多元相关系数）。根据此回归方程式，能够进一步解释或推测情绪调节方式如何对工作满意度产生影响。

4. 因素分析

因素分析是多元分析方法的一种，指的是从一系列相关变量中分离或抽取一些基本维度的复杂统计分析过程。因素分析的基本思想是根据变量间的相关程度大小，把变量进行分组，同组变量相关程度高，异组变量之间相关程度低，每组变量代表一种基本结构，然后用一个具有综合变量性质的共同因素来解释这个基本结构。通过因素分析，可以将学前教育评价中收集到的大量变量简化为少量的、互不关联的基本因素，从而用最少的因素概括和揭示最大量的观测事实，用最简洁的概念揭示事物之间的本质联系。

因素分析的常用方法包括探索性因素分析和验证性因素分析。探索性因素分析

---

① 车文博：《心理咨询大百科全书》，118 页，杭州，浙江科学技术出版社，2001。

又称主成分分析，即利用降维的思想，在损失较少信息的前提下把多个指标转化为几个综合指标(主成分)，用综合指标来解释多个变量的内部结构。各个主成分是原始变量的线性组合，且主成分之间各不相关，使得主成分比原始变量具有更优越的性能，有利于简化系统结构，更清晰地揭示事物之间的关系。验证性因素分析是依据一定的理论对潜在变量与观察变量之间的关系做出合理假设，并对这种假设进行统计检验的方法。

📖 专栏 6-1

幼儿园教师职业认同结构的因素分析①

研究者自编"幼儿园教师职业认同问卷"对幼儿园教师进行调查，回收 604 份有效问卷。将有效数据随机分为两半：一半用于探索性因素分析，初步建构幼儿园教师专业身份认同的结构模型；另一半用于验证性因素分析，对幼儿园教师专业身份认同的结构模型进行验证，从而确定正式问卷的结构。在对 302 个有效数据进行探索性因素分析中，Bartlett 球形检验的卡方值为 604.852，显著水平 0.000，说明相关矩阵不可能是单位矩阵；取样适当性 KMO 的指标为 0.82，表明因素分析的结果能很好地解释变量之间的关系。

在不限定因素层面的前提下，运用主成分分析法对数据进行因素分析，并进行正交旋转，根据以下标准确定因素的数目：抽取公共因素的特征值大于 1，即因素的贡献率大于 1；因素必须符合陡阶检验；因素在旋转前至少能解释 3% 的总变异；每个因素至少包含 3 个以上项目；因素比较好命名。按照上述标准删除了 15 个项目，其项目号分别是：1，2，3，5，7，14，15，27，29，30，33，41，42，44，47。通过主成分分析法抽取因素，经过正交旋转，得到因素分析结果，见表 1。

表 1　幼儿园教师职业认同模型旋转后的因素负荷表($N=302$)

项目	因子负荷						共同度
	目标确信	情感归属	投入意愿	胜任效能	持续承诺	人际支持	
MB1	0.767						0.624
MB2	0.618						0.481
MB3	0.665						0.539
MB4	0.643						0.653
MB5	0.582						0.591
MB6	0.645						0.550
GS1		0.579					0.465
GS2		0.759					0.690

---

① 秦奕：《幼儿园教师职业认同结构要素与关键主题研究》，博士学位论文，南京师范大学，2008。收入本书时有改动。

续表

项目	因子负荷						共同度
	目标确信	情感归属	投入意愿	胜任效能	持续承诺	人际支持	
GS3		0.724					0.715
GS4		0.676					0.641
GS5		0.474					0.667
GS6		0.700					0.677
TR1			0.553				0.459
TR2			0.726				0.569
TR3			0.717				0.674
TR4			0.645				0.547
SR1				0.487			0.597
SR2				0.784			0.688
SR3				0.522			0.466
SR4				0.457			0.438
SR5				0.709			0.579
CX1					0.512		0.449
CX2					0.422		0.540
CX3					0.727		0.622
CX4					0.694		0.554
RJ1						0.659	0.599
RJ2						0.398	0.562
RJ3						0.674	0.645
特征值	8.828	2.029	1.742	1.438	1.204	1.038	
贡献率	12.413%	12.069%	10.665%	10.646%	6.650%	5.698%	58.142%

注：MB 代表"目标确信"，GS 代表"情感归属"，TR 代表"投入意愿"，SR 代表"胜任效能"，CX 代表"持续承诺"，RJ 代表"人际支持"。

因素一包括 6 个项目（MB1～MB6），其变量分别为教学目标、价值追求、责任明晰、积极反惯性目标、内容创新、方法创新目标方面的自我确信，可命名为"目标确信"；因素二包括 6 个项目（GS1～GS6），其变量分别为充实感、自豪感、幸福感、享受感、满足感和快乐情感方面的自我归属，可命名为"情感归属"；因素三包括 4 个项目（TR1～TR4），其变量分别为参与发言、用心准备、日常关注、成长意愿方面的自我付出，可命名为"投入意愿"；因素四包括 5 个项目（SR1～SR5），其变量分别为努力尝试、任务完成、工作协调、家长咨询、问题解决能力方面的自我效能，可命名为"胜任效能"；因素五包括 4 个项目（CX1～CX4），其变量分别为择业清晰性、研究性学习、留职意向、工作执着性方面的自我专注,可命名为"持续承诺";因素六包括 3 个项目(RJ1~RJ3),其变量分别为专业解惑、家长配合、同事交流性支持方面的自我争取,可命名为"人际支持"。

5. 聚类分析

聚类分析是对评价研究对象或指标进行分类的一种统计分析方法。聚类分析在相似的基础上按照性质将数据分组成为多个类,同一类的对象之间具有较高的相似度,不同类之间的对象差别较大。聚类中的类别并不是事先给定的,而是根据数据的相似性和距离划分出来的,聚类的数目和结构也都没有事先假定。按分类的对象不同,聚类分析可分为样本聚类和变量聚类。样本聚类和判别分析有密切的关系。例如,各类总体情况不清楚时,可先进行原始样本的聚类,然后建立判别函数,以对新样本进行判别分析。变量聚类常和回归分析一起使用。在回归分析中,当自变量个数太多而相关性又很大时,可先通过对自变量聚类,然后再从每一类中挑选一个最有代表性的自变量进行回归,这样能够减少进入回归方程的自变量个数。因此,聚类分析与回归分析、判别分析一起综合使用,能有效地解决多个变量的统计分析问题。[①] 目前,常用的聚类方法有系统聚类法、动态聚类法、模糊聚类法等。

📖 专栏 6-2

幼儿个性类型的聚类分析[②]

幼儿个性类型研究首先使用层次聚类法对大样本幼儿个性数据($N=927$)进行分类。具体使用聚集法,即首先把每个案例各自看作一类,先把距离最近的两类合并,然后重新计算类与类之间的距离。再把距离最近的两类合并,每一步减少一类,这个过程一直持续下去,直到所有的案例归为一类为止。在各类合并的过程中,聚集系数呈逐渐增加的趋势,聚集系数小,表示合并的两类相似程度大,两个差异很大的类合并到一起,会使聚集系数增大。我们事先指定智能特征、认真自控、情绪性和亲社会性 4 个变量为聚类变量进行聚类,类与类之间距离测度方法为欧式距离的平方,这样在聚类结束时就得到 4 种较为合理的幼儿个性类型。我们再次使用快速聚类法对上述数据进行分类。按照距离最小原则,使聚类过程终止的迭代次数为 10 次(系统默认值,即当迭代到 10 次终止迭代),聚类参数为0.02(当两次迭代计算的最小的类中心的变化距离小于初始类中心距离的 2% 时迭代停止),并要求在聚类结束后在屏幕输出窗口中显示分类情况。最终得到 4 种幼儿个性类型(4 种类型在 4 个个性维度上的高得分分别表示高水平的智能特征、认真自控、亲社会性以及低水平的消极情绪)。

各种类型在 4 个个性维度上的平均得分见表 1,最终聚类中心之间的欧氏距离

---

① 陶西平:《教育评价辞典》,262 页,北京,北京师范大学出版社,1998。

② 张野:《3—12 岁儿童个性结构、类型及发展特点的研究》,博士学位论文,辽宁师范大学,2004。收入本书时有改动。

见表 2。

表 1　最终聚类中心：幼儿不同个性类型在 4 个个性维度上的平均得分

	类别			
	Ⅰ 类	Ⅱ 类	Ⅲ 类	Ⅳ 类
智能特征	51.39	37.27	31.79	45.98
认真自控	62.11	57.02	38.14	46.48
情绪性	36.01	28.96	28.96	34.23
亲社会性	39.92	31.73	25.60	33.93

表 2　幼儿个性 4 种类型两两最终聚类中心之间的欧氏距离

类别	Ⅰ 类	Ⅱ 类	Ⅲ 类	Ⅳ 类
Ⅰ 类	0.000			
Ⅱ 类	18.492	0.000		
Ⅲ 类	34.827	20.587	0.000	
Ⅳ 类	17.674	14.812	19.182	0.000

方差分析表明，该 4 种个性类型在 4 个聚类变量上的均值有显著差异（见表 3），进一步多重检验结果见表 4。

表 3　幼儿迭代聚类结果的种类样本的平均数、标准差及显著性差异检验

	类别				F 值	显著性
	Ⅰ 类	Ⅱ 类	Ⅲ 类	Ⅳ 类		
智能特征	51.3897 (5.0117)	37.2700 (5.3563)	31.7946 (6.5844)	45.9804 (5.4381)	0.000	0.000
认真自控	62.1066 (4.5417)	57.0169 (5.0815)	38.1429 (6.9798)	46.4837 (5.3526)	762.800	0.000
情绪性	36.0074 (4.6739)	28.9578 (4.7065)	28.9554 (5.6335)	34.2255 (5.1136)	116.473	0.000
亲社会性	39.9154 (4.3377)	31.7300 (4.7321)	25.5982 (4.5549)	33.9281 (4.4694)	305.294	0.000

表 4　不同个性类型幼儿个性分数的多重差异检验

	智能特征	认真自控	情绪性	亲社会性
Ⅰ 型－Ⅱ 型	14.1197**	5.0897**	7.0495**	8.1855**
Ⅰ 型－Ⅲ 型	19.5951**	23.9638**	7.0520**	14.3172**
Ⅰ 型－Ⅳ 型	5.4093**	15.6230**	1.7819**	5.9873**

续表

	智能特征	认真自控	情绪性	亲社会性
Ⅱ型－Ⅲ型	5.4754**	18.8740**	2.449E-03	6.1317**
Ⅱ型－Ⅳ型	−8.7103**	10.5332**	−5.2677**	−2.1981**
Ⅲ型－Ⅴ型	−14.1857**	−8.3408**	−5.2701**	−8.3299**

$**P < 0.01$

结果表明，除了类型Ⅱ和类型Ⅲ在情绪性维度上差异不显著之外，其余所有变量均有非常显著的差异。根据每种类型在各个维度上的得分高低及意义的不同，经过理论分析，我们将其分别命名为：认可型、矛盾型、拒绝型和中间型。其中认可型属于积极的个性类型，矛盾型和拒绝型属于消极的个性类型。

6. 判别分析

判别分析是根据变量的观测值，判别其属于哪个总体的多元统计方法。判别分析所要解决的问题是在一些已知研究对象用某种方法已分成若干类的情况下，确定新的观测数据属于已知类别中的哪一类。用判别分析方法处理问题时，通常要给出一个衡量新样本与已知各类别接近程度的描述指标，即判别函数，并指定一种判别规则，借以判定新样本的归属。[①] 判别分析按判别的组数来分，有两组判别分析和多组判别分析；按区分不同总体所用的数学模型来分，有线性判别和非线性判别；按判别时所处理的变量方法来分，有逐步判别和序贯判别等；按判别准则来分，有距离判别、贝叶斯判别（Bayesian discrimination）和费歇判别（Fisher discrimination）等。

二、评价资料的质性分析

（一）质性分析的形式与特点

质性评价资料一般指的是评价研究者从实地研究中获得的各种观察记录、访谈笔记以及其他非数值型信息。质性评价资料往往具有多种来源和形式，包括观察中得到的随笔式、日记式、感想式笔记以及其他相关材料。这些材料的形式具有无规范性的特征，如描述性文字、图片、幼儿的各种作品以及教案等。随着分析的深入，资料的形式也会在不同阶段产生变化，从实地调研中获得的各种原始资料到编码形成的主题和分析型备忘录，最终报告中出现的则是经过选择和处理的资料。

质性评价资料的分析过程是对资料进行整理、选择、分类、描述、综合、归纳，从而用有意义的方式来组织信息和提取信息内涵的过程。[②] 与对资料的量化分析不同，质性分析并非简单的线性过程，而是一个循环往复、螺旋式前进的动态过程，

拓展视频

评价资料的统计与分析（质性分析）

---

① 陶西平：《教育评价辞典》，268 页，北京，北京师范大学出版社，1998。

② 王坚红：《学前教育评价》，167 页，北京，人民教育出版社，2010。

往往包含在整个资料的收集过程中。质性评价资料的分析具有以下特点。

1. 同步性

质性评价资料的收集、整理和分析常常相互交叉、同步进行，并受研究过程中其他因素的制约。质性分析依赖于研究者自身作为研究工具的作用，注重研究者自身对研究对象的感悟与理解，因此，资料的收集与分析过程难以分割。资料的整理既受到分析框架的影响，又推动其发生改变。正如迈尔斯（M. B. Miles）和休伯曼（A. M. Huberman）所说，资料分析（包括资料收集、资料展示以及得出和修正结论等）持续存在于任何质性取向项目的整个生命中。① 同时，研究者常常能够在整理过程中获得意想不到的启示与领悟，进一步推动分析的拓展与深入。如此循环往复，构成了质性分析的整个过程。

2. 及时性

质性分析的同步性要求资料的整理与分析越早越好，避免拖到资料收集完之后再进行。及时进行分析有助于减少因遗忘造成的信息遗漏或误记，保持资料的完整性和准确性，也有助于缓解研究者由研究走向的不确定性而产生的焦虑情绪。此外，及时分析资料有助于研究者对已收集的资料有一个比较系统的把握，并为下一步的资料收集提供方向和聚焦的依据，从而使资料收集更具方向性和目的性，提高整个研究的效率，避免因担心收集的资料不够而沉迷于收集。

3. 渐进性

质性分析的一个特征是在研究开始无法预测整个资料分析的过程和走向，研究结果是在对资料循环往复的分析中逐渐浮现出来的。因此，在对评价资料进行质性分析的过程中，研究者尤其要注重对分析过程本身进行记录，在研究资料意义的每一次凸显、整合或拓展中形成研究成果。虽然质性分析的结果是在研究者与调查资料的高度互动中逐步产生的，但是并不意味着这一过程脱离已有相关理论假设和研究成果。事实上，对相关领域研究动向与结论的深度把握，是研究者对资料进行不断归纳、对比与提炼的基础。

（二）质性评价资料的整理与编码

1. 开放式编码

开放式编码（open coding）一般用于对所收集的评价信息进行初步整理和分析，着重在阅读资料时发现各种各样的主题。开放式编码是资料分析的逻辑出发点，资料分析是三种编码反复相互作用的过程。开放式编码的具体操作方法是研究者根据评价目标初拟一些主题，将这些主题作为初步编码的分类依据。研究者带着主题标签反复阅读原始材料，在与特定主题相关的材料上做上标记或贴上相应的主题标签。在阅读过程中延伸出新的主题设想时，可以对初拟的主题结构进行修订。开放式编码后，研究者可以获得一张对于评价资料进行初步分类的主题单。开放式编码有助于研究者发现和凝练新的主题，对主题系统进行拓展、筛选、扩充以及组合，逐步建立完整的编码体系，形成评价资料全部的、完善的主题空间。在此基础上，研究

---

① ［美］约翰·洛夫兰德、戴维·A. 斯诺、利昂·安德森等：《分析社会情境：质性观察与分析方法》，林小英译，228 页，重庆，重庆大学出版社，2011。

者能够进一步厘清思路,对研究资料进行深入的思考。

2. 轴心式编码

轴心式编码(axial coding)从一组初步的主题或初步的概念开始,着重对各种主题与概念之间的关系进行思考与组织。轴心式编码关注的不是资料本身,而是主题之间的关系,但这一过程中也可能会产生新的观点和思想,从而添加新的主题。轴心式编码注重发现和建立主题之间的有机关联,如因果、时间、语义、情境、差异、对等、结构、功能、过程等各种关系形态。轴心式编码有助于研究者加强对概念和主题间联系的思考,进而提出新问题,或形成理论假设和解释模式。

3. 选择式编码

选择式编码(selective coding)是在浏览资料和进行开放式或轴心式编码工作的基础上,有选择地寻找那些说明主题的资料,对其进行比较和对照,建立新的概念和观点,并围绕它们形成某种解释模式。在选择式编码过程中,主题和主要的概念始终指引着研究者的研究。

(三)对评价资料进行质性分析的策略

1. 连续接近法

连续接近法(successive approximation)是通过反复阅读资料、提取主题以及思考主题关系等循环的步骤,使得研究者从开始杂乱、具体的资料中梳理出较为清晰的分析结果的方法。在这一过程中,研究者从研究问题和某种假设框架出发,通过阅读资料寻找证据,分析概念和资料的拟和程度,并对经验证据进行抽象概括,创造新的概念或修正原来的概念;然后从资料中收集新的证据,解决第一阶段尚未解决的问题,或修正原来的理论,这个反复和循环的过程就叫作"连续接近"。经过连续反复修正的概念和模型更加"接近"所收集的数据,也更加精细和准确。实地研究的资料如图 6-1 所示。

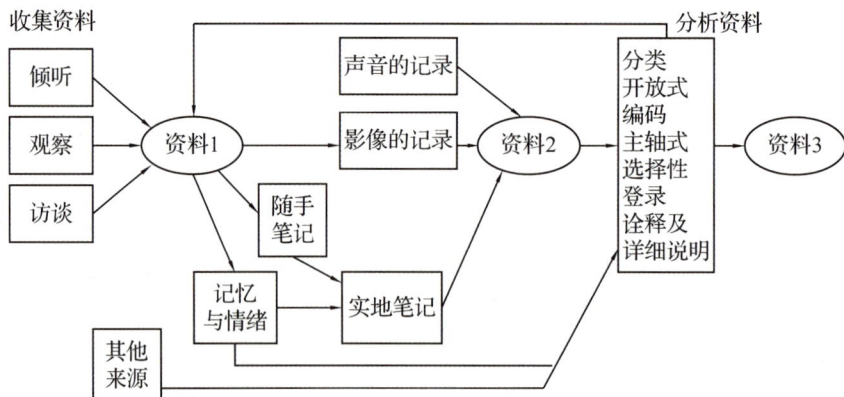

资料 1＝原始资料、研究者的经验;资料 2＝记录的资料、经验的记录;资料 3＝最终报告中所选择的、处理的资料

图 6-1 实地研究的资料①

---

① 范伟达、范冰:《社会调查研究方法》,346 页,上海,复旦大学出版社,2010。

2. 举例说明法

举例说明法(illustrative method)是用经验证据来说明和解释某种理论，实际上是对已有理论寻找合适的经验证据的方法。一是研究者列举个案或现象来表明理论模型可以说明、揭示某种特定的个案或现象；二是列举多个不同个案，说明理论可适用于多种不同个案情况。

3. 比较分析法

比较分析法(analytic comparison)是从已有的理论或从归纳中发展出相关的规律或关系模型的思想，然后研究者将注意力集中在少数规律上，用其他可替换的解释与之进行比较，在此基础上，进一步考察那些不限于某一特定背景(特定时间、地点、群体)的规律性的方法。比较分析法包括一致性比较和差异性比较。一致性比较法先分析和提炼不同个案所具有的共同结果特征，再比较这些个案的原因特征，如果具有结果特征的个案不具备某个原因特征，就排除这个原因特征，从而通过排除法得到所有个案都具备的共同原因特征。差异性比较法是先找出那些在许多方面都十分相似，但在少数方面存在差异的个案，寻找这些个案共有的某种结果及其原因特征。同时，找出另一组具有不同结果的个案，如果那些具有不同结果特性的个案中也没有出现那个原因特性，那么这种没有出现的原因特性可能就是导致这个结果的原因。

4. 图表法

图表法(graphical method)是运用图画或表格对数据信息和主要观点进行梳理和归纳的方法。图表法最大的优势在于能够很好地呈现事物变化发展的过程，以及事物之间的相互关系等，有助于研究者对评价信息进行整体直观的把握和深入持续的分析。常见的分析型图表包括网络图、表格和地图等。网络图有助于呈现一系列人物、地点、事件之间的相互联系，表格可以把一些观点和数据组织起来，地图可以呈现事物之间的时间和空间关系等。

(四)质性分析的注意事项

第一，注重阅读原始资料。对评价信息进行质性分析需要研究者认真阅读原始资料，反复熟悉资料内容，在此基础上进行编码，将原始信息缩减为可管理的、有意义的数据。在阅读和思考过程中，研究者要把自己的前设和偏见搁置起来，完全融入资料当中，将所有资料按照其本身所呈现的状态进行编码，了解其中的意义与相关关系。

第二，坚持撰写分析型备忘录。质性研究的一个重要特征是研究者需要反复阅读资料，并不断撰写笔记。分析型备忘录是研究者对于编码过程的想法和观点的记录，是理论建构的基础。每一个编码主题或概念都应当形成一个专门的备忘录，其中包括研究者对该主题或概念的思考与观点。在资料分析过程中，当思维火花出现时，研究者应当立刻停下来，写备忘录，防止遗忘重要的思想。写作某个主题的备忘录时，研究者应当注意思考它与其他概念或主题之间的相似性、差异性以及关系。对于写好的备忘录要反复比较，将相近的内容进行结合，将有差异的内容进行区分。

第三，形成及时整理档案的习惯。随着质性分析的深入，原始资料逐渐被加工出更加丰富的形式且数量不断增加，如经过多重编码的资料、分析型备忘录及实地研究档案等。由于质性研究往往具有较长的分析周期，这些资料相互交叉套叠，如果没有定期进行整理，则很容易模糊资料之间的关系以及同类资料随着时间推移产生的变化。因此，在质性分析的过程中有必要养成定期整理资料的习惯，依据日期建立资料目录索引，这样便于研究者把握和回顾研究脉络。

本章小结

本章主要介绍了整理和分析学前教育评价资料的途径和方法。评价资料的整理应始于资料收集阶段，然后在对评价资料进行核查的基础上，进一步进行分类和建档。根据评价目标和所收集资料的性质，可以选择对学前教育评价资料进行量化分析或质性分析。

关键术语

描述统计　相关分析　回归分析　聚类分析　开放式编码　轴心式编码　选择式编码　连续接近法　举例说明法　比较分析法　图表法

思考题

1. 如何对原始评价资料进行初步整理？
2. 常用的评价资料量化分析方法有哪些？
3. 质性评价资料分析有哪些特点？
4. 对评价资料进行质性分析的常用方法有哪些？

建议的活动

1. 结合某项具体的评价研究，分析其资料分析的途径和方法，探讨如何根据评价目标及资料性质选择恰当的数据分析方法。

2. 某幼儿园开展了大班综合主题活动"地铁站的'小小探索家'"，请你扫描下方两个二维码阅读活动方案、观看部分活动视频，并运用质性评价方法对此活动进行评价。

拓展文本　　拓展视频

地铁站的"小小探索家"　　地铁站的"小小探索家"——嗨，地铁

第三篇

评价实践篇

第七章　学前儿童发展评价

<table>
<tr>
<td>学习目标</td>
<td>学习完本章内容后，你应该能够：
• 理解学前儿童发展评价的指导思想，熟悉学前儿童发展评价的主要内容；
• 了解学前儿童发展评价中常用的评估工具和指标要求；
• 学会运用基本的评价方法，能参照标准对学前儿童的发展进行实际评价；
• 对学前儿童发展中出现的问题进行科学指导并给出相应的教育建议。</td>
<td>知识图谱

第七章知识图谱</td>
</tr>
</table>

　　学前儿童发展评价是依据学前教育目标以及与此相适应的学前儿童发展目标，运用教育评价的理论与方法，对学前儿童身体、认知、情感与社会性等方面的发展进行价值判断的过程。它是了解学前儿童的发展状况、对学前儿童实施有效教育的重要手段，是学前教育评价的重要组成部分。《纲要》在幼儿发展评估中指出："全面了解幼儿的发展状况，防止片面性，尤其要避免只重知识和技能，忽视情感、社会性和实际能力的倾向。"学前教育的根本目的在于促进学前儿童在身体、认知、语言、社会性、情感等方面全面和谐的发展。学前儿童的发展是一个整体，教育活动要注重领域之间、目标之间的相互渗透和整合，促进学前儿童身心全面协调发展，而不应片面追求某一方面或几方面的发展。同时，《指南》也提出："要充分理解和尊重幼儿发展进程中的个别差异，支持和引导他们从原有水平向更高水平发展……切忌用一把'尺子'衡量所有幼儿。"因此，学前儿童发展评价必须服从和服务于学前儿童全面发展这一学前教育的总目标，全面了解学前儿童发展，为制订和调整教育计划提供依据，使教育过程更符合学前儿童发展的需要，最终有效地促进每一个学前儿童的全面发展。

第一节　学前儿童发展评价的指导思想

一、客观性

　　教育活动评价的客观性要求在评价的实施中，评价者采取客观的、实事求是的态度，科学地确定并使用评价标准、评价方法和工具，不能单凭主观经验或直观感觉来评定和判断教学质量或学前儿童发展的能力与水平。教育活动评价是根据教育目标对所实施的各种活动以及学前儿童的发展水平进行科学判定的活动。

一方面，要根据教育目标确定评价标准。评价标准是客观的，是符合目标要求的。标准一旦确定，在评价中任何人都不能随意增加或减少标准、提高或降低标准。另一方面，评价方法和手段要具有相当的科学化标准，以便评价者合理操作和实施，既考虑量化的评价指标又体现对质性评价手段的运用，使评价结果科学、客观、有效。

拓展视频

学前儿童发展评价的指导思想

二、发展性

发展性是指在评价时应着眼于是否促进儿童得到全面、整体的发展，是否促进儿童潜能、个性、创造性的发挥，是否使每一个儿童具有自信心和持续发展的能力。幼儿园教育活动评价的根本目的是促进幼儿、教师以及幼儿园的发展，特别是促进幼儿的全面健康发展。儿童作为一个发展的个体，全面性和个体性是其发展的两个不同方面。教育者既要全面关心儿童群体的发展，也要关注儿童作为独立个体的发展需要和潜能；既要以发展的眼光来看待儿童，又要采取多种相结合的评价方式和手段。因此，评价者要用发展的眼光看待每一个儿童，制定多元化的评价标准，采用多样化的评价方式。评价时，既要关注儿童的全面和谐发展，也要承认儿童的个体差异性，尊重儿童各方面的发展需求，针对不同的儿童有不同的观察和记录着眼点，为其个性化、个别化的发展留有空间。例如，采用"幼儿成长档案记录袋"的形式，既能记录、评价幼儿的现有能力水平，又能了解幼儿的成长过程和发展方向。

三、整体性

整体性是由儿童学习与发展的整体性决定的。加拿大《早期幼儿学习报告》指出，早期的学习和发展必须以幼儿身体的、情感的、认知的、社会性的全面发展为基础。也就是说，幼儿早期的发展具有整体性。为了促进幼儿能够实现全面健康的成长，《指南》选择了对幼儿来说最重要、最基本的五个领域，即健康、语言、社会、科学、艺术，构筑了幼儿学习与发展的内容框架，期望幼儿实现全面的、协调的发展。因此，对学前儿童发展的评价要从整体发展出发，不能片面强调某一项，更不能偏听偏信。

一方面，评价项目要全面。在评价学前儿童的发展水平时，评价的内容不仅要包括认知发展水平，而且应包括身体动作的发展水平、社会性的发展水平等反映儿童整体发展水平的内容。

另一方面，信息收集要全面。评价是教师、儿童、家长及管理部门共同参与和合作的过程。评价者既可以通过在活动中采用观察、记录、交流等多种方式对学前儿童在健康、语言、社会、科学、艺术各方面的表现进行评价，也应当把来自家庭、社区等多种渠道的信息作为评价的重要资源。

四、个体差异性

个体差异性是指在评价的过程中要尊重评价对象的个体差异，促进评价对象的健康发展。《纲要》指出，幼儿园教育评价"是了解教育的适宜性、有效性，调整和改进工作，促进每一个幼儿发展，提高教育质量的必要手段"。

学前儿童的发展是一个持续、渐进的过程，同时也表现出一定的阶段性特征。每个儿童在沿着相似进程发展的过程中，各自的发展速度和达到某一水平的时间不完全相同。评价者要充分理解和尊重儿童发展进程中的个别差异，支持和引导他们从原有水平向更高水平发展，按照自身的速度和方式到达《指南》所呈现的发展"阶梯"。

传统评价把儿童置身于一个预先确定的共同标准或常模下，将儿童的特质强行纳入成人预测和控制的框架中，用一个整齐划一的标准就某个目标达成度将全班儿童"排队"，甚至分为好、中、差等级。这种评价忽视了儿童的多样性、差异性，违背了儿童发展的丰富性、复杂性，也压抑了儿童的个性和创造性，不可能全面、综合地反映儿童的实际情况。

学前儿童的发展存在个体差异性，不同的幼儿有着不同的身体素质、认识能力、情绪情感、社会能力、生活能力以及习惯。所以在评价学前儿童时，不能用一个绝对、统一的标准来衡量。《纲要》指出，幼儿发展评价应"承认和关注幼儿的个体差异，避免用划一的标准评价不同的幼儿，在幼儿面前慎用横向的比较"。可见，学前儿童评价必须打破传统评价中一刀切的单维度标准，鼓励采用个体化的评价标准，同时，多使用纵向比较。这不仅是尊重儿童个体差异这一教育观念的具体体现，也有助于教师以发展、动态的眼光去看待每个儿童，关注儿童是否在原有水平上获得了全面发展。

教师资格考试·考点分析

《中小学和幼儿园教师资格考试标准（试行）》中"教育知识与应用"模块2.2.4条提出：掌握幼儿教育的基本原则和不同于中小学教育的基本特点，并能据此评析幼教实践中的问题。

注：幼儿在成长过程中会出现这样或那样的问题，幼儿教师不但应该能对幼儿各个领域的发展水平和能力进行评价，而且应该能对幼儿表现出的各类问题进行诊断，以便更好地促进幼儿的成长与发展。

教师资格考试·真题再现

（2013 年下半年）幼儿园教师资格考试《保教知识与能力》真题
幼儿园教师了解幼儿最主要的目的是（　　）
A. 为建立幼儿档案提供依据　　　B. 为教师的专业成长提供依据
C. 为更好地促进幼儿发展提供依据　　D. 为检查评比提供依据

(2014年下半年)幼儿园教师资格考试《保教知识与能力》真题

材料分析：小虎精力旺盛，爱打抱不平，做事急躁、马虎，喜欢指挥别人，稍有不如意就大发脾气，甚至动手打人，事后也后悔，但遇事总是难以克制。

问题：(1)你认为小虎的气质属于什么类型？为什么？

(2)如果你是小虎的老师，你准备如何根据他的气质类型特征对其实施教育？

(2018年下半年)幼儿园教师资格考试《保教知识与能力》真题

下列针对幼儿个体差异的教育观点，哪种不妥(　　)。

A. 应关注和尊重幼儿不同的学习方式和认知风格

B. 应支持幼儿富有个性和创造性的学习与探索

C. 应确保同园幼儿在同一时刻达成同样的目标

D. 应对有特殊需要的幼儿给予特别关注

(2020年下半年)幼儿园教师资格考试《综合素质》真题

幼儿园里有的孩子活泼，有的孩子沉默，有的孩子喜欢画画，有的孩子喜欢唱歌。关于导致个体差异的原因不正确的是(　　)。

A. 家庭教育和幼儿园教育决定了幼儿发展个体差异

B. 遗传素质的差异性对人的发展有一定的影响

C. 个体通过能动的活动选择建构自我发展

D. 环境的给定性与主题选择性相互作用

第二节　学前儿童身体健康与动作发展评价

一、学前儿童生长发育评价

学前儿童正处于生长发育的重要时期，各器官、各系统尚未发育完全，与成人之间的差异很大。学前儿童身体的生长发育是衡量其健康状况的一个重要指标。研究表明，学前儿童身体的生长发育受到遗传、环境、营养、锻炼、疾病等许多因素的影响，且个体之间存在很大差异。因此，评价学前儿童生长发育的状况是促进其健康发展的基础。

拓展视频

学前儿童身体健康与动作发展评价

一般而言，生长发育标准都是相对的、暂时的，只能在一定的地区和一定的时间内使用。常见的生长发育指标包括：身高、体重、头围、胸围、坐高、心率脉搏、血压、肺活量、牙齿、视力等。

对学前儿童的生长发育进行评估，建立学前儿童成长档案，将不同时期的数据进行简要处理，可以直观地让人们看到学前儿童的发展变化。

(一)身高、体重和头围

身高、体重和头围是衡量学前儿童生长发育的重要指标。现将学前儿童正常身高、体重标准的计算方法介绍如下。

学前儿童体重、身高的标准测量公式：

2 岁至 7 岁幼儿体重＝年龄×2＋8(千克)

2 岁至 7 岁幼儿身高＝年龄×5＋75(厘米)。[1]

头围能反映颅及脑的大小与发展状况，是 6 岁以下学前儿童生长发育的重要指标，也是判断大脑发育障碍，如脑积水、头小畸形等的主要诊断依据。新生儿头围平均值约为 34 厘米，1 周岁约为 45 厘米，2 周岁约为 47 厘米，3～4 岁共增长约 1.5 厘米，以后增长得更少。[2] 因此，对头围的检测在出生后前几年尤为重要。

下面是 0～6 岁儿童身高、体重和头围发展的参考表(见表 7-1)。

表 7-1　0～6 岁儿童身高长、体重和头围发展的参考表

年龄	身高(长)/cm		体重/kg		头围/cm	
	男	女	男	女	男	女
新生儿	45.2～55.8	44.7～55.0	2.26～4.66	2.26～4.65	30.9～37.9	30.4～37.5
1 岁	68.6～85.0	67.2～83.4	7.21～14.00	6.87～13.15	42.6～50.5	41.5～49.3
2 岁	78.3～99.5	77.3～98.0	9.06～17.54	8.70～16.77	44.6～52.5	43.6～51.4
3 岁	86.3～109.4	85.4～108.1	10.61～20.64	10.23～20.10	45.7～53.5	44.8～52.6
4 岁	92.5～116.5	91.7～115.3	12.01～23.73	11.62～23.30	46.5～54.2	45.7～53.3
5 岁	98.7～124.7	97.8～123.4	13.50～27.85	12.93～26.87	47.2～54.9	46.3～53.9
6 岁	104.1～132.1	103.2～130.8	14.74～32.57	14.11～30.94	47.8～55.4	46.8～54.4

注：表中 3 岁前为身长，3 岁及 3 岁后为身高。

(数据来源于 2009 年由卫生部正式公布的《中国 7 岁以下儿童生长发育参照标准》)

(二)胸围

胸围反映胸廓与肺的发育情况。婴儿出生时胸围比头围小 1～2 厘米，12～21 个月时胸围与头围相等，其后胸围较大。[3] 儿童的平均胸围在出生后的第一年增加 12 厘米，速度最快；第二年增加 3 厘米；以后每年增加约 1 厘米。[4]

(三)坐高

坐高是头顶至坐骨结节的长度，可以反映躯干的生长情况，与身高比较时可间接反映下肢与躯干的比例。随着年龄的增长，儿童下肢生长速度加快，坐高占身高的比例也随之下降(见表 7-2)。

---

[1]　蔡黎曼：《新编幼儿卫生学》，50 页，广州，广东高等教育出版社，2007。

[2]　陆颖：《学前儿童卫生与保健》，73 页，西安，陕西师范大学出版总社有限公司，2014。

[3]　胡亚美、江载芳：《诸福棠实用儿科学》第 7 版上册，43 页，北京，人民卫生出版社，2002。

[4]　蔡黎曼：《新编幼儿卫生学》，50 页，广州，广东高等教育出版社，2007。

表 7-2　坐高与身高比例的变化①

	出生	1 岁	2 岁	6 岁
坐高/cm	33.3	46.7	51.7	63.2
占身高的百分比/%	66.7	62.9	60.9	56.4

(四)心率

学前儿童心脏发育还不完善,年龄越小,心率就越快。随年龄增长心率逐渐减慢,新生儿平均 120～140 次/分,1 岁以内 110～130 次/分,2～3 岁 100～120 次/分,4～7 岁为 80～100 次/分;而成人心率一般为 70 次/分左右。② 儿童的心率易受情绪、运动、进食等各种内外因素的影响。

(五)视力

学前儿童的视力是随着年龄的增长逐渐发育的。0～3 岁主要完成眼的结构发育,4～13 岁基本完成眼功能的发育。出生时黄斑区椎体细胞尚未发育完全,新生儿的视力低下。随着眼球的生长发育,视力从出生时具有光觉向后来具有形觉发展。新生儿的眼睛会对光有反应,4～8 周可有保护性瞬目反射,2～3 个月表现为有注视能力,4～5 个月可识别物体的形状、颜色,认识母亲。③ 有研究指出,儿童在 1～2 岁时,视力为 0.5～0.6;3 岁时,视力可达 1.0;4～5 岁后,视力趋于稳定。④

(六)牙齿

牙齿的发育是衡量学前儿童生长发育的一项重要指标。牙齿分为乳牙和恒牙两类。婴儿一般在出生后 6～7 个月时出牙,最迟不应晚于 1 岁。乳牙共 20 颗,在幼儿 2.5 岁左右出齐。⑤ 2 岁以内的幼儿出牙总数相当于月龄减 4～6。儿童在 6 岁左右开始出现第一颗恒牙,即第一磨牙,又称为 6 龄齿;6～12 岁乳牙按萌出先后逐个被同位恒牙代替。⑥

教师资格考试·真题再现

(2015 年下半年)幼儿教师资格考试《保教知识与能力》真题
评价幼儿生长发育最重要的指标是(　　)。
A. 体重和头围　　　　　　　　　B. 头围和胸围
C. 身高和胸围　　　　　　　　　D. 身高和体重

---

① 陆颖:《学前儿童卫生与保健》,73 页,西安,陕西师范大学出版社总社有限公司,2014。
② 崔焱、仰曙芬:《儿科护理学》第 6 版,312 页,北京,人民卫生出版社,2017。
③ 梁燕:《学前卫生学》,43 页,南京,南京师范大学出版社,2017。
④ 陈帼眉:《学前心理学》,102 页,北京,北京师范大学出版社,2015。
⑤ 梁燕:《学前卫生学》,25 页,南京,南京师范大学出版社,2017。
⑥ 崔焱、仰曙芬:《儿科护理学》第 6 版,26 页,北京,人民卫生出版社,2017。

(2020年下半年)幼儿园教师资格考试《保教知识与能力》真题

3～6岁幼儿运动时，正常脉率高峰区间应是(   )。

A. 90～110 次/分

B. 110～130 次/分

C. 130～150 次/分

D. 150～170 次/分

二、学前儿童大肌肉动作评价

(一)大肌肉动作的发展

动作协调是学前儿童身体发展的重要组成部分。动作协调包括两个重要方面：大肌肉控制的动作协调和小肌肉控制的动作协调。学前儿童大肌肉动作协调包括全身的动作发展。大肌肉动作的发展亦称"全身活动"，指学前儿童全身或身体的大部分参与的动作，如走、跑、跳、投、平衡、钻爬、攀登、滚等。学前儿童动作发展遵循以下三个原则。

第一，首尾原则。幼儿最先学会抬头、转头，然后是俯撑、翻身、坐和爬，之后才学会直立、行走、跑、跳等动作。

第二，近远原则。幼儿最早发展的是身体中部的动作，如头和躯干的动作，然后是双臂和腿部有规律的动作，最后才是手的动作。

第三，粗细原则。先学会运动幅度较大的动作，如全身舞动，腿和手臂的大肌肉动作，然后才逐渐学会手和脚的精细动作，如拍球、使用剪刀、一笔一画地写字等。

(二)大肌肉动作发展的评价

在学前儿童的大肌肉动作的发展中，走、跑、跳、投、平衡、钻爬等基本动作是很重要的。评价大肌肉动作的发展需要有一个标准体系。表7-3就是一个有关大肌肉动作发展的标准，包括了三个等级，每个等级都有相对应的标准。

表7-3　大肌肉动作发展的等级标准①

内容	等级标准		
	一	二	三
走	上体正直，自然地走	上体正直，上下肢协调地走	听信号自然、协调地走
跑	两臂在体侧屈肘自然而然地跑	协调、轻松地跑	听信号改变方向和变速跑
跳	立定跳远60厘米	立定跳远80厘米	立定跳远100厘米
平衡	能单脚站立10秒	能单脚站立20秒	能单脚站立30秒
拍球	单手连续拍球10下	单手连续拍球15下	单手运球10米

为了确定哪些幼儿在大肌肉动作发展方面需要帮助，幼儿教师必须熟悉幼儿一般的大肌肉动作发展的顺序，对每个幼儿进行认真的观察。可以参照大肌肉动作检

① 白爱宝：《幼儿发展评价手册》，61页，北京，教育科学出版社，1999。

核表(见表7-4)中的项目,观察每个幼儿在这些项目上的行为表现情况。这样,就可以判断某个幼儿的发展是否在正常范围之内,或者是否需要特别的帮助了。

表7-4 幼儿大肌肉动作发展检核表[①]

姓名 _____	观察者 _____	
幼儿园班级 _____	日期 _____	
指导语:在幼儿表现正常的项目上打"√",在没有机会观察的项目上写"N",其他项目留空。		
大肌肉动作项目	依据	日期
_____两脚交替走下楼梯		
_____跑步时能控制速度和方向		
_____双脚跳		
_____单脚跳		
_____能爬上、爬下和爬过攀登架		
_____能抛球、接球和踢球		
_____能骑三轮童车、两轮单车和踏板车		
_____能开展有创意的活动		

教师可以在新学期开始就使用该检核表对班里的每个幼儿进行测查,这样才能筛选出需要特别帮助的幼儿。需要注意的是,这不是考试,只是对幼儿在活动室或操场所安排的活动中的自然表现的观察。这样,对幼儿有了了解以后,就有可能设计出适宜他们大肌肉动作发展需要的游戏活动了。

学前儿童大肌肉动作的发展随着年龄发展动作种类在不断增多,同一种动作的难度也在不断增加。例如,1~2岁时能蹒跚行走,3~4岁走路时双手摆动,4~5岁可走弧线。因此,评价学前儿童大肌肉动作的发展需要根据不同年龄阶段学前儿童的发展水平来进行。

拓展知识

8个月~6岁年龄段大肌肉动作的发展

(三)多彩光谱中的运动能力评价

多彩光谱项目在运动领域的评价关注幼儿的创造性运动和运动技能两个方面。运动能力的评价是在创造性运动课程和障碍活动课程中进行的,通过一系列运动活动,集中评价幼儿的节奏感、表现力以及身体控制和身体意识能力。

创造性运动课程着重评价幼儿对节奏的敏感性、表现力、身体控制、动作创意、配合音乐做出动作五个方面的运动能力。创造性运动课程的核心活动包括"请你跟我这样做",镜子游戏,鼓

拓展知识

创造性运动评价标准

---

① [美]Janice J. Beaty:《幼儿发展的观察与评价》第7版,郑福明、费广洪译,233页,北京,高等教育出版社,2011。

和铃的游戏等，目的在于运动身体的不同部位，根据音乐、道具、口头描述做动作等。[1] 幼儿在自然的、日常的情境中活动，教师在活动中进行观察，结合评价项目和评价标准填写观察表(见表 7-5)来收集这类评价信息。记录过程中可用 * 标注，其中 * 表示突出的例子，* * 表示十分突出的例子。

表 7-5　创造性动作观察表

活动序列 _____　　　　日期 _____　　　　观察者 _____

幼儿(年龄)	对节奏的敏感性	表现力	身体控制	动作创意	配合音乐做出动作	评价和观察

多彩光谱中的第二种课程叫作障碍活动课程，这一课程着重评价的是"幼儿的运动胜任度"，或在完成不同运动任务中的动作表现质量。观察的项目有力量、敏捷、速度和平衡。多彩光谱项目的障碍活动课程有 6 个基本站点：跳远、平衡木、障碍跑、踏跳、跨栏、最后冲刺。课程的站点、设备可增补或替代。就站点的布局教师可以根据实际选用最理想的活动布局。在进行障碍活动课程前，教师应让幼儿明白这个活动是怎样进行的，必要时候做一些示范。在幼儿参加活动时，评价者应注意观察，收集相应的资料。对幼儿运动的评价与对美术作品的评价不同，幼儿的活动是转瞬即逝的，因此，观察、记录、判断就显得非常重要。

拓展知识

障碍活动课程评价标准

(四)《指南》中 3～6 岁儿童大肌肉动作的发展水平

《指南》指出了 3～6 岁儿童基本的大肌肉动作发展水平，评价者可以将其作为评价参考(见表 7-6、表 7-7)。

表 7-6　具有一定的平衡能力，动作协调、灵敏

3～4 岁	4～5 岁	5～6 岁
1. 能沿地面直线或在较窄的低矮物体上走一段距离。 2. 能双脚灵活交替上下楼梯。 3. 能身体平稳地双脚连续向前跳。 4. 分散跑时能躲避他人的碰撞。 5. 能双手向上抛球。	1. 能在较窄的低矮物体上平稳地走一段距离。 2. 能以匍匐、膝盖悬空等多种方式钻爬。 3. 能助跑跨跳过一定距离，或助跑跨跳过一定高度的物体。 4. 能与他人玩追逐、躲闪跑的游戏。 5. 能连续自抛自接球。	1. 能在斜坡、荡桥和有一定间隔的物体上较平稳地行走。 2. 能以手脚并用的方式安全地爬攀登架、网等。 3. 能连续跳绳。 4. 能躲避他人滚过来的球或扔过来的沙包。 5. 能连续拍球。

[1]　[美]玛拉·克瑞克维斯基：《多元智能理论与学前儿童能力评价》，李季湄、方钧君译，6 页，北京，北京师范大学出版社，2015。

表 7-7　具有一定的力量和耐力

3～4 岁	4～5 岁	5～6 岁
1. 能双手抓杠悬空吊起 10 秒左右。	1. 能双手抓杠悬空吊起 15 秒左右。	1. 能双手抓杠悬空吊起 20 秒左右。
2. 能单手将沙包向前投掷 2 米左右。	2. 能单手将沙包向前投掷 4 米左右。	2. 能单手将沙包向前投掷 5 米左右。
3. 能单脚连续向前跳 2 米左右。	3. 能单脚连续向前跳 5 米左右。	3. 能单脚连续向前跳 8 米左右。
4. 能快跑 15 米左右。	4. 能快跑 20 米左右。	4. 能快跑 25 米左右。
5. 能走 1 千米左右(途中可适当停歇)。	5. 能连续行走 1.5 千米左右(途中可适当停歇)。	5. 能连续行走 1.5 千米以上(途中可适当停歇)。

(五)其他方法

1. 结果特点测查法

这一方法主要测查儿童大肌肉运动的结果达到了怎样的水平。威廉姆斯—布林汉姆动作行为测验量表(WMFT-CAT 4-6)可用来测定 4～6 岁儿童动作的发展水平,该量表包括跑、单脚跳、滑步、左右脚交换跳、走平衡木、投掷、接球、双臂击球、拍球、踢球 10 项大肌肉动作的发展。每项动作能力的标准数据都以百分位数值和平均数的形式表示。经过测验,评价者可以得到一些分数,然后与百分位数值或平均数比较,从而确定这个儿童某项技能水平和同龄儿童的差异。通过对 10 项大肌肉动作技能的百分位数值的综合,就能大致描述出这个儿童大肌肉动作发展的情况。

拓展知识

3 岁前儿童全身动作发展顺序表

2. 过程特点评价法

过程特点评价法主要测查儿童在进行某一项大肌肉动作技能时,身体是如何活动的,目的是评定运动本身的形式或质量。

威廉姆斯学前儿童动作发展检查表(William's Preschool Children's Motor Development Checklist)适用于测查 3～6 岁儿童 6 种大肌肉动作过程特点的发展,每一种技能后面都有几个问题(见表 7-8)。如果儿童在某一问题上的答案是肯定的,就在题目后面的括号里画"√",如果儿童的运动能力不符合问题,答案是否定的,就在括号里画"×"。

拓展知识

威廉姆斯—布林汉姆 4～6 岁儿童大肌肉动作行为测验量表

表 7-8　威廉姆斯学前儿童动作发展检查表

跑	a. 儿童在起跑、停止或急转弯时有困难吗?(　　)
	b. 儿童是用全脚掌跑(把身体重心放在整个脚上)的吗?(　　)
	c. 儿童跑时脚尖冲外(外八字)吗?(　　)
	d. 儿童是左右摆臂吗?(　　)

拓展知识

TGMD-3 测试记录表

续表

跳	a. 儿童在跳跃的准备阶段不会弯曲髋关节、膝盖和踝关节(下蹲)吗？ b. 儿童不能进行双脚起跳吗？（　　） c. 儿童在准备阶段不会先向后摆臂，然后跳跃阶段向前、向上摆臂吗？（　　） d. 儿童落地时髋部和膝盖都是直的吗？（　　） e. 儿童落地时失去平衡吗？（　　）
左右脚 交换跳	a. 儿童在左右脚交换跳过 6.1 米的距离中，不能保持平稳、连续、有节奏的动作吗？ （　　） b. 儿童是用一只脚跳而用另一只脚走或跑的吗？（　　） c. 儿童是用全脚掌跳的吗？（　　） d. 儿童是像鸭子走路一样脚尖朝外跳的吗？（　　） e. 儿童不会用异侧肢体(右臂摆向前，左脚跳起，左臂摆向后，右脚支撑)吗？（　　）
单脚跳	a. 儿童单脚跳时跳两三步就会失去平衡吗？（　　） b. 儿童单脚跳时断断续续，没有节奏吗？（　　） c. 儿童单脚跳时紧握拳头，显得十分紧张吗？（　　） d. 儿童的非支撑脚碰地面吗？（　　）
投掷	a. 儿童的身体主要是前后运动吗？（　　） b. 儿童的身体主要是沿水平方向运动吗？（　　） c. 儿童把球抓在手掌中吗？（　　） d. 儿童不会移动重心吗？（　　） e. 儿童投掷时迈的是和投掷臂同侧的脚吗？（　　） f. 儿童的身体不会随投掷动作向前跟着吗？（　　）
接	a. 儿童是把胳膊直着伸出去接球的吗？（　　） b. 儿童用手臂、手和身体整个把球抱住吗？（　　） c. 当儿童接球时，他的头扭到一边，不敢看球吗？（　　） d. 儿童让球从伸出去的胳膊上反弹回去吗？（　　） e. 儿童接球时不会移动重心吗？（　　） f. 儿童不看着球的飞行吗？（　　）

评价说明：

1. 跑：如果 4 个问题中，有 3 个都画"√"，就可能是跑发展迟缓；

2. 跳：如果 5 个问题中，有 4 个都画"√"，就可能是跳发展迟缓；

3. 左右脚交换跳：如果儿童 4 岁或 5 岁时，所有 5 个问题都画"√"，就可能是此项技能发展迟缓；

4. 单脚跳：如果 4 个问题中，有 3 个都画"√"，就可能是此项技能发展迟缓；

5. 投掷：如果儿童 4 岁或 5 岁时，6 个问题中，有 5 个都画"√"，就可能是投掷发展迟缓；

6. 接：3 岁儿童，在问题 c、d、f 上画"√"，就要注意他这方面动作发展的情况；4 岁儿童，在问题 e、f 上画"√"，就可能是接球发展迟缓；5 岁儿童，对任何问题的答案都是画"√"，那就可能是发展迟缓。

3. 量表测试法

儿童粗大动作技能测试(TGMD)是 1985 年由戴尔·乌尔里克(Dale A. Ulrich)博士研究编制的，专门用于评估 3～10 岁儿童大肌肉动作发展状况的测评工具。2000 年，他对其进行了修订，形成了新的大肌肉群发展测试(TGMD-2)，2013 年修订形成第三版(TGMD-3)。

TGMD-3测试包括身体移动性动作技能测试和操作物体动作技能测试两个部分。移动性动作技能测试包括跑、立定跳、蹦跳(第2版为跨跳)、前滑动、侧滑步和单脚跳6个大肌肉动作。操作物体动作技能测试则集中在肩上掷球、脚踢球、接球、挥棒击打球、运球、挥拍击打反弹球、地滚球上,每个动作由3~5个动作技能标准来评估。TGMD-3在多种文化环境下被证实有良好的信度和效度。

教师资格考试·真题再现

(2021年下半年)幼儿园教师资格考试《保教知识与能力》真题

在幼儿绘画活动中,教师最应该强调的是(　　)。

A. 画面干净、美观

B. 画得和教师的一样

C. 按照自己的意愿大胆表达

D. 画得越像越好

三、学前儿童小肌肉动作评价

(一)小肌肉动作的发展

小肌肉动作也称精细动作,指个体主要凭借手以及手指等部位的小肌肉或小肌肉群的运动。对处于发展早期的学前儿童而言,他们面临各种发展任务(如扣纽扣、系鞋带、画画和拾起物体等),精细动作能力既是这些活动的重要基础,也是评价学前儿童发展状况的重要指标。

抓握动作是最基本的手部动作之一,是各种复杂的工具性动作发展的基础。2~4个月,婴儿开始了一种不随意的手的抚摸动作,经常无意地抚摸被褥、亲人或玩具。到第5个月左右,他们就开始发展起自主随意的抓握动作了。5~6个月手眼协调能力开始形成,手的动作有了进一步的发展,出现了五指配合和双手配合的活动,动作更加灵活。随着年龄的增长,手的动作进一步复杂化,幼儿逐渐学会各种动作,如用勺子吃饭、洗手、画画、折纸、剪纸、扣纽扣等。

(二)小肌肉动作发展的评价

为了能够成功地发展幼儿的小肌肉动作技能,教师需要了解当前阶段每个幼儿的小肌肉动作的发展状况,以便能够帮助他们持续地发展和学习。每个幼儿都有自己内在的生物钟,他们的小肌肉动作按照固定的方式发展,即身体发育的平均时间表显示的时间;但也有一些幼儿的小肌肉动作发展得或早或晚。每个幼儿都会按照一定的顺序发展,所以,教师能做的最好的事情就是通过观察和评价幼儿的发展,给他们提供适当的活动、材料和鼓励。

拓展知识

关于小肌肉动作发展的一些具体评价指标

教师可以采用小肌肉动作检核表(见表7-9)的8个项目检查、评价幼儿的小肌肉发展情况。这些项目都是可观察的行为，表明了幼儿在常见的旋钮、操作、灵活性和用手偏好方面的小肌肉动作技能的发展情况。

表 7-9　小肌肉动作发展检核表①

姓名＿＿＿＿＿＿　　　　　　　　观察者＿＿＿＿＿＿		
幼儿园班级＿＿＿＿＿　　　　　　　日期＿＿＿＿＿		
指导语：在幼儿表现正常的项目上打"√"，在没有机会观察的项目上写"N"，其他项目留空。		
小肌肉动作项目	依据	日期
＿＿＿旋转旋钮、杆子、打蛋器		
＿＿＿倒水不会溅出来		
＿＿＿拉合拉链、解扣纽扣、解粘魔术贴		
＿＿＿轻易地捡拾物体或塞物体		
＿＿＿灵活地用模子玩面团、黏土		
＿＿＿自如地使用绘画、书写工具		
＿＿＿自如地使用剪刀		
＿＿＿自如地使用锤子		

(三)《指南》中手的动作发展水平

《指南》指出了3～6岁儿童手的动作发展的基本水平，评价者可以将其作为评价参考(见表7-10)。

表 7-10　手的动作灵活协调

3～4 岁	4～5 岁	5～6 岁
1. 能用笔涂涂画画。 2. 能熟练地用勺子吃饭。 3. 能用剪刀沿直线剪，边线基本吻合。	1. 能沿边线较直地画出简单图形，或能边线基本对齐地折纸。 2. 会用筷子吃饭。 3. 能沿轮廓线剪出由直线构成的简单图形，边线吻合。	1. 能根据需要画出图形，线条基本平滑。 2. 能熟练使用筷子。 3. 能沿轮廓线剪出由曲线构成的简单图形，边线吻合且平滑。 4. 能使用简单的劳动工具或用具。

四、学前儿童安全意识和能力评价

(一)学前儿童的安全意识和能力

安全意识是指儿童对安全知识的掌握及对保证自身安全的基本行为的认识。安全意识是儿童自我保护能力的一个重要方面。儿童早期活泼好动，对外界事物充满了好奇，总想动手去摆弄和尝试，但由于学前儿童年龄小、生活经验匮乏、自我保

_____

① ［美］Janice J. Beaty：《幼儿发展的观察与评价》第7版，郑福明、费广洪译，263页，北京，高等教育出版社，2011。

护能力有限，缺乏防范的基本意识，自我保护意识弱，因此意外事故的发生频率较高。随着儿童年龄的逐渐增长，他们在成人的指导下学习和掌握了基本的安全知识，具备了一定的自我保护能力。

结合学前儿童的年龄特点，针对他们的生活环境与发展需要，从以下方面来评价学前儿童的安全意识和能力：与他人交往的安全，如不跟陌生人走、不吃陌生人给的东西、不随便给陌生人开门等；对环境中危险物或事情的认识，如不玩火柴、不拿药品、不随便动刀具、不摸电源插座等；活动与运动中的安全，如不要随意地推操同伴、走路或奔跑时要看清前面有没有其他小朋友或者障碍物；交通安全以及求助，如遵守交通规则，认识交通安全标志，记住家庭住址以及父母的姓名、电话号码，能拨打110、120、119等求救号码。

(二)安全意识和能力评价

《指南》提出了3~6儿童基本的安全知识和自我保护能力发展的水平，评价者可以将其作为评价参考(见表7-11)。

表7-11　具备基本的安全知识和自我保护能力

3~4 岁	4~5 岁	5~6 岁
1. 不吃陌生人给的东西，不跟陌生人走。 2. 在提醒下能注意安全，不做危险的事。 3. 在公共场所走失时，能向警察或有关人员说出自己和家长的名字、电话号码等简单信息。	1. 知道在公共场合不远离成人的视线单独活动。 2. 认识常见的安全标志，能遵守安全规则。 3. 运动时能主动躲避危险。 4. 知道简单的求助方式。	1. 未经大人允许不给陌生人开门。 2. 能自觉遵守基本的安全规则和交通规则。 3. 运动时能注意安全，不给他人造成危险。 4. 知道一些基本的防灾知识。

五、学前儿童心理健康评价

(一)学前儿童心理健康的标志

学前儿童的身心正处于迅速发展的阶段。从保育和教育的立场出发，对儿童的行为进行塑造及指导，对儿童的不良行为进行矫治，注重培养儿童健全的个性，促进儿童体、智、德、美、劳方面和谐发展，这是心理健康至关重要的方面。一般来说，学前儿童的心理健康主要有以下几个标志。

1. 智力发展正常

正常发育的智力指个体智力发展水平与其实际年龄相称，这是心理健康的重要标志之一。学前阶段是智力发展最为迅速的阶段。心理学工作者通常采用智力测验的方法测量幼儿的智力水平。个体之间的智力发展水平存在差异，但是在大部分智力发展正常的幼儿之间的差异并不大。

2. 情绪健康积极，反应适度

积极健康的情绪是学前儿童保持身心健康和行为适当的重要条件。愉快、欢乐、喜悦等积极的情绪能使儿童的活动效能达到较高的水平，有助于儿童对社会生活环境保持良好的适应状态；而愤怒、恐惧、悲伤等消极情绪则可使儿童的心理失去平衡，这些情绪的长期积累，还可造成学前儿童神经活动的功能失调及躯体的某些病变。心理健康的儿童对待环境中的各种刺激能表现出适度的反应，并能合理地宣泄消极的情绪。

3. 乐于与人交往，人际关系融洽

儿童之间的交往既是维持心理健康的重要条件，也是获得心理健康的必要途径。人际关系融洽的儿童乐于与人交往，善于理解别人，接受别人，也容易被别人理解和接受；善于与别人合作和共享，尊重别人的意见，以慷慨和宽容的态度待人。相反，人际关系失调的儿童或对人斤斤计较、不能宽容，或对人漠不关心、无同情心，或沉默寡言、性情孤僻，或不能与人合作，甚至侵犯别人等。

4. 性格特征良好

性格是个性最核心、最本质的表现之一，它反映在对客观现实的稳定态度和习惯化了的行为方式之中。儿童的性格是在与周围环境的相互作用中逐渐形成的，性格一经形成，就出现了相对的稳定性。心理健康的儿童，一般具有热情、勇敢、自信、主动、谦虚、慷慨、合作和诚实等性格特征，对自己、对别人和现实环境的态度与行为方式比较符合社会规范；相反，心理不健康的儿童与别人和现实环境会经常处于不协调的状态，表现为冷漠、自卑、懒惰、孤僻、胆怯、执拗、依赖和吝啬等性格特征。

5. 没有严重的心理卫生问题

儿童不健康的心理往往以各种行为方式表现出来，如吮吸手指、遗尿、口吃、多动等。心理健康的儿童应没有严重的或复杂的心理卫生问题。

基于以上学前儿童心理健康的标志，对学前儿童进行心理健康评估时，可从以下几个范畴进行。

一是情绪反应情况。情绪反应情况包括：创伤性应激异常，如一直难以从创伤事件的体验中恢复过来，反应麻木、易于唤起一些创伤事件之后才出现的反应；情绪情感异常，如焦虑、忧伤、抑郁、情绪表现异常、依恋异常；调节、适应异常，如因环境变化而烦乱、过于敏感或反应迟钝、自我控制异常。

二是行为表现。行为表现包括：睡眠行为异常，如睡眠困难或过度嗜睡、持续尿床；饮食行为异常，食欲过强或神经性食欲缺乏、偏食、异食癖；其他一些日常行为，如咬指甲、痉挛、自伤行为、刻板行为、说谎、破坏行为等。

三是早期社会关系。早期社会关系包括：对父母的依恋，如在家里能否安心游戏、探索周边环境；与学校教师的依恋关系；与其他成人的关系，如似乎对成人不感兴趣；对任何人都过于友好、将陌生人视同家人；与同伴的关系，如不参与同伴之间的游戏或对同伴有攻击和欺侮行为。

四是认知功能活动水平。认知功能活动水平包括：注意，如警觉水平低、活动过度、冲动、注意力集中困难、注意力转移困难等；态度/动机，如是否热衷探索周边环境、缺乏好奇心与想象力；语言/言语发展，如说话延迟/障碍/缺损、表达性语言障碍、接受性语言障碍等；感知觉，包括听知觉、视知觉、触觉、运动、感知觉统合。

五是照料环境的质量。评价学前儿童生活环境的压力源(生活事件)、生活事件

的影响程度、持续时间以及具体的缓解机制。

(二)常用的学前儿童心理健康评估工具

1. 婴儿—学步幼儿社会和情绪评估量表(ITSEA)

这个量表属于诊断评估量表,适用于 12 个月以上的幼儿,帮助鉴别幼儿的强项和弱项,将社会和情绪发展分为四个维度:外化问题,如攻击性;内化问题,如抑郁和退缩;调节问题,如睡眠、进食、非正常的敏感性;能力问题,如顺从、移情、情绪觉察。

2. 情绪健康发展指标(AIMS)

这是一个简短的评估系统,用于鉴别和形成关于幼儿情绪健康的干预计划。这个评估系统将情绪健康定义为:在由家庭和社会环境提供的依恋、交互作用和控制背景下,个体生长和发展、工作、游戏和爱的能力。该评估系统由四部分组成:纳入量——包括家庭背景和家庭相关指标;父母问卷——包括为 2 周,2、4、6、9、12、15、18 个月和 2、3、4、5 岁婴幼儿设计的材料;一般问题和观察点——包括关于访谈和父母/儿童观察的建议;中心访谈问题和简短的干预以及对这两方面的建议。

3. 幼儿早期社会情绪量表

这是一个常模参照的标准化量表,用于帮助检查幼儿的情感世界和人际关系,评估这些方面的技能:注意、进入有意识的社会交互作用、懂得情绪的表达、构建和遵守人际关系与发展自我调节行为。该量表适用于从出生至 5 岁 11 个月的婴幼儿。

4. 各年龄和阶段问卷:社会情绪(ASQ:SE)

这是由父母填写的问卷,评估幼儿的社会情绪行为控制系统,适用于 3～60 个月的婴幼儿,属于筛查工具,为更进一步的评估做鉴定。该问卷跨越八个年龄组,分为七个行为领域:自我调节、顺从、沟通、适应功能、自治、情感和人际交互作用。该量表内在一致性系数为 0.81～0.95。

5. 幼儿行为评估系统(BASC)

这是一个多重方法、多重维度的工具,用于评估幼儿的行为和自我知觉。核心成分是三个量表:教师评估量表(TRS)、父母评估量表(PRS)、个性自我报告(SRP)。该系统可用于一系列情绪和行为障碍的诊断与教育分类,也可为制订治疗计划提供资料,适用于 2 岁 6 个月至 18 岁 11 个月的儿童和青少年。TRS/PRS 包括以下几个部分:外化问题、内化问题、适应技能和行为症状指标。SRP 包括临床性不适应、学校不适应和情绪症状指标。三个量表的内部一致性系数为 0.70～0.90,重测信度为 0.70～0.90。

其他比较常用的量表还有 Devereux 儿童早期评估计划(DECA)、婴儿—学步儿童发展评估量表(IDA)、婴儿—学步儿童症状检查表、气质和非典型行为量表(TABS)等。

第三节　学前儿童语言发展评价

语言是人类特有的社会现象,是人类社会交际的工具,也是思维和学习知识的工具。学前期是儿童语言迅速发展的阶段，这一阶段儿童的语言发展表现为从会简单的发音到掌握一定量的词汇、基本的语法结构以及基本的口头语言表达能力，与此同时书面语言也有了初步的发展。因此，对学前儿童语言发展的评价主要从词汇、口头语言发展、早期阅读、前书写四个方面来进行。

拓展视频

学前儿童语言
发展评价

一、学前儿童词汇学习评价

(一)学前儿童词汇的发展

词汇是语言的基本单位，学前儿童对词汇的掌握主要表现在词汇数量的增加、词类范围的扩大，以及对词义理解的加深等方面。词汇量随着年龄的增长而增加。1岁左右，儿童才开始说出词，最初说出的词的数量极少。到入学时，儿童已能掌握基本的口语词汇。国内外的研究表明，儿童1岁时词汇量为10个词以内，1.5～2岁时为300个词左右，2.5～3岁时为1100个词左右，5～6岁时为3500个词左右。[①]

儿童最先和大量掌握的是名词，3～6岁幼儿词汇中名词占主导地位，占51%；其次是动词，占20%～25%；最后是形容词，约占10%。其他词类，如副词、代词、数词、连词、介词等掌握较晚。从年龄增长情况看，各类词在不同年龄幼儿词汇中所占比例不同。据史慧中等人的研究，实词在3～4岁时增长的速度较4～5岁时迅速，而虚词在4～5岁时增长较迅速。[②]

在词汇量不断增加、词类不断扩大的同时，学前儿童所掌握的每一个词的含义也逐渐地深化了。同一个词，不同年龄阶段的儿童对其含义的理解水平是不同的，在最初掌握词时，儿童往往对它理解不确切，以后逐渐加深，不仅掌握词的多种意义，而且能掌握词的转义，正确运用词的能力逐渐提高。

(二)标准化测查中的学前儿童词汇评价

发展心理学、心理学测量等学科都涉及对学前儿童词汇发展的测量与评价。比如，斯坦福－比奈量表1972年修订版的6岁组测试中就有"词汇量"这一项目，一共有45个词，要求儿童对这些词进行解释。在韦克斯勒学前儿童和学龄初期儿童智力量表(WPPSI)中，言语量表这一部分也有"词汇"这一项目，要求儿童对读给他们听或看的词的一般意思加以解释。格塞尔发展顺序量表有"言语"项目，看儿童对他人的讲话能听懂多少，考查儿童听、理解和语言表达的能力。

评价儿童词汇常用的方法是，通过儿童对词汇的理解测查儿童掌握词汇的情况。以下案例可供参考。

案例一

评价方法：测查。

---

① 张明红：《学前儿童语言教育》修订版，128页，上海，华东师范大学出版社，2006。
② 高月梅、张泓：《幼儿心理学》，77～78页，杭州，浙江教育出版社，1993。

评价内容：通过儿童对词的理解、定义来判断儿童词汇掌握情况。

为了了解学前儿童词汇的理解情况，评价者逐一提及下列词语。指导语为："我想知道你已经懂了多少词，仔细听，告诉我这些词是什么意思？"

可以问的词包括鞋、刀、自行车、帽子、伞、钉子、信、汽油、跷跷板、宝塔、按钮、毛皮、有礼貌、家禽、参加、英雄、钻石、锯子、讨厌、显微镜等。

每次问新的词时，都重复"什么是××"或"××是什么意思"。

分析幼儿的回答，并分别计2分、1分和0分。

符合下列情况计2分：

• 用一个好的、恰当的同义词进行解释，如用"加入"解释"参加"。

• 说出物品的主要用途，如"伞"是"可以避雨"的。

• 说出事物一种或一种以上主要形状、形式，如"信"是"在纸上与人谈话"。

• 将词进行一般的分类，如用"武器"解释"刀"。

• 说出几种事物的正确的形状。虽然不是准确的定义，但是合起来可以说明对这个词的理解，如用"它有两个轮子和把手"来解释"自行车"。

• 对一个动词的定义，能够说出该动词的具体动作的例子或因果关系等，如用"把两条线路连在一起"解释"连接"。

符合下列情况计1分：

• 回答并不一定错误，但不能抓住突出的特征，如用"高的房子"解释"宝塔"。

• 用含糊、不确切的同义词来进行解释，如用"鸽子"解释"家禽"。

• 说出物品的非主要用途，且未加以进一步说明，如用"削水果的"解释"刀"。

• 采用举例的方式来下定义，但举的例子中含有要解释的词，且不加以进一步说明，如用"你坐在上面跷的"来解释"跷跷板"。

• 对与本词有关的另一个词下了一个准确的定义，如要求解释"撒谎"，幼儿回答的却是对"那些撒谎的人"的定义。

• 不用语言、字句来回答，而用动作来回答，如不断地做骑自行车的动作，用以解释"自行车"。

符合下列情况计0分：

• 明显的错误回答，如其回答与所给的词毫无关系。

• 用相同的词语进行解释，如用"皮毛"，或用"毛皮就是毛皮"解释"毛皮"。

案例二

评价方法：测查。

评价内容：掌握部分常用量词和常用词的反义词。

1. 量词

材料：各种物品的图片或实物。

指导语：请你看完图片以后告诉我，每张图片上的东西是多少？比如，这张图(鸟)你应该说是一只鸟，不能说是一个鸟，现在我们开始来看这些图片。

逐次向幼儿出示以下各种物品的图片或实物并提问：

"这是多少娃娃？"（个）　　　　"这是多少书？"（本）

"这是多少鞋?"(双、只)　　"这是多少衣服?"(件)

"这是多少汽车?"(辆、部)　"这是多少花?"(朵)

"这是多少积木?"(块)　　　"这是多少飞机?"(架)

"这是多少树?"(棵)　　　　"这是多少笔?"(支、杆)

2. 反义词

引导语:我们一起玩一个游戏,我说一个词,然后你说一个和我说的意思相反的词,比如我说大,你说小。

上—下,远—近,高—低、矮,快—慢,黑—白,软—硬,长—短,轻—重,冷—热,胖—瘦,厚—薄,深—浅。

要求:能正确说出 8 个及以上反义词。

(三)日常情境中的学前儿童词汇评价举例

语言在运用中才能得以提高。在社会交往中,学前儿童对他人情感的理解,与他人思想的沟通以及知识经验的交流都要通过以词为基本建构材料的语言来进行。

对学前儿童词汇的评价可以结合日常情境进行,以游戏的形式进行测量,可选择一批包含汉语拼音中的声母和韵母的常用词,配上简图,让学前儿童看图说词,教师做记录,特别要重视把发错的音、说错的词按原始情况记录下来(见表 7-12)。根据记录情况,对学前儿童发错的音及说错的词可用游戏或儿歌的方式进行练习。

表 7-12　语言发展的选择观察表①

(儿童在游戏中的语言现象)

观察对象(1)_____ 性别_____ 出生年月_____	观察对象(2)_____ 性别_____ 出生年月_____	观察对象(3)_____ 性别_____ 出生年月_____	
对象(1)交谈内容:	对象(2)交谈内容:	对象(3)交谈内容:	备注(游戏动作)
语言现象分析 1 2 3 4	语言现象分析 1 2 3 4	语言现象分析 1 2 3 4	语言环境综合 描述
思考要点与分析结论			

① 卢伟:《学前儿童语言教育活动指导》第 3 版,182 页,上海,复旦大学出版社,2013。

二、学前儿童口头语言发展评价

(一)学前儿童口头语言的发展

《指南》指出："语言是交流和思维的工具。幼儿期是语言发展,特别是口语发展的重要时期。幼儿语言的发展贯穿于各个领域,也对其他领域的学习与发展有着重要的影响:幼儿在运用语言进行交流的同时,也在发展着人际交往能力、理解他人和判断交往情境的能力、组织自己思想的能力。通过语言获取信息,幼儿的学习逐步超越个体的直接感知。"语言是一个符号系统,儿童对语言的获得包括对语音、语义和语法的理解与表达,还包括语言运用能力的发展。儿童语言的发展遵循一定的规律,具有阶段性。虽然不同的儿童达到某一阶段水平的时间有早有晚,但是其发展的基本阶段和先后顺序是一致的。两三岁的儿童以对话言语和情境言语为主,已经基本能使用语言与他人进行简单、浅显的交际,在说话时开始关注正确使用语法规则。随着年龄的增长,学前儿童口头语言表达能力不断提高,五六岁的儿童已发展到以独白言语和连贯言语为主的水平,能用连贯的语言表达自己的思想并与他人相互交流。

教师资格考试·真题再现

(2017年下半年)幼儿园教师资格考试《保教知识与能力》真题

一般条件下,(   )年龄段的幼儿能结合情境理解一些因果、假设等关系的相对复杂的句子。

A. 托班   B. 小班   C. 中班   D. 大班

(2019年下半年)幼儿园教师资格考试《保教知识与能力》真题

简述幼儿口语表达能力的发展趋势。

(二)日常教育活动中的学前儿童口头语言发展评价举例

评价指标:讲述。

评价方法:日常观察和情境观察。

评价内容:

1. 能用完整的简单句讲述

在日常生活和语言教育活动中,观察儿童能否使用完整的简单句与人交谈或根据图片讲述一件事情。

比如,看图讲述《自己的事情自己做》(图片内容:一个小朋友坐在床上穿袜子,旁边有一只玩具小鹿)。

教师向儿童提问:"图片上说了什么?"(小弟弟起床了,小弟弟自己穿袜子,这只小鹿看着小弟弟笑。)

2. 能用完整的句子清楚地讲述

在日常生活和语言教育活动中，观察儿童能否使用完整的句子与人交谈或根据图片讲述一件事情。

例如，看图讲述《关紧水龙头》（图片内容：图一，一个小姑娘正在看滴水的水龙头；图二，小姑娘正在关水龙头）。

教师提问："图片上说了什么事情？"（有一个小姑娘，洗完手刚要走开，听到滴答滴答的声音。回头一看，原来水龙头没有关紧，她赶紧走过去，踮起脚把水龙头关紧。这样就不浪费水了。）

3. 能用完整的句子连贯地讲述

在日常生活和语言教育活动中，观察儿童能否使用完整的句子连贯地讲述一件事情。

例如，看图讲述《共伞》（图片内容：一辆公交汽车，一个头顶手绢的老奶奶，一个打伞的小姑娘）

教师提问："图片上说了什么？"（有一天，突然下起了雨，从公交汽车上下来一位老奶奶，她没有带伞，就用一块手绢顶在头上，急急忙忙往家赶。这时，一个小姐姐赶紧追上去，对老奶奶说："奶奶，咱们一起打伞吧。"老奶奶笑了，高兴地说："谢谢你，好孩子。"汽车上的人看见了，也夸小姐姐是个好孩子。）[1]

三、学前儿童早期阅读评价

（一）学前儿童的早期阅读

早期阅读是以学前儿童为接受、理解主体，以低幼绘本为主要阅读对象的理解性学习活动。《纲要》明确提出：要"培养幼儿对生活中常见的简单标记和文字符号的兴趣。利用图书、绘画和其他多种方式，引发幼儿对书籍、阅读和书写的兴趣，培养前阅读和前书写技能"。国内外众多研究表明，3～8岁是儿童阅读能力发展的关键期，在这个时期儿童如果能养成"爱阅读、会阅读、能阅读"的良好习惯，形成自主阅读的能力，就能为终身学习奠定良好的阅读基础。因此，早期阅读也被称为"终身学习的基础，基础教育的灵魂"。

（二）早期阅读评价举例

学前儿童早期阅读的评价主要从阅读习惯和阅读图画书的水平与状况两方面进行。

1. 阅读习惯

幼儿是否意识到封面；是否知道从哪里开始读；是否会一页一页地翻看，用手指翻还是用手抓；是否用手指指着文字或画面；是否注意到文字的印刷习惯；眼睛是否注意到整个画面；是否仔细观察画面某个细节等。

（1）方法

一是评价者向幼儿提供一本"新"的幼儿图书，封面朝下放在桌面上，让幼儿自己先看看，然后讲讲都看到了什么。二是评价者观察幼儿的阅读行为并记录。

例如，测查幼儿正确拿书的姿势，正确按顺序翻书、找相应页码的技能。

---

① 卢伟：《学前儿童语言教育活动指导》第3版，186页，上海，复旦大学出版社，2013。

(2)材料

一本十几页的彩色图画书(有无字均可),书的下方标有阿拉伯数字的页码。

(3)测查指导

把图画书递给幼儿,数据收集员说:"好,我们的游戏都做完了。我现在请你看这本图画书。"

(幼儿把书翻阅完后)数据收集员说:"某某,把这本书的第2页指给我看。"(幼儿完成后)数据收集员说:"把这本书的第5页指给我看。"(幼儿完成后)数据收集员说:"把这本书的第9页指给我看。"

(4)记录

根据幼儿的表现,在符合幼儿的行为描述上画"√"(见表7-13)。

表7-13　幼儿阅读图书观察记录表

题目		记录、写数字或画"√"(回答正确项上)			
阅读	阅读习惯	看书	①看完为止	②没看完	③未看	测查1:
		拿书	①正确拿书	②倒拿书	③未看	
		翻页	①一页一页翻	②不一页一页翻	③未看	
		找页	①按页码找对三次	②按页码找,但有错	③不按页码找　④不回答	测查2:
	看图讲述				事物丰富性; 事物空间关系; 人物关系; 故事情节复杂性

(5)评分标准

根据幼儿在阅读习惯四个方面的表现,参照评分标准计算得分。

测查1:

0分:幼儿拒绝看书。

1分:幼儿还没有表现出关于图书的开始、翻书方向或翻书顺序的明确意识;忽而从前往后,忽而从后往前地随意翻阅图书。

2分:幼儿颠倒拿书,但能一页一页地翻书。

3分:幼儿能正确拿书,并从右边翻书,但有时一次翻动几页。

4分:幼儿能正确拿书,从第一页开始,一页一页地从右边翻书。

测查2:

0分:幼儿不会借助书上标的页码找相应的画页,靠数数来定页码。

1分:幼儿会借助书上标的页码找相应的画页,但会出错。

2分:幼儿会借助书上标的页码找相应的画页,并且不会出错。

999:不回答或不知道。[1]

---

[1]　中央教育科学研究所学前教育研究室:《幼儿园教育质量评价手册》,239~240页,北京,教育科学出版社,2009。

2. 阅读图画书的水平与状况

（1）方法

选择几幅有内在逻辑关系的图画，让幼儿排序并进行讲述。如果幼儿不能讲述，可以进行必要提示，如有谁、在什么地方、他们在做什么、他们想怎么样等。

（2）评价标准

0级：经提示，仅回答一个问题或仍不能回答以上任何一个问题。

1级：经提示，能回答两个及以上问题。

2级：能独立描述以上某些画面，但画面间关系不清楚，排序无逻辑、不合理。

3级：能独立描述以上某些画面，排序不完全正确，但有一定的合理性。

4级：能独立描述以上画面，排序逻辑合理。

案例

材料：一张图片。

方法：数据收集员对幼儿说："这是一幅画，你仔细看看，然后按照这幅画给我讲一个故事。"

记录：详细记录幼儿所讲述的故事内容。

评分标准：本题依据幼儿所讲述的故事从以下四个方面进行评分。

第一，事物丰富性。图片所展示的事物主要有五种：乌龟，太阳，草地，花和叶子（这两者归为一种，只要答出其中之一，就给分），头巾。这五种事物各一分，幼儿答出几种，就得几分。

第二，事物空间关系。幼儿的故事中谈到事物间的空间关系，如乌龟在草地上，太阳在天上、太阳照着大地，草地上有花、旁边的小菜叶也开了等，可得1分，若无关系，得0分。

第三，人物关系。幼儿的故事中谈到人物关系，如乌龟妈妈带着乌龟宝宝，妈妈和宝宝之类，可得1分，若无人物关系，得0分。

第四，故事情节复杂性。根据幼儿所讲述的故事情节，分为以下四种。

1分：故事情节简单（整个故事只有一两个句子），而且逻辑不清。

2分：故事情节简单，但逻辑清晰。

3分：故事情节复杂，但逻辑不清。

4分：故事情节复杂，而且逻辑清晰。[①]

四、学前儿童前书写评价

《纲要》指出："利用图书、绘画和其他多种方式，引发幼儿对书籍、阅读和书写的兴趣，培养前阅读和前书写技能。"前书写是学前儿童进行的一种非正式的书写活动，是学前儿童用笔或者其他书写替代物，通过感知、涂画、涂写、模拟运用文字或符号等形式，用图形或文字向周围的人传递信息、表达感情及构建前书写经验的

---

① 中央教育科学研究所学前教育研究室：《幼儿园教育质量评价手册》，240～241页，北京，教育科学出版社，2009。

游戏和学习活动。前书写不是写字，是为入小学做书写准备。

下面是各年龄段前书写发展的评价指标。

评价指标：前书写。

评价方法：日常观察和情境观察。

评价内容：

3～4 岁，以涂鸦和非传统的形状写字。

具体指标及例子：在纸上涂鸦，同时说明这些涂鸦所代表的想法；画一些线条，然后说"下雨了"；以涂鸦的方式写一些字当作"请安静"告示牌，并放在阅读区警告别人；在纸上画或写一些像字的东西，然后说那是他的名字；玩角色游戏时，在纸上画一些短短的曲线当作购物清单。

4～5 岁，能以像字的形状、符号和字母来传递想法。

具体指标及例子：在纸上画一些弯弯曲曲的东西，然后说那是字；随笔写几个像字的形状，并为图画命名；在作品上靠记忆写下自己的名字；从教室内的标示或告示上抄下一些字，很享受"写字"的乐趣；扮演去商店买东西前，会用图画、涂鸦和像字的形状的"字"来制作购物清单；开始能正确地写出一些字；要求教师示范一些字，好让他们抄写。

5～6 岁，能以像字的形状、字母或字来传递想法。

具体指标及例子：写一些像字母、字的符号，会从纸的最上面开始，由左到右、由上到下书写；在作品上写自己的名字；在纸上画一台电视并写下"电视机"；保存一张"我会写的字"的清单，列出自己会写的字；写日记时，看看美术区的牌子，以知道"美术"这两个字是怎么写的；为图案写下标志、说明或标题；主动写字并拿给教师看，说"老师，这是我写的字"；在教师帮忙下，试着在日记上写下某个字。①

第四节 学前儿童社会性发展评价

儿童从出生之日起，就开始与周围的各种社会物体和关系发生联系。这个过程发展了儿童的自我认识和交往能力，使其产生了亲社会行为和攻击性行为，逐渐形成其社会性。幼儿期是儿童社会性发展的关键时期，儿童社会性发展直接关系到他们未来人格发展的方向和水平。因此，评价学前儿童社会性的发展会有助于其社会性的良好发展和未来人格的形成。

一、学前儿童自我认知评价

(一)学前儿童的自我认知

自我认知是指主体对作为客体的"我"的认识，包括对自己的生理特征、心理特征、社会角色等方面的认识。3 岁前，儿童的自我认知主要是对自己生理特征的认

① 卢伟：《学前儿童语言教育活动指导》第 3 版，188 页，上海，复旦大学出版社，2013。

识，如对身体的认识，对自己动作的意识等。3 岁后，儿童的自我认知大大丰富，逐渐开始对自己的社会角色以及心理活动有了意识，如知道自己的家庭，幼儿园以及自己的兴趣、爱好、需要、愿望等。

学前儿童对自我的认知还处于萌芽阶段，但儿童自我形象的建立对于他们的自信心、自主性的建立以及与他人的交往能力都有着非常重要的关系。因此，了解学前儿童对自己的认识有助于侧面地了解学前儿童的自信程度和交往能力。

(二)自我认知的评价

下面是一个简单的评价表，用于了解学前儿童对自我形象的认知(见表 7-14)。

表 7-14　学前儿童自我认知评价表

我认为我……	从未	偶尔	几乎经常	经常
1. 聪明 2. 每件事都能做得很好 3. 学习成绩好 4. 做任何事都很细心 5. 擅长体育活动 6. 能依照自己的意愿行事 7. 快乐 8. 有用 9. 服从 10. 友善 11. 和气 12. 讨人喜欢 13. 长得漂亮				

成人应该和儿童一同做以上测验，并将儿童感受的答案写在另一张纸上。成人说出问题时，语调应该是中性的。当儿童征求成人的意见时，成人应坚持让儿童自己回答。回答时避免让儿童思考太长时间，最好能让儿童按直觉回答。

计分方法：只考虑前两个答案，选择"偶尔"得 1 分，选择"从未"得 2 分。得分超过 10 分的幼儿，可能欠缺自信心。

在学前儿童的自我概念中，能否清楚地认识自我、展现自信是其中重要的一个方面。学前儿童自我认知评价实施指南见表 7-15。

表 7-15　学前儿童自我认知评价实施指南[①]

指标	方法	主要内容
自我认知	个别谈话	知道自己的姓名、性别、年龄。 在自然轻松的状态下，教师与幼儿交谈，请幼儿回答以下问题： 1. 你叫什么名字？ 2. 你是男孩还是女孩？ 3. 你今年几岁了？

---

① 白爱宝：《幼儿发展评价手册》，178 页，北京，教育科学出版社，1999。收入本书时有改动。

续表

指标	方法	主要内容
自我认知	个别谈话	知道自己的爱好。 1. 你最喜欢做的是什么事情? 2. 你最喜欢玩什么游戏? 知道自己的优缺点。 根据幼儿对以下问题的回答,分析幼儿是否知道自己的优缺点: 1. 小朋友喜欢和你一起玩吗? 为什么? 2. 你是好孩子吗? 为什么? 3. 老师(爸爸、妈妈)常常批评你吗? 为什么批评你?

教师资格考试·真题再现

(2020年下半年)幼儿园教师资格考试《保教知识与能力》真题

"我跑得快""我是个能干的孩子""我会讲故事""我是个男孩",这样的语言描述主要反映了幼儿哪方面的发展?( )

A. 自我概念　　　　B. 形象思维　　　　C. 性别认同　　　　D. 道德判断

二、学前儿童亲社会行为评价

(一)学前儿童亲社会行为的发展

亲社会行为通常指对他人有益或对社会有积极影响的行为,包括分享、合作、助人、安慰、捐赠等。它是一种个体帮助或打算帮助其他个体或群体的行为趋向。亲社会行为是个体社会化的重要指标,又是社会化的结果。我国学者王美芳、庞维国对学前儿童在幼儿园的亲社会行为进行了观察研究。结果表明:幼儿亲社会行为主要指向同伴,极少数指向教师;幼儿的亲社会行为指向同性伙伴和异性伙伴的次数存在年龄差异,小班幼儿指向同性、异性伙伴的次数接近,而中班和大班幼儿的亲社会行为指向同性伙伴的次数不断增多,指向异性伙伴的次数不断减少;在幼儿的亲社会行为中,合作行为最为常见,再次为分享行为和助人行为,安慰行为和公德行为较少发生。[①]

葛云对幼儿谦让行为的发展进行了实验研究。结果显示,幼儿在未接受专门的谦让行为训练前,也就是说在日常的教育影响下,谦让行为水平不高,能够自觉谦让的幼儿,小班、中班、大班都不到半数,分别为11.36%、18.37%、41.35%,但各班之间有非常显著的差异。这说明在自然教育的影响下,幼儿的谦让行为水平虽然不高,但是随着年龄的增长也有所提高。实验班幼儿经实验的专门训练后,与实验前相比,各班的谦让行为都有提高,小班、中班提高尤快。[②]

---

① 王美芳、庞维国:《学前儿童在园亲社会行为的观察研究》,载《心理发展与教育》,1997(3)。

② 葛云:《幼儿谦让行为发展与教育的研究》,载《南京师范大学学报(社会科学版)》,1991(4)。

满晶、马欣川采用自行设计的实验情境，探讨了幼儿互助行为的发展水平和一般趋势。结果表明，幼儿存在以利他为目的的互助行为。随着年龄增大，各年龄组在发展水平上的差异不显著，但在互助行为发生频率上却有下降趋势。[①]

学前儿童亲社会行为的培养不仅能够加快他们社会化的进程，而且可以促进他们建立良好的人际关系，有助于社会性发展和良好个性的形成。

(二)亲社会行为的观察评价

亲社会行为表现的是儿童对其他儿童的关心和关注的行为。如同其他发展一样，要有效地教育学前儿童，首先要了解他们在亲社会行为方面的发展水平。亲社会行为是可观察的行为，研究者可以通过使用幼儿亲社会行为发展检核表(见表 7-16)，细心观察每一个幼儿，然后制订相应教育方案，促进个体发展。

表 7-16　幼儿亲社会行为发展检核表[②]

姓名 _____	观察者 _____
幼儿园班级 _____	日期 _____

指导语：在幼儿表现正常的项目上打"√"，在没有机会观察的项目上写"N"，其他项目留空。

亲社会行为项目	依据	日期
_____ 对忧伤的幼儿表现出关心		
_____ 遇到冲突时，能说出对方的感受		
_____ 能与他人分享		
_____ 能把东西给予别人		
_____ 在轮流过程中不烦躁		
_____ 自觉自愿地服从要求		
_____ 帮助其他小朋友完成任务		
_____ 帮助有需要的其他小朋友		

教师资格考试·真题再现

(2020 年下半年)幼儿园教师资格考试《保教知识与能力》真题

田田因为想妈妈哭了起来，冰冰见状也哭了。过了一会儿，冰冰边擦眼泪边对田田说："不哭不哭，妈妈会来接我们的。"冰冰的表现属于什么行为？(　　　)
A. 依恋　　　B. 移情　　　C. 自律　　　D. 他律

[①] 满晶、马欣川：《幼儿互助行为发展的实验研究》，载《心理发展与教育》，1994(3)。

[②] ［美］Janice J. Beaty：《幼儿发展的观察与评价》第 7 版，202 页，郑福明、费广洪译，北京，高等教育出版社，2011。

三、学前儿童交往能力(同伴关系)评价

(一)学前儿童的同伴关系

同伴关系是指年龄相同或相近的学前儿童之间的一种共同活动并相互协作的关系，或者主要指同龄人间或心理发展水平相当的个体间在交往过程中建立和发展起来的一种人际关系。随着年龄的增长，学前儿童与成人的交往持续减少，而与其他儿童的交往则持续增加。

目前的研究发现学前儿童的同伴关系存在多种类型，其中常见的按照不同交往类型的心理特征可以划分为下列四种类型。

1. 受欢迎型幼儿

受欢迎的幼儿得到较多的正提名和较少的负提名。他们情绪稳定，反应敏捷，活动的强度和速度适中，在交往中积极主动。这些幼儿喜欢与人交往，而且善于交往，经常表现出友好、积极的交往行为，因而受到大多数同伴的喜爱。

2. 被拒绝型幼儿

被拒绝型幼儿得到较少的正提名，却有较多的负提名。这类幼儿情绪不稳定，爱冲动，其活动的强度大，速度较快，特别好动，较外向，注意力易分散，坚持性差。他们喜欢和同伴交往，却不会交往。在与同伴的交往中活跃、主动，但经常采取不友好的交往方式，如抢玩具、随意改变游戏规则、推打小朋友等，因而常被同伴排斥、拒绝。

3. 被忽视型幼儿

被忽视型幼儿得到很少的正提名和负提名。这类幼儿平时很安静，常常独处或独自活动，在交往中表现出退缩或畏缩，很少表现出主动、友好的行为，也很少表现出不友好、攻击性的行为。因而既没有多少同伴喜欢他们，也没有什么同伴会很讨厌他们。这类幼儿通常比较听话，在平时生活与交往中暴露的问题不明显，不易引起教师和同伴的注意，往往也容易成为被教师忽视的群体。

4. 一般型幼儿

一般型幼儿得到的正提名与负提名较为平均，他们在同伴提名中没有获得极端的分数(最喜欢或最不喜欢)。这些幼儿在同伴群体中处于中间的位置，既不是特别主动、友好，也不是特别被动、惹人讨厌；同伴大多不是特别喜爱、接纳他们，也不会特别拒绝、忽视他们。这类幼儿能够参与同伴交流、游戏，但表现不是很突出。

教师资格考试·真题再现

(2018年下半年)幼儿园教师资格考试《保教知识与能力》真题

材料分析：4岁的石头在班上朋友不多。一次，他看见林琳一个人玩，就冲上去紧紧地抱住林琳。林琳感到不舒服，一把推开了石头。石头跺脚大喊："我是想和你做朋友的啊！"

问题：（1）请根据上述材料，分析石头在班里朋友不多的原因。

（2）教师应如何帮助石头改善朋友不多的状况？

（2022年上半年）**幼儿园教师资格考试《保教知识与能力》真题**

材料：某大班几个小朋友在讨论有关动物的问题。老师问："你们刚才说了很多动物，我想问问，到底什么是动物？"丁丁说："我们刚才说的大象、猴子、孔雀、斑马都是动物！"鹏鹏说："动物有的有腿，有的有翅膀，有的会跑，有的会飞，有的会在水里……"蓝蓝马上接着说："有的吃草，有的吃米，有的喜欢吃肉……"睿睿说："我觉得会自己动的，会吃东西的，都是动物。"

问题：请分析上述儿童概念发展的水平。

（二）同伴关系评价

1. 同伴提名法

同伴提名法是社会测量法中历史最长、也可能是用得最多的一种方法。它要求班级（或其他社会群体）中的每一个人按照一定标准挑选出一定数量的同伴。幼儿所得的提名次数就是其分数。一般将提名的积极标准与消极标准结合使用。积极提名的分数被看作幼儿的人缘或同伴接纳的指标。消极提名一般是让幼儿挑出最不喜欢或最不愿意一起玩的同伴。消极提名分数高的幼儿被看作被拒绝者。

使用消极提名法时应该谨慎，因为这可能增加幼儿群体中同伴拒绝的突出性，即被拒绝幼儿和同伴可能会更清楚地意识到其被拒绝的地位，进而造成对被拒绝幼儿更为不利的影响。如果幼儿之间相互讨论他们的选择，就可能一致明确某人是大家都不喜欢的。有研究发现，学前儿童在积极和消极提名之后并不讨论其选择，施测前后的相互交往也不发生什么变化。[1]

2. 同伴等级评定表

这种社会测量问卷是将一个班级（或其他社会群体）内每个幼儿的姓名依次排列，紧挨着每个姓名的是一个五点或七点式等级评定尺度。要求被试标明对名单中每个幼儿的喜欢程度。评定的内容可以是"在一起玩""一起工作"等。对幼儿施用此法时，可利用不同面部表情的照片帮助幼儿表示其判断（如高兴、中性、悲伤的表情分别表示很喜欢、一般、不喜欢）。幼儿所得全部分数的平均值为其最后得分。这种名单等级法可以规避消极提名的伦理问题。并且，由于每个幼儿都被全班同伴评定，因此其评定分数要比提名分稳定。

评定分数与提名分数有着显著的相关性，在学前儿童中，"一起玩"的喜好评定分数与积极提名分和消极提名分的相关系数分别为0.74和－0.73。[2] 评定法更多测量了同伴接纳和喜欢程度，而

拓展知识

幼儿社会情绪
能力检核表

---

[1] 周宗奎：《儿童社会技能的测评方法》，载《心理发展与教育》，1996(3)。

[2] 周宗奎：《儿童社会技能的测评方法》，载《心理发展与教育》，1996(3)。

提名法主要测量友谊的类型。评定分数与积极的同伴交往有显著正相关、与消极的同伴交往则有显著负相关。评定分数高的幼儿有更好的社会认知技能。[①]

四、学前儿童攻击性行为评价

(一)学前儿童攻击性行为发展的特点

攻击性行为是一种以伤害他人或他物为目的的行为。根据行为者的动机把攻击划分为工具性攻击和敌意性攻击。工具性攻击是个体为了获取物品、空间等而做出的抢夺物品等动作行为;敌意性攻击是直接以人为指向的,以打击、伤害他人身心为根本目的的攻击行为。根据行为的起因把攻击划分为主动性攻击和反应性攻击。主动性攻击是指行为者在未受激惹的情况下主动发起的攻击行为,主要表现为物品的获取、欺负和控制同伴等;反应性攻击是指行为者在受到他人攻击或激惹之后所做出的攻击反应,主要表现为愤怒、发脾气或失去控制等。根据行为的表现形式和类型学知识把攻击行为划分为身体攻击、言语攻击和间接攻击。身体攻击是指攻击者一方利用身体动作直接对受攻击者实施的攻击行为,如打人、踢人和损坏、抢夺他人财物等;言语攻击是指攻击者一方通过口头言语形式直接对受攻击者实施的行为,如骂人、羞辱、嘲笑、讽刺、起外号等;间接攻击又称关系攻击或心理攻击,它不是面对面的行为,而是攻击者一方通过操纵第三方间接对受攻击者实施的行为,其主要形式为造谣、离间和社会排斥。

学前儿童攻击性行为频繁,主要表现为为了玩具或其他物品而争吵、打架,其行为更多是破坏玩具、物品或直接争夺;学前儿童更多依靠身体上的攻击,而不是言语的攻击;学前儿童的攻击性行为存在明显的性别差异。

(二)攻击性行为的评价

1. 同伴提名法

这种方法是每个幼儿在本班中提名3个最符合项目描述特征的同伴(见表7-17)。提名项目如下。

身体攻击:"某个人喜欢和别人打架或吵架,平时总是爱捣乱,攻击别的孩子"。

间接攻击:"某个人在背后说另一个人的坏话,并叫同学都不跟他/她玩"。

表7-17 同伴提名表

班 _____

姓名	身体攻击提名幼儿			间接攻击提名幼儿		

注:以班为单位计算幼儿在两个项目上的被提名次数,把提名次数转换为标准分,然后计算两个项目的标准平均分,将其作为被试的同伴提名指标得分。

----

① 周宗奎:《儿童社会技能的测评方法》,载《心理发展与教育》,1996(3)。

2. 现场观察评价法

这种方法重点在于观察者带着明确的目的，深入幼儿活动的现场，通过观察和记录幼儿在活动中的行为、言语等表现，收集资料，然后对幼儿个体发展进行评价。此方法要求观察者的观察活动应具有目的性、计划性和系统性，而且能对观察到的事实做出实质性和客观性的评价。现场观察记录表见表7-18。

表 7-18　现场观察记录表

_____班

观察日期	姓名	性别	攻击性行为动机		攻击性行为起因		攻击性行为表现形式和类型学知识		
			工具性攻击	敌意性攻击	主动性攻击	反应性攻击	身体攻击	言语攻击	间接攻击

注：幼儿每出现1次目标行为，计相应的攻击性行为1次，并对行为特征做进一步的判断和记录。幼儿若同时做出身体攻击、言语攻击或间接攻击，在观察记录表同一行的不同目标栏分别记录，即双重编码和计分，把三种行为的次数分别转换为标准分，将其作为该幼儿攻击性行为的自然观察指标分。

第五节　学前儿童认知发展评价

认知是指人认识外界事物的过程，或者说是对作用于人的感觉器官的外界事物进行信息加工的过程。它包括感觉、知觉、记忆、思维、想象、言语等。认知是人类最为基本的心理活动，人的一切心理活动中都有认知的成分。幼儿的认知发展水平随年龄的逐渐增加不断提高。因此，对学前儿童认知发展的评价可以从不同维度进行。

拓展视频

学前儿童认知
发展评价

一、利用标准化测验评价学前儿童认知发展水平

(一)中国－韦氏幼儿智力量表

用于评估儿童智力或认知能力的测验，最广为人知的是中国－韦氏幼儿智力量表[1]。该量表包括知识测验、动物下蛋、图画填充、数学、图片概括、视觉分析、领悟、拼图、几何图形等。这些项目的测试重点考察儿童的认知能力，包括：观察（如"知识测验"中对日常生活现象的观察和"视觉分析"中对事物微小差别的观察等），

---

[1]　该量表由龚耀先和戴晓阳修订，于1992年发行。

记忆(如"动物下蛋"中对不同颜色珠子和不同动物的配对记忆、知识的记忆等),理解(如"领悟测验"中对解答问题过程的理解),概括和推理能力(如"图片概括"中的分类、概括和推理能力)等。

(二)瑞文测验

瑞文测验原名"渐进矩阵"(progressive matrices),是英国心理学家瑞文(J. C. Rawen)于 1938 年创制的。它主要是以图形推理为核心的智力测验。在这个测验中,每一组图形按照一定的规律排列,受试者须经过观察、分析、推理的认知过程,才能发现这些规律,从而填补空缺位置的图形。这个测验重点考察儿童在解答排列组合问题中认知方面的逻辑思考能力。

(三)中国儿童发展量表(CDCC)

中国儿童发展量表是在北京师范大学张厚粲教授主持下研制的,适用于对我国3~6 岁幼儿的智能发展做诊断性测验和评估。该量表的内容由语言、认知、社会认知以及动作 4 个方面构成,分为智力发展量表和运动发展量表两部分。智力发展量表由 11 个项目 106 个题目构成,主要对幼儿言语发展,注意、感知、记忆、想象以及判断推理能力与计算能力的发展,社会认知发展进行评价,由此探索幼儿智力发展的规律。测验使用语言和操作两种材料进行。

中国儿童发展量表是一套由国内学者自己编制的幼儿发展量表,它以心理学理论为基础,以幼儿教育的实践经验为依据,参考了大量国内外现有的婴幼儿发展量表,其内容效度较高,从信度和效度的检验结果来看,也达到了测量学的要求。

由此可见,针对认知发展的心理测量理论(psychometric approach)多用各种智力测验来评估幼儿的心智,这些测量为评估学前儿童认知发展提供了基础与可行性。智力测验有助于正确观察和判断儿童的身心发展状况,更好地了解儿童的现状与未来的发展趋势。然而,要确实发挥测量的实效,就需要科学运用智力测验,理性看待测验的结果。智力测验的根本目的绝不仅仅是用智商给学前儿童分类、贴标签,而应注重对学前儿童智力特点、智力优势与不足的分析,并据此提出合理有效的教育建议,为学前儿童的发展提供科学的指导和帮助。

二、利用自编测验评价学前儿童认知发展水平

另一类评估工具紧密结合学前儿童的学习和生活实践。对于一般教师来说,如果没有经过专业训练,他们不能开展标准化测验,难以解释标准化测验的数据。然而,测验是评价者收集评价信息与证据的重要方式,对于认知发展评价来说,更是如此。除标准化测验外,一般教育工作者也可通过自编测验来评价学前儿童的认知发展。实际上,教师编制的各种试卷就属于自编测验的一种。与标准化测验相比,自编测验没有常模,通常也没有进行信度和效度的检验,但简便易行,常为教育评价者、教育工作者所采用。

在对学前儿童的认知发展水平进行自编测验的评价中,评价者需要首先明确的是测查什么和评价标准是什么。

由于认知包括的内容比较广泛,要用一个测验评价学前儿童认知发展的各个方

面几乎是不现实的。因此，评价者应该明确要评价学前儿童认知发展中的哪些方面，或者说，哪些方面是此次评价的重点。比如，评价幼儿的观察力和评价幼儿的数概念显然有很大的区别。在明确究竟要测验什么之后，评价者应该明确评价的标准是什么。学前儿童认知发展的主要方面见表 7-19。

表 7-19　学前儿童认知发展的主要方面

感知觉、观察	记忆	思维
敏锐 全面 精确 组织计划	记得快 记得准 记得全 保持久	辨别力 理解力 概括力 分类 概念应用 推理

在明确标准后，评价者应思考采用什么样的方式来评价、收集评价信息并编制评价学前儿童认知发展的方案。

幼儿要在头脑中形成物体的表征：根据物体的外形、声音和感觉区分事物的方式，讲述事物之间相同与不同的方式，决定事物怎样放在一起作为一个顺序或者序列的一部分的方式。这些都是大脑在组织其吸收进来的信息时所形成的方式或概念。教师要通过观察幼儿完成检核表（见表 7-20）中八个项目的能力来评价每一个幼儿。前两个项目指向幼儿需要知道的分类概念；第三个项目指向序列概念；第四个项目指向再认形式和创造形式的能力；第五、第六个项目指向幼儿对数感知的能力，包括一一对应；最后两个项目指向幼儿问题解决的能力，是幼儿利用已有技能解决问题的能力。如果教师进行了评价，就应该计划给幼儿提供活动或游戏性探索的时间，使幼儿继续发展他们的思维能力。

拓展知识

幼儿数学认知发展评价表

表 7-20　幼儿认知发展检核表①

姓名 ＿＿＿＿＿＿＿＿＿＿　　　　　观察者 ＿＿＿＿＿＿＿＿＿＿

幼儿园班级 ＿＿＿＿＿＿＿＿＿＿　　日期 ＿＿＿＿＿＿＿＿＿＿

指导语：在幼儿表现正常的项目上打"√"，在没有机会观察的项目上写"N"，其他项目留空。

认知发展项目	依据	日期
＿＿＿＿根据形状、颜色区分物体		
＿＿＿＿根据大小分类		

① ［美］Janice J. Beaty：《幼儿发展的观察与评价》第 7 版，郑福明、费广洪译，303～304 页，北京，高等教育出版社，2011。

续表

_____排序		
_____能认识、创造形式		
_____凭记忆数到 20		
_____能将数与实物一一对应		
_____能利用实物解决问题		
_____用计算机程序解决问题		

检核表中的第一个项目是关于形状的，它与幼儿感知识别的精细程度有关。形状概念是幼儿认知发展中出现最早的概念之一，因此检核表从几何形状开始。颜色是大脑在进行分类时的另一依据，幼儿在认识形状之后不久就发展了颜色知觉。

教师资格考试·真题再现

（2018年下半年）幼儿园教师资格考试《保教知识与能力》真题

下列表述中，与大班幼儿实物概念发展水平最接近的是（　　　）。

A. 理解本质特征　　　　　　　B. 理解功能性特征

C. 理解表面特征　　　　　　　D. 理解熟悉特征

（2019年下半年）幼儿园教师资格考试《保教知识与能力》真题

1. 菲儿把一颗小石头放进小鱼缸里，小石头很快就沉到了缸底，菲儿说："小石头不想游泳了，想休息了。"从这里可以看出，菲儿的思维特点是（　　　）。

A. 直觉性　　　　　　　　　　B. 自我中心

C. 表面性　　　　　　　　　　D. 泛灵论

2. 下列幼儿行为表现中数概念发展水平最低的是（　　　）。

A. 按数取物　　　B. 按数说物　　　C. 唱数　　　D. 默数

（2020年下半年）幼儿园教师资格考试《保教知识与能力》真题

1. 大班幼儿认知发展的主要特点是（　　　）。

A. 直觉行动性　　　　　　　　B. 具体形象性

C. 抽象逻辑性　　　　　　　　D. 抽象概括性

2. 材料分析：教师为幼儿制作了一列"小火车"，在每节车厢上分别贴了不同品种与数量的"水果"标签，要求幼儿能按标签投放"水果"。

雪儿看着标签，然后往不同的车厢装进与标签品种一样的"水果"，每节车厢都装满了"水果"。莉莉看着标签，并用手点数标签上的"水果"，嘴里还念着数字，然后拿出相应品种和数量的"水果"放进车厢。

民民看着标签，就取出相应品种和数量的"水果"放进车厢，然后看着车厢里的"水果"，自言自语道："嗯，都放对了。"

问题：(1)根据上述三名幼儿各自的表现，分析其数学能力发展的水平。

(2)该材料对教育的启示是什么？

第六节　学前儿童艺术能力发展评价

艺术教育是学前儿童全面教育中的重要一环。对学前儿童进行艺术教育有助于萌发他们体验和感受美的能力及爱美的情趣，也有助于陶冶学前儿童的性情，促进学前儿童健康人格的发展。在实际教育工作中，教师常常发现，有艺术天分的儿童并不一定有较高的智商，因此，对艺术能力的评价可以帮助教师全面了解每个儿童在发展水平上的差异，了解每个儿童的特点，尊重儿童间的个体差异，以便更好地实施个性化教育。

一、学前儿童音乐技能评价

(一)卡恩斯的音乐才能核查表

一般，人们认为音乐的两个主要成分是音高和节奏。同时，表现力也是音乐的重要因素。

测评音乐智能的传统方法主要集中在儿童对音高和节奏差异的感知能力上。下面介绍的是默尔·B. 卡恩斯(Merle B. Karnes)编制的简单的音乐才能核查表。该检查表包括：①表现出对音乐活动的浓厚兴趣。②音乐符号或情调反应敏感。③能够轻易地重复短节奏。④唱歌很入调或几乎不走调。⑤能够很好地区分两个短节律是否相同。⑥能够轻易地单靠韵律来识别熟悉的歌曲。⑦在儿童自然的声阈范围内，能唱出与乐器同样声调的声音。⑧能够轻易地识别较高或较低的两个音调。⑨能够轻易地识别两个简短的旋律是否相同。

(二)儿童多元智力评估核查表中音乐智力的测查

美国教育家托马斯·阿姆斯特朗(Thomas Armstrong)根据加德纳"多元智力理论"设计的"儿童多元智力评估核查表"设计了音乐智力的测查(见表7-21)。

拓展视频

学前儿童艺术能力发展评价

拓展知识

幼儿音乐表现能力评定表及具体评分标准

表 7-21　儿童多元智力评估核查表(音乐智力部分)

音乐智力	是	否
1. 音乐走调或出错时会告诉你。 2. 记得歌曲的旋律。 3. 嗓音好。 4. 弹奏一种乐器或参加合唱团(若是学前儿童,喜欢玩打击乐器或参加合唱团)。 5. 讲话或做动作时很有节奏感。 6. 无意识地自己哼唱。 7. 做事时在桌上打节拍。 8. 对外界噪声很敏感。 9. 喜欢听音乐。 10. 唱各处学来的歌曲。		

在对儿童的多元智力进行评价时,教师与家长可根据表中列出的,针对具体情况进行核对,如果表中所列项目与儿童的实际情况相符,就在右边选择相应的"是"。最后计算"是"和"否"的数量,得到"是"多的,说明幼儿在这些方面擅长,"否"多的则说明是应该引起重视的弱项。

(三)多彩光谱活动中音乐智能的评价

多彩光谱活动在课程和适当的情境中启发学前儿童的音乐创作能力,也评价他们对纯音乐元素(如音高辨别)的敏感性,即音乐感知力。多彩光谱活动课程包括唱歌活动和音乐感知活动。

1. 唱歌活动

为了全面地挖掘音乐创作中所需的各种音乐智能,评价者需要在活动中深入考察。多彩光谱活动课程设计了一个音乐创作活动。此活动分为四个部分,前三个部分的评价在一个时间段内进行,第四个部分的评价只针对那些表现出不同寻常的音乐智能的幼儿进行。第一部分:喜爱的歌。请幼儿唱他最喜爱的歌。教师记录下对幼儿表演的总体印象,包括歌的难度水平以及幼儿在表演中所表现出的投入程度。第二部分:生日歌。幼儿从头至尾地唱一遍生日歌,教师对幼儿的表演逐乐句地进行评价,测评幼儿跟上基调的能力,以及保持歌的节奏、音高和旋律范式的能力。第三部分:音乐记忆。让幼儿唱一首他学会的新歌,如在评价活动前4~5时段学会的歌,测评幼儿在重复歌词、纠正乐句数、旋律和新歌的节奏方面的能力。第四部分:新歌。如果幼儿在第一时段表演得特别好,可以附加几时段,教给幼儿一首音乐复杂性较高的新歌。教师可以从中评价幼儿在学习新歌时的速度和准确性。[①] 歌唱活动观察表和歌唱能力观察表分别见表7-22和表7-23,其中,歌唱活动观察表只列出了前三个部分的内容。

---

① [美]玛拉·克瑞克维斯基:《多元智能理论与学前儿童能力评价》,李季湄、方钧君译,181、182页,北京,北京师范大学出版社,2005。

表 7-22 歌唱活动观察表①

幼儿_____ 年龄_____ 日期_____ 观察者_____

一、喜爱的歌

所选择的歌：_____

评注(包括节奏、音高、音乐难度水平等)：

二、生日歌

	音符数	对音符的区别	节拍	清楚	节奏子项总分	旋律线	基调	音程	音高子项总分	总分
乐句1										
乐句2										
乐句3										
乐句4										

应答唱歌

	音符数	对音符的区别	节拍	清楚	节奏子项总分	旋律线	基调	音程	音高子项总分	总分
乐句2										
乐句3										
总分										

评注：

三、音乐记忆

评注(幼儿记住歌的哪些部分？歌词、旋律、乐句数及其顺序、旋律线等如何？提示的程度等。)

表 7-23 唱歌能力观察表②

幼儿_____ 年龄_____ 观察者_____

歌曲_____ 日期_____

"是"记2分，"否"记0分，歌唱得听不见或者不参加活动不计分。

一、节奏	是	否	记分
1. 幼儿所唱的音符数正确(音符数)			

———————————

① [美]玛拉·克瑞克维斯基：《多元智能理论与学前儿童能力评价》，李季湄、方钧君译，192页，北京，北京师范大学出版社，2015。收入本书时有改动。

② [美]玛拉·克瑞克维斯基：《多元智能理论与学前儿童能力评价》，李季湄、方钧君译，194页，北京，北京师范大学出版社，2015。收入本书时有改动。

续表

	是	否	记分
2. 能区分长音和短音			
3. 整首歌都能保持固定而连续的节拍			
4. 幼儿按照节拍唱音符数			
		节奏子项总分_____	
二、音高	是	否	记分
1. 幼儿对乐句的总体方向是正确的(旋律线)			
2. 幼儿能区别歌曲中不同乐句的差异			
3. 幼儿能连续地从一个音符跳到另一个音符,达到正确的音高(音程)			
4. 幼儿能唱出大部分的旋律			
		音高子项总分_____	
三、整体	是	否	记分
1. 幼儿唱得特别好,和调,节奏正确			
2. 幼儿具有表现性,歌词的音调加重,演唱中反映了某种情感			
		整体子项总分_____	
评注:			

2. 音乐感知活动

音乐感知活动旨在评价学前儿童辨别音乐差异的能力。音乐感知活动分为五个部分:歌曲识别(辨认从有名的曲子中节选的某段音乐)、错误识别(识别某个熟悉的曲子中错误的地方)、敲击匹配(用一套三个蒙台梭利铃铛配合音高)、听音匹配(在屏幕后听并识别铃铛发出的音高)、自由敲击(用铃铛配合自由演奏)。

歌曲识别:教师播放旋律一的第一乐句,停放,然后问幼儿是否听出是什么歌。如果幼儿识别出来,教师记录下来,在评价表上标出。如果幼儿没有识别出,教师播放第二乐句,停放,再次问幼儿。如果幼儿仍然没听出来,教师倒回带子,把第一乐句、第二乐句一起播放。如果幼儿还未识别出,教师继续播放最后两个乐句。

错误识别:播放《划,划,划你的小船》歌曲,让幼儿认真听,找出歌曲中有错误的地方或不一样的地方。根据幼儿的识别情况,教师在观察表上记录自己认为幼儿的回答属于哪一类。

敲击匹配:教师给幼儿一个铃铛,教师敲击其他铃铛,让幼儿找出其中和自己所拿铃铛发音一样的铃铛。

听音匹配:在教师和幼儿之间竖起一个小屏幕,教师在屏幕后敲击铃铛,幼儿听后也要像那样敲击铃铛,找出哪一个铃铛的声音和教师敲击的声音一样。教师每次敲击铃铛的力度相同,避免幼儿把声音的大小作为一个变量。幼儿每敲击一次铃铛,教师则再敲击一次目标铃铛,鼓励幼儿把铃铛都敲击一下,让幼儿说说他敲击的哪一个铃铛的声音与教师刚敲击的声音一样。

　　自由敲击：给幼儿提供五个铃铛，让幼儿随意敲击铃铛，或敲击一首歌或随意搬动。这部分不记分，但教师应注意观察并记录幼儿是如何操作铃铛的。

　　音乐感知观察表见表 7-24。

表 7-24　音乐感知观察表①

幼儿　　　　　　　　　　　　　　年龄　　　　　　　　　

观察者　　　　　　　　　　　　　日期　　　　　　　　　

第一部分：歌曲识别

在幼儿识别出歌曲的地方打"√"。

在第一乐句中识别出计 4 分。

在第二乐句中识别出计 3 分。

前两个乐句听了两遍后才识别出计 2 分。

在听了所有四个乐句后才识别出计 1 分。

识别在	第一乐句	第二乐句	第一、第二乐句听两遍	所有四个乐句
旋律 1				
旋律 2				
旋律 3				

子项总分：

第二部分：错误识别	评注
在幼儿识别出错误或正确的演奏曲边打"√"（每个 3 分）。 　　　　　　　错误的演奏曲 1 （第一小节 E 降半调） 　　　　　　　错误的演奏曲 2 （第三小节中三连音符改变了） 　　　　　　　正确的演奏曲 　　　　　　　错误的演奏曲 3 （在第二小节出现错误——从 F 音开始，而不是 E 音） 子项总分：	

第三部分：敲击匹配	评注
如果幼儿识别出相匹配的铃铛，打"√"（每个 3 分）。 　第一对 （C，C） 　第二对 （F，F） 　第三对 （D，D） 　第四对 （A，A） 子项总分：	

---

　　① ［美］玛拉·克瑞克维斯基：《多元智能理论与学前儿童能力评价》，李季湄、方钧君译，204～205 页，北京，北京师范大学出版社，2015。收入本书时有改动。

续表

第四部分：听音匹配	评注
如果幼儿识别出匹配的铃声，打"√"（每个 3 分）。 　(1)(G，G) 　(2)(D，D) 　(3)(E，E) 　(4)(C，C) 子项总分：	
第五部分：自由敲击（不计分）	评注

二、学前儿童舞蹈技能评价

舞蹈是幼儿园艺术教育中不可缺少的一个重要组成部分，对学前儿童身心的健康、情操的陶冶、智力的开发等都有着重要作用。大多数人从婴儿期就开始对舞蹈感兴趣。研究者发现，在重视舞蹈的文化中，可以观察到年龄小得还不能站立的婴儿就能用他们的身体和四肢一点点学会周围成人舞者的节拍。随着身体其他方面的发展，儿童能够学会跟随不同音乐强度有节奏地上下肢配合运动。学前儿童舞蹈技能的发展与对音乐节奏的感知和身体运动能力的发展密切相关。因此，在评价学前儿童舞蹈技能发展时，评价者可以参照多彩光谱中创造性运动的评价。

三、学前儿童美术技能评价

(一)学前儿童参与美术活动观察评价标准

学前儿童美术活动观察评价表见表 7-25。

表 7-25　学前儿童美术活动观察评价表[①]

项目	标准	水平
构思	A. 事先构思出主题和主要内容，动手之后围绕构思进行创作。 B. 预想出局部内容，完成一项后再做新计划。 C. 动笔后构思，由动作痕迹出发，想到什么画什么。 D. 只有动作活动，没有形象创造，表现为在纸上随意涂抹或反复捏泥、撕纸等。	

① 张念芸：《学前儿童美术教育》第 4 版，210～213 页，北京，北京师范大学出版社，2020。收入本书时有改动。

续表

项目	标准	水平
主动性	A. 由自身、兴趣愿望支配，自动进行美术活动。 B. 由特定材料引发，开始进行美术活动。 C. 看到别人从事美术活动，自己跟着做。 D. 在成人的要求下开始美术活动。	
兴趣性	A. 自动从事美术活动，对美术活动倾注极大的热情，完全沉浸在活动之中，默默无语。 B. 欣然从命，愉快地从事美术活动，在做的过程中会自言自语地流露出愉快之情。 C. 对美术活动迟疑不前，活动中企图离开或张望别人在做什么。 D. 拒绝参加美术活动。	
专注性	A. 能较长时间持续从事已选定的活动，不受外界的影响，有时甚至第二天接着干。 B. 能在同年龄幼儿一般可维持的时间内持续从事活动，中途偶有离开的现象发生，但还会自动回来，直到活动完成。 C. 需要鼓励，才能把活动完成。 D. 不能把活动进行完，中途改变活动。	
独立性	A. 自己决定活动任务，解决问题，拒绝别人干涉，独立完成任务。 B. 主动请教他人，考虑别人的建议，然后自己完成任务。 C. 模仿他人完成自己的作品。 D. 接受并在他人的帮助下完成作品。	
创造性	A. 别出心裁地构思与利用材料描绘与造型。 B. 重新组织以前学过的造型式样、方法和技能描绘与造型。 C. 重复以前学过的造型式样、方法和技能描绘与造型。 D. 只按教师当时传授的造型样式、方法和技能描绘与造型。	
操作的熟练性	A. 掌握工具姿势正确、轻松，操作动作连贯、准确，一次完成动作，作品质量好。 B. 掌握工具姿势正确，操作动作平稳，但欠准确，中途有停顿，作品质量较好。 C. 掌握工具动作正确但笨拙，操作动作迟缓、准确性差，有失误不知修改，作品显得粗糙。 D. 掌握工具的姿势笨拙有误，只有重复性动作，不能完成作品。	
自我感觉	A. 自己认为很成功，主动请别人看自己的作品，并讲解作品的含义，能慷慨地将作品赠人。 B. 对自己的作品感觉满意，但不主动展示，听到别人的称赞感到愉快，希望保留作品。 C. 认为不太成功，接受别人的看法，希望将作品交给老师。 D. 感到沮丧，对别人的反应无动于衷或抵触，对作品去向不关心或毁掉作品。	

续表

项目	标准	水平
习惯	(1)工作顺序性 A. 有顺序、有步骤地完成作品。 B. 弄错步骤，发现后主动纠正，完成作品。 C. 想到什么就做什么，在混乱中完成作品，作品有缺陷。 D. 只完成局部，作品半途而废。 (2)保持工具材料的秩序 A. 保持工具材料的固定位置，用时取出，用后放回。 B. 大致保持原位置，错放后能找到。 C. 一片混乱，用后乱放，取时找不到。 D. 不会取放，拿到什么用什么。	

注：以上细则中的 A、B、C、D 的分值依次递减分别为 4 分、3 分、2 分、1 分。

(二)多彩光谱中的视觉艺术评价标准

多彩光谱项目中视觉艺术评价标准主要是对艺术夹的评价。艺术夹是视觉艺术领域最基本的评价工具，它既包括一些结构性的活动，也包括儿童在校所创作的其他作品。教师通过长期收集样品，对儿童的艺术能力做出准确的评价。儿童的艺术夹既包括自由探索也包括指定活动作品，可从三个方面对其进行评价。第一，具象性表现水平，指创造可辨认的符号来代表一般物体(如人、蔬菜、房屋、动物、车辆)的能力，以及把这些因素进行空间上的整合，设计出更大作品的能力。第二，探索程度，指儿童使用艺术材料时通过设计与具象性绘画所反映出的灵活性、生产性、创造性和变化性的程度。第三，艺术水平，指运用不同艺术元素，如线条、形状、色彩来表现情感、制造效果以及装饰艺术作品的能力。[1]

对艺术夹的评价需要考虑九个因素，详见视觉艺术评分标准表(见表 7-26)。

表 7-26　视觉艺术评分标准表

评价项目	元素	具体标准	水平 1	水平 2	水平 3
具象性表现水平	基本形式	组成物体的基本线条形态、物体特征的表现、比例与现实接近的程度	垂直线、斜线和水平线孤立存在，包含结构的图画被涂得乱七八糟，涂鸦是任意而胡乱的。	倾向于把某些几何图形组合成更复杂的形式。	轮廓线开始出现，画面不是几何图形的拼凑，而是勾勒物体的轮廓线，包括剖面图和侧视图。
			基本物不完整。	能包含物体的主要特征。	有明显的细节特征。
			物体内和各物体之间的比例不一致。	物体内部自身的比例与现实一致。	物体自身和物体之间的比例均能一致且比例接近现实。

① ［美］玛拉·克瑞克维斯基：《多元智能理论与学前儿童能力评价》，李季湄、方钧君译，169、170、171 页，北京，北京师范大学出版社，2015。

续表

评价项目	元素	具体标准	水平1	水平2	水平3
具象性表现水平	颜色	画面颜色与所画对象的一致性	颜色的使用随意，与所画对象没有联系。	使用多种颜色，且使用的颜色中至少有一种是真实物体的颜色，或者完全都是真实物体颜色的反映。	使用多种颜色作画，且大多数画都能有意使用颜色，极少的画中出现与现实不符的颜色。
	空间组合	物体在画面上的空间排列	画中各物体模糊地浮在空中，所画的人物、物体和动物是颠倒的、倾斜的、偏离的，散布在画的四周。	对基线有着初步的认识，物体和人物之间常常彼此不相关，或局限在纸上的某个地方。	所作的画反映了明显的基线感，所画的各对象间彼此相关且在纸上融为一体，对上端、下端、里外的认识很明显。
探索程度	颜色	颜色的多样性	每一幅画基本上都是单色调，颜色很少有变化。	使用多种颜色，多用色彩作简单的画。	有效地运用多种颜色表现情感和气氛，色彩的对比和混合很明显，所作的画多彩而有意味。
	变化	图画在形式和主题上的变化程度	图案和构思重复而且很少或根本没有变化，画中所表现的组合非常有限。具象性表现的形式极少或根本没有变化。	许多组合交织或一起出现在所收集的图画中。具象性图画在图案、物体或主题上有中等程度的变化。	在设计中，以多种多样的方式使用线条和形状，如开放的和封闭的、爆发性的和控制性的。具象性图画在形式上或主题上有明显的变化。
	动态	线条、形状和色彩显现出来动态	一直生硬僵化地使用线条、形状和形式，仅仅依赖基本的几何图形而很少使用斜线、虚线和飘逸的线条，所作的画是静态的、重复的。	在具象性图画和设计中大量或游戏似的使用线、形和形式，所作的画流畅且自由、奔放。	线条、形式和色彩生动地表现出节奏、平衡与和谐，显示出动态。
艺术水平	表现力	作品中对情感的表达	画中几乎没有明显的情感表现，画几乎不能引起情感共鸣或反应。	具有比较明显的通过线条、形状引发感觉和情绪的能力，但还不够明确。	通过实际的具象和抽象的手法表达强烈的情绪色彩，画面呈现出"活泼"、"悲伤"或"有力"。

续表

评价项目	元素	具体标准	水平1	水平2	水平3
艺术水平	饱满感	不同深浅线条的效果	线条的变化不能加强画的效果，而是画画本身需要。	用线条的变化来造成图案或具象性图画中一两个特定的事物的效果。	图画中用深浅不同的线条表现几个事物的结构，产生了一定的效果。
	美感	美感与和谐	缺乏美感，很少有意修饰、精心描绘，有时也使用多种色彩，但不是为了加强效果，而是画画本身需要。	为了修饰的需要而有意选择某些颜色，虽然修饰可能夸张或卡通化。个体的形状显示出一定的美感与和谐感。	十分注意装饰，图式或复制品都表现出韵律并经过修饰，形式经过了仔细和有意的安排，图画多彩，充满平衡感和韵律感，能用有意义的方式参与到美的自我表现过程中来。

(三)关于各年龄段学前儿童美术能力发展水平的评价

学前儿童美术能力发展水平的评价标准见表7-27。

表7-27　学前儿童美术能力发展水平的评价标准

项目	年龄/岁	发展水平
审美感受	3～4	愿意参加美术欣赏活动，对色彩鲜明的事物感兴趣。 喜欢欣赏色彩鲜艳、造型简单的物品和美术作品，有集中注意观察的习惯。
	4～5	感受生活中美好的事物，欣赏与自己学习、生活有关的美术作品。 能与同伴欣赏、交流自己和他人的美术作品。
	5～6	对美术作品、工艺品和建筑物等感兴趣，懂得感受美、欣赏美。 欣赏作品的造型、色彩、构图，知道对称美、协调美，会多角度评价自己和他人的美术作品。
多元表现	3～4	会用画笔大胆涂鸦。选择喜欢的颜色作画，愿意涂色并涂匀涂满。 会随意撕纸、粘贴，大胆玩泥；能用泥塑造简单的物体形象。
	4～5	能用各种点、线条和形状表现物体的基本结构和主要特征。 用多种颜色和绘画工具作画，会简单布局；会折叠简单的物体形象。 会撕贴或用剪刀剪贴表现简单物象，用泥塑造物体主要特征。
	5～6	运用丰富的色彩和线条构思，画出人物、动物的主要特征，注意深浅、冷暖色搭配。能大胆进行意愿画，并根据主题表现一定的内容和情节。 熟练地选择工具和材料，综合各种技能塑造结构较复杂的形象。会拼贴或制作物体，表现简单的情节和形象，注意装饰美。

续表

项目	年龄/岁	发展水平
想象创造	3～4	绘画中有初步的想象，能简单添画。 自由想象，会随意地进行绘画、撕贴、剪纸等活动。
	4～5	能对玩具、材料、声音等产生联想，喜欢做做玩玩。 乐意想象，会选择多种工具和材料进行美术创造活动，表现主要的形象特征。
	5～6	能按命题构思作画，大胆想象，画面主体突出，布局合理，构图有新意。 喜欢做做玩玩，按照自己的意愿，创造性地布置环境，进行小制作。

教师资格考试·真题再现

（2017 年下半年）幼儿园教师资格考试《保教知识与能力》真题
小彤画了一个长了翅膀的妈妈，教师合理的应对方式是（　　　　）。
A. 让小彤重新画，以使其作品更符合实际
B. 画一个妈妈的形象，让小彤照着画
C. 询问小彤画长翅膀的妈妈的原因，接纳他的想法
D. 对小童的作品不予评价

为了培养同学们整体地评价人和事物的能力，学会全面、完整、系统地评价儿童发展，在分细节了解幼儿各方面发展的基础上，现提供给大家评价 3～6 岁幼儿全面发展的方法，请扫码学习"3～6 岁幼儿发展检核表"。

拓展知识

3～6 岁幼儿发展检核表

本章小结

学前儿童发展评价是学前教育评价的重要组成部分，是了解学前儿童的发展状况、对学前儿童实施有效教育的重要手段。在对学前儿童发展进行评价时，应依据《纲要》和《指南》的精神，运用教育评价的理论与方法，对学前儿童身体健康与动作、语言、认知、社会性、艺术方面的发展进行价值判断。评价的主要目的是更好地促进学前儿童的全面发展。

关键术语

学前儿童发展评价　运动能力　语言能力　社会性发展　认知发展　音乐能力
美术能力

思考题

1. 学前儿童发展评价的指导思想是什么?
2. 简要说明常用的学前儿童心理健康评估工具有哪些。
3. 结合实际谈谈如何在日常教育活动中评价学前儿童口头语言的发展。
4. 简要说明学前儿童社会性发展评价的主要内容。
5. 如何运用同伴提名法评价学前儿童的同伴关系?
6. 简要说明学前儿童艺术能力发展评价的主要内容。
7. 什么是艺术夹? 对学前儿童艺术夹进行评价时主要考虑哪些方面?

建议的活动

1. 选定某幼儿园某一年龄班幼儿,采用多彩光谱中运动领域的评价对该班幼儿进行运动能力的评价。

2. 依据《指南》自编一套3～6岁幼儿安全意识状况的测查问卷,进行调查,并分析当前幼儿安全意识的现状,确定解决方法。

3. 选定某一幼儿,采用幼儿亲社会行为发展检核表对该幼儿进行观察,提出相应的教育方案。

4. 请采用多彩光谱活动课程中的唱歌活动对某一年龄班幼儿的音乐能力进行评价。

第八章　幼儿教师发展评价

学习目标	学习完本章内容后，你应该能够： • 理解幼儿教师评价的重要作用和指导思想； • 了解幼儿教师专业理念与师德，幼儿教师专业知识与能力评价的目标、内容和方法。

第八章知识图谱

教师评价是评价主体依据一定的价值评判标准，对教师做出职业性、专业性和行政性的价值判断过程。学前教育是基础教育的重要组成部分，是学校教育和终身教育的奠基阶段。近年来，伴随着国际教师专业发展研究的兴起，通过教师发展评价促进教师专业成长的研究和实践日益增多，人们也越来越认识到幼儿教师在学前教育中的重要作用及其不可替代性，对幼儿教师职业的专业化期望越来越高。追求、提升幼儿教育质量的前提是重视幼儿教师发展评价的价值与意义。幼儿教师评价是根据学前教育方针、政策、法规以及学前教育培养目标与要求，运用教育评价理论、方法与技术，对幼儿教师在教育中的行为表现与绩效进行全面、客观、公正的价值判断，以促进教师专业发展、提高保教质量为目的的活动。幼儿教师评价是学前教育评价的重要组成部分，对提高学前教育质量具有重要作用。

因长期受"技术理性"影响，"证明"取向的幼儿教师评价在幼儿园广泛施行，幼儿教师评价被视为对教师及其工作进行管理和控制的活动，作为幼儿园保教成效与质量监控的手段及筛选的依据。这种幼儿教师评价将其功能定位于对教师保教水平和业绩进行鉴定和甄别，注重在某段时间过后对教师最终的专业水平和工作业绩实效做出总结性、判决式等级评定，在真正提高教师自身专业水平方面未能起到积极意义，相反有可能为教师的专业发展带来障碍。斯塔弗尔比姆认为，"评价的目的在于追求改进，而不在于证明什么"。幼儿教师评价应从"证明"取向转向"改进"取向。幼儿教师评价应注重指向改进和促进发展。只有当幼儿教师能够切实体验到通过接受评价而获得提高与改进时，只有当幼儿教师意识到评价能够给予自己具有实效性和针对性的支持与帮助时，他们才会乐意接受评价。只有幼儿教师乐意接受评价，评价才会从一种短期的外在压力转换为自我改进的持续性动力，才能实现以评价促进教师自主发展的目的。强调幼儿教师评价从"证明"取向转向"改进"取向，并非全盘否定教师评价的证明、鉴定和甄别功能，教师评价的"证明"功效不适宜幼儿教师自主发展视域的评价，但对于整个幼儿园绩效管理工作有适用和合理之处。

从根本上讲，没有最好的评价，只有最合适的评价。追求合理性应是教师评价制度的根本诉求和本质所在，幼儿教师评价的本真应是在提升管理效益和促进教师发展之间寻求合理的平衡。正如学者马克斯韦尔（Maxwell）所说，评价是合理的评价而不是正确的评价。目前幼儿教师评价中普遍存在绩效管理与教师发展之间失衡的现象，要么过于注重绩效管理，使教师评价陷入浓重的行政化氛围；要么过于强调教师自主发展，使评价蒙上理想主义色彩。幼儿教师评价不仅是保障和提升教师队伍管理绩效的重要手段，而且是促进教师专业发展的重要方式，幼儿教师评价要兼顾园所管理效益的实现与幼儿教师专业发展的实现。幼儿教师评价要努力平衡绩效管理与教师发展之间的关系，构建包容多元价值的评价过程与内容，不以获得某个所谓正确的评价结论为目的，使幼儿教师评价不仅能促进幼儿园绩效管理，而且成为教师发展的平台。

第一节　幼儿教师评价的指导思想

1971年，美国加州制定《教师评价法》（Teachers' Evaluation Regulation），规定从幼儿园到高中的所有教师每两年接受一次评价，见习教师每年一次。1985年，英国皇家督学团在《学校质量：评价与评估》（Quality of Schools：evaluation and assessment）的报告中，提出了教师评价制度应与奖惩制度分离的意见，并在报告中提出了一种新的教师评价制度——发展性教师评价制度。发展性教师评价日益取代奖惩性教师评价，成为教师评价的主流。

我国于1978年高考制度恢复后开始教师评价理论与实践研究。目前，我国幼儿教师评价存在一些误区，主要表现为：评价与教师发展割裂，评价旨在为选拔和管理服务，评价重结果、轻过程；评价内容和标准同质化，缺乏针对性，忽略不同教师专业发展层次的需求，脱离教师的教育实践；评价以管理者或行政人员为主体，教师处于被动评价的地位。发展性评价与绩效评估是共存于教师评价中的两种评价体系，两者之间既存在差异，又密切联系。发展性评价的目的是通过评价提高教师职业素养和教育教学能力，促进教师自我价值的实现。绩效评估的目的是保证教师的教学质量达到一定的标准，是对教师的水平进行评定和实现利益分配的必要手段。发展性评价有助于提高教师的职业素养和教育教学能力，激发教师不断提高教学的主动性和创造性，促进教师自我价值的实现和提升。基于我国幼儿教师评价的现实，今天的评价应遵照习近平总书记对教育做出的理论概括和战略指引，对教师从教具有导向作用，且突出素质教育评价。

拓展视频

幼儿教师发展评价的指导思想

一、幼儿教师评价以师德为先，以能力为重

2012 年教育部颁发的《专业标准》指出："幼儿园教师是履行幼儿园教育教学工作职责的专业人员，需要经过严格的培养与培训，具有良好的职业道德，掌握系统的专业知识和专业技能。"幼儿教师是对幼儿实施保育与教育的专业人员，需具有特定的专业素质，良好的职业道德与态度，专业的教育知识与技能。幼儿教师评价要以师德为先，能力为重。《专业标准》的基本理念中着重强调师德为先，要求幼儿教师"热爱学前教育事业，具有职业理想，践行社会主义核心价值体系，履行教师职业道德规范，依法执教。关爱幼儿，尊重幼儿人格，富有爱心、责任心、耐心和细心；为人师表，教书育人，自尊自律，做幼儿健康成长的启蒙者和引路人。"《专业标准》还强调能力为重，要求幼儿教师"把学前教育理论与保教实践相结合，突出保教实践能力；研究幼儿，遵循幼儿成长规律，提升保教工作专业化水平；坚持实践、反思、再实践、再反思，不断提高专业能力"。幼儿教师必须遵守相关法律法规，遵守《新时代幼儿园教师职业行为十项准则》，不可触碰禁行性规定，增强底线思维。幼儿教师面对的教育对象是身心发展迅速、可塑性强，同时易受伤害的幼儿，幼儿教师要牢记习近平总书记对教师提出的"三个牢固树立"、"四有"好老师、"四个引路人"、"四个相统一"的殷切希望，为幼儿系好第一粒扣子，做好幼儿阶段"培根铸魂"的基础性工作。师德、专业态度与能力是评价幼儿教师的专业基准线。

二、幼儿教师评价以教师自我评价为主，以他人评价为辅

幼儿教师评价的评价者既可以是教师本人，也可以是同事、园长、家长和幼儿等其他评价者。实现教师评价促进教师发展的前提是教师在评价过程中能够自主参与，使评价的过程成为教师运用专业知识审视教育实践，发现、分析、研究、解决教育教学问题的过程。幼儿教师发展评价要关注教师的个体差异，通过多种渠道收集体现教师教学表现和水平的资料，鼓励教师积极参与到评价中并反思自己的教学，建立以自我评价为主，他人评价为辅，促进幼儿教师专业成长的发展性评价体系，这也是《评估指南》所要求的评估方式。自我评价是评价者根据一定的评价标准对自己的表现进行的评价。其优点是易于进行，容易开展；缺点是缺乏横向比较，客观性较差。他人评价是除被评价者自身以外的他人或组织对该被评价者进行的评价。其优点是相对来讲客观性较强；缺点是被评价者主体性缺失，处于被动地位。自我评价与他人评价相结合，即教师通过对话进行自我反思与评价，并与其他评价者互相回应、商讨和理解。这种对话与理解的过程是协助教师对其自身教育观念和行为的深层假设与动机进行系统性质疑、反思、论证的过程，是促进教师通过与其他评价者的沟通获取外界专业支持的过程，是促进教师更新个人教育观念、改善教育行为，生成实践智慧的过程。评价从原来对教师的审视和裁判转为对教师的关注和关怀，从指令性的要求转为协商和讨论式的沟通与交流，从教师被动接受检查转为多主体参与的互动过程，评价由"主客体"范式转为"主体间"的范式。

幼儿教师评价应以自评为主，以他评为辅，同时发挥教师群体的智慧和合作精神，共同研究、共同提高。评价时要注意以下问题。首先，幼儿教师自我评价

要有明确的评价内容和评价标准，建立统一的评价指标体系和评价标准，统一衡量尺度，尽可能地增强客观性，减少主观性，避免教师自我评价与他人评价之间的差异。其次，幼儿教师自我评价的结果不宜与教师的奖惩或利益完全挂钩，唯评价结果论会使评价结论变成衡量一切的指挥棒，会导致教师由于迫于压力或追求功利的目的而不能正确、客观地进行自我评价，在自我评价中不顾实际地抬高自己，或者有意隐瞒自己的不足和缺点，从而失去通过自我评价促进教师发展的目的。当然，自我评价结果可在适当的指标或适当的时机和奖惩挂钩，完全不和奖惩挂钩会使自我评价失去其积极作用。最后，在突出教师本人在评价中的主体作用的同时，还应重视和充分发挥幼儿、家长和同事评价的作用，创设幼儿、家长和同事等评价者积极参与的多元评价氛围。从某种意义上说，幼儿、家长和同事都是教师的工作伙伴，他们不但直接或间接参与了教师的教育教学活动，而且能够从不同的侧面反映教师的工作表现，对教师工作的改进会产生积极影响。教师要端正对他人评价的态度，认识到他人评价所提供的信息对于促进自身专业发展的重要作用，以平和的态度、宽广的胸襟接受他人的评价。总之，要充分利用一切积极的因素综合评价教师的业绩，力求得出客观、公正的结论，使教师评价最大限度地发挥促进幼儿教师发展和提升园所管理效益的积极作用。

三、幼儿教师评价的目的是解决问题，促进成长

教师评价是一种手段，评价的过程是教师运用学前儿童发展知识、学前教育原理等专业知识分析问题、总结经验、自我反思的过程，也是教师自我成长的重要途径。评价指标是教师发展的努力方向，而非最终目标。幼儿教师发展评价要关注教师的背景和基础，重视教师当前的水平和表现，着眼点在于教师的未来，评价结论应是个性化的，应重视通过评价与教师一起解决教育问题，提出改进建议，促进教师成长与发展。幼儿教师应对照法规文件对幼儿教师的专业要求进行自我评价，客观分析目前自身已有专业素质与合格幼儿教师专业素质之间可能存在的差距，对自己的专业发展水平以及所处的专业发展阶段进行客观的自我认识，同时发掘自己的专业优势，有针对性地选择适合自身发展需要的专业素质提升目标、模式、内容与方法。不同的评价组织或个人基于不同的角度对幼儿教师评价的认识不尽相同，如美国的幼儿教师评价着重从学科知识与幼儿发展知识、课程统整与多种教学技能、教师热忱与态度、教师专业成长、专业伦理、教师人际关系等方面进行。我国幼儿教师评价内容以我国的相关法律法规为依据，反映目前我国幼儿教育发展与改革的现实需求，体现幼儿教师职业特点和专业特征。《专业标准》是国家对合格幼儿园教师专业素质的基本要求，是幼儿园教师开展保教活动的基本规范，是引领幼儿园教师专业发展的基本准则，是幼儿园教师培养、准入、培训、考核等工作的重要依据。以《专业标准》《评估指南》等出台的与幼儿教师专业发展有关的政策文件为指导，幼儿教师评价的主要内容包括：幼儿教师专业理念与师德评价、幼儿教师专业知识评价、幼儿教师专业能力评价三个部分。

第二节　幼儿教师专业理念与师德评价

拓展视频

幼儿教师专业理念
与师德评价

幼儿教师的专业素质直接影响着幼儿的成长与发展。专业理念与师德是幼儿教师专业素质的核心，教师的专业理念与师德会对幼儿产生潜移默化的深远影响。专业理念指专业人员对自身专业的性质和标准价值等的理解、判断、期待与认同，指引着专业人员的思考方式和行为举止。幼儿教师的专业理念是幼儿教师"在对教育工作本质理解基础上形成的关于教育的观念和理性信念"。[①] 专业理念体现幼儿教师对保教工作的对象、内容、方式的专业性认识。幼儿教师所持有的专业理念不仅决定着教师组织保教活动的目的、内容和方式，影响着保教活动的效果及自身专业发展的方向，而且是幼儿教师专业发展的重要标志与关键要素，是幼儿教师心中的"指南针"和"导航仪"，直接影响幼儿教师的保育和教育行为。师德是指教师的职业道德，是教师在长期的教育教学实践中形成的比较稳定的道德观念、行为规范与道德品质的综合。师德不仅含有道德，而且含有世界观、人生观、价值观、政治立场和态度、法纪观念和行为等。[②] 如果说幼儿教师的专业理念包含其学前教育价值观、儿童观和保教活动观，侧重于对保教工作的对象、内容、方式的专业性认识，师德则体现幼儿教师对保教工作的态度和个人修养等个人品质。幼儿教师的教育实践将其专业理念与师德融为一体，共同从思想认识层面支配并制约其行为。专业理念与师德是幼儿教师通过日常生活、教育教学实践与专业理论学习获得的对学前教育规律和学前儿童身心发展的理性认识，形成的对幼儿教师职业的基本道德规范的认同与内化。

幼儿教师专业理念与师德评价涉及幼儿教师对工作职责、对幼儿、对自身专业发展和沟通交流应具有的职业道德伦理、价值和态度的评价。《专业标准》将幼儿教师专业理念与师德划分为职业理解与认识、对幼儿的态度与行为、对幼儿保育和教育的态度与行为、教师个人修养与行为四个领域，我们可以通过这四个领域来对幼儿教师专业理念与师德进行评价。

一、职业理解与认识评价

职业理解与认识是指幼儿教师对幼儿教育事业和幼儿教师职业应具备的专业理念与师德的认识。获得正确的职业认知，树立科学的职业理解是成为合格幼儿教师的前提和基础。幼儿教师职业理解与认识涉及幼儿教师对国家教育方针政策和法律法规的理解、对学前教育价值的理解以及对幼儿教师职业的认识。幼儿教师要注重学习教育法律法规和国家的教育政策，掌握相关规定和要求，并将其内化为自己的教育教学行为；要充分认清学前教育对幼儿成长的重要性，把保教工作作为一项事

---

① 叶澜：《新世纪教师专业素养初探》，载《教育研究与实验》，1998(1)。
② 王逢贤：《师德建设的理论思考》，载《中国教育学刊》，1997(4)。

业来做，为之不断奋斗；要认识和把握幼儿教育的基本规律，研究其区别于其他教育类型的独特性，并以不断学习理论和实践锻炼的方式提高自身的专业素养；要注意言传身教和树立良好师德，处处为幼儿做表率，言行一致、表里如一；要注意和团队其他工作人员的团结协作和配合，共同提高学前教育质量。概括起来就是：爱国守法、爱岗敬业、专业认同、为人师表、团队合作。[①]

《专业标准》对幼儿教师职业理解与认识的基本要求做了如下规定。

1. 贯彻党和国家教育方针政策，遵守教育法律法规。
2. 理解幼儿保教工作的意义，热爱学前教育事业，具有职业理想和敬业精神。
3. 认同幼儿园教师的专业性和独特性，注重自身专业发展。
4. 具有良好职业道德修养，为人师表。
5. 具有团队合作精神，积极开展协作与交流。

教师资格考试·考点分析

《中小学和幼儿园教师资格考试标准（试行）》"职业道德与基本素养"模块的"职业规范"提道："能评析保育教育实践中的道德规范问题。"

注：幼儿教师所具备的职业道德修养和所掌握的职业道德规范对幼儿的身心健康成长与发展是很重要的，一位合格的幼儿教师首先需要具备良好的职业道德修养，才可能准确、客观、科学地解决保育教育实践中遇到的有关道德规范问题。在幼儿教育实践中，我们经常会发现幼儿教师的一些不合理做法，这些均与教师的职业修养及其对道德规范的理解有关。例如，2013 年下半年幼儿园教师资格考试《保教知识与能力》真题中的一道材料分析题就是一个很典型的案例。

教师资格考试·真题再现

（2013 年下半年）**幼儿园教师资格考试《保教知识与能力》真题**

材料分析：下周一要开展手工活动，张老师要求家长准备废旧材料。周一那天，只有苗苗没有带材料来，张老师就不让她参加活动。苗苗站在一旁看着同伴活动，情绪很低落，一天都很少说话。回家后，苗苗冲着爸爸大发脾气……

问题：（1）你认为张老师的做法合适吗？为什么？

（2）你认为张老师应该怎么做？

二、对幼儿的态度与行为的评价

树立以幼儿为本的儿童观是幼儿教师评价的出发点和落脚点，是促进幼儿教师

---

① 教育部教师工作司：《幼儿园教师专业标准（试行）解读》，62～66 页，北京，北京师范大学出版社，2013。

专业发展、保证学前教育质量的关键。儿童观是对幼儿的观点和看法，包括对幼儿身心发展特点、规律和心理发展动力等一系列问题的一般性认识及由此形成的对幼儿的特定期望等。儿童观影响着幼儿教师的教育理念、方式和行为，对待幼儿的行为和态度反映着幼儿教师的儿童观。幼儿教师要把保证幼儿的生命安全放在首要位置，平等地对待每个幼儿，尊重幼儿权益，以幼儿为主体，充分调动和发挥幼儿的主动性，关爱、尊重、信任每个幼儿，掌握幼儿不同发展阶段的身心特点及规律，了解幼儿个体的一般特点及差异性，为幼儿创设良好环境，鼓励其主动、积极地学习，遵循幼儿身心发展特点和教育规律，提供适合的教育，促进幼儿快乐健康成长。幼儿教师要努力做到：关爱幼儿、尊重幼儿、信任幼儿、注重生活对幼儿成长的价值。

《专业标准》就幼儿教师对幼儿的态度与行为的基本要求做了如下规定。

6. 关爱幼儿，重视幼儿身心健康，将保护幼儿生命安全放在首位。

7. 尊重幼儿人格，维护幼儿合法权益，平等对待每一位幼儿。不讽刺、挖苦、歧视幼儿，不体罚或变相体罚幼儿。

8. 信任幼儿，尊重个体差异，主动了解和满足有益于幼儿身心发展的不同需求。

9. 重视生活对幼儿健康成长的重要价值，积极创造条件，让幼儿拥有快乐的幼儿园生活。

专栏 8-1

陕甘宁边区保育院时期教师对幼儿态度与行为的评价[①]

陕甘宁边区第一保育院在 1946 年的保教工作总结中，梳理了以下教师对幼儿态度与行为的评价策略与方法。①鼓励和表扬：只要孩子有进步，哪怕是极微小的进步都应受到适当的鼓励和表扬。绝对禁止打骂孩子、损害孩子的自尊心、约束孩子个性发展等行为。孩子犯了错误，由他们自己开会批评来解决。②培养模范孩子：我们用培养模范儿童和选举模范儿童的办法来教育大家，因为在他们的生活里，突出的模范儿童是被大家所爱戴、羡慕的。比如，阿米、小红、威威是幼稚班儿童，所有孩子都愿意和他们成为朋友，阿米他们就拿自己好孩子的行为去感召孩子，帮助小朋友，使有些孩子也学好了。③自己管理自己：五岁左右的孩子，就可开始训练他们自己管理生活的能力，让孩子们自己去选举产生小班长。小班长的职责大概是招呼同班孩子上课，老师不在时维持秩序或调解一些纠纷，能干的小班长在孩子面前的威信很高。④大家比赛：孩子们好胜心很强，我们根据这一点采用竞赛的办法，比如，哪一班最整洁？哪一班最守秩序？谁每天都不打架？孩子们都是不愿意当"乌龟"的。保育生刘炳星回忆其 1939 年秋至 1941 年夏在延安陕甘宁边区第一保育院生活的一年多时间里，当时虽然只有四五岁，但是留下了终生难忘的美好记忆："保育院的阿姨们利用休息时间用彩布、棉絮裁剪缝制成一些小动物、小模型玩具，每逢过年过节发给每人一个奖品或节日小礼物。经小朋友们民主评定选出的模范儿

---

① 赵艳、程秀兰：《陕甘宁边区教育史料通览》，247 页，西安，陕西师范大学出版总社，2019。收入本书时有改动。

童，保育员阿姨们奖励他们每人一架小飞机模型；表现较好的孩子，赠送一辆小汽车；表现一般的，赠送一只小白兔；个别不遵守纪律、不听保育员阿姨话的，则送给一只小乌龟，从而激励大家积极向上，争当模范儿童。"延安时期幼教工作者对幼儿态度与行为的评价策略与方法值得我们借鉴和学习。

教师资格考试·真题再现

（2020年下半年）幼儿园教师资格考试《综合素质》真题

材料分析：刚入园的小班幼儿，萍萍是一个性格内向的孩子，穿着又脏又旧，总是哭着要妈妈，其他小朋友都不愿和他玩。程老师温柔地拥抱他，牵着他的小手介绍其他的小伙伴和他认识。一天，自由活动时间到了，只见萍萍又一个人呆呆地坐在自己的椅子上面，脸上毫无表情，一言不发。程老师见此情景，心想此时不宜和萍萍进行交谈，而是应该鼓励他和小伙伴一起玩。于是，程老师叫来活泼开朗的小娜和萍萍一起玩玩具。小娜见萍萍不会玩，便教萍萍，两人很快玩到了一起。为了增强萍萍的自信心，程老师有意让萍萍当值日生，协助老师一起发放和收拾餐具，并不断地表扬萍萍很能干，萍萍很开心，越来越自信了。在日常学习活动中，老师经常表扬萍萍，萍萍的笑容也越来越多了。

问题：请结合材料，从儿童观的角度评析程老师的教育行为。

三、对幼儿保育和教育的态度与行为的评价

对幼儿保育和教育的态度与行为的评价是从保教观的角度对幼儿教师应具备的专业理念与师德进行评价。幼儿教师对幼儿保育与教育活动的原则、内容、方式和效果的认识与理解决定着幼儿园保育和教育活动的实践形态。保育和教育是一个有机的整体，互为补充、紧密衔接、不可分割。培养幼儿良好的意志品质、学习习惯、生活习惯、行为习惯是保育和教育的首要任务。幼儿教师要加强保育和教育的衔接配合，在保育过程中贯穿教育的思想，在教育过程中关注保育的实践。幼儿教师要做到：注重保教结合、注重培养兴趣、重视环境和游戏、重视直接经验、重视身教、重视家园与社区合作。

《专业标准》就幼儿教师对幼儿保育和教育的态度与行为的基本要求做了如下规定。

10. 注重保教结合，培育幼儿良好的意志品质，帮助幼儿养成良好的行为习惯。

11. 注重保护幼儿的好奇心，培养幼儿的想象力，发掘幼儿的兴趣爱好。

12. 重视环境和游戏对幼儿发展的独特作用，创设富有教育意义的环境氛围，将游戏作为幼儿的主要活动。

13. 重视丰富幼儿多方面的直接经验，将探索、交往等实践活动作为幼儿最重要的学习方式。

14. 重视自身日常态度言行对幼儿发展的重要影响与作用。

15. 重视幼儿园、家庭和社区的合作，综合利用各种资源。

教师资格考试·真题再现

（2020年下半年）幼儿园教师资格考试《综合素质》真题

每次教学活动前，伍老师都会组织小朋友们做"请你跟我这样做"的游戏，每次动作都一样。小朋友们感觉有些乏味。这天伍老师又做这个游戏，她热情地说："请你跟我这样做。"小英突然冒出一声："不想跟你这样做。"全班孩子哄堂大笑。对此，伍老师恰当的做法是（　　）。

A. 停止游戏，直接进入教学活动环节

B. 停止游戏，批评该小朋友扰乱秩序

C. 继续游戏，对小朋友的捣乱声音不予理睬

D. 继续游戏，依据小朋友兴趣调整游戏动作

四、教师个人修养与行为评价

幼儿教师的个人修养与行为是指幼儿教师胜任本职工作所需具备的性格特征、积极的心理倾向、创造性的认知方式、丰富的情感、坚强的意志、高尚的道德品质以及规范的行为方式。幼儿教师面对的教育对象是身心发展迅速、可塑性强，同时易受伤害的幼儿，幼儿教师的自身修养和行为对于幼儿的学习与发展至关重要。幼儿需要师德高尚，具有良好的职业道德修养，富有爱心、责任心、耐心和细心，热爱幼儿，并能给予幼儿精心呵护和教育培养的教师。幼儿教师要热爱幼儿教育事业、加强情绪调节和管理，不断提高个人修养。概括起来就是要做到：个性修养好、心理健康、乐于学习。

《专业标准》对幼儿教师个人修养与行为的基本要求做了如下规定。

16. 富有爱心、责任心、耐心和细心。

17. 乐观向上、热情开朗，有亲和力。

18. 善于自我调节情绪，保持平和心态。

19. 勤于学习，不断进取。

20. 衣着整洁得体，语言规范健康，举止文明礼貌。

专栏 8-2

陕甘宁边区保育院时期对教师态度和修养的评价[①]

陕甘宁边区保育院在1946年保教工作总结中对幼稚教师进行修养评价时谈到，一个被小朋友所爱戴的幼稚教师必须具有下列的态度和修养。

---

① 赵艳、程秀兰：《陕甘宁边区教育史料通览》，257页，西安，陕西师范大学出版总社，2019。收入本书时有改动。

①爱孩子。幼稚教师是位慈母，热爱孩子，处处关心他们的生活，有为孩子服务的精神，但不是溺爱他们。

②懂得孩子。单纯地非教育观点地爱孩子是要不得的，必需细心地观察与研究儿童心理、心情和兴趣。就是说懂得孩子，善于把握儿童特性，给以适当的具体教育。例如，对胆小的孩子，他们犯错误(特别是不注意而犯过失)时，我们要多安慰，解释与暗示，不宜过分指斥。

③和孩子打成一片。当自己和孩子接近的时候，幼稚教师的心情和动作要与孩子的心情和动作相渗透，也就是说，幼稚教师要把自己变成个小孩。如幼稚教师和孩子们在一起玩时，态度十分严肃，格格不入，会影响孩子轻松愉快的心情。

④懂得医务。幼稚教师应该知道基本的生理、医务卫生常识，她不可能是个医生，但至少也不是个完全的门外汉，这样对她本身的工作是有帮助的。

教师资格考试·真题再现

(2017 年下半年)幼儿园教师资格考试《综合素质》真题

最近，徐老师将头发染成了红色。在一次区域活动中，"理发室"里的几个孩子边玩边说："请给我染发，我要红颜色的，像徐老师一样的红色。""我也要红颜色的!"徐老师"染头发"的行为(　　　)。

A. 恰当，反映幼儿教师合理的审美需求

B. 恰当，促进幼儿审美能力的发展

C. 不恰当，不符合区域活动的组织要求

D. 不恰当，不符合幼儿教师的仪表规范

📖 **专栏 8-3**

全美幼教协会《伦理规范和承诺声明》(2005 年版)①

三、全美幼教协会《伦理规范和承诺声明》的具体内容

(一)对儿童的伦理道德责任

童年是整个人生中独一无二的、宝贵的阶段。幼教工作者首要的职责就是为每一个儿童在安全、健康的环境下提供保育和教育，尽心尽力地支持儿童的发展和学习，尊重个人差异，帮助儿童学会生活、游戏以及合作，帮助儿童建立良好的自我意识、竞争能力、自我评价、适应力和身体素质。

---

① 何叶、杨兴国：《全美幼教协会〈伦理规范和承诺声明〉简介》，载《早期教育》，2010(4)。收入本书时有改动。

1. 理想

(1)熟知儿童保育、教育的基础知识，并且通过不断的教学和培训增进对知识的理解。

(2)将教学计划建立在现有有关儿童保教、儿童发展及相关学科的知识、研究以及每个儿童自身情况的基础之上。

(3)认识并尊重每个儿童独特的素质、能力和发展潜力。

(4)重视每个儿童的弱点以及他们对父母的依赖性。

(5)创造并维持一个安全、健康的环境以促进儿童的社会性、情绪、认知和身体发展，尊重他们的尊严和贡献。

(6)利用适宜儿童的辅助设施和策略。

(7)使用评估信息来理解和支持儿童的发展和学习，并确定儿童可能需要的发展。

(8)在促进每个健全或残疾儿童发展的环境下，赋予每个儿童玩耍和学习的权利。

(9)倡导并确保所有儿童，包括有特殊需要的儿童，能够获得所需要的支持和服务。

(10)确保每一个儿童的文化、语言、种族和家庭都能在教学中得到承认和重视。

(11)提供所有儿童他们所知道的语言方面的经验，包括保持使用母语以及学习英语。

(12)和家庭成员们一起合作，使儿童能顺利地从家庭过渡到幼儿园。

2. 原则

(1)不能危害到儿童。不能对儿童有情感伤害的、不利于身体的、不尊重的、有辱人格的、危险的、剥削性的或恐吓性的行为。这条原则是所有原则之首。

(2)应在积极的情绪和环境中照料和教育儿童，这会对儿童的文化、语言、种族和家庭结构的认知产生良好的刺激。

(3)绝对不能出现损害儿童利益、给予儿童区别对待或任何对儿童的性别、种族、国别、宗教信仰、医疗状况、残疾、家庭状况、家庭成员的性取向、宗教信仰等表示不公平对待的歧视性行为。

(4)要涉足所有相关知识领域(包括家庭和工作人员的决定)，对于所有涉及儿童的信息进行保密。

(5)使用适当的评估系统，其中包括多种信息的来源，来提供有关儿童学习和发展的信息。

(6)努力确保有关决定(如注册、保留或转让特殊教育服务)是根据多种信息来源而做出的，而不是基于单一的评估(如考试成绩或单一的观察)。

(7)努力与儿童建立良好的人际关系，制定适应个性发展的教学策略、学习环境和课程，并与家长协商，以便使每个儿童从课程中得到益处。如果竭尽努力还不能使当前的设置满足儿童的需要或者严重损害了其他儿童的能力，则联合儿童的家人和专家来确定适当的条件和服务来使儿童得到发展。(这一原则可能不适用于那些为特殊儿童提供的法律性项目)

(8)熟悉虐待和忽视儿童的危害性，包括对儿童身体、性、语言和情感的虐待，以及对其身体、情感、教育和医疗的忽视。了解和遵守国家法律和社会保障，能识别对儿童的虐待和忽视。

(9)当有合理理由怀疑儿童受到虐待或忽视时，向适当的社区机构报告并采取后续行动，以确保必要措施的实行。在适当的情况下，父母或监护人将被告知保护行动已经被执行。

(10)当被其他人告知，他怀疑儿童受到了虐待或忽视，为了保护儿童，要采取协助的行动。

(11)当得知一种行为或情况威胁到儿童的健康、安全或者福利时，有道德义务去保护儿童或者告知他们的父母或其他监护人。

(二)对家庭的道德义务

家庭对于儿童的发展是至关重要的。因此，教师与幼儿及家庭间的沟通、合作对于促进儿童发展有着重要作用。

1. 理想

(1)通过继续教育和培训的方式使幼儿教育工作者保持与家庭的有效合作。

(2)与家庭建立相互信任的关系。

(3)欢迎并鼓励所有的家庭成员参与到教育中来。

(4)倾听家长的声音，承认并增强他们对儿童的影响力，并且向他们学习。

(5)尊重每个家庭成员和他们的喜好，并努力了解每个儿童的家庭结构、文化、语言、风俗和信仰。

(6)尊重家长的教育观和他们为子女做决定的权利。

(7)从家长处了解儿童发展信息，并帮助他们理解幼儿教育界现有的知识理论。

(8)帮助父母提高对子女的理解能力，并支持他们自身的发展。

(9)通过提供与工作人员、其他家庭、社区资源和专业服务机构的互动机会来参与家庭支持网络的建设。

2. 原则

(1)不否认家长参与教室或教学计划设置的权利，除非该权利被法院否认。

(2)告知家长教育原则、政策、课程、考核制度和人员资格，并解释安排教学的根据。

(3)通知家长在适当的时候参与教学决策。

(4)参与会影响儿童的重大家庭决定。

(5)尽可能用家长能懂的语言与其沟通，语言不通时利用笔译和口译等手段进行交流。

(6)当家长与教师分享儿童和家庭的情况时，考虑将这些信息用来规划和实施教学计划。

(7)告知家长儿童评估的性质和目的。

(8)对儿童的评估信息严格保密，只在有需要时运用。

(9)告知家长儿童的伤亡情况以及可能的风险，如传染性疾病可能给儿童和家庭带来的危险及可能导致的情绪压力。

(10)家长应充分了解任何涉及其子女的拟议项目，并有充分的权利和机会表示赞成或不赞成。教师不允许参与任何可能妨碍儿童教育、发展或获得幸福的研究。

(11)不得利用与家长的关系谋取私人利益，不得为了工作而介入家庭关系。

（12）提出书面措施以保护儿童的隐私，这些措施对所有人都是有效的。向家长以外的人披露儿童的记录、个人计划等信息必须得到家庭的同意（虐待或忽视案件除外）。

（13）对所有的个人信息以及家庭访问记录都要尊重，注意保护家庭的隐私。尽管如此，当儿童的利益受到威胁时，保护儿童的机构和法律是能够共享这些信息的。

（14）在家长之间有冲突的情况下，公开地对他们进行工作并向他们提供观察的儿童情况，帮助他们做出明智的决定。教师要避免成为家庭中任何一方的辩护者。

（15）对社区资源十分熟悉，跟进每个家庭项目，给予家长专业的支持。

（三）对同事的道德责任

在一个充满爱心与合作的工作场所中，保持和发展积极的人际关系，个人尊严得到尊重，专业满意度得到提升。在核心价值观的基础上。教师的首要责任是与同事建立和保持支持工作以及满足专业需要的良好人际关系。理想也适用于在工作场所与儿童和其他成年人打交道。

1. 对同事的责任

（1）理想。

①与同事建立并保持相互尊重、相互信任、保护隐私、协同合作的关系。

②与同事分享资源，确保为儿童提供最好的保育和教育。

③帮助同事满足专业需要以及专业发展的需要。

④承认同事的专业成就。

（2）原则。

①承认同事在教学中和面对儿童、家长时做出的成绩，不参与损害集体名誉的行动。

②当关注一个专业工作者时，首先让他/她知道自己被关注以表尊重，然后以保密的方式尝试解决在关注中发现的问题。

③陈述对同事个性和专业操守的意见以第一手资料为基础，绝不道听途说。

④绝不对同事的性别、种族、国籍、宗教或党派信仰、年龄、婚姻状况或家庭情况、残疾以及性取向有任何歧视性的行为。

2. 对雇主的责任

（1）理想。

①尽可能发挥自己的能力促进教学质量的提升。

②除非违反了法律、旨在保护儿童的法规或者本守则的规定，否则在工作中绝不做任何损坏自身机构名誉的事情。

（2）原则。

①遵循所有计划政策。当计划政策不能实行时，努力通过组织内部的影响来做有建设性的活动。

②每一位教师都要以一个组织的名义说话和行动，必须承担以组织名义和个人名义讲话的责任。

③不得违反法律、旨在保护儿童的法规，并且按照本守则采取适当行动。

④如果有同事的行为有问题但并不涉及儿童的利益，可以自行解决这个问题。但若提醒后，情况没有得到改善或危害到了儿童，应向有关部门报告该同事的不道德或不称职行为。

⑤当对影响儿童保育和教育质量的环境或条件担忧时，应通知教育管理人员，在必要时候通知有关部门。

（四）对社区和社会的道德义务

对于社区的责任就是提供能够满足家庭需要的教育计划、与专业机构和责任人员协同合作，并且协助社区发展未来计划。就个体教师而言，应真诚地为儿童提供最好的教育计划和服务。对于整个教师集体来说，应提倡使儿童利益最大化的教育计划。这一节中的理想与原则既有针对个别幼儿工作者的，也有针对幼儿工作者集体的。

1. 理想（个人）

为社区提供高质量的早期幼儿保育和教育的计划与建议。

2. 原则（个人）

（1）公开、诚实地与各界对所提供服务的性质和程度进行沟通。

（2）申请、接受、从事适合专业的工作岗位，绝不提供不具专业水准的服务。

（3）对雇佣的人的专业资格仔细审核，并为其推荐合适的岗位。

（4）在已有的知识基础和活动计划基础上努力做到客观、准确。

（5）对评估策略有详尽的了解，能对家庭做出详细解释以便他们运用。

（6）熟悉保护儿童的法律、法规并密切留意其执行状况。

（7）当一种习惯危害到儿童的健康和福利时，有道德义务去告知其父母或监护人。

（8）在教育计划中不得有违反保护儿童的法律法规的活动。

（9）当有证据显示一项教育计划违反了保护儿童的法律法规时，要报告能够做出补救的有关部门。

（10）当一个计划违反了或要求其雇员违反本守则时，在允许的情况下以及在对有关证据做出评估后，应披露该计划。

第三节　幼儿教师专业知识评价

教师的知识和技能是决定幼儿能够学习多少内容的重要因素之一，对幼儿的学习与发展有着重要的影响。[1] 专业知识是教师胜任教育教学工作必须具备的知识，是被教育实践所证明的、真实准确的、对解决教育教学实践问题具有指导性的经验。国内外学者对"教师应该具有哪些专业知识"做了大量的研究，提出了各自的看法与观点。幼儿教师专业知识是其专业素质的重要构成部分，是幼儿教师专业成长与发展的核心内容，体现着幼儿教师作为专业化职业的不可替代性。幼儿教师的专业知识具有个体性、

拓展视频

幼儿教师专业
知识评价

---

[1]　［美］芭芭拉·鲍曼、苏珊娜·多诺万、苏珊·勃恩兹：《渴望学习：教育我们的幼儿》，吴亦东、周萍、罗峰等译，194页，南京，南京师范大学出版社，2005。

实践性、缄默性和整合性等特征，是教师在其实践过程中逐步建构起来的知识，是基于实践又服务于实践的理论，是教师实践智慧的结晶。专业知识是教师专业信念与能力的基础，拥有专业知识是幼儿教师成为专业人员的前提条件，幼儿教师专业知识丰富程度与运用情况决定其专业水平。

在《专业标准》中，教师专业知识包括幼儿发展知识、幼儿保育和教育知识以及通识性知识。对幼儿教师专业知识的评价也可从这三个方面入手。

一、对掌握幼儿发展知识的评价

幼儿发展知识是关于幼儿学习与发展规律和特点的"是什么"和"为什么"的知识。幼儿发展知识是幼儿教师专业知识的核心。以幼儿发展为本是幼儿教育的显著特征，幼儿教师把握幼儿发展的知识，了解幼儿的身心发展特征与规律等专业知识是顺利开展教育工作的前提和根本。幼儿发展知识不仅有助于教师形成正确的儿童观和教育观，而且是确保教师保教工作适宜性和有效性的根基。幼儿教师要及时学习国家的法律法规和幼儿教育的政策规定，了解并掌握国家对幼儿教育的要求和标准，了解不同年龄段幼儿教育的目标和教育方法，了解不同年龄段幼儿身心发育的特点与规律，掌握不同年龄段幼儿身心发展的特征和差异，有针对性地在教育教学活动中开展差异化教学。对幼儿的正确认识、对幼儿身心发展规律的准确把握是幼儿教育得以成功的关键。概括起来就是要做到：了解有关幼儿生存发展的政策法律法规，掌握幼儿身心发展的年龄特点与一般规律，了解幼儿发展的个体差异、常见问题、策略与方法。

《专业标准》对幼儿教师了解和掌握幼儿发展知识的基本要求做了如下规定。

21. 了解关于幼儿生存、发展和保护的有关法律法规及政策规定。
22. 掌握不同年龄幼儿身心发展特点、规律和促进幼儿全面发展的策略与方法。
23. 了解幼儿在发展水平、速度与优势领域等方面的个体差异，掌握对应的策略与方法。
24. 了解幼儿发展中容易出现的问题与适宜的对策。
25. 了解有特殊需要幼儿的身心发展特点及教育策略与方法。

教师资格考试·考点分析

《中小学和幼儿园教师资格考试标准（试行）》在"教育知识与应用"模块中提道："掌握幼儿教育的基本原则……并能据此评析幼教实践中的问题。"

注：掌握幼儿园教育基本原则的目的是客观地解决幼儿教育实践中的问题，教师如果只停留在学习理论阶段是缺乏实用性的，当然离开教育理论对教育实践的指导也是不科学的。所以，《专业标准》也对幼儿教师应掌握的保育和教育知识提出了基本要求，只有熟悉掌握这些保育和教育基本知识，才能更好地评价幼教实践中的问题。

教师资格考试·真题再现

(2019年下半年)幼儿园教师资格考试《保教知识与能力》真题

1. 梅梅和芳芳在娃娃家玩，俊俊走过来说："我想吃点东西。"芳芳说："我们正忙呢!"俊俊说："我来当爸爸炒点菜吧。"芳芳看了看梅梅，说："好吧，你来吧。"从俊俊的社会性发展来看下列哪一选项最贴近他的最近发展区?(　　　)

A. 能够找到一个自己喜欢的玩伴

B. 开始使用一定的策略成功加入游戏小组

C. 在4~5名幼儿的角色游戏中进行合作性互动

D. 能够在角色游戏中讨论装扮的角色行为

2. 材料分析：小班张老师观察发现，小明和甘甘上楼时都没有借助扶手，而是双脚交替上楼梯；下楼时小明扶着扶手双脚交替下楼梯，甘甘则没有借助扶手，每级台阶都是一只脚先下，另一只脚跟上慢慢下。

问题：(1)请从幼儿身心发展角度，分析小班幼儿上下楼梯的动作发展特点。

(2)分析两名幼儿表现的差异及可能原因。

二、对掌握幼儿保育和教育知识的评价

幼儿保育和教育知识是关于幼儿教育的基本原理，是关于幼儿教育的目标、内容、途径、方法和策略的基本知识。幼儿保育和教育知识解答的是科学的幼儿园保育和教育实践"什么样"和"怎么做"的问题。幼儿教育的综合性特点决定了幼儿教师需要了解多学科的知识，全面掌握健康、语言、社会、科学、艺术领域的学科实践性知识。幼儿保育和教育知识指导着教师的保教行为，包含着教师"应该做什么"和"应该怎么做"的具体内容与方法，包含着"为什么这样做"和"怎么做是正确的"的解释。幼儿保育和教育知识有助于幼儿教师成为理性的教育实践者，提升保教实践的自觉性，为创造性地开展保教工作提供理论依据。

《专业标准》对幼儿教师掌握幼儿保育和教育知识的基本要求做了如下规定。

26. 熟悉幼儿园教育的目标、任务、内容、要求和基本原则。

27. 掌握幼儿园各领域教育的学科特点与基本知识。

28. 掌握幼儿园环境创设、一日生活安排、游戏与教育活动、保育和班级管理的知识与方法。

29. 熟知幼儿园的安全应急预案，掌握意外事故和危险情况下幼儿安全防护与救助的基本方法。

30. 掌握观察、谈话、记录等了解幼儿的基本方法和教育心理学的基本原理和方法。

31. 了解0~3岁婴幼儿保教和幼小衔接的有关知识与基本方法。

首先，幼儿教师要准确理解幼儿园教育的目标、任务和基本原则。幼儿园教育目标是教育目的在幼儿园教育这一阶段的具体化，是国家对幼儿园提出的培养人的

规格和要求。幼儿园教育的目标指明了幼儿教育的基本方向，是幼儿教师开展工作的指南针和方向盘，是完成幼儿园教育任务、提高幼儿园教育质量的重要指导思想。幼儿园的任务是幼儿园性质和功能的具体体现。《幼儿园工作规程》规定了我国幼儿园的双重任务："贯彻国家的教育方针，按照保育与教育相结合的原则，遵循幼儿身心发展特点和规律，实施德、智、体、美等方面全面发展的教育，促进幼儿身心和谐发展。幼儿园同时面向幼儿家长提供科学育儿指导。"幼儿教师要树立双重任务的意识，明确"为幼儿"和"为家长"服务的具体内容。《幼儿园工作规程》指出，幼儿园德、智、体、美等方面的教育应当互相渗透，有机结合；遵循幼儿身心发展规律，符合幼儿年龄特点，注重个体差异，因材施教，引导幼儿个性健康发展；面向全体幼儿，热爱幼儿，坚持积极鼓励、启发诱导的正面教育；综合组织健康、语言、社会、科学、艺术各领域的教育内容，渗透于幼儿一日生活的各项活动中，充分发挥各种教育手段的交互作用；以游戏为基本活动，寓教育于各项活动之中；创设与教育相适应的良好环境，为幼儿提供活动和表现能力的机会与条件。幼儿园教育的原则是幼儿教师必须遵守的基本要求，幼儿教师要将幼儿一日生活活动有机安排，寓教于乐，保教结合。其次，幼儿教师要掌握幼儿教育的内容、途径与方法。幼儿园应该教什么，应该怎么教，这是幼儿教育目标能否实现的根本问题。幼儿教育的内容、途径与方法的知识是一种综合性的知识，包含幼儿学习所涉及的各学科领域的知识，幼儿各领域学习特点与发展规律的知识，各领域幼儿教育教学方法和策略的知识，以及幼儿园环境创设、一日生活安排和班级管理等方面的知识。再次，幼儿教师要了解幼儿卫生保健与安全知识，了解幼儿学习与发展的基本方法。最后，幼儿教师要了解幼儿园与其他阶段的教育衔接。

教师资格考试·真题再现

（2017 年下半年）幼儿园教师资格考试《综合素质》真题

某幼儿园一直注重教育质量，选择《唐诗三百首》对幼儿进行详细讲解，让幼儿认读、听写，部分家长对此很满意。该幼儿园的做法（　　　）。

A. 不正确，忽视了幼儿教育的生活化

B. 不正确，忽视了幼儿教育的均衡化

C. 正确，提升了幼儿的语言能力

D. 正确，打牢了幼儿的知识基础

三、对掌握通识性知识的评价

教师专业知识是教师的"知识之桶"，是教师从事教育、教学工作的前提条件。美国学者舒尔曼（Lee S. Shulman）提出的教师专业知识结构包括学科内容知识、一般的教法知识、课程知识、学科教学法知识、有关学生的知识、有关教育情境的知识以及其他课程知识。这其中就蕴含了通识性知识的内涵。在我国，一般认为教师的专业知识可分为四个方面的内容：通识性知识、本体性知识、条件性知识和实践性知识。如果说通识性知识、本体性知识和条件性知识是教师专业知识结构的三块"桶板"，这三种专业知识的简单叠加并不能形成教师完整的知识结构，还需要通过实践性知识进行整合。通识性知识是教师知识结构中基础层面的知识，是有关当代科学、人文及艺术方面的知识，即通常意义上的一般科学文化知识。幼儿教师应拥有一定的有利于开展有效的教育教学工作的科学文化知识。

《专业标准》对幼儿教师了解通识性知识的基本要求做了如下规定。

> 32. 具有一定的自然科学和人文社会科学知识。
> 33. 了解中国教育基本情况。
> 34. 具有相应的艺术欣赏与表现知识。
> 35. 具有一定的现代信息技术知识。

通识性知识是幼儿教师专业知识的重要组成部分。《专业标准》将幼儿园教师的通识性知识分为自然科学知识、人文社会科学知识、艺术欣赏与表现知识、现代信息技术知识。

自然科学知识包括数学、物理学、生命科学、环境科学等学科知识。自然科学知识的学习有利于教师掌握幼儿科学教育中所必需的内容知识。幼儿教师应掌握的自然科学知识主要为自然科学知识体系当中的核心概念、探究和表达科学知识的方法、自然科学的基本理论体系以及科学观。教师只有掌握了基本的自然科学知识，才能正确指导和引领幼儿探究活动的方向，帮助幼儿感受大自然和科学的奇妙，体验发现的快乐；教师只有自身形成了正确的科学观，才能在科学的世界观引导下，以实事求是的态度与幼儿一起进行探索和学习；教师只有掌握了科学探究、观察猜想和推理交流的方法，才能更好地反思与改进自身的保教实践，支持幼儿进行科学探索，培养幼儿科学探索的方法和精神。

人文社会科学知识是人文科学知识和社会科学知识的总称。人文科学知识是探讨人的生命存在和生命活动的知识；社会科学知识是探讨人的生命存在和生命活动在不同方面的表现的知识。人文科学知识包括语言学、文学、历史学、哲学等学科知识，社会科学知识则包括经济学、政治学、法律学、社会学等学科知识。人文社会科学的学习有利于幼儿教师提高文化修养，树立正确的人生价值取向与理想追求，塑造丰富的精神世界。"腹有诗书气自华"，丰富、广博的人文社会科学知识积累有助于提升幼儿教师的文化气质。

艺术欣赏与表现知识指感受欣赏、认知体验、能动表现、创造评价音乐、舞蹈、绘画、雕塑、文学、戏剧等艺术形式的知识与素养。艺术欣赏与表现知识对幼儿教师的重要性突出体现在与幼儿教育内容和幼儿学习特点的密切关系上。幼儿期的思维处在直觉行动思维和具体形象思维阶段，幼儿教师采用一些艺术化的表现手法，如音乐、舞蹈、美术的形式展开幼儿教育活动，或以艺术形式创设幼儿园环境，符合幼儿思维特点，能激发幼儿的学习兴趣，促进幼儿感受、欣赏和表征美的能力发展。另外，提升艺术欣赏与表现知识不仅符合幼儿教师个人审美观念、精神境界提升和创造性表达的需求；而且有助于幼儿教师理解艺术审美与创造的本质，提高自己的审美情趣和道德修养，有助于幼儿教师真正把握艺术本质，设计组织幼儿艺术教育活动，把支持和鼓励幼儿的自由表达与创造作为基本追求。然而，值得注意的是，在幼儿教育实践中长期存在把幼儿教师的艺术素养等同于"吹、拉、弹、唱、跳、画"等技能的认识和评价误区，忽视艺术素养是一种深刻的思想、自由的精神、独立的人格以及正确的审美价值观，是感受美、鉴赏美和创造美的能力。

现代信息技术知识主要指计算机技术知识，也包括可以整合到计算机技术的其他技术，如电信、多媒体、网络等多种技术知识。信息技术既为幼儿教师提供了获得信息的手段，也是教师开展教育工作的辅助工具。

第四节　幼儿教师专业能力评价

专业能力是教师专业地位和教师教育的基础，是影响教师教育质量的关键因素。幼儿教师专业能力是指教师在系统学习学前教育专业知识的基础上，在幼儿园教育实践过程中发展起来的有效实施幼儿园教育实践活动的才能。国外对教师能力的研究从20世纪70年代逐渐增多，并逐步成为一些国家政府的政策性要求。美国佛罗里达州在20世纪70年代开展了一项关于教师能力的研究，该研究提出教师的1276项能力表现，主要包括：量度及评价学生行为的能力、进行教学设计的能力、教学演示的能力、负担行政职责的能力、沟通的能力、个人发展技巧和使学生自我发展的能力等方面。美国托莱多大学的吉布尼（Gibney）、威尔玛（Wilma）用个人能力测验图分析评定实习教师的能力，评定条目49条分列在5个主题之下，分别是计划教学材料和评估，教学策略、技巧方法，与学习者的交流，使学习者专注于学习、对学习者施行强化以及职业准则。我国学者庞丽娟教授将幼儿教师专业能力分为：全面正确地了解幼儿发展的能力，有效地选择、组织教育内容的能力，创设发展支持性环境的能力，领导与组织能力和不断地专业化学习。①

《专业标准》中的幼儿教师专业能力包括：环境的创设与利用能力、一日生活的组织与保育能力、游戏活动的支持与引导能力、教育活动的计划与实施能力、激励与评价能力、沟通与合作能力以及反思与发展能力共7个方面27个条目，这是目前我国关于幼儿教师专业能力的阐释与界定，为幼儿教师专业能力评价提供了参考与依据。

一、环境的创设与利用能力的评价

广义的幼儿园环境是指幼儿园教育赖以进行的一切条件的总和。它既包括人的

拓展视频

幼儿教师专业
能力评价（一）

拓展视频

幼儿教师专业
能力评价（二）

---

① 庞丽娟：《新〈纲要〉与幼儿教师的专业素质》，见教育部基础教育司：《〈幼儿园教育指导纲要（试行）〉解读》，252～261页，南京，江苏教育出版社，2017。

要素，也包括物的要素；既包括幼儿园内的小环境，也包括与幼儿园教育相关的幼儿园以外的家庭、社会、自然的大环境。狭义的幼儿园环境是指幼儿园内部物质环境和人际环境。[①] 环境是幼儿的"第三位教师"，是重要的教育资源，幼儿教师要拥有创设与利用环境的能力，以环境来影响幼儿，支持、引发并促进幼儿与环境的互动，使幼儿在快乐的生活与学习中获得良好发展。幼儿园的空间、设施、活动材料和常规要求应有利于引发幼儿的主动探索与同伴交往，教师的态度和管理方式应有助于形成安全、温馨的心理环境，教师的言行举止应成为幼儿学习的良好榜样，社区环境应被视为可以利用的教育资源。教师应引导幼儿实际参与社会生活，丰富生活经验。

　　《专业标准》对幼儿教师环境创设与利用能力的基本要求做了如下规定。

> 36. 建立良好的师幼关系，帮助幼儿建立良好的同伴关系，让幼儿感到温暖和愉悦。
> 37. 建立班级秩序与规则，营造良好的班级氛围，让幼儿感受到安全、舒适。
> 38. 创设有助于促进幼儿成长、学习、游戏的教育环境。
> 39. 合理利用资源，为幼儿提供和制作适合的玩教具和学习材料，引发和支持幼儿的主动活动。

　　幼儿教师环境创设与利用能力评价表见表 8-1。

表 8-1　幼儿教师环境创设与利用能力评价表[②]

能力	标准	1 级 （不合格）	2 级 （合格）	3 级 （良好）
1. 营造良好的师幼关系与班级氛围	师幼和幼儿同伴之间关系积极友好。 班级充满关爱。			
2. 充分利用和合理安排空间	充分挖掘和利用空间来支持幼儿活动。 活动区域的设置与安排合理。			
3. 提供和制作适合的玩具材料	班级玩具材料充足，适合幼儿操作。 玩具材料具有开放性，便于幼儿自由取放。 有至少三成的自制玩具和自然材料。			
4. 创设适宜的墙饰	主题墙饰与其他墙饰配合。 兼具教育性与艺术性。 高低适宜，幼儿参与程度高。			

---

　　① 李季湄、肖湘宁：《幼儿园教育》，101 页，北京，北京师范大学出版社，1997。
　　② 刘占兰、杨丽欣：《聚焦幼儿教师专业发展：从骨干到名师》，275 页，北京，北京师范大学出版社，2014。

教师资格考试·真题再现

（2018 年下半年）幼儿园教师资格考试《保教知识与能力》真题

材料分析：教师在户外投放了一些"拱桥"，希望幼儿通过走"拱桥"提高平衡能力。但是，有幼儿却将它们翻过来，玩起了"运病人"游戏。他们有的拖，有的拉，有的抬……玩得不亦乐乎。对此，两位教师反应不同。A 教师认为应该立即劝阻，并引导幼儿走"拱桥"；B 教师认为不应阻止，应支持幼儿的新玩法。

问题：（1）你更赞同哪位教师的想法？为什么？

（2）你认为"运病人"游戏有什么价值。

二、一日生活的组织与保育能力的评价

幼儿园实行保育和教育相结合的原则，一日生活中的各种活动，是对幼儿进行德、智、体、美、劳全面发展教育的基本途径。《纲要》指出，要科学、合理地安排和组织一日生活；时间安排应有相对的稳定性与灵活性，既有利于形成秩序，又能满足幼儿的合理需要，照顾到个体差异；教师直接指导的活动和间接指导的活动相结合，保证幼儿每天有适当的自主选择和自由活动时间；教师直接指导的集体活动要能保证幼儿的积极参与，避免时间的隐性浪费；尽量减少不必要的集体行动和过渡环节，减少和消除消极等待现象；建立良好的常规，避免不必要的管理行为，逐步引导幼儿学习自我管理。这些都是在进行幼儿教师一日生活的组织与保育能力评价时应遵循的原则。

《专业标准》对幼儿教师一日生活的组织与保育能力的基本要求做了如下规定。

40. 合理安排和组织一日生活的各个环节，将教育灵活地渗透到一日生活中。
41. 科学照料幼儿日常生活，指导和协助保育员做好班级常规保育和卫生工作。
42. 充分利用各种教育契机，对幼儿进行随机教育。
43. 有效保护幼儿，及时处理幼儿的常见事故，危险情况优先救护幼儿。

幼儿教师一日生活的组织与保育能力评价标准见表 8-2。

表 8-2　幼儿教师一日生活的组织与保育能力评价标准[①]

能力	标准	1 级 （不合格）	2 级 （合格）	3 级 （良好）
1. 建立合理的班级秩序与规则	作息安排与生活常规合理。 班级秩序井然。 幼儿积极主动，自由快乐。			

---

① 刘占兰、杨丽欣：《聚焦幼儿教师专业发展：从骨干到名师》，276 页，北京，北京师范大学出版社，2014。

续表

能力	标准	1级 (不合格)	2级 (合格)	3级 (良好)
2. 合理安排和组织一日生活环节	计划充分体现合理安排一日生活的各个环节和各种活动。 安排合理,既满足幼儿需要又能发展幼儿的自主性和独立性。 既有稳定性,又有灵活性。			
3. 实现保教结合	保教人员合理分工协作。 考虑到幼儿身心健康并呵护。			
4. 善于随机教育	发现并利用各种教育契机进行个别教育。 善于生成有意义的活动。			
5. 有效保护幼儿安全、健康	提前预见和避免活动中的不安全因素。 及时发现幼儿的身体不适并妥善处理。 妥善处理日常事故及其他紧急情况。 进行适合幼儿年龄特点的健康与安全教育。			

教师资格考试·真题再现

(2018 年下半年)幼儿园教师资格考试《综合素质》真题

材料分析:班上的一些小朋友不喜欢洗手,有些小朋友虽然洗手,也只是简单地冲冲水就算了。户外活动后,韩老师把小朋友分成两组:一组念着儿歌认真地洗手,另一组暂时不洗手。韩老师拿出两块柚子皮,一组一块,让小朋友分别摸柚子皮内层,红红突然叫起来"黑了! 黑了!"果然,没洗手那组小朋友摸过的柚子皮内层已经黑乎乎了,韩老师趁机提问:"柚子皮为什么会变黑呀?"孩子们抢着说:"他们没洗手,手很脏。""手上有土,把柚子皮弄脏了。"韩老师连忙引导:"这是我们能看见的,还有我们看不见的呢?""细菌、病毒。"孩子们大声说。韩老师趁热打铁:"如果我们不洗手就拿东西吃,手上的脏东西会沾到食物上,脏东西进入我们的肚子,身体会怎么样? 我们应该怎样做呢?"孩子们叽叽喳喳地讨论开来,最后得出了"一定要认真洗手,做健康的小主人"的结论。活动结束后,没洗手的小朋友立刻跑到洗手池边洗手,洗得格外认真,洗了手的小朋友中,有人感觉自己没洗干净,就认真地又洗了一遍。自此,小朋友们大都能自觉地去洗手,如果某个小朋友忘记洗手,其他的小朋友也会提醒他。

问题:请结合材料,从儿童观的角度评析韩老师的教育行为。

三、游戏活动的支持与引导能力的评价

游戏是幼儿的基本活动，是幼儿的生活方式或存在方式，也是对幼儿进行全面发展教育的重要形式。幼儿园教育应尊重幼儿的人格和权利，尊重幼儿身心发展的规律和学习特点，以游戏为基本活动。幼儿教师应根据幼儿的年龄特点选择和指导游戏，应因地制宜地为幼儿创设游戏条件，游戏材料应强调多功能和可变性。幼儿教师应充分尊重幼儿选择游戏的意愿，鼓励幼儿制作玩具，根据幼儿的实际经验和兴趣，在游戏过程中给予适当指导，使幼儿保持愉快的情绪，促进幼儿能力和个性的全面发展。

《专业标准》对幼儿教师游戏活动的支持与引导能力的基本要求做了如下规定。

44. 提供符合幼儿兴趣需要、年龄特点和发展目标的游戏条件。

45. 充分利用与合理设计游戏活动空间，提供丰富、适宜的游戏材料，支持、引发和促进幼儿的游戏。

46. 鼓励幼儿自主选择游戏内容、伙伴和材料，支持幼儿主动地、创造性地开展游戏，充分体验游戏的快乐和满足。

47. 引导幼儿在游戏活动中获得身体、认知、语言和社会性等多方面的发展。

幼儿教师游戏活动的支持与引导能力评价标准见表 8-3。

表 8-3　幼儿教师游戏活动的支持与引导能力评价标准[①]

能力	标准	1 级 （不合格）	2 级 （合格）	3 级 （良好）
1. 提供游戏机会与适宜内容	保证幼儿游戏时间。 有条件开展各种类型的游戏。 内容健康，符合幼儿年龄特点，尊重幼儿意愿。			
2. 材料丰富、适宜	各种游戏区域内的材料种类丰富。 材料能支持、引发和促进幼儿游戏。			
3. 鼓励幼儿自主游戏	自选游戏，自己决定玩什么。 自选伙伴，自己决定跟谁玩。 自选材料，自己决定用什么材料和怎么用。			

---

① 刘占兰、杨丽欣：《聚焦幼儿教师专业发展：从骨干到名师》，276 页，北京，北京师范大学出版社，2014。

续表

能力	标准	1级 (不合格)	2级 (合格)	3级 (良好)
4. 适时、适当地引导幼儿在游戏中发展	根据游戏特点适宜地引导幼儿获得身体、认知、语言和社会性的发展。 注意促进幼儿发展,以满足其获得游戏快乐为前提,渗透自然、不勉强。 教师介入游戏的方式、时机适宜,效果良好。			

教师资格考试·真题再现

(2020年下半年)幼儿园教师资格考试《综合素质》真题

户外游戏时,小时在草地上发现了几只瓢虫,他开心极了,旁边的小朋友围了过来,一起数瓢虫背上有多少个点,还把瓢虫放在手心让它慢慢地爬。这时,老师走过来对他们说:"脏死了,快扔掉!"小时立即扔掉了瓢虫。该老师的做法违背的是(   )

A. 幼儿发展的渐进性   B. 幼儿发展的阶段性

C. 幼儿发展的差异性   D. 幼儿发展的可塑性

四、教育活动的计划与实施能力的评价

教育活动的计划与实施能力是教师专业能力中的关键要素,是幼儿教师专业发展评价的重要内容。《纲要》指出:幼儿园的教育活动,是教师以多种形式有目的、有计划地引导幼儿生动、活泼、主动活动的教育过程。教育活动的组织与实施过程是教师创造性地开展工作的过程。教师要根据《纲要》,从本地的条件出发,结合本班幼儿的实际情况,制订切实可行的工作计划并灵活地执行。教育活动目标要以《幼儿园工作规程》和《纲要》所提出的各领域目标为指导,结合本班幼儿的发展水平、经验和需要来确定。教育活动内容的选择应体现以下原则:既适合幼儿的现有水平,又有一定的挑战性;既符合幼儿的现实需要,又有利于其长远发展;既贴近幼儿的生活来选择幼儿感兴趣的事物和问题,又有助于丰富和拓宽幼儿的经验和视野。教育活动内容的组织应充分考虑幼儿的学习特点和认识规律,各领域的内容要有机联系,相互渗透,注重综合性、趣味性、活动性,寓教育于生活、游戏之中。教育活动的组织形式应根据需要合理安排,因时、因地、因内容、因材料灵活地运用。专业的幼儿教师必须具有设计和实施教育活动的能力,这是幼儿教师成长的安身立命之本,也是幼儿教师自我评价的主要内容。

《专业标准》对幼儿教师教育活动的计划与实施能力的基本要求做了如下规定。

48. 制订阶段性的教育活动计划和具体活动方案。

49. 在教育活动中观察幼儿，根据幼儿的表现和需要，调整活动，给予适宜的指导。

50. 在教育活动的设计和实施中体现趣味性、综合性和生活化，灵活运用各种组织形式和适宜的教育方式。

51. 提供更多的操作探索、交流合作、表达表现的机会，支持和促进幼儿主动学习。

幼儿教师教育活动的计划与实施能力评价标准见表 8-4。

表 8-4　幼儿教师教育活动的计划与实施能力评价标准[①]

能力	标准	1 级（不合格）	2 级（合格）	3 级（良好）
1. 有明确适宜的教育计划	有长短兼顾、适宜的目标。 有全面的计划与安排。 有具体的活动方案，目标、内容、形式和方法适宜。 考虑到教育在生活中的渗透。			
2. 能观察幼儿并适时调整活动	能观察和判断幼儿的需求和发展水平。 能在观察判断的基础上了解幼儿，给予幼儿适宜的指导。 能灵活调整计划与方案。			
3. 活动的组织形式与方式适宜	具有趣味性、综合性和生活化特点。 灵活运用集体、小组和个体活动形式。			
4. 鼓励和支持幼儿活动中的主动学习	教育情境创设引发主动学习。 引导与回应适宜，有促进性。 因材施教过程中关注到幼儿的个别差异。 幼儿有较多操作探索、交流合作、表达表现的机会。 能促进幼儿多方面发展。			

教师资格考试·真题再现

（2017 年下半年）幼儿园教师资格考试《综合素质》真题

材料分析：下面是某幼儿园小班张老师的教学片段。

（张老师的铃鼓响起来了，孩子们回到座位上）

师：我们都是机器人。

---

① 刘占兰、杨丽欣：《聚焦幼儿教师专业发展：从骨干到名师》，277 页，北京，北京师范大学出版社，2014。

幼：一不许动，二不许笑，三不许露出大门牙。

师：小朋友们，我们先来看看电视上播放的是什么。

（老师按下播放键，电视里出现了新华书店的宣传片）

师：小朋友们去过这个地方吗？

幼：去过。

师：这是什么地方呀？

幼：新华书店。

师：你们真棒，你们看新华书店有许多许多的书，是不是？这些书都是分门别类放在一起的，咱们一起来看看有哪些种类。

（老师指着"教育类"这块牌子问幼儿是哪个区，大多数孩子都不识字，都没有反应。）

师：你们可能不认识这些字，那我们让咱们班的"识字大王"江江来帮帮我们，你们说好不好？

幼：好！

（江江站起来念出字后，老师放弃了与孩子一起探索书的种类，自己看着电视屏幕一类接着一类给孩子认真讲解，教孩子认字，孩子们在下面念着，听着。）

问题：请结合材料，从儿童观的角度评析张老师的教育行为。

五、激励与评价能力的评价

教育评价是幼儿园教育工作的重要组成部分之一，是了解教育的适宜性、有效性，调整和改进工作，促进每一个幼儿发展，提高教育质量的必要手段。《纲要》指出：管理人员、教师、幼儿及其家长均是幼儿园教育评价工作的参与者。评价的过程是各方共同参与、相互支持与合作的过程。评价的过程是教师运用专业知识审视教育实践，发现、分析、研究、解决问题的过程，也是其自我成长的重要途径。幼儿园教育工作评价实行以教师自评为主，园长以及有关管理人员、其他教师和家长等参与评价的制度。评价应自然地伴随着整个教育过程进行，综合采用观察、谈话、作品分析等多种方法。幼儿的行为表现和发展变化具有重要的评价意义，教师应视之为重要的评价信息和改进工作的依据。教育工作评价宜重点考察以下方面：教育计划和教育活动的目标是否建立在了解本班幼儿现状的基础上；教育的内容、方式、策略、环境条件能否调动幼儿学习的积极性；教育过程能否为幼儿提供有益的学习经验，是否符合其发展需要；教育内容、要求能否兼顾群体需要和个体差异，使每个幼儿都能得到发展，都有成功感；教师的指导是否有利于幼儿主动、有效地学习。对幼儿发展状况的评估要注意：明确评价的目的是了解幼儿的发展需要，以便提供更加适宜的帮助和指导；全面了解幼儿的发展状况，防止片面性，尤其要避免只重知识和技能，忽略情感、社会性和实际能力的倾向；在日常活动与教育教学过程中采用自然的方法进行，平时观察所获的具有典型意义的幼儿行为表现和所积累的各种作品等，是评价的重要依据；承认和关注幼儿的个体差异，避免用统一的标准评价不同的幼儿，在幼儿面前慎用横向的比较；以发展的眼光看待幼儿，既要了解幼儿现有水平，也要关注其发展的速度、特点和倾向等。

《专业标准》对幼儿教师激励与评价能力的基本要求做了如下规定。

52. 关注幼儿日常表现，及时发现和赏识每个幼儿的点滴进步，注重激发和保护幼儿的积极性、自信心。
53. 有效运用观察、谈话、家园联系、作品分析等多种方法，客观地、全面地了解和评价幼儿。
54. 有效运用评价结果，指导下一步教育活动的开展。

幼儿教师激励与评价能力评价标准见表 8-5。

表 8-5 幼儿教师激励与评价能力评价标准①

能力	标准	1级 （不合格）	2级 （合格）	3级 （良好）
1. 运用积极评价	关注幼儿日常表现，及时发现和赏识幼儿的点滴进步。			
2. 运用以观察为主的多种评价方法	能运用观察、谈话、作品分析等方法获取信息，客观了解幼儿和评价幼儿。 能与其他保教人员及家长沟通获取评价信息。 注重幼儿的学习过程和发展变化。 能够全面评价。			
3. 有效运用评价	了解和判断幼儿发展水平。 指导和改进教育教学。 向家长反馈，共同商讨教育对策。			

📖 专栏 8-4

陕甘宁边区保育院时期对教师激励与评价能力的评价②

在战火纷飞的艰难岁月，延安时期陕甘宁边区第一保育院的幼教先辈们——保教科和卫生科的保教人员于 1948 年 6 月底，采用儿童口答、教员逐字记录的方式对保育院儿童进行了心智健康发育情况评价，完成了儿童身心发育情况报告。评价结果记录了当时在保育院生活的孩子们的身心发展状况。评价项目有：你长大了干什么？答案有：当教员，开飞机，种大萝卜，给老乡叔叔办事等。测验成绩寄给家长

---

① 刘占兰、杨丽欣：《聚焦幼儿教师专业发展：从骨干到名师》，277、278 页，北京，北京师范大学出版社，2014。

② 赵艳、程秀兰：《陕甘宁边区教育史料通览》，536 页，西安，陕西师范大学出版总社，2019。收入本书时有改动。

后，保育院收到二十余封回信，家长们都赞扬保育院对保教工作费尽苦心的态度，并提出宝贵意见。这一评价形式加强了保育院和家长的联系，提升了保教人员的激励与评价能力。

儿童身心发育情况报告

1948 年 6 月 30 日保育院

姓名	郭小晓	班次		二班	实足年龄		五岁一个月
健康发育状况	身长	37.5 吋	身体发育很好。心肺及其他各内脏都正常。有轻度砂眼。咽两侧扁桃腺微胀大。营养甲。			医生签名	丁克
	体重	32.1/3p					

智力测验	1. 你姓什么？郭。叫什么名字？小晓。几岁了？五岁。爸爸叫什么名字？郭付。妈妈呢？肖风。在什么地方工作？坞坎。 2. 天空中有什么东西会飞？老鸦、麻雀。 3. 长四条腿的动物有哪些？狗、牛、羊、驴。 4. 馍馍从哪来的？麦子做的。衣服从哪里来的？织的。 5. 吃饭写字要用哪只手？右手。 6. 牛会干什么？种地。马呢？驮麦。 7. 地上的脏东西为什么不能拾着吃？吃了生病。 8. 什么东西是甜的？糖。酸的？酸菜。苦的？药。辣的？辣椒。咸的？盐。香的？鸡肉。臭的？屁屁 9. 什么东西是圆的？果子。方的？布。长的？线。尖的？剪子。 10. 延安是谁们的？咱们的。谁把他们收回来了？八路军。想不想回去？想。 11. 数数。（从 1 数到 15。） 12. 唱歌。（会唱四五个。） 13. 儿歌。（会念儿歌。） 14. 听故事接受力。（爱听，上课注意力集中。） 15. 工作兴趣。（喜欢工作。） 16. 欣赏画报之兴趣。（爱看画报，看了一遍再看，第二遍就说看过了。） 17. 发表能力。（讲话清晰，但不好说。） 18. 识别能力。（辨别普遍颜色、形状等。） 19. 记忆力。（中等，到现在两周了，个别孩子的名字他还叫不出来。）
心理测验	1. 你最喜欢的人是谁？妈妈。 2. 你最爱什么玩具？石头。 3. 你喜欢什么颜色？花。 4. 你怕什么？老鼠。 5. 你长大了爱干什么？当教员。 6. 你爱一个人玩还是和大家一起玩？大家一起玩。 7. 你最不爱的是什么东西？细菌。 8. 你愿意在保育院吗？愿意。
生活能力	能穿脱衣服、系鞋带等，大部分事情由保育员同志管理。

续表

个性习惯	性温存、静谧，富于情感不多讲话，聪明，很爱上课，注意力也集中。来院后不久能把孩子名字都叫出来。晚上从梦中惊叫哭闹有四次（不认识人），经好好安慰能睡着。第二天问她为什么哭，她说没有哭，这种现象很久没出现了，有可能已纠正，习惯还好。

教师资格考试·真题再现

（2017 年下半年）幼儿园教师资格考试《综合素质》真题

1. 手工制作后，孩子们都开心地把作品拿在手里。小明兴高采烈地奔向老师，举起手里的作品向老师炫耀。老师瞟了一眼，说："看你做的是什么呀？难看死了！"老师的做法（   ）。

　　A. 正确，从小培养幼儿的认真态度

　　B. 正确，从小对幼儿进行挫折教育

　　C. 不正确，挫伤了幼儿的创造热情

　　D. 不正确，扼杀了幼儿的竞争欲望

2. 中二班要举行画展，孩子们纷纷带来了个人作品。赵老师当众挑选"好的作品"，并将"不好的作品"丢在了废纸篓里。赵老师的做法（   ）。

　　A. 不正确，伤害了部分孩子的自尊心

　　B. 不正确，打击了全体孩子的积极性

　　C. 正确，能激励孩子们创造好的作品

　　D. 正确，能提升班级画展的整体水平

六、沟通与合作能力的评价

拓展知识

一种叙事性儿童评价方法的探索

沟通指运用一定的交流方式使交流双方彼此通达。合作是个人与个人、个人与群体、群体与群体之间为达到共同目的，彼此之间相互配合的一种联合行动。沟通与合作能力是人类生存与发展的重要条件，也是教育的主要途径与手段。教师职业所具有的特殊性决定了教师要善于与他人沟通、交往与合作。与其他学段教师相比，由于幼儿年龄小、语言表达和沟通交往能力较弱，且处于语言发展的"敏感期"，幼儿教师尤其需要具备较强的沟通与合作能力，善于与幼儿、同事、幼儿家长以及社区相关人员进行有效沟通和合作。《纲要》指出，教师应成为幼儿学习活动的支持者、合作者、引导者，以关怀、接纳、尊重的态度与幼儿交往；耐心倾听，努力理解幼儿的想法与感受，支持、鼓励他们大胆探索与表达；关注幼儿在活动中的表现和反应，敏感地察觉他们的需要，及时以适当的方式应答，形成合作探究式的师幼互动。幼儿教师要善于与家庭、社区密切合作，与小学教育相互衔接，关注幼儿的特殊需要，包括各种发展潜能和发展障碍，家园合作共育，综合利用各种教育资源，共同为幼儿的发展创造良好的条件，促进幼儿健康成长。

《专业标准》对幼儿教师沟通与合作能力的基本要求做了如下规定。

> 55. 使用符合幼儿年龄特点的语言进行保教工作。
> 56. 善于倾听，和蔼可亲，与幼儿进行有效沟通。
> 57. 与同事合作交流，分享经验和资源，共同发展。
> 58. 与家长进行有效沟通合作，共同促进幼儿发展。
> 59. 协助幼儿园与社区建立合作互助的良好关系。

幼儿教师沟通与合作能力评价标准见表8-6。

表 8-6　幼儿教师沟通与合作能力评价标准①

能力	标准	1级 (不合格)	2级 (合格)	3级 (良好)
1. 善于与幼儿沟通	使用符合幼儿年龄特点的语言和沟通方式。 善于倾听，和蔼可亲，尊重幼儿。			
2. 与同事共同发展	能与同事交流，分享经验和资源。 能与同事合作。 能与同事互助。			
3. 与家长沟通合作	与家长建立平等关系。 与家长有效沟通。 与家长共同商讨促进幼儿发展的对策。			

幼儿教师与幼儿沟通评价标准见表8-7。

表 8-7　幼儿教师与幼儿沟通评价表②

等级	分数	指标
不合格	1	不回应幼儿或不参与到幼儿中去； 不愉快地互动； 身体接触主要是为了控制或不适当的身体接触。
达标	3	通常以温暖、支持性的方式回应幼儿； 极少有不愉快的互动。

---

①　刘占兰、杨丽欣：《聚焦幼儿教师专业发展：从骨干到名师》，278 页，北京，北京师范大学出版社，2014。

②　T. Harms，R. M. Clifford，D. Cryer：*Early childhood environment rating scale*，Revised Edition，New York，Teachers College Press，2005，p. 61.

续表

等级	分数	指标
良好	5	用适宜的身体接触给幼儿温暖； 表示出对幼儿的尊重； 在幼儿烦躁、受伤、生气时以同情的态度给予回应。
优秀	7	很乐于与幼儿在一起； 鼓励幼儿与成人间相互尊重的发展。

教师资格考试·真题再现

（2018年下半年）幼儿园教师资格考试《综合素质》真题

离园时，家长们都走进幼儿园接孩子。金老师一见到小齐爸爸，就埋怨他，说："小齐到现在还不会自己吃饭、穿衣，你们做家长的都怎么教的！"小齐爸爸觉得很难堪，愤怒地说："就是不会才送到幼儿园学习的嘛！"对该事情，下列说法正确的是（　　）。

A. 金老师应该注意与家长沟通的方式

B. 生活能力培养主要由家长负责

C. 金老师拥有批评幼儿家长的权利

D. 生活能力培养主要由教师负责

（2019年下半年）幼儿园教师资格考试《综合素质》真题

材料分析：小班的欣欣今天第一天入园，由妈妈领进幼儿园，一路哭个不停。胡老师牵过欣欣的手，蹲下来拥抱了她，轻轻地擦干她脸上的泪水，安慰着："宝贝，快别哭了！老师爱你哦！跟妈妈说再见，好吗？"

早饭时，欣欣拿不稳勺子，吃一口包子就含在口里不咀嚼也不咽，吃得非常慢。喝牛奶时，她用舌头舔着喝，到早餐结束也没喝完。于是，胡老师耐心地喂她吃完早餐。离园时，胡老师跟欣欣的妈妈进行了交流，了解到欣欣从小体弱多病，家长因为担心孩子吃不饱，也怕孩子弄脏衣服，在家中很少让欣欣自己吃饭，喝水也一直用奶瓶。

从第二天开始，胡老师耐心地教欣欣正确握勺的方法，告诉她吃饭时嘴里不要含着饭玩耍，两侧牙齿要同时咀嚼，并给欣欣示范如何用杯子喝水。

胡老师还为家长推荐了家庭教育方面的书籍，建议家长在家里锻炼欣欣自己吃饭、喝水。经过一个多月的努力，欣欣能愉快地像别的幼儿一样正常进餐了，入园焦虑也逐渐消失了。

问题：请结合材料，从教师职业道德的角度评析胡老师的教育行为。

七、反思与发展能力的评价

学习和反思是教师发展的核心。教师不仅是实践反思者，而且是终生学习者。幼儿教师要不断进行专业化学习，制定个人专业发展规划，通过学习、实践和反思，不断提高实践、反思的意识与能力，提升自身专业素质，从而为学前教育质量的提升和幼儿一生的健康发展打下良好的基础。这既是现代社会发展、教育改革对幼儿教师的必然要求，也是幼儿不断成长与发展的现实需求。幼儿教师反思与发展能力的评价涉及教师是否关注幼儿教育信息，是否具有发现、分析、解决幼儿教育现实问题的意识与能力，是否具有专业学习的习惯和意识，是否了解幼儿教育研究的一般方法等方面。

《专业标准》对幼儿教师反思与发展能力的基本要求做了如下规定。

60. 主动收集分析相关信息，不断进行反思，改进保教工作。
61. 针对保教工作中的现实需要与问题，进行探索和研究。
62. 制定专业发展规划，积极参加专业培训，不断提高自身专业素质。

幼儿教师反思与发展能力评价标准见表 8-8。

表 8-8　幼儿教师反思与发展能力评价标准①

能力	标准	1 级（不合格）	2 级（合格）	3 级（良好）
1. 不断反思	主动从多方面收集相关信息。 进行不同形式的反思。 依据反思结果改进保教工作。			
2. 探索和研究	有研究意识和能力。 针对保教工作中的现实需要和问题，进行探索和研究。			
3. 实现专业发展	制定切实可行的专业规划。 通过多种途径和方式实践规划目标与内容。			

专栏 8-5

陕甘宁边区保育院时期对教师反思与发展能力的评价②

延安时期陕甘宁边区第一保育院的幼教先辈们在战火纷飞的艰苦时代环境下针对当时保教工作实践中的现实需要与问题，进行了深入探索和研究。对如何研究儿童心理，提升保教人员的反思与发展能力，提出如下建议：

---

① 刘占兰、杨丽欣：《聚焦幼儿教师专业发展：从骨干到名师》，278 页，北京，北京师范大学出版社，2014。
② 资料来源于陕甘宁边区第一保育院资料档案，1948 年 9 月，案卷号：15。

1. 儿童个性记录，把儿童日常发生的个性问题、经过及处理写下记录，定期总结。

2. 观察儿童生活，深入了解、发现儿童爱好、兴趣、倾向，然后研究之。

3. 定期召开教员、保姆关于儿童心理研究会，交流研究心得。

4. 培养儿童个性，实行个别谈话，拿爱护孩子的感情去发掘蕴藏于孩子内心的天真。

5. 定期举行儿童心理测验。

6. 诱导与改进特殊儿童，并注意保护天才儿童之特殊本能。

教师资格考试·考点分析

《保教知识与能力》考试大纲中的"教育评价"模块，提出如下两个方面的要求：第一，了解幼儿园教育评价的目的与方法，能对保育教育工作进行评价与反思；第二，能够利用评价手段发现教育活动中出现的问题，提出改进建议。

《中小学和幼儿园教师资格考试大纲(试行)》(面试部分)幼儿园教师资格考试部分也提出幼儿教师要具有评价与反思的能力。第一，能对录像或资料中的教育活动、教育行为进行评价；或能对自己的面试表现进行评价。第二，能根据评价结果提出进一步改善的意见。

教师资格考试·真题再现

(2013年下半年)幼儿园教师资格考试《保教知识与能力》真题

幼儿园教育工作评价应当为(   )。

A. 教师自评为主，园长等参评为辅

B. 家长自评为主，幼儿参评为辅

C. 园长自评为主，教师参评为辅

D. 幼儿自评为主，家长参评为辅

《保教知识与能力》考试大纲"题型示例"模块材料分析题

请分析下面案例中教师指导行为的适宜性，并说出依据。

活动片段：一场足球赛

17个幼儿自愿组成了班级足球队，教师和他们一起来到了操场草坪上。刚聚在一起，幼儿就迫不及待地展开了讨论。

小杰：我们大家要分成两队才能比赛。

老师：好啊！我们该怎么分？

（幼儿迅速分成了两队，结果一边7人，另一边10人）

小红：不行不行，他们队多了3人，这样不公平！

（其他幼儿也跟着数了起来）

小泰：是呀，多了3人。

老师：怎样让两队的人数相等呢？

小恒：让他们队过来2人。

小昀：不对，过去1人。

小涵：老师，到底要过来几人？

小怡：试试不就知道了吗？

（幼儿们自己指挥起来，先让一个伙伴过去，然后大家数数，发现还是不平均）

小煌：不行，要过去2人。

（他们又让一个伙伴过去，大家又数了起来。这次他们发现原来多一人的队现在却少了一人，大家不知该怎么办。这时，老师把多出的小朋友请到大家面前，幼儿发现两队的人数一样多了）

老师：多出了一个小朋友怎么办？

小杰：就让他当裁判。

（于是，足球比赛开始了）

幼儿教师发展评价(阶段、目标与障碍)见表8-9。

表8-9　幼儿教师发展评价(阶段、目标与障碍)[①]

专业发展阶段	专业发展目标	专业发展障碍
适应期教师	初步了解幼儿教育教学的基本理念。初步掌握幼儿教育教学基本功；独立完成并胜任幼儿教育的基本常规工作：保育教育与班级组织管理、安全与保护、环境创设、与家长的联系与沟通等。养成经常反思的习惯，具有一定的评价能力。具有一定的职业道德修养和良好的职业状态。	缺乏教育经验，经常主观、非理性地做出反应。对课程中的目标、内容与要求认识不清、把握不准，经常处于"茫然式教学""套路式教学"状态；容易忽视幼儿不同年龄阶段身心发展的特点，教育手段单一，方式方法的有效性较差。没有形成反思的习惯，自我评价能力较差，经常需要他人的提醒与帮助性评价。教育自我感觉较差。

① 李云翔：《关于幼儿教师专业化成长评价的研究》，载《大连教育学院学报》，2008(4)。

续表

专业发展阶段	专业发展目标	专业发展障碍
成熟期教师	能正确理解并把握现代幼儿教育教学基本理论。 具有较为扎实的教育教学基本功，能较为娴熟、灵活地运用幼儿教育策略。 具有一定的反思与自我评价能力，能够参与开展专题研究。 具有职业道德判断能力，能够调整自我职业感觉。	经常以经验代替专业判断，缺乏科学分析的能力，教育行为与理念脱节。 对课程理念与实施实践存在一定的困惑，对一些有争议或易混淆的问题缺乏专业判断能力。 由于研究指导与研究能力提升迟缓，专业化水平容易出现高原停滞现象或出现滑坡。 由于缺乏挑战和成功感，容易产生职业倦怠。
精深期教师	具有成熟的幼儿教育理念，能将教育理念较好地体现在教育行为中。 能创造性地开展幼儿园课程实践与研究。 能够较为科学地反思与评价，具有较强的自我调整能力。 具有执着的职业追求与信念，具有极强的心理调适能力和快乐的教育感觉。	由于视野和思路不够开阔，经常在教育实践中体现出形式化的理念。 由于研究能力不足，因此课程开发与实践的价值性和科学性不强。 当出现主观臆断的反思评价时，需要他人的提醒与修正。 经常会出现自我满足或浮躁的倾向。

📖 专栏 8-6

福建省幼儿教师水平评价标准（部分）见表1。

表1　福建省幼儿教师水平评价标准（部分）

标准类别	保教工作	教科研工作	示范引领
正高级教师	1. 具有崇高的职业理想和坚定的职业信念，有爱心、耐心、细心，善于观察、倾听理解幼儿的想法、感受与需要，尊重幼儿个体差异，成为幼儿活动的支持者、合作者、引导者。	1. 创新意识和教科研能力强，掌握学前教育改革和发展的最新动态，在教育思想、课程改革和教育方法等方面取得创造性成果并广泛适用于教育实践。	1. 积极参与学前教育改革，在推动所在园发展、促进课程建设、推广与应用先进教育理念工作成绩显著，在本地区教师队伍中享有较高的知名度，是同行公认的教育教学专家。

标准类别	保教工作	教科研工作	示范引领
正高级教师	2. 根据不同年龄阶段幼儿身心发展的特点、规律和发展要求，科学合理安排和组织一日生活，能将教育灵活地渗透到一日生活中，所带班级幼儿养成健康的生活习惯和良好的行为习惯，保教结合效果好。 3. 具有先进的教育理念和深厚的教育理论素养，在教育实践中善于运用教育教学研究成果，建构适宜性课程，形成合作探究式的师幼互动与独到的教育风格，受到幼儿的喜爱，得到同行认可。 4. 能创设愉悦的班级氛围，能根据需要创造性使用教育资源，创设的教育环境能引发和支持幼儿的主动活动，满足多方面发展与个性化学习的需要。 5. 积极参与社会教育活动，与幼儿家长和社区建立良好的沟通渠道，能够针对幼儿的发展、幼儿教育工作和社会教育发展提出建设性意见。 6. 在市级以上开设示范性、研讨性教育活动或专题教育讲座4次以上，其中至少1次在省级以上开设，并获得好评；或获得市级优质保教活动、保教技能竞赛一等奖以上或省级二等奖以上。 7. 任现职以来年度绩效考核至少1次为优秀等次；个人获得县级以上综合表彰或市级以上教育教学专项表彰。	2. 主持完成省级以上学前教育研究课题1项。 3. 撰写并公开发表学前教育研究论文3篇以上，其中至少1篇在核心期刊发表。	2. 具有主持和指导学前教育教学研究的能力，在教学团队的成长和发展中发挥关键性作用，指导培养3名以上青年教师在思想政治素质、业务水平和保教能力方面取得显著进步。 3. 引领园本培训、园本教研活动，每学年观摩指导或主持园本教研活动不少于8次。 4. 积极参与"送教下乡""送培下乡"活动，受到基层教师的欢迎和好评。

续表

标准类别	保教工作	教科研工作	示范引领
高级教师	1. 具有职业理想，尊重幼儿的人格与权利，有爱心、耐心、细心，接纳幼儿的独特性，能倾听与理解幼儿的想法与感受，关注每个幼儿的全面发展，为幼儿提供积极的支持与帮助。 2. 合理安排和组织一日生活，能将教育融入一日生活中，所带班级幼儿养成健康的生活习惯和良好的行为习惯，保教结合效果良好。 3. 学前教育专业知识和专业能力坚实，掌握幼儿园环境创设、一日生活、游戏与教育活动合理安排的有效策略，积极促进幼儿观察探索、感知体验、交往互动，形成一定的教育特色。 4. 师幼、同伴关系良好，能因地制宜地使用教育资源，创设的教育环境适宜不同发展阶段的幼儿，满足幼儿全面发展的需要。 5. 能与幼儿家长有效沟通，提出指导性建议，能协助幼儿园与社区建立合作互助的良好关系，共同为幼儿的发展创造良好的条件。 6. 在县级以上开设示范性、研讨性教育活动或专题讲座3次以上，并获得好评；或获得县级优质保教活动、保教技能竞赛一等奖以上或在市级以上优质保教活动、保教技能竞赛中获奖。	1. 具有较强的创新意识和教科研能力，积极参与课程改革、教育方法等方面研究，在素质教育创新实践中取得比较突出的成绩。 2. 主持或作为核心成员完成县级以上学前教育研究课题1项。 3. 撰写并公开发表1篇学前教育研究论文。	1. 具有指导与开展学前教育研究的能力，胜任教育教学带头人工作，在教学团队中发挥骨干作用。指导培养2名以上青年教师在思想政治素质、业务水平和保教能力方面取得进步。 2. 积极参加园本培训、园本教研活动，每学年观摩或参与园本教研活动不少于5次。 3. 积极参与"送教下乡""送培下乡"活动。
一级教师	1. 关心和爱护幼儿，具有正确的儿童观和教育观，愿意倾听幼儿的心声，与幼儿进行有效的沟通，全面了解幼儿发展。 2. 遵循保教结合原则，悉心照料幼儿的生活，妥善处理一日生活中的偶发事件，引导幼儿身心健康成长。	1. 具有一定的教育研究能力，积极承担教育研究任务，主动进行教育反思和总结，在素质教育创新实践中积累了一定经验。	

续表

标准类别	保教工作	教科研工作	示范引领
一级教师	3. 具有扎实的学前教育专业知识和专业能力,阶段性教育活动计划和具体活动方案符合年龄班教育目标和幼儿实际需要,做到以游戏为基本活动,教育活动体现趣味性、生活化、综合性。 4. 创设的教育环境符合幼儿年龄特点和发展目标,有助于引发和支持幼儿的多种活动。 5. 能与幼儿家长及时沟通交流,帮助家长了解幼儿发展情况,促进家园共育。 6. 具有开设园级以上公开保教活动的经历,在高水平教师的指导下,参与园本课程资源的建设。	2. 撰写学前教育论文 1 篇并收入县级以上教育论文汇编。	
二级教师	1. 关心和爱护幼儿,平等、公正地对待幼儿,具有亲和力,重视自身日常言行对幼儿发展的重要影响与作用。 2. 掌握从事幼儿保教工作的专业基础知识与技能,熟悉幼儿身心特点及其一日生活与教育活动的特点,能独立照料幼儿的日常生活和开展教育活动。 3. 创设丰富的教育环境,积极与家长沟通、合作,共同促进幼儿身心健康成长。 4. 虚心接受其他教师的指导,保教工作准备认真,教育活动设计合理,胜任保教工作。	1. 掌握学前教育研究方法,积极参加教育研究和创新实践。 2. 主动进行教育反思,撰写 1 篇保教工作总结。	
三级教师	1. 基本掌握幼儿保育与教育的原则和方法,能够亲近、照顾与引导幼儿,师幼关系和谐。 2. 具有学前教育专业基础知识与技能,在高水平教师指导下,能照料幼儿的日常生活和开展教育活动。	1. 积极参加园本教研活动。 2. 主动进行教育反思,撰写 1 篇保教工作总结。	

本章小结

本章聚焦幼儿教师评价,以《专业标准》和《纲要》等法规文件为基础,以促进幼儿教师专业发展、提高保教质量为评价目的,探讨了幼儿教师评价的指导思想,介绍了幼儿教师专业理念与师德、幼儿教师专业知识和专业能力评价,总结了目前我国幼儿教师评价存在的误区,提出了幼儿教师评价的本真应是在提升管理效益和促进教师发展之间达到合理的平衡的教师评价观,力求理论联系实践,兼顾普遍规律和特殊问题。

关键术语

幼儿教师评价 《幼儿园教师专业标准(试行)》

思考题

1. 幼儿教师评价的指导思想是什么?
2. 对幼儿教师进行评价有何价值和意义?
3. 幼儿教师专业理念与师德、专业知识和专业能力评价的内涵是什么?
4. 目前我国幼儿教师评价存在哪些误区?如何纠正?

建议的活动

1. 结合个人经历和实际观察,总结幼儿喜欢与不喜欢的教师的特点,并分析原因。
2. 下方二维码展示的是某幼儿园进行的教师发展评价,请扫描二维码进行学习,看看幼儿园是如何对保教人员进行全面评价的。

拓展文本

幼儿园教师
发展评价

第九章　幼儿园管理工作评价

学习目标

学习完本章内容后，你应该能够：

· 明确幼儿园工作目标的内涵及价值；
· 了解幼儿园管理工作评价的内容；
· 掌握幼儿园管理工作评价的方法及评价标准；
· 应用适当的方法对幼儿园管理工作进行评价。

幼儿园管理工作评价涉及范围很广，包括幼儿园工作的各个方面。从宏观方面，主要涉及办园条件、管理状态、工作人员、保教与总务工作、公共关系五个方面的内容。从微观方面，幼儿园的管理体制、办园理念、园风建设、财务、安全、卫生保健等都是幼儿园管理工作评价的内容。因此，幼儿园管理工作评价是一项复杂的工作。幼儿园管理工作评价的诊断、导向、监控等功能决定了我们有必要对其管理工作的质量与状态效果进行检验评价，从而调整和改进幼儿园的工作，促进幼儿全面和谐发展。

第一节　幼儿园工作目标评价

一、幼儿园工作目标的内涵及特征

《纲要》明确提出："城乡各类幼儿园都应从实际出发，因地制宜地实施素质教育，为幼儿一生的发展打好基础。""综合利用各种教育资源，共同为幼儿的发展创造良好的条件。""满足他们多方面发展的需要，使他们在快乐的童年生活中获得有益于身心发展的经验。""幼儿园教育应尊重幼儿的人格和权利，尊重幼儿身心发展的规律和学习特点，以游戏为基本活动，保教并重，关注个别差异，促进每个幼儿富有个性的发展。"这些论述是幼儿园教育人才培养的总要求，为幼儿教育的发展指明了方向，也是确定幼儿园工作目标的依据。

（一）内涵

在管理领域，目标是指一个组织、群体或个体在一定时期内进行各种活动所追求的终极目标、预期结果，所要达到的标准、规格或状态。目标既可以表现为某种实体对象，如完成一定的工作量指标或获得物质奖励，也可以表现为精神的对象，如达到一定的思想水平、理论水平、技术水平或获得某种奖励等。[①] 幼儿园工作目标是根据幼儿园的实际，在充分了解影响幼儿园工作的各方面因素的基础上制订的工作计划，明确未来一定时期内要达到的预期成果和标准。

幼儿园的性质及其职能决定了幼儿园工作由教育工作和管理工作两部分组成，它们有各自具体且直接的目标，即教育工作目标和管理工作目标。教育工作目标是指教育对象即幼儿的培养规格。它决定着要把幼儿培养成什么样的人，即教育对象的质量标准，是幼儿园工作最根本的目标。目标是引领幼儿园发展的航标，为了保证幼儿园教育目标的实现，我们必须认真贯彻党的二十大精神，为幼儿系好第一粒扣子，做好培根铸魂工作，这样才能培养德、智、体、美、劳全面发展的合格人才。例如，建立一定的组织机构，确定园长、教师及各类工作人员的职责，制定规章制度，实施计划管理，开展评估活动，加强师资队伍建设，改善办园条件等，都属于管理活动。这些活动应达到的要求和标准即管理工作目标，它决定着幼儿园的办学水平。幼儿园管理工作目标是教育目标的外延，管理工作是实现教育目标的保证和前提。幼儿园的管理工作目标是在幼儿园教育目标基础之上制定的具体行为指南，可以增强幼儿园管理工作的目的性、自觉性、针对性和统一性，从而提高幼儿园的办学质量和办学效益。

（二）特征

由于人类活动的复杂性和多元性，管理者根据幼儿园发展的不同背景和不同需要，制定了各种工作目标。这些工作目标具有以下几个方面的特征。

1. 多样性

目标具有多样性，幼儿园工作目标有主目标与次目标之分。例如，幼儿园班级工作目标是在全园工作目标的基础上制定的，因此全园工作目标就是主目标，每一个班级的目标就是次目标。主目标是组织要达到的共同目标，具有根本性；而次目标的实现是主目标得以实现的前提。了解幼儿园目标的多样性，有助于组织成员正确地确定目标和充分发挥目标的作用。

2. 层次性

幼儿园工作目标包括学年工作目标、学期工作目标、保教工作目标、卫生保健工作目标、师资建设工作目标、后勤工作目标、安全工作目标和家庭社区工作目标等，这些目标纵横排列，形成了一个目标网络图。目标网络图可以按照层次结构逐步进行分解，从而使各级目标之间产生从属关系、递进关系，呈现目标的不同层次。

3. 时间性

按目标的时间长短，幼儿园工作目标可分为长期目标、中期目标和短期目标。

4. 可考核性

按考核目标的性质，幼儿园工作目标可分为定量目标和定性目标。定量目标是

---

①　文红欣：《幼儿园组织与管理》，47 页，北京，教育科学出版社，2012。

指那些能够用数字表示的目标。如幼儿的身体健康合格率、教师中取得专科以上学历者所占的百分比等，其特点是侧重于量的描述。定性目标是指那些不能用数字表示的目标，它从基本性质上说明组织发展和奋斗的目标、方向与要求，如园风建设、教职工队伍的敬业精神等，其特点是侧重于质的阐述。

二、幼儿园工作目标评价的价值和意义

对幼儿园工作目标进行评价，有利于幼儿园端正办园思想，能够加快幼儿园改革的进程，能够对幼儿园的工作起到反馈、调控作用，促进幼儿园工作的不断完善、不断改进，调动广大教职工的工作积极性、主动性和创造性，同时也促进幼儿园领导不断加强对教职工队伍的管理和建设，最终达到全面提高园所保教质量的目的。因此，幼儿园工作目标评价的价值和意义就体现在以下几个方面。

(一)对幼儿园的办园方向具有导向作用，保证教育目标的实现

对幼儿园工作目标进行评价有利于园长和全体教职工端正思想，树立正确的教育价值观和质量观。根据国家出台的幼儿教育相关的方针政策，对幼儿园的工作目标做出客观、全面、正确的评价，能够找出其不足，从而明确方向，制定应对措施。

目前，很多幼儿园在保教活动中为了迎合家长的教育需求和创造经济效益，无限制地开设各种兴趣班，鼓励幼儿参加各种比赛；开设拼音、识字和算数课。这些做法都严重地偏离了正确的办园方向，其原因在于不能正确认识幼儿园教育与小学教育的区别，从而导致工作目标定位不清。幼儿园工作目标评价能够对幼儿园的保教工作及其他各项工作起到监督作用，从而保证教育目标的实现。

(二)能够让教职工对职位职责与工作重点有更加明确的认识，调动其工作积极性

成功的评价能够激发教职工工作热情，促进教师专业成长，增强幼儿园的凝聚力。在幼儿园，影响教职工工作积极性、主动性的因素有很多，如福利待遇、人际关系、工作负荷、晋升机会、领导行为等。幼儿教师在对幼儿园工作目标进行自评过程中，能够理解反映领导行为的指标体系，了解领导班子是如何对幼儿园进行管理的，明确职工在幼儿园工作中的地位和责任，从而发挥自身的主动性和积极性。另外，工作目标往往涉及幼儿园全体职工的工作成绩、业务水平、能力素质等方面的目标，教职工可以对照目标看到成绩和进步，找到差距和不足，不断寻找达到目标的有效途径和方法。

(三)有利于了解幼儿园的管理状态，规范幼儿园的管理行为

幼儿园工作目标能够反映幼儿园工作过程的状态和效果，能为幼儿园管理工作提供比较准确的依据。幼儿园工作目标涉及的方面很多，如办园水平、规章制度、教职工队伍、保教工作和家长工作等。通过对这些目标体系的了解和价值判断，评价者能够对幼儿园领导或领导班子的管理水平做出正确评估，能够对幼儿园工作目标定位做出评估。幼儿园工作目标评价为幼儿园管理者不断改进和提高管理工作的水平提供支持，使管理工作更加科学和规范。

(四)有利于促进幼儿的发展

幼儿园工作的根本目标在于促进幼儿的健康发展。幼儿园工作目标评价能够及

时发现幼儿园各项工作中存在的问题，从而使幼儿园管理者及时调整方案，改善工作行为，以保证幼儿的健康发展。

> **教师资格考试·考点分析**
>
> 　　《中小学和幼儿园教师资格考试大纲（试行）》（面试部分）幼儿园教师资格考试部分就"评价与反思"提出：能对录像或资料中的教育活动、教育行为进行评价……能根据评价结果提出进一步改善的意见。
>
> 　　注：本章中的幼儿园工作目标评价举例、办园条件评价举例、组织和制度评价举例、保教队伍评价举例等就是对教育活动、教育行为进行的评价，而且根据评价结果提出了合理的改进建议。希望学习者通过对系列评价实例的学习与分析，来对教育活动进行反思和改进保教工作。

三、幼儿园工作目标评价举例

　　幼儿园管理工作内容的广泛性和复杂性决定了幼儿园工作目标的多样性。可以说，幼儿园管理工作有几个方面的内容与此相对应，我们就有几个方面的工作目标。从不同的维度来看，我们又可以把这些工作目标划分为多种类型。下面以幼儿园安全工作目标为例对其进行评价。

（一）评价目的

　　判断幼儿园安全工作目标是否符合相关政策、法规，是否遵循幼儿的身心发展规律和特点。

（二）评价对象

　　某幼儿园安全工作目标，见表 9-1。

表 9-1　某幼儿园安全工作目标

序号	目标内容
1	建立健全幼儿安全管理网络，成立由园长负责的安全管理领导小组，下设由教师代表、保健医生、家长代表参与的安全管理委员会。实行分工合作、责任到人，并把安全工作要求纳入各岗位职责中。
2	幼儿园要注意房屋、场地、玩具、用具、运动器械的使用安全，定期检查，及时维修，避免幼儿触电、被砸伤、摔伤、烫伤，预防异物入耳、鼻及气管以及火灾等重大事故的发生。
3	为避免意外事故的发生，保健员必须妥善保管幼儿的药品，病儿服药时，必须仔细核对药名、药量、病儿姓名，按时定量给病儿服药。保健室药品标签清楚，不得存放、使用过期的药品，消毒药品由专人管理。
4	认真贯彻卫生防疫部门下达的有关食品卫生的相关规定，严把食品的进园关和食品入口关，严防食品中毒事件的发生。
5	对幼儿加强安全教育，通过多种形式的教育活动对幼儿进行防拐骗、绑架等自我防护意识的培养，开设相关课程，定期向幼儿及家长宣传安全知识。

续表

序号	目标内容
6	在有安全隐患的地方张贴醒目的安全警戒标志，在教育活动中有意识提高幼儿的安全意识和自我保护的能力。
7	全体教师和保育员定期进行卫生保健知识的业务学习，做好班级晨检工作。
8	每学年开展有针对性的安全培训工作，如消防演习、地震演习，加强幼儿园突发事件应急救助工作。
9	教师组织各项活动都应以幼儿的安全为第一要素，活动前准备细致，对场地进行全面考察，考虑周详。严禁带幼儿到危险场所开展活动。
10	加强门卫管理，防止幼儿出大门走失。外来人员来访的一律要求实行登记。
11	幼儿来园、离园严格实行安全接送制度，凡幼儿呼不出称谓者及未成年人不得带幼儿离园。
12	幼儿离园后，各班教师要负责关好门窗，整理好教室内的物品。及时关灯、电视、电扇、饮水机等电器插头应拔下。值班人员要做好安全巡查工作。
13	每月进行安全检查，并做好安全检查档案管理工作。实行安全事故及时上报制度，发生一般事故做好记录，幼儿园内发生重大伤害事故后，应在 2 小时内及时向上级主管部门汇报情况，并报当地的有关部门。
14	严格财务管理制度，支票财务章按规定分开保管，现金保存不超过 3000 元。
15	加强教职工的职业道德教育，对幼儿坚持正面教育，严禁体罚或变相体罚，杜绝由上述原因造成的事故发生。

（三）评价方法

观察法。在不影响幼儿园正常教学的前提下，分时间段观察幼儿入园、离园时幼儿园管理者的做法，通过实地观察来客观地了解幼儿园安全制度的执行情况。

问卷调查法。通过向幼儿家长发放问卷，了解幼儿园安全制度的执行情况及家长对幼儿园安全制度的看法。

档案、实物分析法。通过查阅幼儿园档案，查阅幼儿园相关安全制度细则，收集各类安全检查档案。

（四）评价标准

《中小学幼儿园安全管理办法》是我国第一部专门关于中小学、幼儿园安全管理的法规性文件，从五个方面提出了学校（幼儿园）安全管理的工作内容：第一，构建学校安全工作保障体系，全面落实安全工作责任制和事故责任追究制，保障学校安全工作规范、有序进行；第二，健全学校安全预警机制，制定突发事件应急预案，完善事故预防措施，及时排除安全隐患，不断提高学校安全工作管理水平；第三，建立校园周边整治协调工作机制，维护校园及周边环境安全；第四，加强安全宣传教育培训，提高师生安全意识和防护能力；第五，事故发生后启动应急预案、对伤亡人员实施救治和责任追究等。

拓展知识

《中小学幼儿园安全管理办法》

《指南》中"健康"领域的目标提出幼儿要"具备基本的安全知识和自我保护能力"，并对幼儿的安全教育提出了相应的教育建议。

（五）评价结果

该幼儿园在园长负责制的基础上，根据国家相关政策要求，建立了相应的安全管理制度，并制定了合理的长期目标。为实现目标，该幼儿园还根据长期目标制定年度的具体指标，并对具体指标尽可能地细化，形成目标体系。在此基础上，幼儿园要使所有目标都能落实到具体岗位，落实到人，这样既有利于目标的实施，也有利于目标的实现。

第二节　幼儿园办园条件评价

一、幼儿园办园条件评价的意义

随着国家对幼儿教育发展的大力支持，幼儿园的办园体制越来越趋于多样化，既有教育部门主办的幼儿园，也有集体创办的幼儿园，还有一些社会力量创办的幼儿园。幼儿教育的蓬勃发展使幼儿入园难的问题基本得到解决，但人们对幼儿教育的期望已经由之前的"能入园"发展到"入好园"。面对这些不同类型、规模大小不一的幼儿园，家长开始质疑幼儿园的办园条件是否达到了教育部门制定的各项标准，还存在哪些问题，应如何调整和改进等，这就需要对幼儿园的办园条件进行评价，以规范幼儿园的办园资格和办园行为。对幼儿园办园条件进行评价的意义有以下几个方面。

（一）有利于规范幼儿园硬件建筑建设和幼儿园环境创设

在致力于解决广大幼儿入园难问题的过程中，一些不符合幼儿园办园标准、没有办学资质的幼儿园也应运而生。这些园所往往存在资金、场所、管理等方面的不足，部分幼儿园建筑不符合园所建筑设计规范，存在诸多隐患，以致幼儿的安全状况令人担忧。而有些家长在选择幼儿园时，由于不懂国家的相关政策，往往会受到伤害。对幼儿园办园条件的评价能够规范管理者的办园行为，对整改后仍达不到办园最低标准的幼儿园限期取缔，对整改后可达标的幼儿园，应添置必要的教学设备和活动器材，改善幼儿园的建筑建设，使之符合幼儿的生理发育特点。达到基本办园标准之后，幼儿园还应整体规划园所的教育环境创设；充分发挥环境育人的作用，利用环境和材料对幼儿进行认知、品德、美育等方面的教育，让幼儿在潜移默化中陶冶情操、启迪智慧。

（二）有利于幼儿园完善教职工配置比例和提高教师职业素养

全国各省区市的办园标准大多要求每个年龄班配备两教一保，但很多基层幼儿园和民办幼儿园还无法达到这个标准。有些幼儿园虽然能够按照两教一保的要求配备师资，但是往往又存在班额过大的现象，师幼比例远低于国家规定的师幼比例，并且教师素质有待提升。对办园条件进行评价能够对幼儿园师资队伍建设起到督导作用，使其做到按照国家有关规定配齐、配足各类工作人员，且工作人员能持证上岗，以提高保教人员的素质；并通过制定相关制度，依法保障幼儿教师在职进修培训、社会保险等方面的合法权益，提高教师工资待遇，充分调动保教人员的工作积极性、主动性和创造性。

(三)有利于提高教育教学质量，推动幼教改革不断深入

幼儿园管理者和教师的质量直接决定幼儿园的办园质量和教师的保教质量。有些幼儿园在市场经济的潮流中迷失了办学方向，盲目迎合家长，违背幼儿身心生长发育的基本规律，教育内容与教育方法"小学化""学科化"倾向严重，丧失了幼儿教育工作者应有的专业地位。也有极少数幼儿园公然违反国家的政策，开办"大大班"或"学前班"，对幼儿进行书面考试，并布置书面家庭作业。办园条件评价有利于加强幼儿园园本教研活动，以师徒帮带、现场观摩、专家指导、园本培训等方式，组织教师深入研究教育教学和专业技能，了解相关幼教法律、法规和政策，加强师德师风建设，不断提高幼教职工专业素质和思想道德水平，提高保教队伍质量。

二、幼儿园办园条件评价的内容

幼儿园是幼儿学习、生活和游戏的主要场所，幼儿的年龄特点决定了幼儿园对幼儿的身心健康有直接的影响。幼儿园的办园条件是指幼儿园为幼儿的健康成长、发展所提供的场所和各种条件的总和，既包括幼儿园的环境、园舍和设备这些物质因素，也包括幼儿园的人员编制和任职资格。

拓展视频

幼儿园办园条件评价的内容

(一)幼儿园的环境

幼儿园的环境是幼儿园开展教育活动的物质基础，对幼儿园环境的评价主要是指对幼儿园物理环境和心理环境的评价。住房和城乡建设部 2019 年修订颁布的《托儿所、幼儿园建筑设计规范》对托儿所、幼儿园的整体环境与活动室环境提出了要求。其中，对幼儿园整体环境提出了以下标准。

第一，托儿所、幼儿园建筑宜按生活单元组合方法进行设计，各班生活单元应保持使用的相对独立性。

第二，托儿所、幼儿园中的生活用房不应设置在地下室或半地下室。

第三，幼儿园生活用房应布置在三层及以下。

《托儿所、幼儿园建筑设计规范》还提出了给水排水、供暖通风、空气调节、建筑电气等方面的要求。在活动室环境方面，提出了采光、隔声与噪声控制的基本要求。除国家层面的环境标准外，各地也会立足当地现状出台符合本地发展实际的基本办园标准，从而对幼儿园办园环境要求明确化、具体化。

幼儿园的心理环境是指幼儿园中各类主体之间的关系和交往状况。良好的心理环境首先要有良好的师幼关系和同伴关系，如师幼之间、同伴之间热情友好的情感氛围，教师能够关注到每个幼儿的个别需要，能够耐心地回答幼儿的问题并鼓励幼儿积极探索和创新；其次教职工之间及教师和家长之间要有良好的关系。这种融洽的心理环境

对于幼儿的认知、情感和社会性的发展起着极为重要的作用，有益于幼儿健康成长。

(二)园舍

《幼儿园工作规程》对幼儿园的房舍和设施有明确的规定："幼儿园应当按国家的相关规定设活动室、寝室、卫生间、保健室、综合活动室、厨房和办公用房等，并达到相应的建设标准。有条件的幼儿园应当优先扩大幼儿游戏和活动空间。寄宿制幼儿园应当增设隔离室、浴室和教职工值班室等。""幼儿园应当有与其规模相适应的户外活动场地，配备必要的游戏和体育活动设施，创造条件开辟沙地、水池、种植园地等，并根据幼儿活动的需要绿化、美化园地。""幼儿园的建筑规划面积、建筑设计和功能要求，以及设施设备、玩教具配备，按照国家和地方的相关规定执行。"《托儿所、幼儿园建筑设计规范》从幼儿的身体发育状况出发，对幼儿园的楼底、扶手、盥洗池等的建筑规格做了详细的要求，而各地的基本办园条件也对幼儿园园舍数量、功能做了具体的划分。

(三)设备

幼儿园的设备是指幼儿园内部除园舍外所有的硬件设施。幼儿园的设备包括：幼儿园室外活动器材，如滑梯、木马、跷跷板等；幼儿室内教育教学设施，如区域活动中的材料；儿童寝室、厨房和安全防护的用具，如儿童床、紫外线灯、电冰箱和灭火器等；幼儿园卫生保健器材，如听诊器、体温器和观察床等。《评估指南》的附件《幼儿园保育教育质量评估指标》第 37 条明确提出："各类设施设备安全、环保，符合幼儿的年龄特点，方便幼儿使用和取放，满足幼儿逐步增长的独立活动需要。提供必要的遮阳遮雨设施设备，确保特殊天气条件下幼儿必要的户外活动能正常开展。"

> **拓展知识**
>
>
>
> 《陕西省基本办园标准(试行)》中的幼儿园教玩具配备目录

(四)人员编制

教职工是幼儿园工作的主体，是有目的、有计划地对幼儿实施全面发展教育的主要工作者，对于幼儿园的保教质量起着决定作用。《幼儿园工作规程》明确指出："幼儿园按照国家相关规定设园长、副园长、教师、保育员、卫生保健人员、炊事员和其他工作人员等岗位，配足配齐教职工。"许多幼儿园硬件设施比较先进但人员配备不达标，还有些幼儿园人员配备齐全，出现人浮于事的现象。因此，幼儿园既要注意提高教师的教育教学能力，又要设立严格的岗位责任制度，明确教师的任务和职责。

(五)任职资格

教职工具备良好的素质与能力是保证教育质量、促进幼儿发展的根本保证。教师的素质与能力直接影响着幼儿身心发展的方向和水平。《评估指南》的附件《幼儿园保育教育质量评估指标》第 43 条明确提出："幼儿园教师符合专业标准要求，保育员受过幼儿保育职业培训，保教人员熟知学前儿童身心发展规律，具有较强的保育教育实践能力。园长应具有五年以上幼儿园教师或者幼儿园管理工作经历，具有较强的专业领导力。"

三、幼儿园办园条件评价举例

美国学前教育学者丽莲·凯兹（Lilian Katz）在《早期教育方案质量的多维视角》中根据评价主体的不同，提出评价学前教育方案质量的五种视角：自上而下视角、自下而上视角、由外而内视角、内部视角、外部视角。[1] 对幼儿园办园条件的评价我们采用自上而下的视角，因为这一视角评价的项目"常常被列为允许托幼机构开办的条件"。它主要关注这样一些特征：师幼比例、班级规模、教职员的资格与稳定、设备材料的质量与数量、每个幼儿拥有的空间质量和大小、卫生保健及消防措施。

下面以陕西省某事业单位主办的幼儿园为例，对其办园条件进行评价。

(一)评价目的

通过深入研究，揭示幼儿园办园条件中存在的问题，收集自上而下视角下的幼儿园办园条件的评价信息，并为幼儿园办园条件的改善提供建议，促进幼儿园办园水平的提高。

(二)评价对象

以某事业单位主办的幼儿园为评价对象，以幼儿园上级领导、幼教专家为评价主体。该园主管部门为某事业单位，该事业单位基础教育研究中心主任为专门负责领导，生源主要为该单位职工子弟和附近社区的幼儿。

(三)评价方法

评价方法即收集评价信息的过程，详细具体的评价信息能够反映被评价幼儿园的主要方面和特征。该评价主要采用了如下方法。

观察法。在不影响幼儿园正常教学的前提下，依据评价标准中的指标，对评价对象进行实地观察来收集资料，较为客观地反映幼儿园的真实情况。

问卷调查法。通过向教师发放问卷，对幼儿园办园条件进行调查。

访谈法。对上级领导、教师进行访谈。

档案、实物分析法。通过查阅幼儿园档案，收集各类评估的评价意见，对收集的实物进行分析。

(四)评价标准

对于幼儿园办园条件的评价，各省区市有所差别，以《陕西省幼儿园基本办园标准(试行)》中有关办园条件的条款来对这所幼儿园的办园条件进行分析。

📖 专栏 9-1

《陕西省幼儿园基本办园标准(试行)》有关办园条件的条款[2]

··············

第四条　幼儿园设置应按照"因地制宜、规模适度、就近入园、方便接送"的原

---

[1] 胡惠闵、郭良菁：《幼儿园教育评价》，203 页，上海，华东师范大学出版社，2009。

[2] 收入本书时有个别改动。

则，根据城乡建设总体规划、学前教育发展及幼儿园布局规划的要求，结合人口密度、生源发展趋势、地形地貌、交通、环境等因素综合考虑，合理布局。

第五条　幼儿园选址应符合下列规定。

一、应选在地质条件较好、环境适宜、交通方便、场地平整、排水通畅、日照充足、空气流通、公用配套设施较为完善、远离各种污染源的地段。

二、应避开地震危险地段、泥石流易发地段、滑坡体、悬崖边及崖底、风口、河道、洪水沟口、输气管道、交通干道、高层建筑的阴影区及高压输变电线路、加油(气)站等。

三、不应与不利于儿童身心健康成长和危及儿童安全的场所毗邻，包括：集贸市场、娱乐场所、医院传染病房、太平间、殡仪馆、垃圾场及污水处理站、公安看守所、生产(经营和贮藏)有毒有害危险品或易燃易爆物品的场所、通信发射塔(台)等。

四、符合其他有关安全、卫生防护标准的要求。

第六条　幼儿园规模和班级人数。

一、幼儿园规模：

(一)6班(2轨)，180人；

(二)9班(3轨)，270人；

(三)12班(4轨)，360人。

二、班级人数：

(一)小班(3～4周岁)20～25人；

(二)中班(4～5周岁)26～30人；

(三)大班(5～6周岁)31～35人。

第七条　幼儿园建设用地包括园舍建筑用地、室外公用游戏场地、集中绿化用地。园舍建设标准分为必备指标和选配指标。考虑到各地经济条件和城乡差异，必备指标分为一级指标和二级指标。农村幼儿园不应低于一级指标，城镇幼儿园不应低于二级指标。建设用地按必备指标加选配指标宜一次性征用。建设用地面积测算见表1。

表1　幼儿园建设用地面积测算表

单位：m^2

项目	规模						
	6班(180人)			9班(270人)		12班(360人)	
	必备指标		选配指标	必备指标	选配指标	必备指标	选配指标
	一级指标	二级指标		二级指标		二级指标	
园舍建筑用地	1371	2750	615	3931	855	5058	994
室外共用游戏场地	360	360	—	540	—	720	—
集中绿化用地	360	360	—	540	—	720	—
合计	2091	3470	615	5011	855	6498	994
生均用地面积	11.62	19.28	3.42	18.56	3.17	18.05	2.76

第八条　园舍建设应当符合幼儿园建筑设计规范和幼儿园建筑面积定额标准。要求安全、美观，整体布局合理、通透，按功能分区，管理方便，与保育、教育要求相适应。有关园舍标准，参见文件相关附件。

第九条　园舍由活动及辅助用房、办公及辅助用房和生活用房三部分构成。

活动及辅助用房包括：活动室、寝室、卫生间、衣帽及教具储藏室、音体活动室、兴趣活动室。

办公及辅助用房包括：办公室（园长室、总务财务室、档案室、教师办公室和保育员更衣休息室）、图书资料室、会议室、教具制作兼陈列室、保健及观察室、晨检兼接送室、教师值班室、配电间、网络控制室、活动器械储藏室、总务储藏室、门卫室、教职工卫生间。

生活用房包括：厨房（主副食加工间、配餐间、消毒间、主副食库和烧火间）、教职工餐厅、开水及消毒间、炊事员更衣休息室、洗衣房及其他生活用房等。

第十条　幼儿园应有适合幼儿使用、符合卫生及安全要求的生活设施和教学设备，包括盥洗卫生用具、桌椅、玩具架，必要的乐器、电教设备。配备各类保教理论与实践书籍和教师用书、教学图片、音带、幼儿操作材料和幼儿图书等，并定期更新、补充。

第十一条　幼儿园的教玩具应按《幼儿园教玩具配备目录》标准基本配齐。室外大型玩具至少能保证两个班同时使用。有一定数量的自制玩具。教玩具使用率高。有关教玩具配备，参见文件相关附件。

第十二条　幼儿园应按国家颁发的编制标准配备工作人员。全日制幼儿园原则上每班配备保教人员不少于 3 名（两教一保）；寄宿制幼儿园可根据实际工作需要，增配一名保育员。

工作人员应热爱幼教事业，热爱幼儿，有良好的职业道德，身心健康，能胜任本职工作并忠于职守。

第十三条　园长应符合任职资格和岗位要求，具有中等幼儿教育或中等师范教育及以上学历，一般具有五年以上实际工作经验，有较强的业务能力和管理能力。

幼儿园教师应具有中等幼儿教育或中等师范教育及以上学历，取得幼儿园教师资格证书。

保育员、保健人员、食堂工作人员、财会人员等应当具有相关岗位资质。

（五）评价结果

1. 办学概况

幼儿园在某事业单位家属区隔壁，被包围在家属区广场内，环境宜人。园所占地面积 1750 平方米，建筑面积 1340 平方米，目前开设托班、小班、中班和大班 4 个班级，共接收幼儿 130 人，生均建筑面积约 10.31 平方米，另有户外活动面积 900 平方米。虽然幼儿园所处环境适宜，但是园内无真正的绿化面积，而是被绿色塑料假草覆盖。

幼儿园由一栋二层教学楼和数间平房围成一座封闭的院落：教学楼为活动室及

幼儿辅助用房；平房为幼儿园办公室及辅助用房和生活用房，包括园长办公室（兼总务财务室、档案室和会议室）一间，教师更衣休息室两间，厨房一间，炊事员休息室两间。幼儿园无教职工餐厅、开水消毒间和洗衣房。需要指出的是，幼儿园仅为幼儿提供午餐，不提供两点。

各活动室除卫生盥洗用具、桌椅外，还配置了电视、钢琴、饮水机、置物柜和置物筐，但活动室无区域划分，幼儿操作材料只有积木一种类型，幼儿图书主要为幼儿通过幼儿园代购的图书。户外大型滑梯1座，小型活动器材4个。教职工数为16人，其中高职毕业9人，本科毕业3人，专科毕业4人；编制内人员9人，外聘工作人员7人，包括2名厨师，1名美术专业毕业生，3名幼师毕业生，1名工人。

2. 分析

通过听取园长、教师自评报告，观看教师组织教育活动，察看教室环境，查阅档案资料，召开教师座谈会等方式，我们对幼儿园"现在"办园条件——幼儿园的环境、园舍、设备、人员编制和任职资格五个方面做出评价。

从幼儿园的环境方面来看，幼儿园选址较为适宜，公用配套设施较为完善，有益于幼儿的身心健康发展。

从园舍方面来看，生均建筑面积约10.31平方米，生均建筑面积略低于城镇幼儿园基本指标；活动和辅助用房、办公和辅助用房也无法达到城镇幼儿园建筑面积指标。

从设备方面来看，该园设备、设施较为简陋，和办园标准中的要求相差较大。

从人员编制方面来看，按照国家颁发的编制标准配备了工作人员，由于该园并非寄宿制幼儿园，原则上每班3名保教人员即可，该园保教人员符合编制标准。

从任职资格方面来看，园长为中等幼儿师范学校毕业，并通过在职继续教育获得本科学位，已在幼儿园工作15年。教师中有3位获得幼儿教师资格证；大多教师并无幼儿教师资格证，但有6人具有小学高级教师职称；部分教师既无教师资格证或保育员资格证，也无职称。因此，总体来看该幼儿园师资水平有待进一步提高。

第三节 幼儿园组织和制度评价

一、幼儿园组织和制度的含义

人们为了达到个人的和共同的目标，按照一定的结构形式和职权分工，将有关人员合理组织成为行动协调统一的管理机构，即组织。幼儿园作为对幼儿进行保育和公共教育的机构，单靠个人的力量和自发结成的无秩序群体人员的力量是无法完成教育目标的，这就需幼儿教育工作者以幼儿的全面发展为目标，与他人合作，建立适宜的教育机构，确定领导关系和职权分工，将幼儿园的人、财、事、物等恰当地组织起来，形成具有内在关系的群体，即幼儿园组织。

拓展视频

幼儿园组织和制度的含义

幼儿园组织作为按照一定目标而组成的较为稳定的机构，其组织结构中的等级系统、分工明确的部门划分和详细的活动规则，以规范的条文的形式确定下来就组成了幼儿园的制度。这些制度是在国家教育方针、政策的指导下，根据幼儿的身心发展规律和幼儿园的实际情况制定的，对幼儿园的教职工具有强制性的约束力，既是保障幼儿园各项工作正常运转的保证，也是保障幼儿园工作科学化和规范化发展的条件。幼儿园的制度涉及幼儿园工作的各个方面，有针对部门和教职工制定的部门工作制度和岗位责任制度，有针对财物制定的常规制度，还有针对事务和活动制定的协调管理规则。从类型上划分，幼儿园制度主要包括各类人员的岗位责任制度、全园性的制度、部门性的制度及奖惩制度等。

二、幼儿园组织和制度的意义

在幼儿园中建立高效、科学的管理组织和管理制度，是实现幼儿园工作目标的前提条件。在幼教事业迅速发展的今天，幼儿园组织和制度在提高幼儿园工作效率和形成良好的园风方面具有重要的意义。

(一)有利于幼儿园合理配置资源，提高工作效率

幼儿园工作的对象涉及人、财、事、物等，其中人是幼儿园组织和制度中最核心的因素。幼儿园每位教师都具有不同的专长和特点，因此可以依靠组织的力量，根据园所的需要和每位教师的个性特点合理分配任务，做到扬长避短。例如，幼儿园主班教师和配班教师的搭配，有些幼儿教师擅长组织语言、数学领域的活动，而有些教师擅长组织艺术领域的活动，我们就可以把这两种具有不同特长的教师组合在一个班级内。规章制度的建立和学习，使得幼儿园各项事务有章可循，人人权责明晰，使幼儿园各项工作朝规范化和制度化方向发展，有利于建立稳定的工作秩序，从而提高工作效率。

(二)有利于保障幼儿和教职工的合法权益

根据国家的相关条例，如《中华人民共和国未成年人保护法》《中小学幼儿园安全管理办法》《校车安全管理条例》等，幼儿园内部会制定许多与保障幼儿合法权益相关的制度。例如，制定幼儿园膳食管理办法保障幼儿饮食健康，制定幼儿餐饮费定期收支公示制度以保障餐饮费专款专用，制定幼儿园教师交接班制度来保证幼儿在园期间的人身生命安全。根据《中华人民共和国教师法》和《中华人民共和国劳动法》等制定相关的奖惩制度和带薪休假制度，从而使幼儿和教师的人身合法权益得到保障。

(三)有利于调动教职工工作的积极性

通过民主讨论和决策制定的制度不是为了惩罚，而是为了工作的正常开展，为了鼓励教职工能够积极完成自己的岗位职责。对于那些不能完成自己岗位职责的教职工，惩罚是督促其履行岗位责任的手段；而能够积极完成自己职责的教职工通常会受到奖励。幼儿园的一些规章制度是符合教职工和幼儿园的利益的。只有在幼儿园管理过程中做到制度面前人人平等，才能够调动广大教职工的工作积极性。

三、幼儿园组织和制度评价举例

组织和制度评价指对组织结构设置的合理性、规章制度的完整性及实施情况做出全面的评价。通过评价，我们可以了解幼儿园组织人员的分布是否合理，管理运作过程是否有适当的制衡机制，以确定幼儿园整体管理水平的高低。下面我们以某幼儿园的组织和制度为例对其进行评价。

(一)评价目的

评价的目的是使幼儿园的组织机构和规章制度建设合理有效，有效发挥管理的职能，使幼儿园管理科学、有序地进行。

(二)评价对象

我们以某幼儿园作为评价对象。该园为教育部门主办的幼儿园，有 12 个班级，共 356 名幼儿。其办学理念为"以人为本，和谐发展"，办学目标为进一步构建民主、和谐、创新、进取的校园文化，把幼儿园办成"幼儿喜欢、家长满意，促进幼儿全面和谐发展"的市优质示范幼儿园。该园共有教职员工 41 人，其中在编教职工 26 人，外聘教职工 15 人。对该园的组织和制度评价包括以下两个方面。

1. 幼儿园的组织机构

健全的幼儿园组织机构具有聚合放大的功能，能够避免工作混乱，提高工作效率。幼儿园的组织机构一般分为三个层次：最高层为指挥决策层，中层为执行管理层，基层为具体工作层。不同类型、不同规模的幼儿园在机构设置、职能部门划分及人员配备上有所不同。该幼儿园的组织机构见图 9-1。

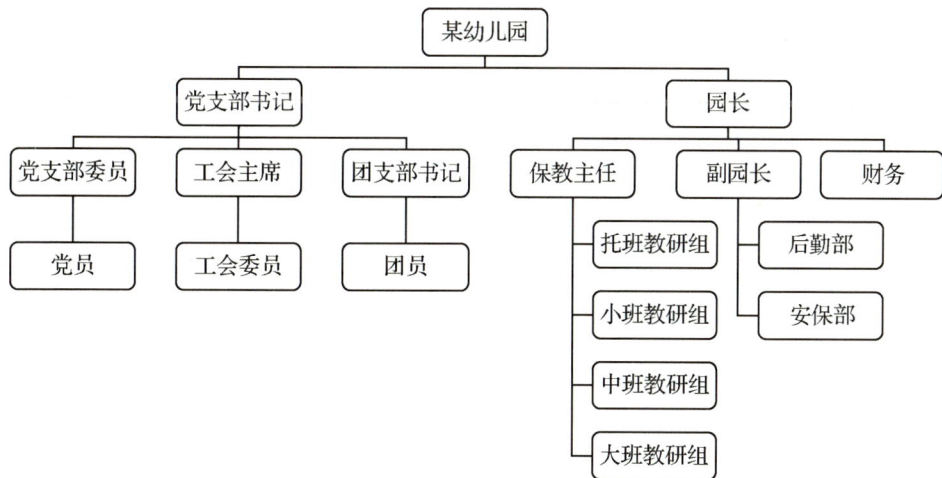

图 9-1　某幼儿园组织机构

2. 幼儿园的各类规章制度

规章制度是指令性文件，能够避免幼儿园管理过程中的主观臆断和草率行事，其制定和贯彻都是一项严肃的工作。该园制定的一系列规章制度见表 9-2。

表 9-2　某幼儿园规章制度

类别		项目
全园性制度		教职工考勤制度、交接班制度、值班制度、学习制度、园务公开制度、上班制度、教职工职业行为规范、收托儿童制度、接送制度、安全制度、家长联系制度
部门性制度	行政会议制度	园务会、全园会、教代会、伙委会、家委会等
	卫生保健制度	生活作息制度、健康检查制度、体育锻炼制度、卫生防疫制度、伙食营养卫生制度
	保教制度	计划与记录制度、备课制度、教研活动制度、常规工作检查制度、保教质量全面检查制度
	总务制度	财务财产管理制度、伙食管理制度、门卫制度、档案资料管理制度
岗位责任制度		党支部书记职责、园长职责、副园长职责、保教主任职责、各班教研组长职责、教师职责、保育员职责、财务人员职责、炊事员职责、门卫职责
考核与奖惩制度		考核评价制度、奖惩制度

部分制度内容示例如下。

📖 **专栏 9-2**

园务公开制度

为加强幼儿园的民主管理，全心全意依靠全体教职工参与、支持推进幼儿园的建设与发展，进一步健全职工大会制度，行使职工大会职权，增强教职工民主参与、民主管理、民主监督的意识，调动教职工的积极性，密切干群关系，提高学科管理、依法治园的水平，特制定幼儿园园务公开制度。

拓展知识

幼儿园交接班制度

一、园务公开的内容

1. 幼儿园的办学思想、发展规划、年度与学期工作计划。

2. 幼儿园重大改革措施及规章制度的修订。

3. "四金"(养老保险金、住房公积金、医疗保险金、失业保险金)和工会会费的缴存情况。

4. 工资发放情况和绩效考核汇总情况。

5. 教职工普遍关心的考核评优、职称晋升、工作晋级、奖金发放和有关福利待遇情况。

6. 幼儿园教师技术比赛获奖教师姓名及奖励制度。

7. 幼儿园招待费用、外出考察学习费用及其他有关经费的支出情况。

8. 幼儿园伙食费用的管理和使用情况。

9. 职工大会民主评议幼儿园党政领导的任命。

10. 幼儿园招生、收费情况。

二、园务公开的途径与形式

园务公开主要通过园务会、职工大会、园务公开栏、座谈会等途径与形式实施。

（一）园务会

园务会对园务公开的重大问题集体讨论，园长负责决策。

（二）职工大会

职工大会是园务公开的基本形式和主要途径。

1. 听取并讨论由园务会集体讨论形成、经园长决策的幼儿园办学思想、发展规划、改革方案、财务预算等重大问题。

2. 讨论并表决通过校内聘任、奖惩、分配、改革等事项的原则和办法，及与教职工利益密切相关的重要规章制度，须三分之二通过。

3. 讨论并决定福利费使用原则与办法，决定有关教职工生活福利事项，须三分之二通过。

4. 针对干部的任用，采用民主表决的方式，须三分之二通过。

（三）园务公开栏

在园内设置"园务公开栏"，对园内大事进行通报，对有关费用的收支情况，对评优、评职称的结果情况，通过"园务公开栏"定期向全体教职工公布。

（四）座谈会

召开幼儿家长、教职工、关心幼儿园事业发展的有关人员座谈会，听取各方面的批评意见和合理建议。

三、会议制度

1. 全园教职工必须按时参加幼儿园组织的时事政治、幼教理论和业务技能学习。

2. 坚持每周一次业务学习活动，每月一次行政会议，每年一次教职工代表大会。

3. 不定期召开部门工作会议。

4. 教职工应积极参加各类会议，不无故缺席，不迟到，不早退。

5. 学习时积极发言并做好记录，不做与会议无关的事。

四、考核评价制度

为了促进本园健康、快速发展，调动广大教职工的工作积极性，强化管理，切实提高保教质量，从我园实际情况出发，特制定如下细则。

（一）师德师风

1. 自觉自愿参加园内组织的各项集体活动每天加 10 分。举行集体活动时不注意谈吐仪表，影响幼儿园形象者、不服从安排者、无故不参加者扣 2～10 分。

2. 在任何情况下都不得与家长发生争吵，否则根据情节酌情扣 1～5 分。

3. 教职工之间不得相互说长道短、挑拨离间，搞不团结，发现此类情况一次扣 5 分。

4. 严格使用普通话，发现一次不说普通话扣 2 分。

5. 不体罚或变相体罚幼儿，发现此类情况一次扣 2～5 分。

6. 家长及有关人员来园咨询，热情主动给予解释，态度较好加 2 分，不理睬扣 2 分。

7. 分班之后，不能私自调动幼儿和互相调课，发现此类情况一次扣5分。

8. 不管出于何种原因，给家长做工作劝幼儿退学者，发现一次扣5分。

9. 获家长、社会好评的，或在上级检查中获得高度评价者，酌情奖励2~10分。

10. 为本园发展献计献策或做出突出贡献的人员，酌情奖励2~10分。

(二)保教工作

1. 按时完成各项计划总结，每项加2分，缺一项扣2分。

2. 提前一周备课，不得照抄教参，每节课后要有教后感，检查时评定等级，依次加3分、2分、1分，检查时缺一次扣2分。

3. 观察记录、周计划以班为单位，每周一放学前交，按时交者各加1分，迟交者各扣1分，不交者各扣2分。

4. 家园联系栏和板报按要求、时间更换的班级，其成员各奖2分，否则各扣2分。

5. 要求按时上交的各类资料，不按时交者扣2分。

6. 游戏活动组织有创新、有意义，被推行、肯定的加1~5分。

7. 按照一日活动表开展活动，机动时间不得超过10分钟，幼儿消极等待，教师不组织幼儿活动者扣2分。

8. 上班时间干私活、聊天、串岗、当幼儿面吃零食，发现此类情况一次扣3分。

9. 上班、午休时间躺幼儿床上睡觉扣2分。

10. 私自调班一次扣2分。

11. 户外活动聚众聊天、不照看幼儿，发现此类情况一次扣2分。

12. 班级每月无安全事故发生加5分，如发生安全事故，属教师责任时，酌情扣1~10分。

13. 幼儿穿反鞋、未扣扣子或扣错扣子、未系鞋带、衣裤未穿整齐、蓬头垢面等，班级内出现一人次扣2分。

14. 每天下午主班教师带领幼儿进行户外游戏活动，不组织游戏者扣2分；活动组织生动、有趣，幼儿积极性高，效果较好者加2分。

15. 冬天幼儿午休，必须脱掉外衣，否则发现一人次扣1分。

(三)考勤工作

1. 周全勤奖加2分，月全勤奖加10分，学期全勤奖加50分。(不重复奖，按最高奖加分)

2. 迟到、早退十分钟内扣1分，迟到、早退十分钟到三十分钟之间扣3分，迟到、早退三十分钟以上按旷工半天处理。

4. 请假必须写请假条，调整好自己的课并上报园长。

5. 累计请假两周者，不享受福利待遇。(正常产假，公派学习、公差、公假除外)

6. 自学考试(持准考证准假)、公事外出不扣分。

7. 哺乳期教师哺乳时间按国家规定的时间执行。

(四)卫生保健工作

1. 每天早上教室开窗通风，保证室内空气流通，及时打扫、整理教室和午休起床后寝室卫生、被褥等，未做到者扣2分。(保育员)

2. 周五上午 9：00－10：00 到厨房进行餐具消毒，不按时者扣 1 分，不消毒者扣 3 分。（保育员）

3. 按时户外活动，不按时者扣 1 分，不出去户外活动者扣 2 分。（主班教师）

4. 按时、按量喂药，漏服扣 2 分，错服按情节严重情况扣 5～10 分。（保育员）

5. 教室书包、课本及幼儿外套等物品应摆放有序，否则发现一次扣 2 分。（保育员）

（三）评价方法

问卷调查法。通过向教师发放问卷，对幼儿园的组织机构和规章制度进行调查。

访谈法。与幼儿园领导、教师进行个别访谈。

档案分析法。通过查阅幼儿园档案，收集幼儿园发生的各类问题及解决处理办法。

（四）评价标准

为适应新形势下学前教育改革发展的需要，提高保育和教育质量，教育部 2016 年颁行新的《幼儿园工作规程》，其中第十一条提出："幼儿园规模应当有利于幼儿身心健康，便于管理，一般不超过 360 人。"案例中幼儿园 12 个班 356 人，符合《幼儿园工作规程》的要求，同时符合《陕西省幼儿园基本办园标准（试行）》中幼儿园规模 "12 班（4 轨），360 人"的要求。办园规模还应符合《陕西省幼儿园编制标准（暂行）》规定的"幼儿园教职工编制人数核定在 30 名以下的，幼儿园领导职数原则上按一正一副配备。幼儿园教职工编制人数核定在 30 名以上（含 30 名）、45 名以下的，幼儿园领导职数原则上按一正二副配备"的要求。

从幼儿园制度方面来看，我们可以把幼儿园的制度分为两类：一个是国家立法机关和地方政府及其教育行政部门统一制定的法规和规章制度，如《中华人民共和国教育法》《幼儿园管理条例》《纲要》等；二是由幼儿园内部依据国家及教育行政部门的相关法律、法规，结合本园实际或主管部门的相关要求自行制定的制度。科学完善的内部管理规章制度体系是幼儿园工作正常、稳定、有序进行的保证。幼儿园应该制定哪些制度？各幼儿园可根据本园实际及人员素质状况来制定，我们也可以从《幼儿园工作规程》中看到相关的要求。例如，第十二条提出："幼儿园应当严格执行国家和地方幼儿园安全管理的相关规定，建立健全门卫、房屋、设备、消防、交通、食品、药物、幼儿接送交接、活动组织和幼儿就寝值守等安全防护和检查制度，建立安全责任制和应急预案。"第十九条提出："幼儿园应当建立幼儿健康检查制度和幼儿健康卡或档案。每年体检一次，每半年测身高、视力一次，每季度量体重一次；注意幼儿口腔卫生，保护幼儿视力。"第二十条提出："幼儿园应当建立卫生消毒、晨检、午检制度和病儿隔离制度，配合卫生部门做好计划免疫工作。"第五十三条提出："幼儿园应当建立幼儿园与家长联系的制度。"第五十八条提出："幼儿园应当建立教职工大会制度或者教职工代表会议制度，依法加强民主管理和监督。"第五十九条提出："幼儿园应当建立教研制度，研究解决保教工作中的实际问题。"第六十二条提出："幼儿园应当建立业务档案、财务管理、园务会议、人员奖惩、安全管理以及与家庭、小学联系等制度。幼儿园应当建立信息管理制度，按照规定采集、更新、报送幼儿园管理信息系统的相关信息，每年向主管教育行政部门报送统计信息。"《幼儿园工作规程》对幼儿园管理制度提出了非常具体的要求，这些要求是幼儿园管理工作的指导纲领。

（五）评价结果

该园存在一定的特殊性，既有编制内教师，也有一定数量的聘用制教师。因此，领导职数的设置上也应该根据具体情况灵活设置。该园共有教职工 41 人，可以按照"一正二副"来配备，该园虽然没有设置两位副园长，但是保教主任基本承担了副园长的职责，领导职数配备较合理。同时，该园还设置了党团组织、工会组织，它们对幼儿园的管理起着保证、配合、监督和制约的作用，是幼儿园有效管理活动不可缺少的组成部分。

从规章制度角度来看，该园制定了四种类型的制度，内容全面、广泛，包括《幼儿园工作规程》中涉及的一些制度，还有根据幼儿园实际来制定的一些制度。这些制度既保证了幼儿园的正常运转，又对教职工的行为起到了规范和导向作用，避免了幼儿园工作的混乱、无序。

第四节　幼儿园保教队伍评价

保教工作是幼儿园的中心工作，是幼儿园教育质量最明显、最直接的体现。因此，管理者应该重视、提高保教工作的管理质量，建设一支高水平的保教队伍，从而提高幼儿园的办学质量和幼儿发展的水平。

一、幼儿园保教队伍的作用

保教队伍包括在幼儿园从事保育和教育工作的教职工，主要是指教育教学一线的保育员和教师。通过保育员和教师的密切配合，确保"保教结合"的贯彻实施，最终达到促进幼儿身心全面、和谐发展的目标。

（一）"保教结合"是幼儿教师和保育员的共同责任

《幼儿园工作规程》指出："幼儿园的任务是：贯彻国家的教育方针，按照保育与教育相结合的原则，遵循幼儿身心发展特点和规律，实施德、智、体、美等方面全面发展的教育，促进幼儿身心和谐发展。幼儿园同时面向幼儿家长提供科学育儿指导。"《纲要》也提出"保教并重"的指导思想。因此，保教结合是我国幼儿教育的基本方针。可是，长期以来，不少幼儿教师和幼儿家长对诸如"幼儿园的任务是什么""幼儿在幼儿园主要是学什么的""怎样的幼儿园教育才是科学、规范的""幼儿园培养目标与小学培养目标有何区别"等教育问题缺乏正确认识。因此，那些不科学的、错误的教育思想和行为就堂而皇之地登上了幼儿园教育舞台，出现了"人人都可以当幼儿教师"的现象。有些幼儿教师只重视书本知识传授，轻视幼儿园的核心工作——对幼儿实施科学的"保教"，在课堂上或活动中，采用"灌输式"的教育方式，严重违背了幼儿教育原则和规律，也违背了相关教育法规，影响了幼儿的全面发展。

(二)通过"保教结合"为幼儿的身心健康成长提供支持

所谓"保教结合"，即保育和教育活动相结合，其中保育指的是保护幼儿健康。健康的内涵十分广泛，有身体方面的，有心理方面的，还有社会适应方面的。身体方面包括照料幼儿的生活，保证幼儿生长发育的营养，执行合理的生活制度，预防疾病和事故，开展多种多样的体育活动，增强幼儿体质，使他们具有健康的体魄；心理方面注重幼儿健康积极的情感培育；社会适应方面包括培养幼儿探索环境、适应社会的能力，以及良好的交往能力。教育就是根据德、智、体、美、劳的要求，有目的、有计划地对幼儿实行全面发展教育，包括培养幼儿良好的生活卫生习惯、丰富知识经验、发展智力和语言能力，促进幼儿良好的社会适应性等方面的内容。保教结合是整体的概念，体现对个体发展的整体性的影响。幼儿是身心发展的统一整体，因此，对幼儿实施保教结合是充分尊重幼儿身体发展规律的体现。

二、幼儿园保教队伍的现状

幼儿园要做到"保育与教育相结合"，就必须使"保育"与"教育"占有同等重要的地位，只有"保""教"并重，幼儿园才能更好地履行职责和使命，幼教事业的发展才能是健康的、科学的、可持续的。当前幼儿园保教队伍在"保""教"并重的办学实践中存在以下几个方面的问题。

(一)重幼儿教师队伍建设，轻保育员队伍建设

"重幼儿教师队伍建设，轻保育员队伍建设"表现在两个方面。第一，部分幼儿园在工作实践中，尚未将保育员队伍建设纳入幼儿园师资队伍建设之中，从而使保育员的角色定位不明确。无论是教育行政主管部门，还是保育员所在的工作单位，它们都将保育员纳入教辅人员范畴。幼儿教师也认为保育员是教学活动的配角，应服从教师的指挥，按教师的意图办事。"保育员"和"保育教师"的称谓虽只有一字之差，但弱化了保育员在幼儿园中的地位和作用，打击了他们工作的积极性。

第二，保育员队伍的综合素质偏低是我国幼儿教育事业中存在的一个客观事实，尤其是民办幼儿园存在保育员无证上岗的情况。此外，我国幼儿园还存在女多男少，低学历的多、高学历的少，临时工多、正式工少等现象。

(二)教师数量严重不足，教师队伍结构不合理

劳动人事部(今人力资源和社会保障部)、国家教委(今教育部)颁发的《全日制、寄宿制幼儿园编制标准(试行)》规定了全日制幼儿园教职工与幼儿的比例为1∶6～1∶7，寄宿制幼儿园的教职工与幼儿比为1∶4～1∶5，很多幼儿园从效益的角度出发，很难达到这个比例。

教师的性别结构不合理，有学者调查显示男性教职工与男性专任教师所占的比

例都太低。① 年龄结构不合理，教师从事幼教工作的年限偏短，很多人从事幼儿教师工作不是出于热爱学前教育事业，而是为了谋生，一旦有更好的谋生的手段往往选择跳槽，这也导致幼儿教师行业的流动性较大。专业结构不合理，学前教育专业毕业的教师比例不高，很多教师没有接受过正规学前教育培训，有些是中小学富余师资转岗到幼儿园工作，幼儿园举办者对学前教育专业的误解也使得很多只懂音体美技能、不懂幼儿游戏的教师到幼儿园工作。

(三)幼儿教师的地位偏低

教师的地位包括教师的政治地位、经济地位和社会地位等。工资待遇、职称、编制是显示教师地位的主要因素，尤其是工资待遇，它是幼儿园保教队伍建设和教育事业发展的基本前提。首先，有调查显示编制内教师与编制外教师的工资待遇存在明显差别，幼儿园编制内教师的工资水平较理想，但编制外教师的工资水平偏低。目前，在我国幼儿教师队伍中，编制外教师占幼儿教师总数较高，而他们的工资待遇与其工作时间、劳动强度、专业要求极不匹配，与编制内教师"同工不同酬"。全国没有职称的教师的比例占74.8%[2]；在有职称的教师中，高级职称的比例较低，仅占1.4%。幼儿教师没有职称与低职称不利于稳定教师队伍和调动教师专业发展的积极性，也是导致队伍不稳定、工资待遇低、幼儿教师流动性大的主要原因之一。

(四)编制外教师未能享有编制内教师的权利

幼儿教师的身份是其专业资格和社会地位的象征与保障。民办幼儿园教师与公办幼儿园编制外教师的身份不明：他们没有编制，也不是历史上的民办教师、代课教师，一些没有教师资格证的教师更多是在没有合法资质的幼儿园里的临时"打工"者。即便是公办幼儿园里的编制内教师，也占着中小学的编制，名不正言不顺。由于身份不明，他们在工资待遇、社会保险、职称评审、评奖评优、进修培训等方面就无法获得相应的权益，不能享受到教师应有的职业地位和社会保障，难以感受到这份职业带来的荣誉感和专业的归属感，难以将这份职业当成事业来追求。

《中华人民共和国民办教育促进法》明确规定民办学校教职工在业务培训、职务聘任、教龄和工龄计算、表彰奖励、社会活动等方面依法享有与公办学校教职工同等权利。但是，在参评职称、参赛评奖、先进评选方面大多民办幼儿园教师认为没有享受到与公办幼儿园教师同等的权利。可见，民办幼儿园教师与公办幼儿园教师之间存在较为严重的"同工不同权"问题。

(五)幼儿教师劳动强度高，工作压力大、工作时间长

一般来说，幼儿教师从早上7：30工作至下午5：30，每周工作5~6天。有的民办幼儿教师每周工作6~7天，全托幼儿教师还要在晚上照顾幼儿。幼儿教师不仅上班时间长，而且经常加班。同时师幼比例较低，有些幼儿园的师幼比例为1：

---

① 林雪卿：《对幼儿园教师队伍建设的思考——以厦门市为例》，载《天津师范大学学报(基础教育版)》，2012(3)。

② 教育部2019年公布的统计数据。

13.8，远远低于要求的 1∶6~1∶7。这么低的师幼比例无形中增加了教师的劳动强度。过大的工作压力导致一些教师职业倦怠，对职业的认同感、幸福感不强，部分教师跳槽、厌教的心理倾向明显，导致教师队伍不稳定。

三、幼儿园保教队伍评价举例

拓展视频

幼儿园保教队伍评价的程序

近年来，随着国家重视程度的不断提高，幼儿教育获得了长足发展，保教质量有所提升。对幼儿园保教队伍的评价是提高保教质量的一项重要措施。幼儿园保教队伍评价包括对幼儿园从事保育和教育工作人员的评价，对两者的工作职责进行界定也是对其进行评价的前提，见表 9-3。

表 9-3　保育员、幼儿教师工作分工情况

工作职责	保育员	幼儿教师	备注
执行安全、卫生保健制度	在教师指导下执行	执行、指导保育员执行	保育
管理幼儿的生活	在教师指导下管理	指导并配合保育员管理	保育、教育
设计并组织教育活动	协助	负责	教育、保育
家长工作	协助	负责	教育、保育
幼儿教育研究	协助	负责	教育、保育
清洁、卫生工作	负责	协助	保育
物品保管	负责	协助	保育

通过表 9-3 我们可以看出，保育员和幼儿教师在工作职责方面有较大差异，不同的岗位职责对他们的素养要求也不一致，这也决定了我们对幼儿园保教队伍进行评价必须按照不同的标准分别开展。

(一)对保育员队伍的评价举例

1. 评价目的

保育员与幼儿交往过程中存在许多的隐性课程，他们的一言一行会潜移默化地影响幼儿的社会性发展。在目前幼儿园低门槛、低收入的招聘条件下，保育员队伍素质令人担忧，本节通过对保育员队伍素质的分析，希望能够为保育员队伍的专业发展提供思路与启示。

2. 评价对象

陕西省某市 4 所幼儿园的 48 名保育员。

3. 评价方法

问卷调查法。通过向教师、保育员发放问卷，了解教师对保育员工作能力的看法。

访谈法。通过对保育员进行访谈，了解其素质以及工作中存在的问题，并分析原因。

观察法。观察保育员的真实工作情境，了解保育员的素养。

档案分析法。通过查阅幼儿园档案了解幼儿园的保育工作的开展情况，并收集幼儿园发生的各类保育问题及解决处理办法。

4. 评价标准

保育员也是教育工作者，其行为同样对幼儿具有潜移默化的影响。但在幼儿园教育实践中，重教轻保的现象十分普遍和严重，保育员的工作在园内和园外都难以得到理解和重视，其专业化程度也不容乐观。2019年，国家修订了《国家职业技能标准——保育员》，要求保育员不仅要具备生活、清洁和安全管理方面的相关知识与能力，而且应具备配合教育活动方面的相关知识和技能。《幼儿园工作规程》第四十二条也提出："幼儿园保育员应当符合本规程第三十九条规定，并应当具备高中毕业及以上学历，并受过幼儿保育职业培训。"随着家长文化水平的不断提高和幼儿教育事业的逐步发展，幼儿教育越来越受到人们的重视，社会、家长以及各用人单位对保教人员的素质要求也越来越高，用人单位要求应聘该岗位的人员必须取得保育员初级证书，持证上岗。《幼儿园工作规程》还提到幼儿园保育员的主要职责包括四个方面：

第一，负责本班房舍、设备、环境的清洁卫生和消毒工作；

第二，在教师指导下，科学照料和管理幼儿生活，并配合本班教师组织教育活动；

第三，在卫生保健人员和本班教师指导下，严格执行幼儿园安全、卫生保健制度；

第四，妥善保管幼儿衣物和本班的设备、用具。

综合以上几点，结合我国幼教发展的实际，我们认为幼儿园保育员应当具备以下几个方面的素养。

(1)师德素养

幼儿园从事保教工作的人员在家长和幼儿心目中都是教师。他们的一言一行都会影响幼儿，都会受到幼儿的模仿。保育员作为教育工作者必须具备高尚的师德修养，要热爱幼儿、热爱幼儿事业，具备耐心、爱心、责任心等良好的师德素养。

(2)护理素养

3~6岁的幼儿正处于身体、智力发展的关键期，对这个时期幼儿的吃饭、穿衣、如厕、睡觉等行为，保育员要给予正确的引导和指导；对幼儿健康方面的异常现象，如头痛、发烧、呕吐等，保育员要会观察并给予准确的判断和处理；对于一些在活动中引起的意外伤害，保育员应会正确判断其危害性并会做简单的处理等。这要求保育人员必须具备一定的营养学、医学及护理学方面的知识和应急处理能力。

(3)环境管理素养

环境创设、布置会对幼儿产生潜移默化的影响，激发幼儿的学习兴趣。幼儿应该在一个健康、温馨、和谐的环境中成长和发展，而安全、卫生是重要的条件。幼儿园环境创设必须服从于安全和卫生的要求，以保证幼儿身心健康发展。

(4)配班素养

幼教保育人员不仅是生活保育者，而且是幼儿学习的陪伴者和引导者，而幼儿的教育活动主要是通过游戏来实施和开展的，保育员要协助教师组织开展活动，就应该具备组织活动的素养。

（5）观察、评价幼儿素养

保育人员与幼儿接触时间很长，应该会科学地观察、记录各个年龄阶段的幼儿在幼儿园的语言、动作、行为等的发展，用心理学和教育学的观点评估幼儿的身体、智力的发展情况，并能与教师、家长讨论和交流使幼儿如何发展。

（6）创新、研究素养

随着学前教育事业的发展，国家、社会、家长对幼儿教育高度重视，幼儿园的保育工作不能仅仅停留在简单的生活管理上，应该不断地开拓、创新，研究保育工作如何促进幼儿的身体、智力发展，特别是研究如何通过保育工作来对一些特殊儿童施加影响，如何培养他们良好的行为习惯，如何改变家长和隔代教育带来的不良影响等。

5. 评价结果

我们对某市部分幼儿园保育员的基本情况进行了调查，保育员的年龄、学历、编制和培训情况都客观地反映了保育员的素养不容乐观。通过对 4 所幼儿园保育员基本情况进行调查，我们得到了这样一组数据，见表 9-4。

表 9-4　陕西省某市 4 所省级幼儿园保育员基本情况调查表

单位：人

调查对象	年龄结构		学历		编制		培训情况	
	40 岁以上	40 岁以下	中专及高中	初中	正式	非正式	有	无
4 所省级示范园保育人员共 48 人（55 个班）	29	19	16	32	3	45	15	33

调查表中的数据表明保育员队伍素质与教育发展不相适应，主要存在以下几个方面的问题：一是在岗保育员的年龄偏大，年龄结构不合理；二是保育员的整体学历层次偏低，初中学历居多；三是保育员的非正式编制占有比例较大，流动性较强；四是保育员的培训机会很少。

通过这些现状我们可以看出，保育员队伍的数量和素质与幼儿教育的发展趋势不相适应。文化层次的偏低，队伍的不稳定，加之没有系统的专业培训，保育工作质量难以得到有效保证，幼儿园保教质量难以提高，制约了当前幼儿教育高标准、高层次的发展。同时，相关部门对幼儿保育的重视程度不足，直接导致保育员编制紧缺。面对这个问题幼儿园只能通过聘任的方式解决，而较低的工资待遇也使那些学历较高、素质较高的人员不愿意到保育员岗位就业，幼儿园只能招聘到年龄较大、学历较低的从业人员，这也是导致幼儿园的保育工作质量较低的重要原因。

（二）对幼儿教师队伍的评价举例

1. 评价目的

随着社会的转型，幼儿教师队伍正在发生结构性的变化，凸显出许多问题。幼儿教师队伍的状况直接影响着我国幼儿教育事业的发展，并最终影响着幼儿的发展。本节通过对幼儿教师队伍现状的分析，为促进建设高素质的幼儿教师队伍提供参考。

2. 评价对象

某省级示范园在幼儿园教育一线的 52 名教师。

3. 评价方法

问卷法。通过向教师发放问卷，了解幼儿园教师的基本情况。

访谈法。通过对幼儿教师进行访谈，了解其素质以及工作中存在的问题，并分析原因。

档案分析法。通过查阅幼儿园档案，了解幼儿教师继续教育情况。

4. 评价标准

目前和幼儿园任职教师相关的文件主要有以下几条。

《幼儿园工作规程》第四十一条规定："幼儿园教师必须具有《教师资格条例》规定的幼儿园教师资格，并符合本规程第三十九条规定。"

《中华人民共和国教师法》第十一条规定："取得幼儿园教师资格，应当具备幼儿师范学校毕业及其以上学历。"

《中华人民共和国民办教育促进法》第三十一条规定："民办学校教职工在业务培训、职务聘任、教龄和工龄计算、表彰奖励、社会活动等方面依法享有与公办学校教职工同等权利。"

《专业标准》从专业理念与师德、专业知识和专业能力三个方面对幼儿园教师提出了要求。它也是我们对教师队伍进行评价的重要依据。

5. 评价结果

通过问卷对幼儿园一线教师进行详细了解，我们得到的信息见表 9-5。

表 9-5　幼儿教师基本情况调查表

单位：人

年龄结构		学历		职称		编制		继续教育		教师资格证	
40 岁以上	40 岁以下	大专及以上	大专以下	未评	已评	有编	无编	有	无	有	无
15	37	43	9	37	15	15	37	5	47	16	36

通过调查发现，该园幼儿教师队伍的问题主要表现在幼儿教师的年龄结构、学历、职称、编制、继续教育、教师资格证书获取情况几个方面。

（1）幼儿教师队伍的年龄结构分布趋向于年轻和年老两极

通过对该园的调查，我们发现该园教师年龄呈现两极分化的趋势，教师年龄主要集中在 40 岁以上和 30 岁以下两个年龄阶段，30～40 岁的教师仅有 2 人。造成这种状况的原因主要是幼儿教师的待遇低、工作压力大等，许多正当盛年、有一定教学经验的教师在幼儿园工作一段时间后会想尽办法调入小学或寻找更好的工作机会，幼儿教师的流动性较大从而使幼儿教师队伍难以形成合理的年龄梯度。

（2）幼儿教师队伍的整体学历水平以专科毕业为主

该园教师是大专及以上学历的有 43 人，其中通过自己在职进修获得本科学历的有 5 人，其他 38 人均为大专学历；另有 9 人是幼儿师范学校的中专学历。这反映了幼儿教师队伍的整体学历水平在不断提高，也和教育部的相关统计数据相一致。

（3）未评职称的幼儿教师的人数所占比例较大

从该园实际情况来看，未评职称的人数约占 71%，而这些未评定职称的教师全为没有正式编制的教师，这说明虽然《中华人民共和国民办教育促进法》规定民办教师和公办教师享有同样的权利，但实际上大多民办幼儿园教师和公办幼儿园的合同制教师，并没有纳入幼儿教师职称评审体系，他们很难与公办幼儿园教师享有同等的申报职称权利。因此，职称问题成为幼儿教师队伍建设中一个亟须解决的问题。而已评职称的幼儿教师大多占用的是小学教师编制序列，还有些教师是干部、工人等，编制类型较混乱。

（4）持有幼儿教师资格证书的幼儿教师比例较低

该园幼儿教师队伍中约 69% 的教师是没有经过认定和考核的教师，这些教师有些是美术专业，有些是音乐专业，还有些是中文、英语等专业。虽然他们具有大专的学历，有些甚至取得了小学教师资格证，但是这并不代表他们能够胜任幼儿教师的工作，这必然会降低幼儿教育的教学质量并影响到幼儿的发展。因此，幼儿教师资格证的持有率在改善幼儿教师队伍状况时也是必须考虑的一个因素。

（5）幼儿教师得到专业发展的机会较少

通过和幼儿教师的访谈得知，约 40% 的幼儿教师是出于热爱而从事幼儿教师工作的，他们希望教育主管部门重视幼儿教育工作，为教师专业发展提供社会教育条件，如组织幼儿教师参加学习、培训和交流。园长也认为"幼儿教师的培训机会太少"是他们在工作中遇到困难的原因之一。因此，继续教育与在职培训的缺乏已成为制约幼儿教师专业发展的重要原因。

以上是对幼儿园教师基本任职现状的评价。对幼儿教师基本教育素养的评价，主要参照《专业标准》进行。通过对其教育理念进行访谈或对其教育行为进行观察，分析评价其教育理念与师德、专业知识和专业能力等方面的基本情况。下面是对该园某位老师教育行为的观察记录：

午饭后，白老师带着小朋友们在幼儿园绿茵处散步。突然，走在队尾的乐乐用手指着地上的一个绿色东西大声叫喊："老师快来呀，这里有一只虫子！"白老师连忙跑过去，一边疏散前来围观的幼儿，一边告诉他们："小朋友们，这只绿色的虫子叫螳螂，它会咬人，也很容易把人扎伤，千万不能动手摸它。"看到小朋友们都饶有兴趣地围观，七嘴八舌地议论，久久不愿离去。白老师带幼儿回到教室后，马上搜索并播放与螳螂相关的视频来满足幼儿的好奇心与探究欲。通过观看视频，幼儿了解了螳螂吃什么、住在哪里，知道了螳螂身体上的"大刀"的作用。

通过这段记录，我们发现白老师践行了以幼儿为本的教育价值观。首先，她将保护幼儿的安全放在了首位；其次，她注重保护幼儿的好奇心，尊重幼儿的学习主体地位;最后,她能根据幼儿的兴趣、需要的变化及时调整教学安排,提供适合的教育,保障幼儿健康快乐成长。

第五节 幼儿园总务工作评价

一、幼儿园总务工作的重要性

幼儿园的总务工作涉及幼儿园全体人员的全部事务,幼儿园的人、财、物、时间、空间、信息等方面的管理都是通过总务工作进行运筹和保障的。小到幼儿园的纸、笔,大到幼儿园的经费预算、建设规划、用人制度、设备购买等均要由幼儿园的总务工作来办理。因此,幼儿园总务工作是为全体幼儿和教职工服务的工作,更是为了促进幼儿发展、实现教育目标而努力创造良好条件的工作。

(一)幼儿园管理的各个要素都需要通过总务工作来体现

幼儿园管理的人、财、物、时间、空间、信息等都是通过总务工作来保障的,并通过总务工作合理配置资源、科学经营,实现幼儿园合理有效地运转。

(二)总务工作质量直接影响到保教中心任务的完成情况

幼儿园总务工作是非常烦琐、复杂的,由许多部门和多方面的工作组成。总务工作关系到幼儿的伙食营养、卫生保健、物质生活资料的供应、良好学习环境的创设等,这些方面的工作都需要密切的配合协调,共同为幼儿园的保健工作服务。总务工作是为幼儿园保教工作的正常运转而进行的全面服务性工作,其工作质量直接影响到幼教方针及政策的贯彻,关系到幼儿园各项工作的开展,影响着幼儿园保教工作的质量。

(三)总务工作管理的水平关系到调动教职工的积极性

总务工作是一项服务性工作,不仅要为幼儿服务,而且要负担着教师的工作,为教师的工作、为教职工的生活服务。总务工作一方面要为幼儿保教工作提供较好的环境条件;另一方面要想方设法调动教职工的积极性,帮助他们解除后顾之忧,从而使其以更大的热情投入一线工作。因此,幼儿园的总务工作是幼儿园进行科学管理的必要保证。

二、幼儿园总务工作评价举例

幼儿园的总务工作涉及财务管理、财产管理、档案管理、膳食管理、卫生保健管理、安全管理等方面,因此,幼儿园总务工作是一个庞大的系统,这也决定了幼儿园总务工作评价的复杂性。本节对幼儿园总务工作的评价仅以某幼儿园膳食工作为例。

(一)评价目的

《纲要》指出:"幼儿园必须把保护幼儿的生命和促进幼儿的健康放在工作的首

位。"其中健康最本质的是生理健康，而膳食是健康的重中之重，是基础环节。幼儿处于生长发育的关键时期，合理营养、平衡膳食对他们的身体发育、智力发育至关重要，所以幼儿园膳食工作是否科学合理，就显得尤为重要。

（二）评价对象

对幼儿园膳食工作的评价主要包括以下两个方面：一是幼儿园膳食工作管理制度，二是幼儿园膳食营养管理。

1. 幼儿园膳食工作管理制度

该幼儿园膳食工作管理制度如下。

> **专栏 9-3**

幼儿园膳食管理制度①

一、健全机构

（一）成立领导管理机构

幼儿园食堂自主经营，统一管理，封闭运营，不对外承包。把膳食工作纳入教职工考核，建立以园长为第一责任人的幼儿园膳食管理领导小组，强化责任，细化分工。

（二）监督机构

建立健全家长委员会，家长委员会对膳食管理享有知情权、参与决策权、评价权、质询权和监督权。家长委员会每月不定期抽查采购、库存和饭菜质量，定期听取幼儿园膳食管理工作报告，定期或不定期向家长分享幼儿园膳食管理的重要举措或计划，听取并转达家长的意见和建议。

二、规范操作流程

严格要求食堂工作人员，认真按照《食品卫生法》的规范要求，为幼儿制作安全的营养餐。

（一）岗位要求

1. 配齐人员：按照相关文件要求，配齐食堂工作人员。

2. 持证上岗：经卫生防疫站技术培训后上岗。定期到指定的防疫站进行健康体检，取得预防性健康体检卫生培训合格证。体检不合格者，调离本工作岗位。

3. 个人清洁：食堂从业人员在工作前、处理食品原料后、使用卫生间后应用清洁用品及流动清水洗手，接触直接入口食品前应洗手消毒、戴好口罩；衣帽整洁，头发不得置于帽外，不得留长指甲、涂指甲油、佩戴戒指等加工和分发食品。

4. 例行检查：保健医生每天对食堂从业人员进行晨检和日常的健康状况监护。一旦发现有发热、腹泻、皮肤伤口或感染、咽部炎症等有碍食品安全的病症，应立即调离本工作岗位，待查明原因并治愈后方可让其重新上岗。

（二）采购要求

1. 索证索票。

建立食品采购台账和食品追溯体系，查验供货者的许可证和食品合格的证明文

────────────

① 收入本书时有改动。

件,重点查验索取大宗食品原材料检验报告,其中米、面按 GB2715—2016《食品安全国家标准 粮食》、食用油按 GB 2716—2018《食品安全国家标准 植物油》规定的检验项目查看检验报告。

2. 验收登记。

采购包装食品时应查验生产日期、保质期及包装袋有无破损。每日采购的食品应经 2 人以上验收、登记。

3. 评议反馈。

幼儿园定期对食品及原材料供货商进行综合评议,对评议不合格、违反食品安全法规、发生食品安全事故的供货商应立即终止供货合同,并上报有关部门。

(三)储存要求

1. 分类管理:单独设置食品库房,并配置良好的通风、防潮、防鼠等设施。食品贮存应当分类存放,遵循先进先出的原则摆放,不同区域应有明显标识。

2. 定期盘点:食堂物品入库、验收、保管、出库必须专人负责,核对数量,检验质量,签字确认,手续齐全,物、据、账、表相符。

(四)加工要求

1. 配备防蝇、防鼠、防尘、防腐、防毒、消毒、更衣、盥洗等设施设备,炉灶台面、案板、地面、门窗及炊事用具保持整洁。

2. 择菜、洗菜、切菜区域分开。盛菜筐按加工前和加工后区分。刀具、菜板、容器等生、熟标识显著,切、盛水果的刀、墩、容器专用。荤、素食品清洗池分开,清洗食品池与清洗拖布池分开。

3. 清洗、切配、烹饪方法讲究科学化、多样化,先洗后切。教师与幼儿的伙食应分开制作,烹饪出的食物适合不同年龄段幼儿胃肠道的消化和吸收功能,最大限度保留营养价值。

4. 采用新鲜安全的原料制作食品。不得制作松花蛋、四季豆、野生菌、发芽豆芽、生食海产品等高风险食品和凉拌菜,不给幼儿食用回锅菜、隔夜饭菜,不得使用食品添加剂。

5. 备餐间必须配备紫外线消毒灯、防蝇设备,每餐专人定时清洁消毒,并做好消毒记录。

6. 加工结束后及时清理加工场所,做到地面无污物、残渣,上下水畅通;及时清洗各种设备、容器和工具等,做到定期消毒。

(五)试尝要求

由食堂班长和食堂库房管理人员负责幼儿园饭菜的试尝工作,每餐、每种食品成品(菜肴、汤和主食)提前试尝并做好书面记录。试尝人不得用手或使用加工工具直接试尝,必须另备碗筷,将食品成品装在碗里再试尝。试尝人不得将口感异常、口味偏重、未煮熟、受污染、有毒有害的食品送入班级。

(六)配餐要求

1. 加工好的饭菜必须分装存放在备餐间内。

2. 消毒后的餐具及盛装饭菜(点心)的容器应加盖加罩,不得用抹布或围裙等擦拭。

3. 配餐员应着装整洁，双手经过消毒后，戴上一次性手套和口罩分发饭菜。

4. 配餐员应按带量食谱计划数量和各班实到人数分发到各班的容器内，尽量按个数、块数分装，并送出配餐间。

5. 送饭菜途中冬季注意保暖，夏季防止过烫。

（七）留样要求

1. 餐点（含水果）必须全部留样，采集时间为操作过程中或加工终止时，不得特殊制作。

2. 留样由专人负责采集和保管，配备经消毒的专用取样工具和样品存放的专用冰箱。

3. 样品应按品种分别盛放于清洗消毒后的密闭专用容器内，并分别记录样品名称、重量、时间、经办人、审核人等信息。

4. 每个品种留样量应满足检验需要，不少于100克，冷藏48小时以上。

（八）清洁要求

1. 餐饮具清洗、消毒、保洁区域及设备专用，清洗消毒水池不得与清洗食品、原料、拖布等水池混用。

2. 采购使用集中消毒企业供应的餐饮具，餐饮具、洗涤剂、消毒剂应符合国家有关卫生标准。不得重复使用一次性的餐饮具，不得使用国家明令淘汰使用的不符合安全标准的餐饮具。

3. 洁柜密闭，具有明显"已消毒"标记，柜内洁净、干爽，不得存放其他物品。其他消毒设备、设施应定期检查是否处于良好状态，采用化学消毒的应定时测量有效消毒浓度。每次都要填写餐饮具消毒及检查记录表。

4. 餐厨垃圾应分类收集、密闭存放，24小时内交由取得经营许可的餐厨垃圾收运单位按规定时间和路线收运。

三、加强食堂人员工作质量考核

在食堂人员中开展公平竞争考核活动，既是解决幼儿膳食营养要求与食堂工作质量矛盾的关键，也是实施幼儿园膳食科学管理的关键。可以采纳的做法是：成立考核小组，提出考核方案，考核方案里的考核指标，以表格形式表示。表格尽可能体现全面性、公平性、数据性。表格具体由每班保教人员如实填写上交。根据当天当餐的食物，从色、香、味、形、量等方面进行综合评分。

四、风险防范

（一）完善定点采购制度

在建立健全食品进货查验记录制度的基础上，积极推进"农园对接"、原材料直供基地、区域性联合采购工作，优先采购无公害农产品、绿色食品和有机农产品，最大限度减少流通环节，降低采购成本，建立安全、稳定、可溯源的食堂物资供货渠道及稳定饭菜价格质量的长效机制。

（二）完善膳食监管制度

加强关键环节管理，确保从原料购进到入口全过程安全可控，不留死角、不留隐患。重点做好饭菜质量、价格的监管，不定期（每周不少于2次）对饭菜成品进行带量抽查和质量评价。

（三）完善督导巡查制度

加强自查、督查，把日常巡查与飞行检查、明察与暗访结合起来，彻底排查食品安全隐患，有效防控食品安全事故。对督查中发现的问题，及时整改。

（四）完善责任追究制度

幼儿园对失职渎职导致食物安全事故，或迟报、漏报、瞒报食品安全事故造成严重影响的；对虚报、冒领、套取、挤占、挪用婴幼儿伙食费的，或有贪污受贿等行为的，应依法追究有关人员的责任。

五、应急处理

（一）应急事件

应急事件指幼儿在园（疑似）摄入含病原体的食物后感染的传染性或中毒性食源性疾病的食品安全事故，不含因暴饮暴食引起的急性胃肠炎和食用虾、蟹、黄豆、花生等食品引起的过敏性疾病等食品安全事故。

（二）处理措施

1. 及时报告。

幼儿园应立即启动应急预案，停止供餐和食用，深入现场调查，并在第一时间（2 小时之内）向当地卫生、食药监管和教育主管部门报告幼儿发病时间，主要症状（恶心、呕吐、腹痛、腹泻、头痛、头晕、发热、脱水、抽搐、青紫、呼吸困难、昏迷等），进食人数和发病人数等情况，不得瞒报、缓报、谎报。

2. 组织抢救。

幼儿园应立即封存发病前 48 小时以内进餐的食品及其原料、工具用具、设备设施和现场，追回供应的涉嫌食品，及时安排卫生保健人员对患儿进行催吐，尽可能相对集中送往附近医院治疗、抢救，并派人到医院守护。同时通报患儿家长，做好安抚，妥善处理有关问题，控制事态发展。

3. 控制现场。

幼儿园应积极配合疾控机构收集可疑食品和患儿的呕吐物、排泄物等，提供相应食谱，协助开展现场流行病学调查；配合食药监管部门对共同进餐的幼儿进行排查，协助开展现场卫生学调查；控制舆情，不得擅自发布食品安全事故信息，并及时澄清谣传，稳定师生情绪。

4. 善后处置。

引起化学性食物中毒的食品应全部深埋；可能受污的工具、容器、设备和包装物等应彻底清除。有关人员患传染病或携带病原体的，应离岗治疗。

六、门口展示营养食谱

每周食谱都应公布在门口"儿童食谱栏"中，让家长清楚孩子在园的营养膳食结构，并通过家园伙食委员会这座"桥梁"，努力做好幼儿园的膳食管理工作。家园的有效沟通，能更好地提升幼儿园的膳食质量，满足幼儿生长发育的需要。

2. 幼儿园膳食营养管理

幼儿园膳食营养管理最重要的任务是注意幼儿膳食合理搭配，根据本地食品供应情况制定带量食谱。食谱制定要注意荤素搭配、主副食搭配、干稀搭配，做到营养互补。我们可以从该园一周带量食谱了解到该园幼儿的膳食情况，见表9-6。

表 9-6 幼儿园一周带量食谱

星期一	早餐	馒头夹炒鸡蛋(面粉50克，鸡蛋50克)；江米红枣粥(江米20克，红枣3克)；圣女果(30克)
	早点	牛奶(200克)
	午餐	米饭(大米55克)；番茄肉片(猪肉30克，黄瓜40克，胡萝卜10克，番茄5克)；蘑菇豆腐(鲜蘑菇10克，豆腐30克，油菜20克)；虾皮小白菜汤(虾皮1克，小白菜5克)
	午点	芦柑(100克)；桃酥(10克)；冰糖煮梨水(梨5克，冰糖2克)
	晚餐	炒饼(面粉60克，猪肉30克，胡萝卜15克，圆白菜40克，豆腐干10克)；玉米羹(玉米5克，鸡蛋25克，青豆5克)
星期二	早餐	面包夹香肠(面粉30克，香肠50克)；西红柿面片汤(西红柿20克，面粉10克，鸡蛋25克)；梨(20克)
	早点	牛奶(200克)
	午餐	羊肉水饺(面粉60克，羊肉35克，胡萝卜10克，西葫芦70克，豆腐干10克)；玉米(80克)；饺子原汤
	午点	香蕉(100克)；松子仁(10克)；橘皮冰糖水(橘皮4克，冰糖2克)
	晚餐	什锦炒饭(大米50克，豌豆10克，豆腐干10克，胡萝卜20克，火腿肠25克，鸡蛋25克，黄瓜20克)；绿豆糕(30克)；虾皮香菜汤(虾皮1克，香菜1克)
星期三	早餐	鸡蛋饼(面粉10克，鸡蛋50克)；菠菜疙瘩汤(面粉10克，菠菜10克，香菜2克)；西瓜(20克)
	早点	牛奶(200克)
	午餐	米饭(大米55克)；红烧带鱼(带鱼60克)；西红柿鸡蛋炒(西红柿50克，鸡蛋30克)；豆腐鸡蛋汤(豆腐5克，鸡蛋5克)
	午点	苹果(100克)；芝麻糖(10克)；百合冰糖水(百合4克，冰糖2克)
	晚餐	肉饼(面粉60克，猪肉40克，大葱15克)；炒菜花(菜花15克，西蓝花15克)；二米粥(江米15克，黑米10克，糖5克)
星期四	早餐	麻酱火烧(面粉50克，芝麻酱5克)；酱牛肉(50克)；玉米面粥(玉米面15克)；苹果(20克)
	早点	牛奶(200克)
	午餐	猪肉茴香包(面粉50克，猪肉30克，茴香50克)；素鸡(10克)；红小豆枣粥(红小豆5克，大米15克，小枣5克)
	午点	哈密瓜(100克)；大榛子(10克)；白萝卜冰糖水(白萝卜5克，冰糖2克)
	晚餐	二米饭(大米30克，小米25克)；叉烧排骨(排骨60克)；鸡蛋炒莴笋(鸡蛋40克，莴笋70克，胡萝卜10克，豆腐干10克)；虾皮菠菜汤(虾皮1克，菠菜5克)

	早餐	豆沙包（面粉 50 克，红豆 20 克）；煮鸡蛋（鸡蛋 50 克）；大米粥（大米 15 克）；素鸡炒芹菜（素鸡 10 克，芹菜 15 克）；圣女果（30 克）
星期五	早点	牛奶（200 克）
	午餐	米饭（大米 55 克）；油焖大虾（大虾 50 克，黄瓜 50 克，胡萝卜 10 克，青豆 5 克）；鸡蛋炒油菜（鸡蛋 15 克，油菜 30 克）；番茄蛋花汤（番茄、鸡蛋各 3 克）
	午点	梨（100 克）；山楂片（10 克）；银耳冰糖水（银耳 2 克，冰糖 2 克）
	晚餐	什锦发糕（面粉 30 克，玉米面 20 克，果脯 20 克）；红烧鸡翅中（鸡翅中 50 克）；粉丝炒洋白菜（粉丝 5 克，圆白菜 60 克，胡萝卜 10 克，黑木耳 1 克，肉末 10 克）；黄瓜丝蛋汤（黄瓜 5 克，鸡蛋 5 克）

（三）评价方法

问卷调查法。通过向园长、教师、保育员、保健医生、炊事员和家长发放问卷，了解幼儿园膳食制定情况及家长对幼儿园膳食的了解。

访谈法。通过对保健医生进行访谈，了解其在膳食制定中采用的具体操作方法，并分析原因。

档案分析法。通过查阅幼儿园档案，了解幼儿园的食谱情况。

（四）评价标准

2012 年，卫生部印发《托儿所幼儿园卫生保健工作规范》，对幼儿园的膳食管理、膳食营养的内容做了具体要求。

1. 对膳食管理的要求

第一，托幼机构食堂应当按照《食品安全法》《食品安全法实施条例》以及《餐饮服务许可管理办法》《餐饮服务食品安全监督管理办法》《学校食堂与学生集体用餐卫生管理规定》等有关法律法规和规章的要求，取得餐饮服务许可证，建立健全各项食品安全管理制度。

第二，托幼机构应当为儿童提供符合国家《生活饮用水卫生标准》的生活饮用水。保证儿童按需饮水。每日上午、下午各 1～2 次集中饮水，1～3 岁儿童饮水量 50～100 毫升/次，3～6 岁儿童饮水量 100～150 毫升/次，并根据季节变化酌情调整饮水量。

第三，儿童膳食应当专人负责，建立有家长代表参加的膳食委员会并定期召开会议，进行民主管理。工作人员膳食与儿童膳食要严格分开，儿童膳食费专款专用，账目每月公布，每学期膳食收支盈亏不超过 2%。

第四，儿童食品应当在具有食品生产许可证或食品流通许可证的单位采购。食品进货前必须采购查验及索票索证，托幼机构应建立食品采购和验收记录。

第五，儿童食堂应当每日清扫、消毒，保持内外环境整洁。食品加工用具必须生熟标识明确、分开使用、定位存放。餐饮具、熟食盛器应在食堂或清洗消毒间集中清洗消毒，消毒后保洁存放。库存食品应当分类、注有标识、注明保质日期、定位储藏。

第六，禁止加工变质、有毒、不洁、超过保质期的食物，不得制作和提供冷荤凉菜。留样食品应当按品种分别盛放于清洗消毒后的密闭专用容器内，在冷藏条件下存放 48 小时以上；每样品种不少于 100 克以满足检验需要，并做好记录。

第七，进餐环境应当卫生、整洁、舒适。餐前做好充分准备，按时进餐，保证儿童情绪愉快，培养儿童良好的饮食行为和卫生习惯。

2. 对膳食营养的要求

第一，托幼机构应当根据儿童生理需求，以《中国居民膳食指南》为指导，参考"中国居民膳食营养素参考摄入量（DRIs）"和"各类食物每日参考摄入量"（部分见表 9-7），制订儿童膳食计划。

表 9-7 儿童各类食物每日参考摄入量（部分）

食物种类	3～6 岁
谷类	180～260 克
蔬菜类	200～250 克
水果类	150～300 克
鱼虾类	40～50 克
禽畜肉类	30～40 克
蛋类	60 克
液态奶	300～400 毫升
大豆及豆制品	25 克
烹调油	25～30 毫升

（资料来源于《中国孕期、哺乳期妇女和 0～6 岁儿童膳食指南》，中国营养学会妇幼分会，2010）

第二，根据膳食计划制订带量食谱，1～2 周更换 1 次。食物品种要多样化且合理搭配。

第三，在主副食的选料、洗涤、切配、烹调的过程中，方法应当科学合理，减少营养素的损失，符合儿童清淡口味，达到营养膳食的要求。烹调食物注意色、香、味、形，提高儿童的进食兴趣。

第四，托幼机构至少每季度进行 1 次膳食调查和营养评估。儿童热量和蛋白质平均摄入量全日制托幼机构应当达到"DRIs"的 80％，寄宿制托幼机构应当达到"DRIs"的 90％以上。维生素 A、B_1、B_2、C 及矿物质钙、铁、锌等应当达到"DRIs"的 80％。三大营养素热量占总热量的百分比是蛋白质 12％～15％，脂肪 30％～35％，碳水化合物 50％～60％。每日早餐、午餐、晚餐热量分配比例为 30％、40％和 30％。优质蛋白质占蛋白质总量的 50％以上。

第五，有条件的托幼机构可为贫血、营养不良、食物过敏的儿童提供特殊膳食。不提供正餐的托幼机构，每日至少提供 1 次点心。

《幼儿园工作规程》第二十一条明确规定："供给膳食的幼儿园应当为幼儿提供安全卫生的食品，编制营养平衡的幼儿食谱，定期计算和分析幼儿的进食量和营养素摄取量，保证幼儿合理膳食。幼儿园应当每周向家长公示幼儿食谱，并按照相关规定进行食品留样。"这些规定都是我们评价幼儿园膳食的依据。

（五）评价结果

该园制定了较为完善的膳食制度以及膳食工作基本行为规范，基本做到按照相关政策要求管理幼儿膳食。我们发现，该园保健医生兼任营养师，这也是我国大多数幼儿园的做法。幼儿园保健医生的主要职责在于幼儿园的卫生保健工作，特别是一些规模较大的幼儿园，卫生保健工作的工作量就更大。保健医生兼任营养师造成了保健医生的多重角色，往往也会造成保健医生"分身乏术""力不从心"的职业困境，无法专注、专精于幼儿园的卫生保健工作，难以深入开展营养管理工作。国务院办公厅2014年印发了《中国食物与营养发展纲要（2014—2020）》，在主要任务中明确提出："建立健全居民食物与营养监测管理制度，加强监测和信息分析。对重点区域、重点人群实施营养干预，重视解决微量营养素缺乏、部分人群油脂摄入过多等问题。"因此，该园应加强对幼儿营养的管理，定期对幼儿园保健医生、炊管人员等进行营养培训，开展多种形式的营养教育，切实保障幼儿园膳食营养工作的科学性、规范性。

该园在膳食制度方面存在两点不足之处：

第一，没有有计划地定期开展营养状况监测，没有对幼儿园主要就餐者的营养摄入量、生理生化指标、生长发育和健康情况进行分析和评价，没有科学评定幼儿营养的实施效果。

第二，没有建立特殊需要者（营养不良、营养过剩等）的营养治疗档案，没有为其制订相应的营养治疗计划。

幼儿食谱的编制要参照《中国居民膳食指南》、"幼儿每日膳食中营养素推荐摄入量标准"及平衡膳食宝塔，按照人体生理需要摄入热能和各种营养成分的需求编制。从该园的一周带量食谱我们发现：幼儿园的早餐比较丰富，注重粗细搭配；午餐以面食、米饭以及地方特色的饮食相交替，每日做到荤素搭配，豆类和动物性食品等优质蛋白质供应丰富，各种营养素一日摄入量能够达到参考摄入量80%。我们参考中国食物成分表，随机选择对周一的带量食谱进行了统计，早上（含早点）、中午（含午点）、晚上三餐的热量分别为442.42千卡、457.77千卡、431.85千卡，午餐热量所占比例偏低；三大营养素中，蛋白质含量为51.64克，脂肪为44.24克，碳水化合物为181.97克，三大营养素供应热量分别为206.56千卡、398.16千卡、727.88千卡，分别占总热量的比例约为15.51%、29.89%、54.60%，蛋白质供应热量偏高，脂肪供应热量偏低。优质蛋白质（豆类和动物性食品）供应量超过了总摄入量的50%。

第六节　幼儿园家长工作评价

《纲要》指出："家庭是幼儿园重要的合作伙伴。应本着尊重、平等、合作的原则，争取家长的理解、支持和主动参与，并积极支持、帮助家长提高教育能力。"幼儿园和家庭是幼儿的主要生活环境，促进幼儿的全面发展是幼儿园和家庭的共同责任，因此家庭和幼儿园在幼儿教育过程中必须相互支持、相互沟通。苏霍姆林斯基提出，没有家庭教育的学校教育和没有学校教育的家庭教育，都不可能完成培养人这一极其细微的任务。幼儿园在教育过程中获得家长对幼儿园教育的理解、支持与参与，做好家长工作对幼儿园发展也具有重要意义。

一、幼儿园家长工作的重要性

幼儿园家长工作的目的是建立家园之间的信任，搭建家园合作的桥梁，通过家园教育合作共同体促进幼儿健康和谐发展。幼儿园家长工作的重要性主要体现在以下几个方面。

(一)实现家园共育，促进幼儿健康成长

幼儿发展过程中有两个重要的微观系统——家庭和幼儿园，双方各自的特点决定了其在幼儿成长过程中都具有不可替代的作用。我国幼儿教育家陈鹤琴说："幼稚教育是一件很复杂的事情，不是家庭一方面可以单独胜任的；也不是幼稚园一方面可以单独胜任的；必定要两方面共同合作方能得到充分的功效。"①苏联教育家苏霍姆林斯基认为，教育的效果取决于学校和家庭教育影响的一致性。如果没有这种一致性，那么学校的教学和教育过程就像纸做的房子一样倒塌下来。因此，教育幼儿是家庭和幼儿园共同的责任。在此过程中，幼儿园要发挥主导作用，与家长积极沟通、对话，引领家长在教育理念、思想、目标、原则、方法等方面与幼儿园达成共识，引领家长与幼儿园合作，互相利用各自的资源和优势，共同促进幼儿身心健康快乐地成长。只有家长和幼儿园的教育思想、行为是一致的，我们的教育才能形成合力，取得事半功倍的效果。

(二)有助于家长树立正确的育儿观念

父母是幼儿的第一任教师，家庭对幼儿的影响较为直接和深远，家庭也是影响幼儿园教育效果的重要因素。然而，很多家长虽然重视幼儿的教育，但是其教育观念和方法仍有许多不科学之处，如认为幼儿园教育应该多教知识、减少游戏时间等。幼儿园作为专门的教育机构，应该通过家长工作向家长宣传正确的教育观念，帮助家长树立正确的育儿观和教育观，从而提高家庭教育的水平。

(三)增进家园合作，提高幼儿园办园品质

家庭是幼儿园重要的合作伙伴，也是促进幼儿园发展的重要资源。在家长工作中，幼儿园除了做好和家长的沟通工作，让家长了解、配合幼儿园的教育教学活动，还应该以积极开放的姿态让家长参与到幼儿教育和管理中，如参与幼儿园的管理决策制定、课程改革与研讨、科研活动、幼儿活动的策划与组织、幼儿园保教质量与发展的评价和建议等，使家长真正成为教育的合作者。因此，做好家长工作，赢得家长的关心、支持，有利于增进家园合作，提升幼儿园的教育教学水平和管理水平。

二、幼儿园家长工作的现状

做好幼儿家长工作，实现家园共育，已经成为幼儿园教育工作中必不可少的一个部分。它既是幼儿园教育的需要，也是幼儿自身发展的需要。建立良好的家园共育关系，对幼儿园教育质量的提高和幼儿身心全面、和谐发展具有重要意义。幼儿园家园共育的现状可以概括为以下三个方面。

(一)教师和家长普遍认识到家园共育的重要性

幼儿教师普遍认识到家长工作不是只完成《幼儿园工作规程》《纲要》里规定的相

---

① 北京市教育科学研究所：《陈鹤琴教育文集》下卷，9页，北京，北京出版社，1985。

关任务,而是一个构建家园合作共同体的过程。通过家庭和幼儿园的配合,家园共同推进幼儿的成长与发展。因此,幼儿教师能够和家长主动沟通并主动邀请家长参与到幼儿园的家园共育活动中,不仅提高了家长的科学育儿水平,而且增进了教师对幼儿的了解,提高了教师的专业化水平,促进了幼儿园教育教学改革。

(二)家园共育的途径与方法多样

幼儿园常用的家园共育方式有家园联系册、家长会、亲子活动、家长开放日、家庭教育讲座、家长委员会、家长助教、班级 QQ 群、家访等,通过这些方式让家长全面了解幼儿园,进而理解、认同幼儿园的理念和工作的具体做法。幼儿园能够通过日常沟通或问卷调查等形式了解家长的需求和希望,尽力采取有效措施,为家长提供有针对性的、系统而深入的教育服务,满足家长的教育需求,帮助家长解决实际问题。例如,幼儿园针对家长的育儿困惑,开设"亲子语言研讨班""父母读书会"等;针对特殊儿童(如学习障碍、心理行为问题儿童)的家长进行个案辅导和帮助;为迟下班的家长开设晚托班延迟接送等。这样,既发挥了幼儿园的社会功能,也能传递出幼儿园的办园理念和文化精神。

(三)教师和家长对家园共育活动的需求差异显著

相关研究显示,在家园共育活动中,幼儿教师的需求从高到低依次是:学习与不同家长沟通的技巧,赢得家长的理解、信任和尊重;学习解决幼儿的特殊问题;学习科学育儿理念;学习幼儿身心发展知识;学习幼儿评价方面的知识。幼儿家长的需求从高到低依次是:希望得到培养幼儿良好习惯方面的知识,希望得到培养幼儿良好的学习兴趣方面的知识,希望得到幼儿身心发展方面的知识,希望得到解决幼儿成长问题的具体方法方面的帮助。[1]

家园共育活动在取得可喜成绩的同时,也存在以下问题。

第一,部分家长被动参与家园共育活动。

对家长教育观念的引领,不能只通过理论宣传和说教,还需要让他们在具体实践中亲身感知和体验。在幼儿园开展的家园共育活动中,部分家长被动参与活动,不愿在活动中发挥自己的积极性和主动性。一方面是家长对幼儿教育缺乏正确的认识,认为教育幼儿是教师的工作而不是家长的任务;另一方面与幼儿教师对活动设计的针对性、新颖性有关,这也在一定程度上影响了家长参与活动的积极性。

第二,家园共育活动形式主义严重。

家园共育活动在一定程度上促进了幼儿的专业发展,在提高教师专业素养方面取得了较好的成效,但也有些家园共育活动流于形式,效果不如人意。这反映了幼儿园在组织各类活动时,在考虑家长的需求、家长的参与性、家长对活动效果的期望等方面存在不足;也反映了家长方面在配合教师做好前期准备工作的积极性、参与活动的热情上还有一定的不足。要提高家园共育工作的成效,幼儿园不仅需要从思想上重视,而且要通过行动给予支持。幼儿园管理者及教师在广泛争取家长意见的基础上,做好总体规划与部署,恰当组织活动;家长要和幼儿教师进行积极的沟通,针对家园共育活动提出合理的建议,积极配合教师的工作。

---

① 程秀兰:《幼儿园家园共育实践与探索》,20 页,西安,未来出版社,2013。

三、幼儿园家长工作评价举例

幼儿园的家长工作如何？是否树立了幼儿园良好的公众形象，发挥了教育机构的文明辐射功能？是否注重满足家长的要求，解决家长的困难？下面我们以某幼儿园的家长工作为例对其进行评价。

(一)评价目的

幼儿的全面发展是家庭和幼儿园共同的责任，通过对幼儿园家长工作的了解，为幼儿园的家园共育工作提供借鉴。

(二)评价对象

某幼儿园创建于 1970 年，是一所全日制公办幼儿园，幼儿园各项设施基本齐全。在实践中，幼儿园意识到幼儿的全面发展离不开家庭的密切配合，因此该园也在积极探索家园共育的新模式，努力寻求家园共育的突破口。该园家长工作的形式和内容主要有以下几个方面。

1. 利用接送幼儿的时机和家长面谈

教师与家长在接送幼儿时进行短暂交谈。教师利用每天早晨幼儿来园时间和家长见面、交流，及时了解幼儿在家的生活、学习活动表现；离园时间简要向家长汇报幼儿在园情况，在表扬幼儿进步的同时，及时反映问题，和家长协商解决，关注家长反馈的幼儿情况，主动研究教育对策，改进工作。特别是针对班内情况较特殊的幼儿，如性格内向的幼儿、生活自理能力较差的幼儿、单亲或离异家庭的幼儿等，教师通过便条的方式约幼儿家长进行面谈，和家长共同找出造成幼儿特殊问题的原因并"对症下药"，使幼儿朝着健康的方向发展。

2. 利用电话、短信、便条等方式进行交流

当无法和父母面对面沟通的时候，如幼儿乘坐校车入园、离园或老人接送幼儿，电话交流就是重要的沟通方式。教师通过电话、短信等方式适时和家长联系，确保家园沟通的顺利进行。针对部分家长的困惑和问题，教师也可以采用发短信或写便条的形式和家长交流，有针对性地解决家长的问题。

3. 利用家园联系栏与家长进行沟通

该园每个班级都设置了独立的"家园联系栏"，每个班的"家园联系栏"根据班级的实际情况设置栏目。一般而言，每个班级必须设置一周活动计划(主要是便于家长全面地了解一周的教学内容和目标)，通知栏(向家长传达班级近期安排、需要家长配合的活动内容以及家庭教育小贴士)。此外，幼儿园还有集体的家园联系栏，介绍国家学前教育的相关法规政策、幼教发展的前沿及本园的发展状况等。

4. 利用家长开放日和亲子活动，提高家长育儿水平

家长开放日采取的是幼儿园邀请家长观摩或参与教育活动的形式。该园每学期开展一次家长开放日活动，并组织一些亲子活动，不仅给家长提供一个观看幼儿园教育实践的机会，而且让家长亲身参与和体验幼儿园的教学，理解幼儿园教育活动的开展。

5. 利用家长会转变家长教育观念

不同学历层次、不同受教育水平的家长的教育观有很大差异，且大多数家长对幼儿教育并不了解，他们认为小学化的幼儿教育对幼儿的发展是有利的，并以此作

为判断幼儿园教育水平的标志。幼儿园通过问卷、交谈等形式对家长的教育困惑进行调查，以每学期两次的全园性的家长会为契机，聘请教育理论和实践经验丰富的优秀教育工作者担任讲师，帮助家长树立正确的儿童观、教育观和家教观。

6. 利用家长委员会及时和家长沟通交流

该园成立了幼儿园家长委员会和班级家长委员会，班级家长委员会根据班额的大小而定，每班基本有 5～6 名家长委员会代表，再由这些班级家长委员会成员的三分之一组成幼儿园的家长委员会。家长委员会是家长与幼儿园之间的纽带，一般每学期召开 1～2 次会议。家长委员会能够及时向幼儿园反馈家长的意见和建议。

（三）评价方法

问卷调查法。通过向教师、家长发放问卷，了解教师和家长对幼儿园家园共育活动的看法。

访谈法。通过对家长进行访谈，了解家园共育活动存在的问题，并分析原因。

观察法。深入一线观察幼儿园开展的家园共育活动的形式和内容。

（四）评价标准

《幼儿园工作规程》第五十二条提出："幼儿园应当主动与幼儿家庭沟通合作，为家长提供科学育儿宣传指导，帮助家长创设良好的家庭教育环境，共同担负教育幼儿的任务。"第五十三条提出："幼儿园应当建立幼儿园与家长联系的制度。幼儿园可采取多种形式，指导家长正确了解幼儿园保育和教育的内容、方法，定期召开家长会议，并接待家长的来访和咨询。幼儿园应当认真分析、吸收家长对幼儿园教育与管理工作的意见与建议。幼儿园应当建立家长开放日制度。"第五十四条提出："幼儿园应当成立家长委员会。家长委员会的主要任务是：对幼儿园重要决策和事关幼儿切身利益的事项提出意见和建议；发挥家长的专业和资源优势，支持幼儿园保育教育工作；帮助家长了解幼儿园工作计划和要求，协助幼儿园开展家庭教育指导和交流。"

（五）评价结果

该园的家园共育工作取得了一定的成效，大多数家长和教师认为幼儿园的家园共育工作意义重大，不仅促进了家长更新教育观念，而且提升了教师的专业水平，更对促进幼儿的全面发展具有重要的意义。从该园的家园共育工作现状来看，目前存在以下几个方面的问题。

1. 家长参与家园共育活动处于被动位置

虽然幼儿园开展了多种形式的家园共育活动，如家长开放日、家长会等，但是无论哪种形式的活动，家长参与的积极性并不一致，仍有一部分家长是被动参与到活动中来的。随着家长受教育水平的提高，家长对幼儿园的要求也相应提高，在家园共育活动中，家长的需求也逐渐多样化，如寻求对幼儿专注力培养的帮助、对幼儿心理健康方面的帮助、对培养幼儿良好习惯方面的帮助等，但幼儿园在对家园共育活动的组织、设计的合理性方面往往比较单一，活动形式缺乏新颖性。

2. 未能有效运用家园共育工作的各种形式

该园虽然开展了多种家园共育的形式，但是活动成效不如预期，有些活动流于形式。例如，家长开放日的活动往往经过排练，致使家长不能真正了解幼儿在园表现；幼儿园也开通了公众号，创建了 QQ 群或微信群，但使用率不高；家长会理论讲解多，实践应用少，缺乏针对性；家访作为传统的家园共育的重要形式被停止使用等。因此，该园在以后的工作中应该继续拓展家园共育的有效形式。

3. 教师与部分家长沟通不畅

教师与家长就家园共育方面的沟通应该建立在家长树立正确的教育观、儿童观以及家教观的基础上，但由于家长群体的文化程度差别较大，教师与不同类型的家长沟通应有所侧重，掌握与各类家长沟通的技能和技巧。

本章小结

本章主要从幼儿园工作目标、办园条件、组织和制度、保教队伍、总务工作以及家长工作六个方面讲述了幼儿园管理工作评价，并以案例呈现的方式，按照从评价目的、评价对象、评价方法、评价标准到评价结果的"五步法"详细说明了幼儿园管理工作评价的具体步骤。

关键术语

幼儿园组织　幼儿园制度　保教结合　总务工作

思考题

1. 幼儿园办园条件包括哪几个方面？
2. 幼儿园的制度包括几种类型？分别有哪些制度？
3. 幼儿教师和保育员的职责分工有哪些异同？
4. 幼儿园总务工作有什么意义？
5. 幼儿园家园共育工作的现状是什么？

建议的活动

某幼儿园对本园幼儿营养性疾病（肥胖）管理工作进行了自我评价，请扫描二维码阅读相关评价材料，分析该评价的合理性。

拓展文本

幼儿园营养性
疾病（肥胖）管理
工作自我评价

主要参考文献

中文图书

1. 艾尔·巴比. 社会研究方法[M]. 邱泽奇，译. 北京：华夏出版社，2009.

2. 白爱宝. 幼儿发展评价手册[M]. 北京：教育科学出版社，1999.

3. 贝蒂. 幼儿发展的观察与评价[M]. 郑福明，费广洪，译. 7版. 北京：高等教育出版社，2011.

4. 本特森. 观察儿童——儿童行为观察记录指南[M]. 于开莲，王银玲，译. 北京：人民教育出版社，2009.

5. 车文博. 心理咨询大百科全书[M]. 杭州：浙江科学技术出版社，2001.

6. 陈琦，刘儒德. 当代教育心理学[M]. 2版. 北京：北京师范大学出版社，2007.

7. 陈文华. 幼儿园课程论[M]. 北京：科学出版社，2011.

8. 陈向明. 质的研究方法与社会科学研究[M]. 北京：教育科学出版社，2000.

9. 戴维，萨顿. 社会研究方法基础[M]. 陆汉文，等译. 北京：高等教育出版社，2008.

10. 丹芬妮·M. 基茨，王曙光，张胜康. 交流访谈及其互动沟通技巧[M]. 成都：四川科学技术出版社，2004.

11. 范伟达，范冰. 社会调查研究方法[M]. 上海：复旦大学出版社，2010.

12. 高月梅，张泓. 幼儿心理学[M]. 杭州：浙江教育出版社，1993.

13. 格朗兰德. 教学测量与评价[M]. 郑军，郭玉英，李登样等译. 石家庄：河北教育出版社，1991.

14. 顾荣芳，等. 从新手到专家——幼儿教师专业成长研究[M]. 北京：北京师范大学出版社，2007.

15. 胡中锋. 教育测量与评价[M]. 2版. 广州：广东高等教育出版社，2006.

16. 霍力岩，等. 学前教育评价[M]. 3版. 北京：北京师范大学出版社，2016.

17. 教育部教师工作司. 幼儿园教师专业标准（试行）解读[M]. 北京：北京师范大学出版社，2013.

18. 莉萨·博林，谢里尔·西塞罗·德温，马拉·里斯-韦伯. 教育心理学[M]. 连榕，缪佩君，陈坚，等译. 北京：机械工业出版社，2012.

19. 李季湄，肖湘宁. 幼儿园教育[M]. 北京：北京师范大学出版社，1997.

20. 刘大椿. 科学哲学[M]. 北京：人民出版社，1998.

21. 刘晶波. 学前教育研究方法[M]. 北京：人民教育出版社，2006.

22. 刘占兰，杨丽欣. 聚焦幼儿教师专业发展：从骨干到名师[M]. 北京：北京师范大学出版社，2014.

23. 卢伟. 学前儿童语言教育活动指导[M]. 上海：复旦大学出版社，2013.

24. 陆益龙. 定性社会研究方法[M]. 北京：商务印书馆，2011.

25. 吕亚荣. 农村社会经济调查方法[M]. 北京：中国人民大学出版社. 2010.

26. 罗伯特·J. 格雷戈里. 心理测量：历史、原理及应用(原书第 5 版)[M]. 施俊琦，等译. 北京：机械工业出版社，2013.

27. 罗莎琳德·查尔斯沃思. 幼儿数学与科学教育[M]. 盛朝琪，吴霓雯，潘月娟，等译. 8 版. 北京：北京师范大学出版社，2011.

28. 芭芭拉·鲍曼，苏珊娜·多诺万，苏珊·勃恩兹. 渴望学习：教育我们的幼儿[M]. 吴亦东，周萍，罗峰，等译. 南京：南京师范大学出版社，2006.

29. 贝塔朗菲. 普通系统论的历史和现状[C]//中国社会科学院情报研究所. 科学学译文集. 北京：科学出版社，1980.

30. 玛拉·克瑞克维斯基. 多元智能理论与学前儿童能力评价[M]. 李季湄，方钧君，译. 北京：北京师范大学出版社，2015.

31. 乔伊斯·P. 高尔，M.D. 高尔，沃尔特·R. 博格. 教育研究方法：实用指南[M]. 屈书杰，郭书彩，胡秀国，译. 5 版. 北京：北京大学出版社，2007.

32. 教育部基础教育司.《幼儿园教育指导纲要(试行)》解读. 南京：江苏教育出版社，2017.

33. 裴娣娜. 教育研究方法导论[M]. 合肥：安徽教育出版社，1995.

34. 钱学森，等. 论系统工程[M]. 长沙：湖南科学技术出版社，1982.

35. 斯丹纳·苛费尔，斯文·布林克曼. 质性研究访谈[M]. 范丽恒，译. 北京：世界图书出版公司，2013.

36. 斯塔克. 方案评价的特殊方法——应答评价[C]//瞿葆奎. 教育学文集 教育评价. 北京：人民教育出版社，1989.

37. 苏·C. 沃瑟姆，贝琳达·J. 哈丁. 学前教育评价[M]. 向海英，译. 7 版. 北京：北京师范大学出版社，2013.

38. 苏晓倩. 教师如何观察和评价幼儿[M]. 北京：中国轻工业出版社，2012.

39. 陶西平. 教育评价辞典[M]. 北京：北京师范大学出版社，1998.

40. 王坚红. 学前教育评价[M]. 北京：人民教育出版社，2010.

41. 王萍. 学前儿童问题行为及矫正[M]. 北京：清华大学出版社，2013.

42. 王伟光. 新大众哲学：上卷[M]. 北京：中国社会科学出版社，人民出版社，2014.

43. 乌杰. 系统哲学[M]. 北京：人民出版社，2013.

44. 小原国芳. 小原国芳教育论著选：下卷[M]. 刘剑乔，由其民，吴光威，译. 北京：人民教育出版社，1993.

45. 鄢超云. 学前教育评价[M]. 北京：高等教育出版社，2010.

46. 杨爱华. 学前教育科学研究[M]. 南京：南京师范大学出版社. 2001.

47. 姚伟. 幼儿园教育评价行动研究[M]. 南京：南京师范大学出版社，2012.

48. 袁振国. 当代教育学[M]. 北京：教育科学出版社，1998.

49. 约翰·洛夫兰德，戴维·A. 斯诺，利昂·安德森，等. 分析社会情境：质性观察与分析方法[M]. 林小英，译. 重庆：重庆大学出版社，2011.

50. 张彦. 社会研究方法[M]. 上海：上海财经大学出版社，2011.

51. 中华人民共和国教育部. 幼儿园教育指导纲要(试行)[M]. 北京：北京师范大学出版社，2001.

52. 中央教育科学研究所学前教育研究室. 幼儿园教育质量评价手册[M]. 北京：教育科学出版社，2009.

中文期刊

1. 贝塔朗菲. 一般系统论[J]. 自然科学哲学问题丛刊，1979(1~2).

2. 单文鼎，袁爱玲. 国际视野下的学前教育质量评价研究——兼谈对我国学前教育质量评价的思考[J]. 福建教育，2014(12).

3. 高艳. 2001 年以来我国学前教育评价综述[J]. 辽宁教育，2015(4).

4. 高振强. CIPP 教育评价模式述评[J]. 教学与管理，1998(Z1).

5. 葛云. 幼儿谦让行为发展与教育的研究[J]. 南京师范大学学报(社会科学版)，1991(3).

6. 龚欣. 运用档案袋评价促进幼儿个体发展[J]. 学前教育研究，2006(2).

7. 何叶，杨兴国. 全美幼教协会《伦理规范和承诺声明》简介[J]. 早期教育，2010(4).

8. 胡珊珊，姜勇，钱琴珍. 建国 60 年来我国幼儿园教师队伍的建设和发展研究[J]. 幼儿教育，2009(10).

9. 黄光扬. 正确认识和科学使用档案袋评价方法[J]. 课程·教材·教法，2003(2).

10. 霍力岩. 西方学前教育评价的发展历程及当代特点[J]. 学前教育研究，1995(3).

11. 金家新，兰英. 从外貌模式到回应模式——论斯泰克(R. E. Stake)的课程评价理论[J]. 外国教育研究，2010(10).

12. 李春光，张慧. 作品取样系统及其对我国学前教育评价的启示[J]. 教育现代化，2015(4).

13. 李贵希，刘花雨. 建构主义知识观及其对我国学前教育评价的启示[J]. 教育理论与实践，2009(10).

14. 李惠桐. 关于三岁前儿童早期教育开始年龄的商榷[J]. 教育研究，1984(4).

15. 李琳. 从中立到多元：学前教育评价中"价值"问题探析[J]. 教育测量与评价(理论版)，2015(4).

16. 李琳. 学前教育评价的历史发展轨迹及其未来发展趋势[J]. 幼儿教育，2012(3).

17. 李姗泽，杨文婧．保育员素质及工作现状的个案研究[J]．学前教育研究，2007(5)．

18. 李玉杰，肖晓雪．发达国家学前教育机构保教质量评价的特点及其启示[J]．教育探索，2014(12)．

19. 李云淑．外貌模式在课程评价中的运用——以上海市威海路幼儿园为例[J]．学前课程研究，2009(5)

20. 李云翔．关于幼儿教师专业化成长评价的研究[J]．大连教育学院学报，2008(4)．

21. 林雪卿．对幼儿园教师队伍建设的思考——以厦门市为例[J]．天津师范大学学报（基础教育版），2012(3)．

22. 马娥．近20年国内学前教育评价研究文献综述[J]．延安职业技术学院学报，2009(3)．

23. 满晶，马欣川．幼儿互助行为发展的实验研究[J]．心理发展与教育，1994(3)．

24. 潘月娟．国外学前教育质量评价与监测进展及启示[J]．中国教育学刊，2014(3)．

25. 彭俊英．档案袋评定——一种新型的幼儿园教育评价方法[J]．山东教育，2002(33)．

26. 蒲汝玲．近十年我国学前教育评价研究文献综述[J]．中华女子学院学报，2009(4)．

27. 钱雨．美国学前教育课程评价研究项目的背景、内容、实施及其启示[J]．学前教育研究，2011(7)．

28. 秦奕．幼儿园教师职业认同结构要素与关键主题研究[D]．南京：南京师范大学，2008．

29. 唐林兰．对幼儿档案袋评定的价值分析[J]．基础教育研究，2005(4)．

30. 王逢贤．师德建设的理论思考[J]．中国教育学刊，1997(4)．

31. 王吉．学前教育信息化评价指标体系的构建[J]．教育测量与评价（理论版），2012(1)．

32. 王美芳，庞维国．学前儿童在园亲社会行为的观察研究[J]．心理发展与教育，1997(3)．

33. 王晓柳．几种典型的教育评价模式简介[J]．早期教育，2003(2)．

34. 王岫．美、英、日、韩幼儿园家长工作概述[J]．早期教育，2006(5)．

35. 肖远军．CIPP 教育评价模式探析[J]．教育科学，2003(3)．

36. 杨莉莉，倪淑华，邱服斌，等．太原市某幼儿园膳食调查分析[J]．山西医科大学学报，2009(5)．

37. 杨丽．档案袋评定的定义及其操作步骤[J]．现代教育科学，2004(3)．

38. 杨晓萍，柴赛飞．质性评定方法对我国学前教育评价的启示[J]．学前教育研究，2004(3)．

39. 叶澜．新世纪教师专业素养初探[J]．教育研究与实验，1998(1)．

40. 一帆．教育评价的目标游离模式[J]．教育测量与评价（理论版），2013(2)．

41. 于开莲，焦艳. 两种学前教育评价新方案的对比——多彩光谱评价方案与作品取样系统[J]. 学前教育研究，2009(8).

42. 张亚妮，王朝瑞，钱琳娜. "学习故事"蕴藏的教育精彩[J]. 中国教育报，2015(3).

43. 张野. 3—12 岁儿童个性结构、类型及发展特点的研究[D]. 大连：辽宁师范大学，2004.

44. 赵玮. CIPP 教育评价模式述评[J]. 开放潮，2006(Z4).

45. 郑名. 幼儿园科学评价体系的构建与实施[J]. 甘肃教育，2002(6).

46. 郑勇军. 浅谈学前儿童教育评价的体系构建[J]. 吉林省教育学院学报，2015(9).

47. 周欣. 表现性评价及其在学前教育中的应用[J]. 学前教育研究，2009(12).

48. 周宗奎. 儿童社会技能的测评方法[J]. 心理发展与教育，1996(3).

英文文献

1. HARMS T，CLIFFORD R M，CRYERD. Early childhood environment rating scale [M]. Rev. ed. New Yord：Teachers College Press，1998.

2. LIM P ，PYVIS D. How Singapore junior college science teachers address curriculum reforms：A theory [J]. Education Research，2012(2).

3. SEEFELDT C ，WASIK B A. Early Education：Three-，Four-，and Five-Year-Olds Go to School [M]. 2th ed. Upper Saddle River，NJ ：Pearson/ Merrill Prentice Hall，2005.

4. STAKE R E. The countenance of Educational Evaluation[J]. Teacher College Record，1967(68).

5. STUFFLEBEAM D L，MADAUS G F，KELLAGHAN T. Evaluation Models：Viewpoints on Educational and Human Services Euvaluation [M]. 2th ed. Boston：Kluwer Academic Publishers，2000.